K 779

HISTOIRE DE LA GASCOGNE

DEPUIS LES TEMPS LES PLUS RECULÉS

JUSQU'A NOS JOURS.

—

TOME IV.

HISTOIRE
DE LA
GASCOGNE
DEPUIS LES TEMPS LES PLUS RECULÉS
JUSQU'A NOS JOURS,

DÉDIÉE

A MONSEIGNEUR

L'ARCHEVÊQUE D'AUCH

ET A NOSSEIGNEURS

LES ÉVÊQUES

DE BAYONNE, D'AIRE, DE TARBES ET DU PUY.

PAR L'Abbé J. J. MONLEZUN,

CHANOINE D'AUCH.

TOME QUATRIÈME.

AUCH,
BRUN, Libraire-Éditeur.
—
1847

Auch, J. A. PORTÉS,
IMPRIMEUR DE LA PRÉFECTURE.

HISTOIRE DE LA GASCOGNE
DEPUIS LES TEMPS LES PLUS RECULÉS
JUSQU'A NOS JOURS.

LIVRE XIII.

CHAPITRE Ier.

Schisme dans l'Église. — Philippe d'Alençon et Jean Flandrin se disputent l'archevêché d'Auch. — Nouvelle expédition en Guyenne. — Mort de Duguesclin. — Gaston, comte de Foix, nommé gouverneur du Languedoc. — Mort de Charles V. — Gaston est dépouillé de son gouvernement, — il résiste et bat le duc de Berry qui lui a été donné pour successeur. — Mort tragique de Gaston son fils. — Troubles et désordres. — Le comte d'Armagnac suspect à la cour de France. — Sa mort. — Jean III, comte d'Armagnac, — il est établi gouverneur du Languedoc. — Ses efforts contre les ennemis de l'État. — Misère publique.

Grégoire XI était mort à Rome; Urbain V, avant lui, avait repassé les monts. Tout faisait espérer que la papauté arrachée à l'action exclusive de la France se replacerait bientôt sur ses bases naturelles; mais au moment où apparaissaient des jours meilleurs, on fut rejeté dans des tempêtes plus violentes que toutes celles qu'on avait déjà traversées. Plus les abus partent de haut, plus le ciel en exige une sévère expiation. Clément V avait humilié la tiare en la plaçant à la merci de Philippe-le-Bel et de ses successeurs ; elle ne devait se relever qu'après avoir été purifiée et ennoblie par de longues épreuves. C'est une de ses gloires comme un de ses devoirs d'être à toutes les nations, mais de n'appartenir à aucune.

Sous le poids de l'insurrection et presque de la menace, les cardinaux, qui avaient recueilli les derniers soupirs de Grégoire, élurent sans attendre leurs collègues (6 avril 1377), Urbain VI, pontife dur et sévère qui sembla se plaire à s'entourer de terreur et à verser le sarcasme et l'outrage sur le sacré-collége. Les cœurs s'aigrirent, quelques cardinaux abandonnèrent Rome, d'autres étaient accourus d'Avignon; on protesta contre l'élection d'Urbain comme étant l'œuvre de la violence, et dans un nouveau conclave on nomma le cardinal de Genève, Robert fils du comte Amédée III, qui prit le nom de Clément VII.

Dès ce moment l'église se partagea comme en deux camps, et à son exemple les nations se divisèrent. Chacune suivit l'instinct de ses intérêts. L'empire d'Allemagne, l'Angleterre, l'Espagne acceptèrent Urbain; la France et tous les états qui suivaient sa fortune, l'Écosse, le royaume de Chypre, les comtes de Savoie et de Genève, Léopold d'Autriche, quelques villes d'Allemagne et plus tard les royaumes d'Aragon et de Castille se déclarèrent pour Clément. On sait combien ce partage devait amener de perturbations publiques et privées. La division allait s'asseoir au foyer domestique, dans le temple, au sanctuaire sacré et inviolable de la conscience. Une autorité humaine n'eût point résisté à ce déchirement; mais l'église a des promesses immortelles. La foi traversa les orages sans être ébranlée, la piété se nourrit parmi le scandale. On compta des saints dans les deux obédiences, parce que des deux côtés, si l'on se divisait sur les droits des concurrents, on restait attaché au siége apostolique et à la chaire de St-Pierre.

Le clergé des diverses nations ne se prononça pas toujours pour le pontife qu'avait adopté son souverain. Philippe (1), patriarche d'Alexandrie, que nous avons vu au mariage de Gaston et de Béatrix, se rangea du parti d'Urbain. Il était fils de Charles de Valois comte d'Alençon et de Marie de La Cerda du sang royal d'Espagne. Le roi Philippe-de-Valois dont il était le neveu l'avait tenu sur les fonds sacrés et lui avait donné son nom. Le jeune prince débuta dans la carrière ecclésiastique par l'évêché de Beauvais, d'où il fut appelé à l'archevêché de Rouen. Il devint bientôt après patriarche de Jérusalem et d'Aquilée. Grégoire XI ajouta à toutes ses dignités l'archevêché d'Auch. Le chapitre de la métropole ne voulut pas reconnaître cette nomination. Il balança quelque temps et il élut enfin en 1371 Jean Flandrin. D'un autre côté, le schisme s'étant ouvert, Clément VII reconnu en France, voyant que Philippe avait reconnu Urbain son compétiteur, le dépouilla de l'archevêché et nomma à sa place en 1378 Bertrand de Roffiac abbé de Simorre. Urbain à cette nouvelle voulut dédommager Philippe et le décora de la pourpre. L'abbé de Simorre, que Clément lui opposait, renonça à sa nomination pour se ranger du côté des chanoines. Il obtint ainsi la confiance de Jean Flandrin et prit en son nom possession de l'archevêché, le 11 décembre 1380.

(1) Voir, pour tout ce qui suit, *Gallia christiana*, dom Brugelles et M. d'Aignan.

Flandrin était né au diocèse de Viviers et s'était voué dès son enfance à l'étude des lois. Devenu docteur, il fut pourvu du doyenné de Laon et bientôt après de l'évêché de Carpentras. Le chapitre d'Auch l'élut pour son prélat en 1371 ou plutôt en 1374. Clément VII, dont il embrassa le parti, refusa d'abord de le reconnaître, et conféra l'archevêché à Roffiac; mais il lui délivra enfin ses bulles en 1379. Flandrin s'empressa de prêter serment entre les mains du duc d'Anjou qui ordonna, le 7 septembre 1380, qu'il serait mis en possession de tous les biens de l'archevêché; néanmoins Flandrin n'en prit possession que le 21 décembre suivant. Tout paraissait alors lui sourire; mais l'année suivante, un synode provincial s'étant assemblé à St-Sever cap de Gascogne, Urbain y fut reconnu par les évêques et les abbés. Leur exemple et leurs raisons entraînèrent le chapitre, et tous ensemble ils se séparèrent de la communion de Flandrin et reconnurent Philippe, qui accorda en qualité d'archevêque des indulgences à tous ceux qui contribueraient à la construction de l'église métropolitaine. Les choses changèrent l'année d'après (*).

(*) L'abbé de Simorre profita de ce calme pour donner des statuts (1) au chapitre et au clergé du diocèse d'Auch. Ces statuts comprenaient 50 articles. Il était défendu aux chanoines de porter des robes courtes et déshonnêtes. (On sait qu'à cette époque les laïques portaient des habits si étriqués et si justes que la pudeur s'en alarmait). Il leur était défendu de marcher nu-pieds dans l'église et dans le cloître; ils ne devaient point porter des chaussures rouges, vertes, jaunes, ou d'une couleur immodeste. Il était défendu à tout chanoine ou prêtre, sous peine d'excommunication, de jouer aux dés de l'argent; on leur permettait toutefois de jouer dans les lieux secrets des

---

(1) M. d'Aignan et manuscrit des divers statuts donnés à l'église d'Auch, appartenant à l'auteur et déposés au Séminaire.

Clément VII et Flandrin sa créature furent reconnus, et l'abbé de Simorre, en qualité de commissaire du souverain-pontife, donna aux citoyens d'Auch l'absolution des censures qu'ils avaient encourues pour cause de schisme.

Pendant que Philippe d'Alençon et Jean Flandrin se disputaient l'archevêché, le duc d'Anjou ouvrait une nouvelle campagne contre les Anglais. Jamais les circonstances n'avaient été plus favorables. Le vieil Edouard qui avait longtemps balancé la fortune de la France venait de suivre dans la tombe (1377) son fils aîné le prince de Galles mort l'année précédente. Il laissait le trône à Richard II son petit-fils, jeune prince sans énergie et sans expérience; de l'autre côté les deux maisons de Foix et d'Armagnac, complètement réconciliées, allaient consacrer leurs efforts réunis au triomphe de la patrie. Enfin Duguesclin commandait l'armée; aussi les succès furent rapides (1). En peu de temps

---

choses manducables. On leur défendait sous la même peine d'excommunication de jouer au jeu de toconi ou à la paume, et surtout de tirer pour cela leurs habits longs afin d'en revêtir de plus courts. Il leur était défendu encore de nourrir dans le cloître des chiens de chasse ou d'arrêt, de sortir ou de se promener l'épée au côté ou avec quelqu'autre arme. Enfin, il était ordonné au portier de l'église de fermer le cloître chaque soir peu après la fin du crépuscule, et de l'ouvrir chaque matin à une heure raisonnable. Ce règlement fut fait et accepté le 5 mai 1383, en présence de Jean de Chassadorio, archidiacre de Vic, de Pierre de Lapujade, archidiacre de Sos, d'Odon de Marambat, archidiacre d'Astarac, de Jean de Villère, archidiacre de Pardiac, de Pelagos de Toujouse, archidiacre d'Armagnac, de Pierre de Juillac, archidiacre d'Eauze, de Guillaume de Poudens, abbé d'Idrac, de Bernard de Verduzan, sacristain de la métropole, de Bel de Maurens, prieur de Montesquiou, d'Antoine de Rapistan, d'Olivier de Lavardac, de Vesian du Coussol et de Pierre de Massès, chanoines d'Auch.

(1) Dom Vaissette, page 366.

plus de cent vingt places, villes ou châteaux, subirent la loi du vainqueur. Le duc d'Anjou s'avança ainsi jusqu'aux portes de Bordeaux, dont il voulait former le siège, mais il fut obligé d'abandonner ce projet et de se rabattre sur Bazas.

Le comte d'Armagnac, en proie à une maladie qui le retenait au château de Gages, ne prit point de part à cette expédition. Ses souffrances toutefois ne l'empêchèrent pas de s'intéresser à la délivrance du Rouergue et des pays voisins. Les états du Gévaudan pressurés par les compagnies, qui occupaient les trois plus forts châteaux de la contrée, d'où elles se répandaient au loin, lui (1) députèrent les seigneurs de Beaufort, de Peyre et d'Apchier pour le conjurer de prendre leur défense. Jean se chargea d'obtenir de gré ou de force l'éloignement des Anglais, mais il exigea six mille francs d'or que lui payèrent les états. Néanmoins les Anglais n'évacuèrent pas le pays trop promptement; car un an après, Perducas d'Albret et quelques autres de leurs chefs menaçaient encore Béziers et Carcassonne, et refusaient d'obtempérer aux prières de la duchesse d'Anjou, qui ne pouvant commander les engagea par une lettre à abandonner le pays. L'année suivante, Perducas et Pierre de Gallard poussèrent plus loin leurs courses et s'emparèrent de Château-Neuf de Randon (2). Le roi avait sur ces entrefaites rappelé le duc d'Anjou et nommé Duguesclin à sa place.

Le connétable alla presqu'aussitôt assiéger Château-Neuf de Randon; mais au moment où il espérait l'emporter, il tomba malade, et bientôt on jugea son

(1) Dom Vaissette, page 367. — (2) Idem.

mal incurable. L'intrépide héros ne devait point se démentir à ses derniers moments. Il montra en face de la mort le sang-froid et le courage qu'il avait toujours déployés en face des ennemis. Dès qu'il connut que sa fin approchait (1), il demanda et reçut avec une piété exemplaire les derniers sacrements; car le prince de Galles et lui, les deux plus grands capitaines de leur siècle et peut-être de tout cet âge de foi, étaient aussi deux des hommes les plus sincèrement religieux. Après avoir ainsi achevé de purifier sa conscience, il se fit, dit-on, apporter son épée de connétable, la baisa et pria longtemps pour la France; puis rassemblant ses forces : souvenez-vous, dit-il aux officiers qui entouraient et arrosaient de leurs larmes sa couche funèbre, souvenez-vous que partout où vous faites la guerre, les clercs, le pauvre peuple, les femmes et les enfants ne sont point vos ennemis, et que vous ne portez les armes que pour les protéger. Peu après il oublia la terre et ne s'entretint plus que du ciel et de l'éternité; et quand sa voix ne put plus rendre des sons intelligibles, il fixa ses regards sur un crucifix que tenaient ses mains défaillantes. Ainsi trépassa *de ce siècle le vaillant messire Bertrand Duguesclin, qui tant valut en ses jours, et qui par le renom de sa loyauté est nommé le dixième preux* (2). On raconte communément que le gouverneur de Château-Neuf, que l'histoire ne nomme pas, mais qui ne saurait être que Perducas d'Albret, vint, selon une convention signée depuis plusieurs jours, déposer les clefs de la place sur le cercueil du héros expiré. Nous

(1) Mémoires de Duguesclin, Collect. Petitot, tome 5, page 18. —
(2) Chronique de Duguesclin citée par M. Laurentie, tome 4, page 57. Celle qu'a éditée Petitot ne rapporte point ces paroles.

aimons à voir un chevalier Gascon rendre cet éclatant hommage à la mémoire d'un des plus braves chevaliers que la France ait jamais comptés à la tête de ses armées.

Cette mort laissait vacant le gouvernement du Languedoc. Charles V le donna malgré ses frères à Gaston Phœbus (1), dont la haute sagesse et le courage étaient dignes de commander dans une province pleine encore du souvenir du bon connétable. Mais à peine le comte de Foix avait-il pris en main les rênes de l'administration, qu'il fut condamné à pleurer avec la France un des plus grands monarques de notre histoire. Charles V survécut à peine deux mois à Duguesclin; il mourut à Vincennes le 16 septembre, laissant comme Edouard le sceptre à un roi enfant, et autour du trône des princes avides prêts à se disputer la puissance. Aussi, dès que cette triste nouvelle fut parvenue au château de Gages, le comte d'Armagnac qui y était toujours retenu par sa maladie, s'empressa de prendre quelques mesures pour éloigner les troubles de ses vastes domaines.

Il ordonna (11 novembre 1380) que le comte de Comminges son fils aîné (2) demeurerait toujours sur les terres de Gascogne pour les visiter et les défendre; qu'il aurait constamment près de lui Viguier de Galard avec trois cavaliers et le sire de Barbazan avec dix, ou Arsius de Montesquiou seigneur de Bazian avec six: qu'outre ces seigneurs il y aurait encore quatre écuyers armés de toutes pièces, et conduisant chacun trois roussins; que dès qu'il surviendrait quelque affaire importante en Gascogne, et surtout dans l'Armagnac, le

(1) Dom Vaissette, tome 4, page 371. — (2) Collection Doat, tom. 37.

Fezensac, le pays de Rivière, les baronnies de Mauléon et de Cazaubon, son fils prendrait conseil des seigneurs de Barbazan et de Montesquiou et du sénéchal d'Armagnac; que lorsqu'il visiterait ces pays, le sénéchal l'accompagnerait avec douze chevaux; mais lorsqu'il visiterait la Lomagne, il aurait avec lui Viguier de Galard, Odon de Montaut et le sénéchal de Lomagne, dont il prendrait les avis dans toutes les affaires; que le conseil se réunirait à Lavardens quatre fois chaque année, savoir: le 15 novembre, le 15 février, le 15 mai et le 15 août, et qu'il *y serait fait raison à toutes personnes vite et de plein droit* (*).

Les événements ne tardèrent pas à justifier ces précautions. Les dissensions éclatèrent dans le Midi à l'aurore du nouveau règne. Le duc d'Anjou qui gouverna d'abord le royaume en qualité de régent, s'empressa de révoquer la nomination du comte de Foix et de donner le Languedoc au duc de Berry qu'il voulait éloigner de la cour. Gaston ne put voir sans un profond dépit qu'on lui enlevât son gouvernement pour le confier au beau-frère de son ancien rival; mais cachant son ressentiment sous une feinte modération, il réunit à Toulouse les notables de la ville et des environs dont il avait su gagner les cœurs par une administration douce et intègre. Il les consulta sur la conduite qu'il devait tenir, et promit de suivre leurs avis. Les sentiments furent

---

(*) Le comte commanda en même temps à ses filles et à Bernard son fils de venir habiter le château de Gages. Il voulut que ses filles amenassent en leur compagnie pour les servir Na Julienne, femme de Peyronnet de La Fitte, Jeannette de Benque et Raymond frère de Jeannette, *qui trancheraient devant elles* (leur serviraient d'écuyer tranchant). Bernard devait conduire avec lui Bernadot, frère de Peyronnet de La Fitte, et maître Guilhem de Comminges son chirurgien. Là se bornait toute leur suite.

partagés; quelques-uns opinèrent pour la soumission, mais le plus grand nombre se prononcèrent pour la résistance, et comme ils prévoyaient que le duc de Berry recourrait à la force pour faire reconnaître son autorité, ils proposèrent de s'armer et de se mettre aussitôt en état de défense. Ce dernier sentiment prévalut; mais en même temps il fut résolu qu'on enverrait une députation au roi pour le conjurer de conserver au Languedoc un gouverneur qui était loin de mériter une aussi prompte destitution.

Pendant que cette députation s'acheminait vers Paris, où elle ne devait rien obtenir, Gaston de Foix attaquait les routiers. Il les battit en plusieurs occasions et en fit pendre quatre cents près de Rabastens, dans l'Albigeois. Toutefois ses succès n'empêchèrent pas le Bâtard d'Armagnac (1), Perducas d'Albret et quelques autres de leurs chefs de s'emparer de Lunel, de Florinsac et de Cabrières. Cependant la cour n'ayant pu gagner les députés du Languedoc, prit le parti de dissimuler. Elle fit écrire au comte de Foix par le roi lui-même. Charles annonçait à Gaston qu'il avait nommé le duc de Berry, et l'engageait à aider de ses conseils le nouveau gouverneur. Ce message fut envoyé en toute hâte par un huissier royal afin qu'il devançât le retour des députés. Gaston répondit à ce message le 4 février 1381; il déclara ouvertement *que tant comme il aurait la vie au corps*, il ne souffrirait en Languedoc seigneur ne partie; qu'ainsi il était loin de vouloir servir le duc de Berry, mais qu'il obéirait comme le plus petit chevalier du royaume à tout autre lieutenant qu'il plairait au roi d'envoyer, pourvu qu'il ne fût pas son ennemi.

(1) Dom Vaissette, pag. 376.

Cette réponse (1) dont le duc d'Anjou eut soin d'exagérer l'inconvenante hardiesse, irrita tellement le roi qu'il résolut de marcher en personne contre le Languedoc pour forcer Gaston à l'obéissance. Il alla en conséquence prendre l'oriflamme à St-Denis, le 3 avril, mais le duc de Bourgogne apaisa son courroux et détourna ses armes sur les Flamands qui venaient de se révolter contre leur comte. Le duc de Berry, ne pouvant plus compter que sur lui-même pour triompher des résistances, s'avança enfin jusqu'à Bourges, où il reçut une lettre du comte d'Armagnac qui l'avertissait des préparatifs que faisait le comte de Foix pour s'opposer à son entrée dans le pays. Il s'occupa aussitôt de rassembler des troupes de toutes parts. Le comte d'Armagnac lui amena six ou sept cents lances : d'autres seigneurs accoururent aussi. Le duc retint entr'autres Arnaud de Barbazan avec toute sa compagnie et en fit son maréchal au pays du Languedoc et duché de Guyenne. Malgré tous ces efforts son armée était assez faible lorsqu'il parvint sur les confins du Languedoc.

Gaston, ayant de son côté joint ses troupes à la noblesse et aux communes de la sénéchaussée de Toulouse, marcha à sa rencontre et l'envoya défier. Le duc accepta le défi; mais quand les deux armées se trouvèrent en présence, un de ses officiers voyant que le nombre était du côté des ennemis lui conseilla d'éviter le combat; mais le prince répondit fièrement comme eût pu faire son père ou son aïeul (2) : à Dieu ne plaise qu'un fils de roi montre jamais tant de lâcheté que de refuser de

---

(1) Dom Vaissette, page 377.—(2) Anonyme de St-Denis, tom. 1, ch. 12. Nous nous servirons de la traduction de Le Laboureur, intitulée : Histoire de Charles VI.

donner sur un ennemi présent. Je jure au contraire de ne point déloger d'ici que je n'aye présenté la bataille. Il la présenta, en effet, mais elle ne fut pas longue. Le comte de Foix très-supérieur en forces l'eut bientôt défait et mis en fuite après lui avoir tué environ trois cents hommes. Le théâtre de ce combat n'est pas clairement désigné; dom Vaissette pense qu'il se donna sous les murs de Revel, le 15 ou 16 juin.

Le duc de Berry, après sa défaite, congédia les gens d'armes que le comte d'Armagnac avait amenés à son service, mais il les rappela presqu'aussitôt et chercha vainement à avoir sa revanche. S'il faut en croire un historien du temps (1), il exerça durant trois années avec ses troupes tout ce qui peut se commettre d'hostilités d'ennemi à ennemi, hors le meurtre et le feu. Le pape Clément VII espéra que sa voix serait mieux écoutée que celle du roi de France; il envoya dans le Languedoc le cardinal d'Amiens, qui parvint enfin à apaiser les troubles. L'anonyme de St-Denis fait honneur de cette pacification à la générosité du comte de Foix. Il eut, dit-il, pitié des ravages commis sur un peuple innocent au sujet de sa querelle, et voulut joindre à l'honneur d'avoir vaincu le duc celui de donner la paix à sa patrie. Il traita avec lui sous de bonnes assurances et le mit volontiers en possession de son gouvernement. Le comte d'Armagnac avait embrassé avec chaleur le parti de son beau-frère. Ses intérêts remis entre les mains du sire de Barbazan ne furent pas oubliés dans le traité de pacification; néanmoins comme la querelle avait paru se réveiller à son occasion

---

(1) Anonyme de St-Denis, tome 1, ch. 12.

entre Gaston et Jean, et qu'il restait encore quelques points à éclaircir touchant le traité de Tarbes, le duc de Berry fit convenir les deux rivaux de se rendre au couvent de Prouilhe, accompagnés chacun de cent hommes d'armes, et d'y soumettre tous leurs griefs à son arbitrage.

Gaston, rendu à ses vassaux, goûtait à peine les douceurs d'une paix si honorable pour lui, lorsqu'un événement tragique vint empoisonner sa vie et imprimer à sa mémoire une tache ineffaçable. Il vivait depuis longtemps séparé de sa femme, sœur, comme nous l'avons vu, de Charles-le-Mauvais roi de Navarre. Leur dissension était née des suites de son triomphe de Launac. Le roi de Navarre s'offrit de répondre de la rançon du seigneur d'Albret jusqu'à la somme de cinquante mille francs (1). Le comte de Foix, qui connaissait tout ce qu'il y avait d'astuce et de tromperie dans le roi de Navarre, ne voulait pas accepter cette caution. « Son refus affligeait la comtesse; elle disait : monseigneur, vous portez peu d'honneur à mon frère, puisque vous ne lui voulez croire cinquante mille francs. Quand vous n'auriez jamais des d'Armagnac et des d'Albret que ce que vous avez déjà eu, vous devriez être content. Vous savez que vous me devez assigner cinquante mille francs pour douaire, et les mettre dans les mains de mon frère. Ainsi vous ne pouvez être mal payé. Madame, répondit Gaston, vous dites vrai; mais si je pensais que le roi de Navarre dût détourner le paiement, jamais le sire d'Albret ne partirait d'Orthez sans que je n'eusse été satisfait jusqu'au dernier denier. Néanmoins, puis-

(1) Froissart, tom. 3, ch. 8. Nous lui avons emprunté tout ce récit.

que vous m'en priez, je le ferai, non point pour l'amour de vous, mais pour l'amour de mon fils. »

Sur cette parole et sous la caution du roi de Navarre, le sire d'Albret fut délivré. Bientôt il abandonna l'Angleterre, passa en France, épousa la belle-sœur du roi Charles V et trouva dans les munificences de ce brillant mariage les cinquante mille francs qu'il remit au roi de Navarre, et que celui-ci n'envoya pas à Gaston.

« Le comte, étonné de ce retard, dit à sa femme : Madame, il vous faut aller en Navarre devers votre frère le roi. Vous lui direz que je me tiens mal content de lui, car il ne m'envoie pas ce qu'il a reçu pour moi. La dame répondit qu'elle irait très-volontiers. Elle partit en effet avec sa suite, et s'en vint à Pampelune auprès de son frère qui la reçut avec beaucoup de joie. La dame remplit son message. Quand le roi l'eut entendue, il répondit : ma belle sœur, l'argent est vôtre, car le comte le doit en douaire, et jamais il ne sortira du royaume de Navarre, puisque j'en réponds. Ah ! monseigneur, dit la dame, vous mettez ainsi trop grande haine entre monseigneur et vous; et si vous tenez à ce que vous venez de dire, je n'oserai retourner dans le pays de Foix, car monseigneur dirait que je l'avais trompé et me tuerait. Je ne sais, dit le roi, qui ne voulut pas se dessaisir, ce que vous ferez, si vous demeurerez ici, ou si vous partirez; mais je suis maître de cet argent : à moi il appartient de le garder. La comtesse de Foix, n'en pouvant tirer autre chose, n'osa pas retourner auprès de son mari. Celui-ci s'emporta contre Agnès, quoiqu'il n'y eût point de sa faute; il s'irrita encore davantage de ce qu'elle n'était pas retournée près de lui.

« Cependant Gaston, le seul enfant qu'elle eût donné au comte, grandit et devint bientôt un des plus beaux écuyers de cette brillante cour. Il eut le désir d'aller en Navarre voir sa mère et son oncle. Quand il fut venu en Navarre on lui fit un très-bel accueil. Il demeura quelque temps avec sa mère ; mais quelques instances qu'il fît, il ne put la ramener avec lui dans le pays de Foix; car la dame lui ayant demandé si Phœbus lui avait donné cette mission, l'enfant répondit seulement qu'en partant il avait été question d'elle, et pour ce faible souvenir la dame n'osa se mettre en route. Le jeune Gaston vint à Pampelune prendre congé du roi de Navarre son oncle. Le roi lui fit un très-bel accueil, le garda près de lui plus de dix jours et le combla de présents lui et les siens. » Les présents de Charles-le-Mauvais devaient être à craindre; mais Gaston, avec la confiance de son âge et la générosité de son cœur, ne savait voir la méchanceté même chez les plus méchants des hommes.

« Le moment du départ étant venu, le roi le tira à l'écart et le conduisit dans ses appartements. Là il lui donna un sachet plein d'une poudre si malfaisante, que toute créature qui l'eût touchée ou mangée fût morte infailliblement. Gaston, lui dit en même temps le féroce et hypocrite monarque, beau neveu, vous ferez ce que je vous dirai. Vous voyez comme le comte de Foix haït grandement votre mère ma sœur, ce qui me déplaît grandement et doit aussi vous déplaire. Voici un remède à ce malheur. Quand vous trouverez l'occasion, vous prendrez un peu de cette poudre, et ayant bien soin de n'être aperçu de personne, vous en répandrez sur un des plats qui seront servis à votre père. Aussitôt qu'il en aura mangé, il ne voudra plus entendre parler d'autre chose que de recevoir sa femme ; une fois avec elle, ils s'aimeront si tendrement, que jamais ils ne voudront se séparer l'un de l'autre ; mais gardez-vous bien de découvrir à personne ce que je vous dis ; car vous perdriez votre action. L'enfant, qui regardait comme vrai tout ce que disait son oncle, répondit : je le ferai volontiers.

« Il s'éloigna aussitôt de Pampelune et retourna à Orthez. Le comte de Foix son père le revit avec joie et voulut savoir quels dons et quels joyaux il avait reçus. Le jeune homme les étala tous, excepté le sachet qui renfermait la poudre. Or, il était d'usage, dans l'hôtel de Foix, que Gaston et Ivain, fils naturel du comte, couchassent très-souvent dans la même chambre et usassent des mêmes habits comme de jeunes frères du même âge qui s'aiment tendrement. Il arriva qu'une fois les habits se mêlèrent, et Ivain en cherchant le sien sentit la poudre dans le sachet, et demanda à Gaston : qu'est ceci que vous portez tous les jours à votre poitrine? Gaston se troubla à cette question, et se contenta de répondre : rendez-moi ma cotte, Ivain, vous n'en avez que faire. Ivain la lui jeta. Gaston la vêtit et fut tout ce jour plus pensif que d'habitude. Trois jours après, Dieu qui voulait sauver le comte de Foix, permit que Gaston se querellât avec son frère au jeu de la paume, et que dans son emportement il le frappât. L'enfant s'irrita et courut tout en pleurs dans la chambre de son père qu'il trouva sortant de la messe. Quand le comte le vit en pleurs, il lui dit : Ivain, que vous faut-il ? Au nom de Dieu, répliqua celui-ci, monseigneur, Gaston m'a battu, mais il y a plus à battre en lui qu'en moi. Pourquoi, dit le comte, qui sur-le-champ entra en soupçon. Sur ma foi, monseigneur, répliqua Ivain, depuis qu'il est retourné de Navarre, il porte à sa poitrine un sachet plein de poudre; je ne sais à quoi elle sert ni ce qu'il en veut faire, si ce n'est qu'il m'a dit une ou deux fois que madame sa mère sera bientôt à votre grâce plus grandement que jamais elle ne fut. Oh! dit le comte de Foix, tais-toi et garde-toi bien de découvrir à homme au monde ce que tu viens de me dire. Monseigneur, dit l'enfant, volontiers; et il se retira.

« Le comte de Foix se prit alors à penser et se coucha jusqu'à l'heure du dîner. Il se leva alors et alla s'asseoir à la table comme il le faisait tous les jours. Il était d'usage que Gaston son fils lui servît tous les mets et essayât les viandes. Dès qu'il eut placé le premier plat sur la table, le comte jeta sur lui un regard scrutateur, et vit le cordon du sachet qui pendait aux habits de son fils. Le sang lui monta aussitôt au visage: Gaston, dit-il, approche, je veux te parler à l'oreille. L'enfant s'avança vers la table. Alors le comte découvre le sein de son fils, prend son couteau et coupe le cordon du sachet. L'enfant surpris et interdit devint tout blanc de frayeur et commença à trembler de tous ses membres. Le comte ouvre le sachet, prend la poudre, en met sur une tranche de pain, appelle un chien et la lui donne; mais à peine l'animal a-t-il avalé le premier morceau qu'il roule ses yeux et expire. A ce spectacle, le comte entre en fureur, et se levant de table, il prend son couteau et veut le lancer après son fils; mais les chevaliers et écuyers se précipitent pour le retenir, et

IV.

lui crient : monseigneur, ne vous hâtez pas, mais prenez vos informations avant de punir votre fils.

« Dès que Gaston put prononcer une parole, il s'écria dans son gascon : Oh ! Gaston, traître ! pour toi et pour accroître l'héritage qui te doit revenir, j'ai eu guerre et haine avec le roi de France, d'Angleterre, d'Espagne, de Navarre et d'Aragon, et contr'eux je me suis bien tenu, et maintenant tu veux me meurtrir ! ce dessein te vient de mauvaise nature, tu mourras sur-le-champ. A ces mots, il s'élança de table le couteau à la main et il voulut de nouveau le tuer ; mais les chevaliers et écuyers se mirent à genoux en pleurant devant lui, et lui dirent : ah ! ah ! monseigneur, pour Dieu, merci ; ne tuez pas Gaston, vous n'auriez plus d'enfant. Faites-le garder et vous informez de ce qui est ; car peut-être ignorait-il ce qu'il portait, et il n'a nulle part à ce méfait. Hé bien, dit le comte, qu'on le mette dans la tour d'Orthez. Le père irrité ne s'arrêta pas là ; il ordonna de saisir tous ceux qui étaient attachés au service de son fils. Plusieurs et parmi eux l'évêque de Lescar eurent le bonheur d'échapper ; tous les autres au nombre de quinze furent horriblement mis à mort. Il ne se pouvait pas, disait-il, qu'ils ne sussent les secrets de l'enfant, et ils auraient dû les lui révéler et lui dire : monseigneur, Gaston porte une bourse à sa poitrine ; mais ils n'en firent rien. Ce silence causa leur perte. Ce fut grand pitié de les voir périr ainsi, car il n'y avait dans toute la Gascogne d'écuyers si jolis, si beaux, ni si bien appointés, le comte ayant toujours porté le plus grand soin dans le choix des personnes qui entouraient son héritier. »

Frappé, selon Froissart (1), dans ses affections les plus intimes, ou plutôt préoccupé du soin de justifier les emportements de sa colère, le comte assembla à Orthez les prélats, la noblesse et les notables de ses vastes domaines, et quand ils furent venus, il leur exposa le sujet de cette assemblée, leur raconta ce qu'il avait trouvé sur son fils. Il ajouta qu'un méfait aussi horrible méritait la mort, que son intention était que son fils mourût. « Tout le monde répondit à cette parole d'une voix unanime, et dit : monseigneur, sauf votre grâce, nous ne voulons pas que Gaston meure, c'est votre héritier et plus n'en avez. Quand le comte ouït son peuple qui priait pour son fils, il se modéra un peu. Il pensa en lui-même qu'il le châtierait en le tenant en prison deux ou trois mois, qu'il l'enverrait ensuite voyager au loin durant deux ou trois années jusqu'à ce que le temps lui eût fait perdre le souvenir de cette faute et eût mûri la raison et les sentiments du crédule adolescent. Il congédia son peuple; mais ceux du comté de Foix ne voulaient point quitter Orthez si le comte ne les assurait que Gaston ne mourrait pas, tant ils aimaient leur jeune seigneur. Il le leur promit, ajoutant qu'il le tiendrait quelque temps en prison pour le châtier. Sur cette promesse, *toutes ces manières de gens* (ces gens de divers ordres) partirent et le jeune Gaston demeura à Orthez. Le pape qui apprit à Avignon le courroux du comte de Foix, s'empressa de lui députer le cardinal d'Amiens pour tâcher de le fléchir; mais le cardinal n'arriva qu'à Béziers, il apprit dans cette ville le triste dénouement de ce drame déplorable.

(*) Trop toucha ceste chose au comte de Foix près du cœur.

« Le comte de Foix avait enfermé son fils dans une salle obscure de la tour. Gaston y but et mangea peu; quoiqu'on lui apportât tous les jours des vivres en abondance. Quand il les avait reçus, il les mettait de côté et n'en tenait aucun compte. Quelques-uns prétendent même qu'à sa mort on les trouva tout entiers, et qu'on s'étonna qu'il eût pu vivre si longtemps. Son père le laissa seul sans gardes, sans un cœur dévoué ou une voix amie qui le soutînt, l'encourageât ou lui donnât des conseils. En entrant dans sa prison, il se jeta sur un lit qu'il ne quitta plus. La tristesse s'empara de son esprit; on l'entendait maudire l'heure où il avait été conçu, puisqu'il n'était né que pour une telle fin. Le jour de sa mort, le dixième de sa captivité, celui qui le servait lui apporta de la viande et lui dit : Gaston, voici de la viande pour vous. Gaston lui répondit sans s'en occuper : mettez-la là. Alors le serviteur regarde, et voit tous les mets qu'il avait apportés les jours précédents. Il referme la porte, vient au comte de Foix et lui dit : monseigneur, pour Dieu merci, prenez garde à votre fils, car il s'affame dans la prison où il vit. Je crois qu'il ne mangea oncques depuis qu'il y entra. J'ai vu tout ce que je lui ay apporté tourné d'un côté.

« *De cette parole, le comte s'enfelona, et, sans mot dire, il se départit de sa chambre*, et se dirigea vers la prison où son fils était. Malheureusement il tenait un petit coutelet dont il arrangeait et nettoyait ses ongles. Il fit ouvrir la porte de la prison et vint à son fils. Il tenait la lame de son couteau par la pointe, qui ne dépassait pas ses doigts de l'épaisseur d'un gros tournois. *Par mal talent* en portant cette légère pointe à la gorge de son fils, il *l'assaina en je ne sais quelle veine*, et lui dit : ah ! traître, pourquoi ne manges-tu pas ? Il s'en alla aussitôt *sans plus rien dire ni faire*, et rentra dans sa chambre. L'enfant fut troublé et effrayé de la venue de son père. Ajoutez qu'il était faible de son long jeûne et qu'il vit ou sentit la pointe du couteau qui le toucha à la gorge, et qui, bien que faiblement, rencontra une veine. Il se tourna de l'autre côté et mourut. Le comte était à peine rentré dans son appartement, que celui qui servait l'enfant accourut. Monseigneur, Gaston est mort. Mort ! dit le comte. Comme Dieu me voit, monseigneur. Le comte ne le voulut pas croire, et envoya un chevalier qui était près de lui. Le chevalier alla à la prison et rapporta que vraiment il était mort. Le comte de Foix fut grandement affligé. Il regretta son fils *moult fort en disant : ah ! ah ! Gaston, comme pauvre aventure il y a ici pour toi et pour moi. En mauvaise heure tu allas en Navarre voir ta mère. Jamais si parfaite joie n'aurai comme auparavant.* Alors il fit venir son barbier, il se fit raser la barbe, se vêtit de noir et fit vêtir de même tous ceux de son hôtel ; *et fut le corps de l'enfant porté en pleurs et en cris aux frères mineurs à Orthez et là fut ensépulturé.* »

La soumission du comte de Foix permit au duc de Berry de réunir toutes ses forces contre les Tuchins (1) ou coquins qui s'élevèrent en 1382 dans une grande partie de la France et surtout dans le midi. C'étaient les bons hommes reparaissant avec leurs excès ou les Bagaudes ressuscités au fond de leurs forêts. La misère armait encore leurs bras féroces. Réduits au désespoir,

(1) Dom Vaissete, tome 4, page 383.

ils s'ameutèrent et jurèrent avec d'exécrables serments de délivrer le pays des impôts et de le remettre dans son ancienne liberté. Le nombre augmentant leurs forces, ils s'attaquèrent aux nobles, au clergé, aux gros marchands, aux riches bourgeois. Ils ne se contentaient pas de piller, ils torturaient leurs victimes, arrachant les yeux aux unes, coupant les membres aux autres, en pendant un grand nombre. Le duc de Berry n'obtint pas sur eux de grands succès en Languedoc. Il réussit mieux ailleurs, et il eût sans doute fini par les exterminer tous, s'il n'eût été rappelé en France par le roi son neveu. Il l'accompagna en Flandres et se distingua à la bataille de Rosbecq, le 25 novembre 1382. Le sire d'Albret prit une part brillante à cette mémorable journée et contribua puissamment à son succès. On assure (1) que les comtes de Foix et d'Armagnac y combattirent aussi à la tête de leurs vassaux. Jean d'Armagnac étant rentré dans le Languedoc, assembla le 7 mars 1384 les trois états de Rouergue et s'obligea à défendre le pays contre les Anglais, moyennant seize cents livres par an. Le duc de Berry, qui l'y suivit de près, voulut récompenser la fidélité des habitants de Castel-Sarrazin, de Beaumont en Lomagne et de Gimont (2). Il donna à Nîmes (28 avril 1384), des lettres qui les exemptaient d'une imposition assez forte dont le roi avait frappé le Languedoc. Mais avec le duc de Berry aucune faveur, même la plus juste, n'était gratuite. Les trois malheureuses villes durent payer une somme considérable pour obtenir cette exemption.

Pendant ce temps, le comte d'Armagnac combattait

(1) Bonnal, Histoire manuscrite des comtes de Rhodez déposée à la bibliothèque royale de Paris.—(2) Dom Vaissette, tom. 4, p. 385.

les Anglais dans l'Albigeois et assiégeait sur eux le château de Turie dont le Bâtard de Mauléon s'était emparé il y avait quelques années. Il parvint à s'en rendre maître moitié par force, moitié par composition. Il acheta ensuite l'évacuation entière du comté, mais non sans que les peuples fussent condamnés à d'énormes sacrifices d'argent. Le zèle qu'il déploya pour la France ne mit pas sa fidélité à l'abri des soupçons. On l'accusait de favoriser sous main les ennemis qu'il poursuivait. Il est certain du moins que le roi d'Angleterre (1) avait cherché à le ramener dans son parti. Ce prince avait dans cette vue chargé Robert-le-Roux, évêque de Dax, son chambellan, Jean de Stratton, seigneur de Landiras, connétable de Guyenne, et un professeur de théologie, de rappeler au comte l'hommage lige par lequel il s'était jadis lié à la couronne d'Angleterre, et de lui promettre toutes les conditions que la justice et la raison pourraient avouer, s'il voulait rentrer sous son obéissance. Cette tentative paraît avoir échoué, car dès que Jean connut le retour de son beau-frère, il alla le rejoindre avec le comte de Comminges son fils.

Le duc de Berry ne lui cacha pas les griefs que le roi Charles et sa cour lui imputaient. On lui reprochait (2), 1° d'avoir arrêté, avec le comte de Foix lorsqu'ils firent la paix en 1378, un article secret d'après lequel ils devaient partager entre eux le Languedoc, en ne laissant au roi que le titre de suzerain; 2° d'avoir par ses instigations porté les communes de Languedoc à aller représenter à la cour qu'elles ne pouvaient plus

(1) Rymer, tome 3, *pars tertia*, page 151. — (2) Dom Vaissette, tome 4, page 386.

payer les subsides accoutumés ; 3° de songer à passer sous l'obéissance de l'Angleterre, et on ajoutait que le roi Charles avait devers lui des lettres scellées des armes d'Armagnac qui ne laissaient aucun doute à cet égard ; 4° enfin de s'être allié aux compagnies pour faire rançonner le pays. Nous ignorons comment Jean II se lava de cette imputation. Nous savons d'ailleurs que les seigneurs Gascons, que les liens les plus étroits ou la reconnaissance la plus vive devaient attacher à la couronne, ne se piquaient pas d'une fidélité à toute épreuve.

« Vrai est, raconte Froissart (1), que j'ouis une fois dire au seigneur d'Albret à Paris où j'étais une parole que je retins bien, quoiqu'il semblât la dire par plaisantérie. Un chevalier de Bretagne lui ayant demandé des nouvelles de son pays et s'il persisterait longtemps dans le service de la France, il lui répondit qu'il le pensait ainsi et qu'il s'y trouvait assez bien. Cependant, ajoutait-il, j'avais plus d'argent et mes gens aussi quand je faisais la guerre pour le roi d'Angleterre que je n'en ai maintenant ; car, quand nous chevauchions à l'aventure, nous trouvions toujours quelques riches marchands de Toulouse, de Condom, de La Réole ou de Bergerac. Il se passait peu de jours que nous ne fissions quelque bonne prise, et maintenant tout nous est mort. Alors le Breton se prit à rire et lui dit : c'est donc la vie des Gascons. Ils veulent volontiers dommage sur autrui (*). Pour moi qui entendis cette

(1) Tom. 3, ch. 22.
(*) Le roi Philippe de France et le bon Jehan son fils les avaient perdus par hauteneté et le roi Charles de bonne mémoire les reconquit par douceur, par largesse et par humilité. Ainsi veulent être gascons menés. Froissart, ibid.

parole, je vis que le sire d'Albret commençait à se repentir d'être Français ainsi que le sire de Mussidan, qui fut pris à la bataille d'Anet et qui jura entre les mains du duc d'Anjou qu'il viendrait à Paris, se déclarerait pour la France et lui demeurerait à jamais fidèle. Il y vint en effet et reçut un accueil gracieux de Charles VI; mais malgré tout ce qu'on lui fit, il se dégoûta bientôt du roi, retourna dans son pays sans prendre congé et redevint Anglais. Ainsi firent le seigneur de Rozan, le sire de Duras et le sire de Langoyran. Telle est, ajoute le malicieux annaliste, la nation des Gascons. Ils ne sont point stables; mais encore aiment-ils plus les Anglais que les Français, car leur guerre est plus belle sur les Français qu'elle ne l'est sur les Anglais. C'est l'un des principaux incidents qui plus les y incline. »

Quoiqu'il en soit des sentiments du comte d'Armagnac, il suivit son beau-frère à Avignon, et alla descendre chez le cardinal d'Aigrefeuil son parent et son ami. Il y tomba presqu'aussitôt malade et mourut peu de jours après dans le palais du cardinal (25 mai 1384)(1). La veille de sa mort il ajouta un codicile à un premier testament qu'il avait fait au château de Gages, non le 13 janvier 1381, comme le disent les Grands Officiers de la couronne, mais le 4 janvier 1382. Dans ce testament, il donna les comtés d'Armagnac, de Fesensac et de Rhodez, et la vicomté de Lomagne à Jean son fils aîné; il assignait (2) le comté de Charolais, les baronnies des Angles et de l'Isle-d'Arbechan, aujourd'hui de Noé, avec quelques autres domaines, à Ber-

(1) Dom Vaissette. Grands Officiers, tome 3. L'art de vérifier les dates, tome 2. — (2) Col. Doat, tome 37.

nard son second fils et le substituait à son frère dans le cas où celui-ci mourrait sans enfants mâles. Il ajoutait dix mille francs d'or à la dot qu'il avait constituée à Béatrix en la mariânt à l'infortuné Gaston. Enfin, il élisait sa sépulture dans la métropole d'Auch. Ce dernier vœu ne put s'accomplir sur-le-champ, le temps était trop chaud pour qu'on osât transporter son corps à Auch. On le déposa (1) momentanément dans l'église de Ste-Marie d'Avignon dont les chanoines s'engagèrent à le restituer dès qu'ils en seraient requis. Nous ignorons s'ils le furent jamais.

Béatrix s'était remariée peu après ce testament et avant la mort de son père. Le bruit de sa beauté avait franchi les monts. Sa main fut demandée par Charles Visconti, seigneur de Parme, fils de Bernabo Visconti, seigneur de Milan. Bernabo, quoique né dans un rang assez obscur, s'était élevé au rang suprême à force d'intrigues et de crimes, et était parvenu à placer ses quatre filles sur les marches de quatre trônes. La dot vraiment royale qu'il leur donna fit cesser toutes les répulsions que devaient inspirer sa naissance, sa scélératesse et sa lubricité. Nous devons le dire aussi, ce siècle ne fut guère délicat pour les alliances. Le comte d'Armagnac s'estima heureux de donner Béatrix au fils aîné d'un seigneur dont tant de têtes couronnées recherchaient l'alliance. Ce second mariage fut célébré le 27 janvier 1382 (2). Bernabo y déploya une splendeur et une magnificence dignes de ses immenses richesses ; mais tant de pompe ne cachait que des infortunes.

Outre ses trois enfants légitimes, Jean II laissa deux

(1) Bonnal, Manuscrit de la bibliothèque royale de Paris. —
(2) Grands Officiers, tome 2.

fils naturels: Jean qui embrassa l'état ecclésiastique, fut d'abord archidiacre de Lomagne et parvint ensuite à l'évêché de Mende, et Bertrand d'Armagnac. Celui-ci se voua à la carrière des armes et parut souvent avec honneur à côté de Bernard son frère.

Jeanne de Périgord, femme du comte d'Armagnac, avait précédé de quelques années son mari dans la tombe et était décédée comme lui à Avignon. Sur la fin de sa vie se sentant affaiblie moins par l'âge que par des infirmités précoces, elle recourut au saint-siége pour obtenir (1) dispense de l'abstinence alors observée dans toute sa rigueur. Le pape accueillit sa prière, et le cardinal grand pénitencier, par des lettres datées du 1er décembre 1375, lui permit d'user de viandes et de laitages. Les frères de Jeanne étaient morts avant elle. Tous les biens de cette branche de Périgord passèrent ainsi à la maison d'Armagnac dont la puissance grandissait à chaque génération.

Jean III s'empressa d'ajouter les vastes domaines que lui léguait son père au comté de Comminges qu'il possédait déjà du chef de sa femme, et dont il portait le titre. Après s'être fait reconnaître dans l'Armagnac, le Fezensac et la Lomagne, il s'achemina vers le Rouergue et fit son entrée solennelle à Rhodez, entouré de la principale noblesse du pays. Arrivé à l'église cathédrale, il y fut reçu par l'évêque Bertrand, qui l'ayant fait asseoir sur le siége épiscopal, lui dit (2): Monsieur je sais que le comté de Rhodez vous appartient; cependant vous ne devez pas ignorer que, suivant d'anciennes conventions passées entre vos prédécesseurs et les

(1) Col. Doat, tome 35. — (2) L'art de vérifier les dates, tome 2, page 275.

miens, votre promotion à cette dignité me regarde. Ainsi, en suivant la route qui m'a été tracée par mes devanciers et sans vouloir préjudicier en rien à vos droits, je demande qu'avant toutes choses vous me fassiez hommage en ma qualité d'évêque de Rhodez ; après quoi je m'offre à remplir tous les engagements qu'ils ont pris avec les comtes qui vous ont devancé. Alors le comte, s'étant tourné vers l'autel, éleva les mains et dit à haute voix : moi, Jean, qui suis héritier légitime du comté de Rhodez, fais hommage de ce comté à vous révérend père en Dieu, seigneur Bertrand, et à vos successeurs, et vous en demande l'investiture. Cela fait, l'évêque lui donna le baiser et lui mit sur la tête la couronne comtale en prononçant les bénédictions marquées dans le rituel. Après quoi il lui dit : je vous reconnais maintenant vrai comte de Rhodez, et comme tel je vous remets de bonne foi la principale tour de la ville avec toutes celles qui sont occupées par les chevaliers du comté.

Jean se hâta moins de rendre hommage au roi ; il ne prêta son serment de fidélité que le 4 août 1385, et encore il se fit représenter dans cet acte de vasselage par un procureur. Il ne paraît pas qu'il ait pris part à une expédition que Gaucher de Passac, gouverneur du Languedoc, dirigea vers les Pyrénées pour en chasser les Anglais. On y comptait (1) Roger d'Espagne, sénéchal de Carcassonne, le fils du comte d'Astarac, le sire de Barbazan et quelques autres seigneurs. Gaucher avec cette petite armée emporta d'assaut le château de St-Forget, prit par capitulation celui de Bassoues, et soumit quelques autres places. C'est tout ce que nous

(1) Dom Vaissette, tome 4, page 287.

savons de cette course armée. Pendant qu'elle avait lieu, Jean était allé rejoindre le duc de Berry à Toulouse. Il y assista avec les comtes de Pardiac, de l'Isle-Jourdain et le sire d'Albret à deux cérémonies religieuses célébrées avec la plus grande pompe; l'une fut la translation ou plutôt l'élévation des reliques de St-Sernin, et l'autre la dédicace de la magnifique église des Jacobins, qu'une ville aussi amie des arts que Toulouse ne saurait abandonner longtemps aux mutilations des soldats.

Peu de jours après il conclut (1) avec le duc de Berry son oncle, un traité qui l'établissait gouverneur du pays de Languedoc et de Guyenne aux gages de mille francs d'or par mois. Il se chargeait à ce prix de défendre le pays, pourvu que le duc mît à sa disposition sept cents hommes d'armes. Il se réservait encore que si les Anglais entraient en force dans la province, le duc de Berry serait tenu de voler à son secours avec des forces suffisantes pour les arrêter. Il voulait enfin pouvoir abdiquer cette charge dès qu'il la trouverait trop lourde. Il s'aida de Bernard son frère et lui confia le Rouergue où il l'envoya à la tête de cent cinquante hommes.

Toute sa vigilance n'empêcha pas les courses des Anglais. Maîtres du château de Lourdes, ils se répandirent dans le Bigorre, s'avancèrent jusqu'à l'extrémité de l'Armagnac et détruisirent sans doute de nouveau la ville de Plaisance (2). Un autre corps marcha vers le Toulousain, entra dans le Carcassès et sillonna la province dans tous les sens. Ces progrès alarmèrent le duc de Berry. Il s'en plaignit au comte d'Armagnac, et

(1) Dom Vaissette, page 288. — (2) Manuscrit de M. Larcher.

l'exhorta à employer tous ses soins pour réprimer ces courses ; mais bientôt le comte fut obligé d'abandonner lui-même le Languedoc. Il fut appelé à faire partie de l'expédition que le roi préparait au port de l'Écluse pour tenter une descente en Angleterre. En s'éloignant avec une partie des troupes, il établit (1) pour ses lieutenants le comte de Pardiac et le sire d'Aure, et donna divers commandements aux seigneurs de Caumont, de Castelnau et de Canillac. Son éloignement et la désertion d'une foule de gens d'armes mal payés qui le suivit ne pouvaient qu'enhardir les Anglais et aider à leurs succès. Le comte de Pardiac et le sire d'Aure n'avaient pas assez d'autorité pour se faire obéir ; le chancelier de Jean et le seigneur d'Orbessan, auxquels on s'adressa à leur défaut, étaient encore moins puissants. Ainsi le mal augmentait chaque jour ; heureusement que l'absence du comte d'Armagnac fut courte.

L'expédition projetée n'eut point lieu, et Jean put revenir prendre le commandement du Languedoc ; mais les forces dont il pouvait disposer eussent été impuissantes contre des ennemis qui pullulaient de toutes parts. Il fallut en venir à des négociations et traiter avec les principaux partisans de l'Angleterre, parmi lesquels (2) on comptait Raymond Guilhem de Caupenne, Chopin de Badifol, Bernard Doat, et Amauri de Maubec. On leur donna deux cent cinquante mille livres, et ils promirent d'évacuer la province (1387). Néanmoins ils ne se hâtèrent pas d'exécuter leurs promesses. Clément VII alors retiré à Avignon, redoutait leur voisinage. Il députa à Jean III, dans le mois d'avril de l'année suivante, l'évêque de Nîmes et un clerc de

(1) Dom Vaissette, page 289. — (2) Dom Vaissette, Preuves, p. 373.

sa chambre pour le conjurer de presser leur départ. On gagna peu à leur éloignement, car l'avidité des princes devint plus exigeante.

Il fallut payer (1) à la fois quatre francs par feu pour une expédition en Espagne, et un franc et un quart pour la garde des frontières. Tous ces subsides épuisaient la province; les villes et les campagnes étaient couvertes d'une nuée de receveurs, d'exacteurs et de maltotiers d'autant plus insolents qu'ils avaient une pleine autorité d'étendre les impôts, d'établir des fouages et même de prendre le vingtième des vins, des troupeaux et des haras. Ces exactions désolèrent en peu de temps le pays; « car, dit l'anonyme de St-Denis, traduit par Le Laboureur, celui qui obéissait se dépouillait de tous ses biens pour demeurer gueux et misérable, et l'autre qui résistait était traîné dans une sale prison où sa liberté n'était plus au prix de sa quote-part, et où il fallait expier d'une somme ruineuse le crime de la rébellion. » On ne pouvait échapper à tant de maux qu'en fuyant sur la terre étrangère, remède extrême auquel recoururent un grand nombre de familles. L'émigration prenait déjà des proportions alarmantes, lorsqu'un religieux de Grand-Selve, bravant la puissance du duc de Berry et déjouant tous les obstacles que les créatures du prince opposèrent à son généreux dessein, osa porter aux pieds du trône les plaintes d'une vaste contrée poussée au désespoir, et dérouler dans toute leur turpitude, en présence de la cour, les longues trames de toutes ces injustices.

(1) Dom Vaissette, Preuves, page 390.

CHAPITRE II.

Le duc de Berry, veuf de Jeanne d'Armagnac, se remarie avec la cousine de Gaston Phœbus. — Le roi Charles VI à Toulouse. — Il y est visité par les comtes d'Armagnac et de Foix, — il va visiter lui-même ce dernier dans son château de Mazères. — Brillant accueil qu'il y reçoit. — Traité secret. — Bernard, frère du comte d'Armagnac, combat en Espagne. — Tournois célébré sous la présidence du comte d'Armagnac. — Jean, bâtard d'Armagnac, évêque de Mende et archevêque d'Auch. — Mort de Gaston Phœbus. — Sa splendeur. — Ses funérailles. — Suites de sa mort. — Le vicomte de Castelbon son cousin se présente pour lui succéder.

Pendant qu'on dévoilait ainsi aux yeux du monarque l'insatiable rapacité du duc de Berry, celui-ci songeait à contracter un nouveau mariage. Il avait perdu dans le mois d'avril 1387 (1) Jeanne d'Armagnac dont il avait eu trois fils, Charles, Jean et Louis, morts sans lignée avant leur père, et deux filles, Bonne qui épousa en secondes noces Bernard d'Armagnac, frère de Jean III, et Marguerite, mariée successivement à Louis de Châtillon, à Philippe, comte d'Eu, et enfin à Jean Ier, duc de Bourbon. Le duc de Berry n'avait que 47 ans à la mort de Jeanne. Il aspira d'abord à la main de la fille du duc de Lancastre. On l'accusa même d'avoir sacrifié les intérêts de la France à l'espoir de cette alliance; mais la jeune princesse fut unie à l'héritier présomptif de la couronne de Castille. Il jeta alors ses vues sur Jeanne (2) de Boulogne, fille unique de Jean II,

(1) Et non pas en 1384 comme le marque l'anonyme de St-Denis, souvent aussi mal renseigné que Froissart. Grands Officiers, tome 1, page 107. — (2) Froissart, tome 3, ch. 135 et 141.

comte de Boulogne, et d'Éléonore de Comminges, sœur aînée de Marguerite que nous avons vue hériter du Comminges et épouser le jeune comte d'Armagnac. Neuf ans auparavant, Éléonore s'arrachant des bras d'un mari faible et insouciant, et menant Jeanne presqu'au berceau, allait chercher pour elle et pour sa fille un appui à la cour d'Aragon. Gaston Phœbus, son cousin germain, dont elle traversait les états, retint l'enfant près de lui et la fit élever comme sa proche parente. Éléonore n'avait pas renoncé à ses prétentions sur le Comminges. En gardant sa fille, le comte de Foix avait entre ses mains un moyen d'inquiéter la maison d'Armagnac ou du moins de la forcer à des ménagements. Ainsi s'explique, peut-être autant que par la pacification de Tarbes, la longue paix qui régnait entre les deux rivaux.

Le temps avait développé les traits purs et réguliers de Jeanne : elle promettait déjà de devenir une des plus belles princesses de son siècle. Le duc de Berry la demanda solennellement et pressa vivement la conclusion de ce mariage; mais le comte de Foix, loin de répondre à ses vœux, chercha par des délais calculés à irriter son impatience. Il voulut se faire largement payer l'hospitalité donnée à la mère et à la fille. Quand il eut touché trente mille francs pour chaque année de séjour, il céda et envoya sa jeune et belle cousine à Morlas, accompagnée de plus de cinq cents lances que commandaient Espain du Lyon, Arnaud Guillaume de Béarn, Pierre de Cabestan, Adam de Coarrase, Menaud de Navailles et Pierre de Gier. Louis de Sancerre la reçut à la tête d'une noblesse non moins nombreuse et non moins brillante que celle de Foix, et la conduisit parmi les fêtes et les plaisirs, à Riom en Auvergne, où le mariage fut célébré (mai 1389).

Le roi Charles VI était alors occupé à conclure avec les Anglais une trève de trois ans dont les deux royaumes avaient également besoin. Plus libre après cette trève, il se prépara à visiter les provinces méridionales pour tâcher d'adoucir leurs maux, s'il ne pouvait les guérir entièrement. Au moment où il allait se mettre en route, on vit arriver à la cour une députation envoyée par le Languedoc et la Guyenne, réunis sous un même gouvernement. Les députés, ayant obtenu une audience du monarque, lui firent *à genoux et la larme à l'œil*, le long et lugubre tableau des exactions qui avaient pesé sur eux, et ajoutèrent en finissant (1) qu'ils ne parlaient point pour deux provinces entières, mais pour le malheureux reste d'un grand peuple que le seul désir de lui demeurer soumis obligeait à cette dernière tentative, avant de suivre l'exemple de plus de quarante mille personnes du pays, qui s'étaient retirées en Aragon où elles se vantaient d'avoir trouvé une véritable patrie.

Le roi touché de ces plaintes promit de faire une prompte et sévère justice de tant d'iniquités, et pour gage de ses intentions, il dépouilla le duc de Berry de son gouvernement et lui refusa, malgré toutes ses sollicitations, la faveur de l'accompagner dans son voyage. Il prit avec lui le duc de Touraine son frère, le duc de Bourbon son oncle, le sire d'Albret qu'il venait de revêtir du titre de grand chambellan, Charles, fils aîné du sire d'Albret et quelques autres seigneurs, et fit son

(1) Anonyme de St-Denis, livre 9, chap. 6.

entrée solennelle à Toulouse (1) le 29 novembre 1389. Les principaux vassaux de la sénéchaussée s'empressèrent de venir lui rendre hommage. On vit accourir le comte d'Astarac, Jourdain comte de l'Isle, Roger de Comminges, vicomte de Bruniquel et Bertrand de Terride vicomte de Gimois. Le comte d'Armagnac parut un peu plus tard. Gaston Phœbus se contenta d'envoyer saluer le roi en son nom, quoiqu'il eût quitté le Béarn et se fût transporté au château de Mazères dans le pays de Foix. Le roi, à qui l'on conseilla de le mander, lui députa le maréchal de Sancerre et Bureau de La Rivière. « Les deux envoyés (2) partirent un mercredi après boire, allèrent coucher dans une cité assez bonne nommée l'Isle-Jourdain, et le lendemain à l'heure de dîner ils arrivèrent à Mazères.

« Le comte de Foix instruit de leur approche, les accueillit doucement et *liement* pour l'amour du roi. Il les connaissait d'ailleurs pour les avoir vus. Messire Louis de Sancerre porta la parole et dit : monseigneur de Foix, notre très-cher sire le roi de France vous mande par nous que vous veuilliez le venir voir à Toulouse ou il se travaillera tant qu'il vous viendra voir dans votre pays. Le comte de Foix répondit : messire Louis, je ne veux pas que le roi ait ce travail pour moi. Mieux appartient que je l'aie pour lui. Ainsi vous lui direz de par moi, s'il vous plaît, que je serai à Toulouse dans quatre jours. C'est bien dit, répliquèrent les chevaliers. Nous retournerons et lui porterons ces nouvelles. Oui certes, continua Gaston, mais aujourd'hui vous resterez près de moi. Je vous tiendrai tous aises,

---

(1) Dom Vaissette, tom. 4, pag. 393. — (2) Nous avons emprunté tout ce récit à Froissart, tom. 4, chap. 8.

car je vous vois volontiers. Demain vous vous mettrez en retour. Les chevaliers obéirent et demeurèrent près du comte de Foix ce jour et la nuit suivante. Le temps leur parut aussi court qu'agréable. Ils parlèrent ensemble de plusieurs choses. Le comte était sage, bien entendu et de beau parlement, et trop bien il savait en parlant à un homme, quel que fût son état, lui tirer tout ce qu'il avait dans le cœur. Au bon matinet le maréchal et La Rivière partirent et chevauchèrent tant que ce jour même ils rentrèrent à Toulouse et trouvèrent le roi jouant aux échecs avec son oncle le duc de Bourbon. Le prince leur demanda sur-le-champ tout haut : que dit le comte de Foix ? Voudra-t-il venir ? Oui, sire, répondit La Rivière. Il a très-grande affection de vous voir; il sera ici près de vous dans quatre jours. Bien, répliqua le roi, nous le verrons volontiers.

« Le comte de Foix qui était resté à Mazères n'oublia pas le voyage qui l'attendait et auquel il s'était déjà préparé; il savait depuis longtemps la venue du roi. Il se fit précéder à Toulouse de gens chargés de faire des provisions *grandes et grosses comme à lui appartenait;* il fit venir du Béarn plus de deux cents chevaliers ou écuyers pour lui servir d'escorte. Au jour qu'il avait fixé, il alla à Toulouse avec plus de six cents chevaux, escorté de chevaliers et d'écuyers tous à ses gages. On y comptait Roger d'Espagne son cousin, les sires de Coarrase, de Valentin, de Gier, de Benac, de Roquepine, de Lalanne, messires Espain du Lyon, Pierre de Cabestan, Bernard de Barège, Mouvant de Navailles, Arnaud de Ste-Bazeille, enfin Pierre et Arnaud de Béarn ses deux frères naturels et ses deux bâtards, Ivain et Gratien qu'il aimait très-grandement et auxquels il voulait donner en héritage la plus grande partie de la terre de Béarn. Il croyait pouvoir en disposer à sa volonté, parce qu'il la tenait lige et franche sans qu'elle relevât de nul homme *fors de Dieu.*

« Gaston descendit chez les Dominicains où il prit son logement. Ses gens se logèrent autour de lui dans la ville. Les bourgeois de Toulouse l'accueillirent avec honneur et lui firent de grands présents de bons vins et de plusieurs autres comestibles; car ils l'aimaient beaucoup, parce qu'il s'était toujours montré pour eux un voisin bon, courtois et affable, et qu'il n'avait jamais souffert qu'aucun de ses vassaux se permît à leur égard la moindre violence. Le lendemain de son arrivée, à dix heures, il monta à cheval escorté de plus de deux cents chevaliers *tous hommes d'honneur*, et, traversant la ville, il vint au château Narbonnais qu'habitait le roi. Il mit pied à terre dans la première cour. Des varlets prirent aussitôt et gardèrent les chevaux, et le comte et ses gens montèrent les degrés de la grande salle. Le roi avait quitté son appartement et s'y était rendu. Il y attendait le comte qu'il désirait grandement voir sur la bonne renommée de sa haute vaillance et de ses belles qualités.

« Gaston, qui était un prince beau, bien fait et de haute taille, entra dans la salle, tête nue et les cheveux épars; car il ne portait jamais de chaperon. Dès qu'il vit le roi entouré de son frère, de son oncle et d'une foule de seigneurs, pour honorer le monarque et non autrui, il fléchit un genou à terre. Il se releva ensuite, et faisant quelques pas en avant, il s'agenouilla très-près du roi. Le monarque le prit par la main, l'embrassa et le releva en lui disant : comte de Foix, beau cousin, vous êtes le bien venu; votre vue et venue nous réjouit moult grandement. Monseigneur, répondit le comte de Foix, grand merci, quand tant vous en plaît à dire. Le roi et le comte s'entretinrent ensemble et puis vint l'heure du dîner. On donna l'eau pour se laver et on s'assit. Trois tables étaient dressées : à la première fut d'abord l'archevêque de Toulouse, puis le roi, puis son oncle le duc de Bourbon, puis le comte de Foix, puis Jean de Bourbon comte de Lamarche; à la seconde table on voyait Jean d'Albret, le comte d'Harcourt, Philippe de Bar et quatre chevaliers du comte de Foix. Le maréchal de Sancerre présidait à la dernière où s'assirent avec lui Roger d'Espagne et huit chevaliers de Gaston. Le dîner fut splendide.

« Quand on eut levé les tables et rendu grâces, on prit d'autres ébattements. Le roi et les seigneurs se rendirent dans la salle d'apparat, où ils se tinrent debout près de deux heures, écoutant des ménétriers, car le comte de Foix s'y délectait grandement. On apporta enfin des vins et des épices. Le comte d'Harcourt servit du *drageoir* devant le roi de France. Géraud de Dampierre et le sire de Navailles remplirent le même office, le premier devant le duc de Bourbon et le second devant le comte de Foix. Il était environ sept heures du soir. Gaston prit congé du roi, du duc de Bourbon et des autres seigneurs, sortit de la cour où il trouva ses chevaux prêts et ses gens qui l'attendaient. Il s'en retourna avec sa suite, enchanté de l'accueil qu'il avait reçu du roi de France, et quand il fut rentré dans son hôtel, il s'en loua fort à ses chevaliers.

« Le roi et le comte séjournèrent quelque temps à Toulouse. Gaston donna un jour à dîner à monseigneur le duc de Touraine, à monseigneur le duc de Bourbon, au comte de Lamarche et *à tous les seigneurs de France*. Ce dîner fut *outre mesure, grand et bel, et grande foison y eut de mets et d'entremets*. Plus de deux cents chevaliers y prirent part. Quand les tables furent levées, Charles VI qui avait dîné au château de Toulouse avec messire Charles d'Albret et messire Philippe de Bar ses deux cousins germains, ne put tenir d'aller visiter la compagnie. Il vint à l'hôtel de Foix lui douzième seulement. Le comte de Foix fut très-grandement réjoui de ce que le roi s'était tant humilié que de venir jusqu'à lui. Toute la compagnie partagea sa joie. On se livra à plusieurs ébattements; tous ces Gascons ou ces Français s'éprouvaient l'un contre l'autre à la lutte, à jeter la pierre, à pousser la barre plus loin ou plus haut. Ces jeux durèrent jusqu'à la nuit, que le roi et les seigneurs s'en retournèrent. Le comte de Foix donna ce jour aux chevaliers et écuyers du roi, du duc de Touraine et du duc de Bourbon plus de soixante coursiers, palefrois ou mulets, tous *amblants sellés et apprêtés de tout point*. Il donna encore à leurs ménétriers deux cents couronnes d'or et autant à leurs hérauts. Aussi tous se louaient de ses largesses.

« Quatre jours après, le comte toujours bien accompagné de barons et de chevaliers de Béarn et de Foix, vint au château du roi *pour faire ce qu'il appartenait et dont il était requis*. Depuis leur arrivée, il y avait eu entre Charles VI et Gaston divers traités négociés par le seigneur de La Rivière, messire Jean Lemercier et l'évêque de Noyon nouvellement arrivé d'Avignon; mais ces traités furent tenus secrets. On disait seulement que Gaston recherchait la protection du roi, pour qu'après son décès, le comté de Foix passât à Ivain son fils naturel, et la vicomté de Marsan à Gratien frère d'Ivain; en sorte qu'il n'eût resté au vicomte de Castelbon son héritier naturel que le Béarn et quelques autres domaines. Cent mille livres, prises dans ses épargnes, devaient payer l'appui de la France. Le comte trouvait de la résistance dans les barons et les chevaliers de son pays, et plusieurs prétendaient que ces arrangements ne pouvaient se faire qu'avec l'assentiment des états de Béarn et de Foix. Gaston ne rendit hommage que du comté de Foix et de ses dépendances, et réserva expressément le Béarn. Après avoir reçu le serment, le roi dit publiquement au comte, aux barons, aux chevaliers de Foix qui étaient présents : je tiens en main l'hommage de ma terre de Foix, et s'il advient que de notre temps la terre vaque par la mort de notre cousin le comte Gaston, nous en déterminerons si à point qu'Ivain et tous les hommes de Foix seront contents. Gaston et toute sa suite comprirent facilement le sens de ces paroles. »

Le traité que l'on cachait alors ne tarda pas à être connu. Il porte (1) la date du 5 janvier 1390, et est encore plus hostile au vicomte de Castelbon que ne l'annonçait la rumeur publique. Charles promettait à Gaston la jouissance viagère du comté de Bigorre avec cent mille francs d'or. Gaston à son tour donnait après sa mort à Charles le comté de Foix avec les vicomtés de Béarn, de Marsan, de Gavardan et de Lautrec et tous ses autres domaines. C'était dépouiller entièrement son héritier et violer ouvertement les lois du pays. Nul seigneur de Foix et de Béarn n'a conservé dans l'histoire une place plus brillante que Gaston, et néanmoins au-

(1) Dom Vaissette, tom. 4, pag. 397.

cun d'eux ne se laissa emporter à des actes aussi cruels et aussi arbitraires. Des qualités éclatantes et une habileté incontestable couvrirent les taches du sang et le despotisme. Froissart surtout a servi sa gloire. Sans taire le mal, il a mis le bien en relief, et le bien seul a frappé les regards et est resté dans les souvenirs.

Le jour où le traité fut conclu, Charles et Gaston dînèrent ensemble. Après le dîner, Gaston prit congé du roi, du duc de Touraine et des hauts seigneurs de France, et retourna à son hôtel. Le lendemain il quitta Toulouse, laissant derrière lui des fourriers pour payer les dépenses. Il allait en toute hâte tout disposer pour recevoir le roi à son château de Mazères. La réception dépassa ce que l'on attendait de la courtoisie et de la magnificence du seigneur le plus courtois et le plus magnifique de tout le royaume. Gaston ne négligea rien pour faire éclater sa joie et son opulence (1). A quelque distance de Mazères, le roi rencontra cent des plus nobles chevaliers qui, sous la saye (*) grossière des paysans et des bouviers, lui offrirent de la part de leur maître une grande quantité de moutons et de bœufs gras et une belle troupe de forts beaux chevaux, sortis de ses écuries, tous portant des colliers avec des sonnettes d'argent. Cette générosité fut reçue avec beaucoup de plaisir, mais le contentement se manifesta par des rires bruyants, quand le roi connut la surprise. Car, au premier abord, la beauté du présent et les haillons des conducteurs avaient tellement préoccupé les esprits, que ni le prince, ni sa suite ne prirent point garde à la

(1) Anonyme de St-Denis, livre 9, chap. 9.
(*) La blouse actuelle. Elle a depuis les temps les plus reculés fait partie de l'habillement de toutes les populations voisines des Pyrénées.

taille et à la bonne mine des chevaliers. Quand la table fut dressée, on vit entrer dans la salle des ménétriers tenant dans leurs mains leurs instruments, et laissant flotter sur leurs épaules des manteaux semés de fleurs de lys d'or. Le roi demanda au comte qui mangeait avec lui, *qui était cette belle troupe ?* Sire, lui dit Gaston, ce sont vos très-humbles serviteurs, tellement disposés à tout ce qu'il plaira à votre majesté de leur commander qu'ils vous obéiront comme des bouviers et des pâtres font à leur maître. Le roi comprit alors seulement que c'étaient les mêmes chevaliers sous un déguisement nouveau. Tel fut le divertissement du premier jour.

Le lendemain, les mêmes chevaliers donnèrent au roi le plaisir de voir lancer le javelot qui était le jeu le plus commun parmi les nobles du pays (*). Le comte proposa pour prix une couronne d'or. Le roi voulut se mêler à cet amusement, et quoiqu'il n'y fût pas exercé et que ses concurrents eussent pour eux l'agilité du corps, la force des bras et une longue habitude, il remporta sur eux, de leur aveu même, le prix de la joute. Néanmoins il n'en voulut point profiter et il leur abandonna généreusement la couronne. Le comte loua, comme il le devait, en présence de toute sa cour, l'adresse du monarque, et avant son départ il lui réitéra à genoux l'hommage-lige de ses terres. Il lui dit ensuite hautement : « j'ai passé toutes les premières années de ma chevalerie au service de vos ancêtres, et comme j'en

---

(*) Il est encore très-commun dans les départements des Hautes et Basses Pyrénées, mais un peu moins dans le Gers et les Landes où on l'appelle *aou pousso barro*. Le saut, un autre jeu des anciens Grecs, est encore un des jeux favoris du Béarn et du pays Basque.

ai reçu des honneurs et des bienfaits que je ne puis oublier, je m'estime si heureux de pouvoir les reconnaître en votre personne, que je vous prie d'accepter pour vous et pour vos hoirs la succession de mon comté de Foix (1). »

Le même jour il donna des lettres scellées par lesquelles il s'engageait à observer de point en point les clauses jurées entre lui et le comte d'Armagnac, pourvu que le comte d'Armagnac les observât lui-même ; et dans le cas où celui-ci les enfreindrait, il promettait, avant de commencer la guerre, de soumettre le différend au jugement du roi, et s'obligeait à accepter toutes les peines qui seraient ordonnées s'il agissait autrement. (Mazères, 10 janvier 1389).

Le voyage du roi en Languedoc fut très-utile à ses intérêts. Les peuples, dit l'Anonyme de St-Denis (2) traduit par Le Laboureur, l'aimèrent comme le père de la patrie pour le repos qu'il leur donna par le rétablissement des bonnes coutumes et de la justice qu'il rappela d'un si long exil. Les comtes et les seigneurs qu'il visita en passant, conçurent une nouvelle affection pour son service et reçurent pour dernière satisfaction la promesse qu'il leur donnerait un autre gouverneur que le duc de Berry, aussitôt qu'il serait rentré à Paris, où sa présence était nécessaire pour le bien du royaume.

En partant de Mazères, le roi se rendit à Béziers où il trouva des ambassadeurs de Jean roi d'Aragon, qui venaient lui demander des secours contre le comte d'Armagnac (3). Quelques années auparavant ce seigneur s'était ligué avec le comte d'Ampurias contre

(1) L'Anonyme de St-Denis, livre 9, chap. 9. — (2) Idem. — (3) Dom Vaissette, tom. 4, pag. 398 et suiv.

Pierre IV père de Jean, et lui avait envoyé des troupes sous les ordres de son frère Bernard. Cette expédition n'avait pas été heureuse. Le comte d'Ampurias et son allié avaient été battus par le prince Jean, le roi actuel, et la paix avait été faite. Mais plus tard, Isabelle de Majorque (*) qui se prétendait héritière de ce royaume alors occupé par le roi d'Aragon céda ses droits au comte d'Armagnac. Celui-ci accepta avec joie l'éventualité d'une couronne et renvoya aussitôt Bernard en Catalogne et en Roussillon, à la tête d'une partie des compagnies qui occupaient la Guyenne et le Languedoc, et qui d'après le dernier traité avec Jean III devaient abandonner ces provinces; elles s'élevaient environ à dix-huit mille combattants. Le comte Jean allait les suivre de près et en prendre le commandement. Cependant Bernard entra dans le Lampourdan vers la mi-décembre 1389, et y mit tout à feu et à sang. Le roi d'Aragon accourut en toute hâte pour s'opposer à ses progrès. En même temps il fit prier par ses ambassadeurs Charles IV d'engager les compagnies à abandon-

(*) La reine lui avait fait proposer les conditions suivantes : 1° elle garderait le Roussillon et lui abandonnerait la Cerdaigne, la vicomté de Confolans et l'isle de Majorque, mais elle exigeait cent mille francs et une pension de trois mille francs jusqu'à la conquête des terres qu'elle se réservait et qui étaient toutes au pouvoir du roi d'Aragon. Le comte modifia les conditions, et il fut stipulé qu'Isabelle de Majorque garderait le Roussillon, la Cerdaigne et la vicomté de Confolans, mais que toutes les autres terres se partageraient; 2° que le comte ferait à la reine une pension de mille livres qui lui serait remboursée après la conquête; 3° que les deux parties ne feraient ni paix ni trêve sans y être comprises l'une et l'autre; 4° qu'Isabelle prendrait le titre de reine toute sa vie, et que si elle acceptait par composition de son ennemi des terres ou de l'argent, la moitié en reviendrait au comte d'Armagnac. (Collection Doat, tom. 16.)

ner l'Espagne, et il réclama un secours de mille chevaux en vertu d'un traité qui liait la France avec l'Aragon.

Charles, qui ignorait les clauses d'une convention conclue par ses oncles durant sa minorité, promit de les faire examiner et de donner plus tard sa réponse royale. Il s'engagea en attendant à défendre à ses sujets de marcher au secours de Bernard d'Armagnac. Jean d'Aragon, ainsi forcé de soutenir seul le poids de la guerre, ne put empêcher le siège et la prise du château de Bezalu (février 1390); mais le reste de la campagne ne répondit pas à ce début. Jean trouva un auxiliaire plus disposé dans le comte de Foix qui, sans prendre ouvertement les armes, força le comte d'Armagnac à garder une partie de ses forces en deçà des Pyrénées. Cette diversion affaiblit Bernard et arrêta ses succès. Il se soutint néanmoins dans le pays près d'un an, mais il fut enfin contraint de repasser les monts (mai 1391).

Le comte d'Armagnac ne parut point sur le théâtre de la guerre, comme il se l'était promis. Avant que la première campagne s'ouvrît il présida un tournois, qui fut célébré dans la ville de Rhodez le 30 décembre 1388 (1). C'était le spectacle le plus recherché de l'époque; on y compta, dit-on, plus de dix mille spectateurs. Il eut pour témoins particuliers Bernard d'Armagnac qui portait alors le titre de comte de Charolais, le vicomte de Villemur, les seigneurs de l'Isle, de Canillac, de Castelpers et de Castelnau, messire Jean Rolland, Arnaud Guilhem de Barbazan et Ramonet de Sort. Les deux champions se nommaient Jacques Breton et Louis de Sère. Le premier soutenait le parti de l'Angleterre, le second était resté fidèle à la France.

(1) Coll. Doat, tom. 39.

Ménéduc de Pausadé et Guillamot de Solages furent nommés maréchaux du camp. Chacun d'eux avait à ses côtés deux écuyers chargés d'examiner et de rapporter ce qui se passerait durant le combat, et que pour cela on nommait écoutants. Dès que le comte eut pris place sur l'estrade qui lui avait été dressée et eut ordonné que les deux champions se présentassent, les maréchaux firent publier que nul ne fût si osé que de parler, tousser, regarder, cracher, s'abaisser, ni faire aucun signe duquel aucune des parties pût s'aviser, et ce à peine d'être pendu par la gorge sans aucune merci. Jacques Breton se montra le premier et alla se placer dans une loge à la droite du comte. Louis de Sère se fit attendre, et déjà messire Guiraud et le sire de Garlin requéraient le comte de leur faire raison, attendu que le défendant n'avait point paru quoiqu'il eût été appelé trois fois et que l'heure fût avancée; mais il leur fut répondu que monseigneur leur ferait la raison qu'il devait, dès qu'il en serait temps.

Louis de Sère parut enfin. Il montait un riche dextrier et était conduit par le sire d'Apchier, Gastonet de St-Léonard, Forton de Lavalette et par quatre autres seigneurs. A l'entrée des barrières, le sire d'Apchier déclara aux maréchaux que le chevalier qu'ils escortaient venait se présenter pour faire son devoir. A ces mots, Louis salua le comte et l'assemblée, traversa la lice et alla occuper la loge qui l'attendait à la gauche du comte d'Armagnac. Aussitôt les hérauts crièrent de nouveau qu'il ne fût fait aucun signe sous peine de la hart. Après ce cri, Jacques Breton vint jurer pour la première fois devant le comte sur la croix et les saints évangiles, qu'il ne portait ni ne faisait porter sachet, pierre, herbe, conjuration ou chose quelconque qui le pût aider, hormis ses armes. Quand ce serment eut été prêté, le comte fit descendre de l'estrade le vicomte de Villemur, les seigneurs de Castelnau et de Canillac et messire Guillaume de Laroque, et lui fit proposer paix et accord; mais la proposition fut rejetée, et Jacques élevant sa voix jura qu'il appelait à bonne cause. Ces préliminaires accomplis, il se retira dans sa loge. A peine y fut-il rentré, que Louis de Sère vint jurer comme lui. Alors se fit de nouveau aux quatre coins de la lice le cri que nul ne soit assez osé pour faire chose que les combattants puissent apercevoir.

Pendant que les hérauts proclamaient ces défenses, le comte envoya de nouveau vers les deux champions pour tâcher de les accorder. Ils s'y refusèrent, et sortant aussitôt de leurs loges, ils s'avancèrent au milieu de l'arène. Là se tenant par la main gauche et plaçant la droite sur les saints évangiles, ils dirent à haute voix: l'anglais: Louis, je te jure par Dieu et par les saints que j'aie bonne, vraie et juste querelle contre toi sur les choses que je t'ai demandées; le français: Jacques, je te jure que la défense que j'ai faite à ta demande est bonne et vraie, et qu'avec l'aide de Dieu et de mes armes, j'accomplirai ce que j'ai dit. Après ce serment, les deux chevaliers retournèrent à leur place. Les hérauts réitérèrent au nom de monseigneur les défenses déjà proclamées, et les maréchaux firent vider la lice et y restèrent seuls avec les seigneurs d'Orbessan et de Pujols et deux écuyers anglais, chargés de remplir avec eux les fonctions d'écoutants. En même temps on tira les loges. Ménéduc cria par trois diverses fois: laissez-les aller, et à la troisième il ajouta: faites votre devoir. Il jeta en même temps deux gants au milieu de la lice. Les deux chevaliers courent l'un sur l'autre, mais au premier choc Louis de Sère heurta si violemment son adversaire, qu'il le désarçonna et le fit rouler à terre. Meurtri et hors d'état de se relever, Breton fut forcé de se rendre. Sa mésaventure n'éveilla aucune sympathie dans cette vaste assemblée. Les ravages, auxquels la France était depuis si longtemps en proie, avaient endurci les cœurs contre tout ce qui portait les couleurs de l'Angleterre. On traita le vaincu selon toute la rigueur des lois de la chevalerie. Il fut dépouillé de ses armes et jeté honteusement hors de la lice.

Breton faisait partie d'une garnison anglaise qui occupait Carlat. D'autres partis de la même nation infestaient tout le Midi. Le comte d'Armagnac ne put ni accompagner son frère en Espagne, ni plus tard voler à son secours. Il tourna toute son activité contre les compagnies anglaises et s'efforça d'en purger le Languedoc. Il y était presqu'entièrement parvenu le 25 novembre 1390. Les corps qui ne s'étaient pas encore éloignés avaient promis d'évacuer bientôt les places qu'ils occupaient, et pour garant de leurs promesses ils avaient donné des ôtages qui devaient se rendre à Mende. L'évêque de Mende était ce bâtard d'Armagnac dont nous avons déjà parlé. Sa prudence et ses talents le firent choisir pour arbitre (1) par le pape Clément VII, la reine de Sicile et le comte de Valentinois dans un différend qu'ils avaient avec le vicomte de Turenne. Celui-ci choisit de son côté le sire d'Apchier et Raoul de Lestrange. Les trois arbitres n'ayant pu s'accorder, déférèrent le jugement au comte d'Armagnac, qui fut

_____
(1) Dom Vaissette, tom. 4, pag. 401.

assez heureux pour faire agréer sa sentence et rétablir la paix sur les bords du Rhône, comme il l'avait à peu près rétablie dans le Languedoc.

Le pape voulut reconnaître ses soins. Il transféra (15 novembre 1394) son frère naturel, de l'évêché de Mende (1) à l'archevêché d'Auch, censé vacant par la promotion récente de Jean Flandrin au cardinalat. Mais les cardinaux commençaient à garder leur siége ; et il faut l'avouer, la puissance des deux concurrents qui se disputaient la tiare, était trop faible et trop précaire pour les forcer à une abdication, si elle n'était pas de leur goût. Flandrin accepta la pourpre et n'en persista pas moins à administrer le diocèse. D'un autre côté, Boniface IX, successeur d'Urbain, avait l'année précédente rétabli Philippe d'Alençon. Ainsi la métropole comptait à la fois trois titulaires. Les suffragances offraient presque toutes le même spectacle. Les papes de Rome et d'Avignon ne cherchaient qu'à multiplier leurs adhérents, et dans cette vue ils donnaient à l'envi les évêchés, les abbayes, les dignités ecclésiastiques, la pourpre même à tout ce qui promettait d'étendre leur obédience.

Gaston mourut au milieu de tous ces déchirements. La chasse était son délassement favori. Il nourrissait, disait-on, seize cents chiens. « Il avait poursuivi (2) l'ours toute la matinée dans le bois de Sauveterre, et quand l'animal fut abattu, il demanda à ceux qui le suivaient dans quel lieu on lui avait préparé à dîner, car il était plus de trois heures. On lui répondit à l'hôpital de Riom, à deux petites lieues d'Orthez. Le comte

(1) *Gallia Christiana.* Dom Brugelles. M. d'Aignan. — (2) Froissart, tom. 4, chapitre 27 et suivants.

et ses gens vinrent en chevauchant au pas et descendirent à l'hôtel. Gaston entra dans la chambre qu'ils trouvèrent toute jonchée de verdure fraîche et nouvelle, les murailles elles-mêmes étaient couvertes de rameaux verts pour qu'elles fussent plus fraîches et plus odorantes, car le temps était chaud et l'air brûlant comme il arrive quelquefois au mois de mai, ou selon les Annales de Foix, au mois d'août. Quand il se sentit dans cette chambre si fraîche, il s'écria : cette verdure me fait grand bien après un jour si rudement chaud. Il s'assit aussitôt sur son siége et s'entretint avec messire Espain du Lyon.

« Comme ils parlaient ensemble des chiens qui avaient le mieux couru, Ivain son fils naturel et Pierre de Cabestan entrèrent. La table était déjà servie. Gaston demanda l'eau pour se laver. Deux écuyers, Raymonet de Lalanne et Raymonet de Caupenne s'avancèrent. Cayandon d'Espagne prit le bassin d'argent et un autre chevalier nommé Thibaut prit la nappe. Gaston se leva de son siége et tendit les mains; mais aussitôt que l'eau froide eut touché ses doigts, la pâleur couvrit son visage, le cœur lui faillit, les pieds lui manquèrent et il tomba sur son siége en disant : je suis mort; sire Dieu, merci. Oncques depuis il ne parla. Toutefois il ne mourut pas sur-le-champ, mais il entra en agonie. Son fils et les chevaliers qui étaient là, hors d'eux-mêmes, le prirent entre leurs bras fort doucement, le portèrent sur un lit où ils le couchèrent et le couvrirent. Ils pensaient que ce n'était qu'une défaillance. Les écuyers qui avaient apporté l'eau, afin qu'on ne crût pas qu'ils l'eussent empoisonnée, vinrent au bassin et au lavoir, et dirent : voici l'eau, nous avons fait l'essai en votre présence, nous voulons le faire de nouveau. Ils le firent en effet, et le soupçon ne fut pas possible.

« Cependant on se pressait autour de Gaston, on lui *mit à la bouche pain, eau, épices et toutes choses confortatives, mais rien ne lui valut*, car en moins de demi heure il fut mort. Il rendit son âme moult doucement. Que Dieu, par sa grâce, ajoute Froissart auquel nous empruntons tout ce récit, lui soit miséricordieux ! Tous les assistants furent affligés et ébahis outre mesure. Néanmoins ils fermèrent la chambre étroitement afin que ceux de l'hôtel ne sussent pas sitôt cette mort déplorable. Les chevaliers, revenus de leur premier saisissement et voyant Ivain qui pleurait, se lamentait et tordait ses bras, lui dirent : Ivain, c'en est fait: vous avez perdu votre père et votre seigneur; nous savons qu'il vous aimait par-dessus tout. Faites trève à votre douleur, montez à cheval, courez à Orthez, mettez-vous en possession du château et du trésor qu'il renferme, avant que personne y arrive ou que la mort de monseigneur y soit connue. Messire Ivain s'inclina à ces paroles et dit : « seigneurs, grand merci, vous faites courtoisie; je vous en récompenserai dans le temps; mais donnez-moi les vraies enseignes de monseigneur mon père, car autrement je n'entrerai point au château. Vous dites vrai, répondirent les chevaliers, prenez-les. » Les enseignes étaient un anneau que le comte de Foix portait à son doigt et un petit couteau dont il se servait quelquefois à table. Le portier du château d'Orthez les connaissait et il ne l'eût jamais ouvert s'il ne les lui eût montrées.

« Ivain partit aussitôt suivi seulement de deux écuyers. Il chevaucha si hâtivement qu'il vint à Orthez avant qu'on y eût aucune nouvelle de la mort du comte son père. Il longea la ville sans rien dire et sans éveiller des soupçons, vint au château et appela le portier. Celui-ci répondit : que vous plaît-il, monseigneur Ivain ? où est monseigneur ? il est à l'hôpital, dit le chevalier. Il m'envoie ici quérir certaines choses qui sont dans sa chambre et puis je m'en retournerai vers lui ; et afin que tu en croies à mes paroles, regarde : voici ses enseignes : son anneau et son couteau. Le portier ouvrit une fenêtre et connut les enseignes, car il les avait vues autrefois. Il ouvrit le guichet de la porte et messire Ivain entra et donna les chevaux aux varlets. Dès qu'il fut dedans, il dit au portier : ferme la porte. Quand il l'eut fermée, Ivain saisit les clefs et lui dit : tu es mort si tu ne m'obéis. Le portier tout étonné lui demanda le motif de cette violence. Parce que, répondit Ivain, monseigneur mon père est mort et que je veux avoir son trésor avant que personne y vienne. Le portier obéit, car il ne pouvait faire autrement, et d'ailleurs il aimait autant ou plus voir le trésor entre les mains d'Ivain que de qui que ce soit.

« Ivain savait que ce trésor était renfermé dans une grosse tour fermée de trois portes massives, barrées et ferrées par devant, qu'il fallait ouvrir avec diverses clefs. Il ne les trouva pas d'abord, car elles étaient renfermées dans un petit coffre fait de fin acier et fermé par une petite clef de même métal que le comte portait sur lui quand il chevauchait. On la trouva après le départ d'Ivain sur la chemise de Gaston attachée à un cordon de soie. Les chevaliers qui gardaient à Riom le corps de Gaston se demandèrent d'abord à quoi pouvait servir cette petite clef ; mais avec eux était présent le chapelain du comte qu'on appelait messire Nicole de Lescale. Il savait tous les secrets de son maître; car le comte l'avait bien aimé, et le jour où il était allé visiter son trésor, il l'y avait mené, faveur qu'il n'avait accordé qu'à lui. En voyant la clef, il s'écria : messire Ivain perdra ses peines, et il expliqua pourquoi. Les chevaliers lui dirent aussitôt: portez-la lui, vous ferez bien. Il vaut beaucoup mieux que messire Ivain soit maître du trésor que nul autre, car il est bon chevalier, et feu monseigneur l'aimait beaucoup. Le chapelain répondit : puisque vous me le conseillez, je le ferai volontiers. Il monta aussitôt à cheval, prit la clef et se mit en chemin.

« Cependant Ivain tout pensif, ne trouvant pas les clefs, ne savait comment rompre les portes. Pendant qu'il était dans cette perplexité et que le chapelain approchait, le bruit s'était répandu à Orthez que le comte de Foix était mort. Cette nouvelle causa beaucoup de tristesse, car le comte était grandement aimé de tout le monde. La ville s'émut, les habitants se portèrent sur la grande place. Quelques-uns qui avaient vu passer Ivain tout seul disaient : nous l'avons vu, et son air montrait bien qu'il était affligé. Ainsi, répondaient les autres, certainement il est arrivé quelque chose; car il n'a pas coutume de chevaucher devant son père. Tandis que les gens d'Orthez, rassemblés sur la place, s'entretenaient ainsi, voici que le chapelain du comte vint tomber tout droit dans leurs mains. Ils l'entourèrent aussitôt pour savoir des nouvelles, et lui demandèrent : messire Nicole, comment va monseigneur ? On nous a dit qu'il est mort, est-il vrai ? Non, dit le chapelain, mais il est fort malade, je viens chercher un remède : puis je retournerai vers lui. A ces mots, il passa outre, vint au château et fit tant qu'il y fut reçu. Ivain eut grande joie en le voyant, car sans la clef qu'il apportait, il ne pouvait entrer dans la tour du trésor.

« Les habitants d'Orthez entrèrent en soupçon et se dirent entr'eux : il est entièrement nuit et nous n'avons point de nouvelles certaines de monseigneur, ni de ses maîtres d'hôtel, ni de ses clercs ou officiers, et pourtant messire Ivain et son chapelain qui lui étaient entièrement dévoués sont entrés au château. Plaçons autour une garde durant la nuit et envoyons secrètement à l'hôpital pour savoir comment la chose va. Nous savons que la meilleure partie du trésor est ici, et s'il était volé ou enlevé par quelque fraude, nous en serions coupables et en recevrions blâme et dommage. C'est vrai, dirent les autres, qui jugèrent le conseil bon. Aussitôt on fait garder les portes afin que nul ne pût entrer ni sortir sans permission. Ils furent là toute la nuit jusqu'au lendemain. Alors la vérité fut sue. *Vous eussiez vu aussitôt parmi la ville d'Orthez grands pleurs, cris et plaintes de toutes gens, femmes et enfants*, car ils avaient aimé ce comte. Dès que la nouvelle de la mort fut sue, les guets se renforcèrent partout, et tous les hommes de la ville et tous les habitants accoururent en armes sur la place, située devant le château.

« A cette vue, Ivain dit au chapelain de son père : messire Nicole, j'ai failli en mon entente; je ne pourrai sortir ni m'éloigner d'ici sans l'autorisation des habitants d'Orthez. Chaque moment voit augmenter leur nombre. Il me faut humilier envers eux : force n'y vaut rien. Vous dites vrai, répondit le prêtre, vous conquerrez plus par douces que par dures paroles. Allez et parlez-leur. Ivain se rendit alors dans une tour assez voisine de la porte et d'où s'ouvrait une fenêtre qui regardait le pont. C'est là que fut nourrie et gardée Jeanne de Boulogne avant son mariage. Ivain ouvrit la fenêtre de la tour, puis il appela les notables de la ville qui s'avancèrent sur le pont très-près de lui pour entendre ses paroles. Il éleva la voix et parla ainsi : or, bonnes gens d'Orthez, je sais bien pourquoi vous êtes ici assemblés, et il y a sujet. Je vous prie grandement au nom de l'amour que vous avez porté à monseigneur mon père que vous ne veuilliez pas prendre en déplaisance ni courroux, si je suis venu d'abord m'emparer du château d'Orthez et de ce qu'il renferme, car je n'y veux que bien faire. Vous savez que monseigneur mon père m'aimait souverainement comme son fils et qu'il m'eût volontiers établi son héritier. Or, il est advenu que par plaisir de Dieu il est allé de vie à trépas sans faire nulle disposition et m'a laissé un pauvre chevalier, bâtard de Foix, si vous, au milieu desquels j'ai été nourri et élevé, ne m'aidez et ne me conseillez. Je vous prie donc pour Dieu et en pitié que vous y veuillez songer; vous ferez aumône. De mon côté je vous ouvrirai le château et vous y entrerez; car contre vous je ne veux ni le garder ni le fermer.

« Les notables répondirent aussitôt : messire Ivain, vous avez parlé bien et à point. Nous vous assurons que nous demeurerons avec vous et nous vous aiderons à garder le château et les biens qui y sont dedans, et si le vicomte de Castelbon, votre cousin, qui est héritier du Béarn et le plus proche parent de votre père, accourt pour recueillir l'héritage, nous garderons à vous et à messire Gratien votre frère grandement votre droit ; mais nous pensons que quand le roi de France vint à Toulouse et que monseigneur votre père alla le trouver, il y eut quelque disposition arrêtée. Messire Roger d'Espagne votre cousin doit bien le savoir. Nous lui écrirons et nous lui apprendrons la mort de monseigneur. Nous le prierons de venir nous aider à déterminer ce qu'il faut faire. Tout ce que nous vous avons dit, nous vous certifions et affirmons que nous le tiendrons loyalement. Ivain fut très-satisfait de cette réponse. Il ouvrit la porte du château où entrèrent ceux qui voulurent et où on établit une bonne garde.

« Gaston fut porté ce même jour à Orthez et mis dans un cercueil. Tous hommes, femmes et enfants pleuraient amèrement autour du corps et se lamentaient en se rappelant la vaillance du comte, sa noble vie, son puissant état, son sens, sa prudence, sa grande largesse, la paix florissante où ils avaient vécu sous son gouvernement ; car ni français, ni anglais n'eût osé les violenter. Tous disaient d'une voix unanime : nos voisins nous attaqueront. Nous qui demeurions en terre de paix et de franchise, désormais nous demeurerons en terre de misère et de sujétion, car nul ne viendra à notre secours ; nul surtout ne nous défendra. Ah ! ah ! Gaston, beau fils, pourquoi fâchâtes-vous votre père ? Si vous nous fussiez demeuré, vous dont l'adolescence était si grande et si belle, ce nous serait une très-grande consolation, mais nous vous avons perdu trop jeune et votre père nous a trop peu duré. Il ne comptait que 63 ans. Ce n'était pas un âge très-avancé pour un tel prince, qui avait un si bon corps, ainsi que toutes ses aises et ses souhaits. Terre de Béarn, désolée et déconfortée de nobles héritiers, que deviendras-tu ? Jamais le pareil du gentil comte de Foix tu n'auras. *En ces lamentations et pleurs* fut apporté le corps le long de la ville par huit chevaliers, savoir : le vicomte de Bruniquel, le seigneur de Caupenne, messire Roger d'Espagne, Raymond de Lalanne, Raymond de Lamothe, le seigneur de Benac, Menaud de Navailles et Richard de St-Georges. Derrière le corps marchaient Ivain son fils bâtard, les sires de Coarrase, de Barantin, de Barèges, de Giers et plus de soixante chevaliers de Béarn accourus à Riom à la première nouvelle de l'événement. On arriva ainsi à l'église des Cordeliers où on déposa le corps jusqu'au jour des obsèques. Vingt-quatre gros cierges tenus par quarante-huit varlets, dont la moitié veillait la nuit et l'autre le jour, brûlaient sans cesse autour du cadavre.

« Le vicomte de Castelbon était alors dans l'Aragon. Il arriva en toute hâte à Orthez. Les habitants le reçurent dignement, mais non point comme leur seigneur. Ils dirent qu'ils n'étaient pas tout le pays, qu'il fallait réunir les barons, les prélats et les députés des bonnes villes; car le Béarn est une terre qui se tient de soi-même noble, et les seigneurs qui l'habitent ne consentiraient jamais que leur seigneur la fît relever de personne. On arrêta qu'on célébrerait avant tout les obsèques, qu'on y convierait les nobles et prélats de Béarn et de Foix, et qu'ensuite on délibérerait comment on reconnaîtrait le successeur de Gaston. »

Ceux de Béarn obéirent et vinrent tous, mais plusieurs de ceux de Foix refusèrent, prétextant qu'ils étaient occupés à garder leurs terres contre l'invasion dont les menaçaient les Français. Quelques-uns cependant consentirent à venir à Orthez, et parmi eux l'évêque de Pamiers, Bertrand d'Ornesan. Ce prélat avait eu au sujet des droits de son église des démêlés si vifs avec le comte, qu'il avait été obligé de quitter son diocèse et de se retirer à Avignon près de Clément VII; mais il crut devoir à son caractère sacré et aux liens qui l'attachaient à la maison de Foix d'oublier ses ressentiments. La cérémonie eut lieu le lundi 12 octobre 1391, au milieu d'un grand concours de barons, de chevaliers et de prélats, et surtout d'une foule immense de peuple. On y compta trois évêques. « Il fut tenu devant l'autel durant la messe par quatre chevaliers, quatre bannières armoiriées de Foix et de Béarn. Messire Raymond de Castelnau tenait la première, Espain du Lyon la seconde, Pierre d'Antin la troisième et Menaud de Navailles la quatrième. Roger d'Espagne offrit l'épée marchant entre le Bâtard de Caupenne et Pierre Arnaud de Béarn capitaine de Lourdes. Le vicomte de Bruniquel assisté de Jean de Châteauneuf et de Jean de Chantiron portait l'écu. Le sire de Valentin de Béarn, escorté d'Arnauton de Rustan et de Arnauton de Ste-Colombe présenta le heaume. Enfin, le cheval fut conduit par le sire de Coarrase, suivi d'Arnauton d'Espagne et de Raymonet de Caupenne. On observa la cérémonie en usage dans le pays. La messe finie, on retira le corps du cercueil de plomb, on l'enveloppa d'une belle toile neuve et cirée, et on l'ensevelit dans l'église des Cordeliers près du grand autel. *De lui n'est plus*, ajoute Froissart, *Dieu lui fasse pardon.*

« Gaston, nous empruntons le langage de Froissart (1), avait la taille belle, l'air riant, le visage sanguin,

(1) Livre 3, chap. 8.

les yeux verts et amoureux. Il était sage chevalier, de haute entreprise, plein de bons conseils, de toutes choses *si très-parfait* qu'on ne le pouvait trop louer. Il n'eut oncques nul mécréant (magicien) avec lui et fut prudhomme en l'art de régner. Il disait planté (un grand nombre) d'oraisons, récitait tous les jours un nocturne du psautier, l'office de Notre-Dame, du St-Esprit et de la croix et les vigiles des morts. Il faisait tous les jours donner cinq florins en petite monnoye pour l'amour de Dieu, outre l'aumône de sa porte faite à toutes gens. Il aimait les chiens sur toutes bêtes, et été et hiver on le voyait dans les champs prendre volontiers le plaisir de la chasse. Large et courtois dans ses dons, néanmoins onc il n'aima les folles largesses et voulait savoir tous les mois ce que le sien devenait. Il avait douze receveurs qui rendaient leurs comptes à un contrôleur. Celui-ci comptait avec lui par rôles et livres écrits et lui laissait ses comptes. Il gardait dans sa chambre certains coffres où aucunes fois il faisait prendre de l'argent pour donner aux chevaliers, seigneurs et écuyers quand ils venaient devers lui ; car onc nul ne se partit de lui sans aucune gratification et néanmoins toujours il grossissait son trésor pour les événements qui pouvaient surgir. Il avait bien par trente fois cent mille florins (à peu près quarante-cinq millions d'aujourd'hui). Il n'y avait point d'année qu'il n'en donnât soixante mille aux étrangers, chevaliers, écuyers, hérauts et ménestriers. Il était accessible à tous et doucement et amoureusement il leur parlait. Il était bref en ses conseils et en ses réponses. Il avait quatre clercs ou secrétaires qui devaient être toujours prêts à recueillir ses ordres.

« Quand de sa chambre il venait à minuit pour souper, douze varlets portaient devant lui douze torches qu'ils tenaient allumées devant sa table. La salle était pleine de chevaliers et écuyers. Il y avait toujours un grand nombre de tables dressées où soupait qui voulait, mais nul ne parlait avec lui à sa table, s'il ne l'appelait. Il mangeait ordinairement beaucoup de volaille et surtout les ailes et les cuisses, mais le lendemain il mangeait et buvait peu. Il prenait grand ébattement aux sons des ménétriers, car bien il s'y connaissait. Il faisait volontiers chanter par les clercs chansons, rondeaux et virelets. Il restait à table environ deux heures. Il célébrait avec beaucoup de pompe la nuit de St-Nicolas (1) en hiver et la faisait solenniser dans tous ses domaines autant ou plus que le jour de Pâques. Tout le clergé et tous les habitants d'Orthez allaient le chercher au château et le conduisaient en procession et à pied jusqu'à l'église St-Nicolas. Là on chantait le psaume : béni soit le Seigneur mon Dieu qui instruit mes mains au combat et mes doigts à la guerre ; et quand le psaume était fini on le recommençait comme on ferait le jour de Noël ou de Pâques en la chapelle du pape ou du roi de France. » Froissart y entendit sonner et jouer des orgues aussi mélodieusement comme il fit oncques en quel lieu que ce fût. Le jour de Noël le comte de Foix tenait à Orthez sa cour plénière. Quand Froissart y fut invité, à la première table s'assirent quatre évêques du pays, ceux de Pamiers et de Lescar partisans de Clément, et ceux d'Aire et d'Oleron partisans d'Urbain. Après eux venaient Gaston, les vicomtes de Roquebertin, de Bruniquel, de Couserans et un chevalier anglais envoyé par le duc de Lancastre. A la seconde table il n'y avait que cinq abbés et deux chevaliers d'Aragon ; la

---

(1) Froissart, tom. 3, chap. 9.

troisième était occupée par les chevaliers et écuyers de
Gascogne et de Bigorre. On y comptait le seigneur
d'Antin, Gaillard de Lamothe, Raymond de Castelnau,
Pierre de Courton, les sires de Chaumont, de Caupenne, de Lalanne, de Montferrand et de Valentin.
Aux autres tables s'assirent une foule de chevaliers
Béarnais. Messire Espain du Lyon, Sicard de Boisverdun, Nouveau de Navailles et Pierre de Vaux en Béarn
étaient maîtres de la salle. Ses deux frères bâtards Arnaud Guillaume et Pierre servaient à sa table, mais ses
deux fils servaient devant lui. Ivain présentait la viande
et Gratien offrait la coupe. Il y avait dans la salle un
nombre considérable de ménestriers, les uns étrangers,
les autres appartenant au comte. Gaston leur distribua
cinq cents francs. Il revêtit en outre les ménestriers du
duc de Touraine de draps d'or fourré de menu vair
estimé deux cents francs. Le dîner dura jusqu'à sept
heures du soir.

Dans une occasion semblable (1), il sortit après son
dîner de la salle suivi de chevaliers qui se pressaient
en foule sur ses pas. Il vint avec eux dans une galerie
où l'on montait par un escalier de vingt-quatre degrés
et que réchauffait une cheminée où l'on n'allumait du
feu que lorsque le comte y paraissait. Ce jour il gelait
grandement. Gaston en jetant les yeux sur la cheminée,
dit à ses chevaliers : voici un bien petit feu pour un
très-grand froid. Ernauton d'Espagne était alors à une
des fenêtres de la galerie qui donnait sur la cour. Il
vit là une grande quantité d'ânes chargés de bûches,
arrivant du bois pour le service de l'hôtel. Il descend
dans la cour, prend le plus grand de ces ânes *tout de*

(1) Froissart.

bûches chargé, le place très-légèrement sur son cou, le porte au haut des marches, fend la presse des chevaliers qui barraient le chemin et renverse sur les chenez les bûches et l'âne les pieds en l'air. Un pareil trait excita l'hilarité générale.

« Tout considéré et avisé, dit encore Froissart, avant que je vinsse à la cour de Gaston, j'avais été en plusieurs cours de rois, de ducs, de princes, de comtes et de hautes dames, mais je ne fus oncques en nulle qui mieux me plût. On voyait dans la salle, dans la chambre et dans la cour chevaliers et écuyers d'honneur aller et marcher, et les oyait-on parler d'armes et d'amours. Tout honneur était là dedans trouvé, toute nouvelle de quelque pays et de quelque royaume que ce fût là dedans on y apprenait; car de tous pays pour la vaillance des seigneurs tout y venait. »

Gaston consacra aux lettres une partie de ses loisirs, mais le preux chevalier maniait avec moins de grâce et de bonheur la plume que l'épée. Il composa quelques poésies galantes complètement ignorées maintenant, et un traité sur la chasse mêlé de poésie et de vers un peu plus connu (1). Le style emphatique et embrouillé de ce traité intitulé d'abord : *Miroir de Phœbus*, et plus tard appelé : *Déduits sur la Chasse*, a donné naissance au proverbe : faire du Phœbus. Entre les éloges outrés que l'auteur donne à la chasse, on y lit « qu'elle sert à fuir les péchés mortels; or, poursuit Gaston, qui fuit les sept péchés mortels, selon notre foi, doit être sauvé. Doncques bon veneur aura en ce monde joye, liesse et déduits, et après aura paradis en l'autre. »

---

(1) L'Art de vérifier les Dates, tom. 2, pag. 313.

CHAPITRE III.

Matthieu de Castelbon succède à Gaston Phœbus. — Mort tragique d'Ivain fils naturel de Gaston. — Jean III comte d'Armagnac passe en Italie. — Sa défaite et sa mort.

« Dès que les funérailles furent terminées (1), les barons de Foix montèrent aussitôt à cheval et allèrent dîner à deux lieues d'Orthez. L'évêque de Pamiers les suivit de près. Il partit le lendemain avant l'aurore et refusa d'assister à l'assemblée générale des barons, des chevaliers et des députés des bonnes villes de Béarn. On y dit ouvertement au vicomte de Castelbon : sire, nous savons bien que par proximité, vous succédez à monseigneur en Béarn, dans le pays de Foix et dans ses autres domaines, mais nous ne pouvons pas à présent vous recevoir. Ainsi, nous pourrions forfaire et précipiter le Béarn dans de grands périls et même dans la guerre. Nous apprenons que le roi de France qui est notre bon voisin et qui peut beaucoup, envoie dans ces contrées quelques-uns de ses conseillers. Nous ne pouvons connaître dans quel but qu'après les avoir entendus. Nous savons et vous savez comme nous que monseigneur à qui Dieu pardonne eut l'an passé à Toulouse des conférences secrètes avec lui. Il faut que tout s'éclaircisse auparavant, car s'il avait donné au roi le Béarn et le comté de Foix, le roi en appelerait à la force pour les obtenir. Néanmoins nous voudrions savoir à quel titre, car nous, gens du Béarn, nous ne sommes pas conditionnés comme le comté de Foix.

(1) Froissart, tom. 4, chap. 30.

« Nous sommes tous francs sans hommage ni servitude, et le comté de Foix est tenu du roi de France. D'ailleurs les gens de Foix ont le cœur si français qu'ils recevront le roi pour seigneur. Ils disent déjà que puisque notre sire est mort sans avoir d'héritier de son corps, leur comté retourne à la couronne par droite ordonnance. Sire, vous devez savoir que nous conserverons notre droit et que jamais nous ne nous asservirons à aucun seigneur que nous devions avoir, soit le roi de France, soit vous; mais nous vous conseillons que vous alliez au devant de ces difficultés par un sage traité ou autrement. Comment donc voulez-vous que j'agisse, répondit alors le vicomte de Castelbon? Je vous ai dit que je ferai tout ce que vous me conseillerez raisonnablement. Sire, répondit l'assemblée, priez messire Roger d'Espagne votre cousin, que voici, de vous accompagner. Allez avec lui dans le comté de Foix, traitez avec les nobles, les prélats et les bonnes villes. Si vous pouvez obtenir qu'ils vous reconnaissent pour seigneur, ou qu'ils attendent que vous ayez apaisé le roi de France, vous exploiterez bien et sagement. Peut-être au prix d'un ou deux cents mille francs pourrez-vous acheter sa renonciation. Les trésors laissés par monseigneur, vous fourniront aisément le moyen de les acquitter. Nous voulons seulement et nous réservons que ses deux fils bâtards aient une bonne et large part de l'héritage et des richesses de leur père.

« Le vicomte de Castelbon répondit : beaux seigneurs, je veux tout ce que vous voudrez. Mais avant de s'éloigner, il demanda qu'on lui permît d'emporter cinq ou six mille livres. Les deux bâtards sollicitèrent aussi quelque argent. L'assemblée, après une nouvelle délibération, en accorda cinq mille au vicomte et deux mille à chacun des deux fils naturels. On ordonna aux habitants d'Orthez de délivrer ces sommes. On les chargea de garder le château et on maintint dans les emplois tous les officiers nommés par Gaston.

Le premier acte du vicomte de Castelbon fut de rendre à la liberté tous les prisonniers détenus dans le château d'Orthez. Leur nombre était considérable. Gaston à ses qualités joignait une excessive sévérité. « Il n'épargnait pas homme vivant si haut qu'il fût dès qu'il lui déplaisait, et nul n'eût osé solliciter sa délivrance sous peine d'être condamné à partager son sort. » Le vicomte de Castelbon avait lui-même éprouvé sa rigueur (*). Malgré les liens étroits qui l'attachaient à sa famille, Gaston l'avait fait jeter dans la fosse du château, l'y avait tenu huit jours entiers et ne l'en avait délivré qu'après lui avoir arraché une rançon de quarante mille francs, et depuis ce moment il conçut contre lui une haine si violente, que le vicomte n'osa jamais se présenter devant lui. Il est même assez vraisemblable que si Gaston eût encore vécu seulement dix ans, le vicomte n'eût jamais possédé ni le comté de Foix, ni le Béarn.

Ce vicomte était petit-fils de Roger Bernard, second fils de Jeanne d'Artois que nous avons vu hâter de ses vœux la délivrance de sa mère et qui ne laissa qu'un fils de Constance de Lune, d'une des plus illustres maisons d'Espagne. Celui-ci nommé Roger Bernard comme son

(*) Le vicomte de Castelbon ainsi traité par Gaston n'était pas Matthieu, comme le fait entendre Froissart, mais Roger Bernard II son père. Roger Bernard s'était ligué avec le comte d'Armagnac et avait été fait prisonnier avec lui. De là la haine que lui avait vouée le comte de Foix.

père combattit longtemps en Espagne, mais il se rapprocha de la France quand le duc d'Anjou eut conquis et livré à Gaston Phœbus le château de Mauvezin, et abandonna pour se faire vassal de Charles V la terre de Maransin qu'il tenait du roi d'Angleterre. Afin de le rédimer de cet abandon, le duc d'Anjou lui octroya la permission de faire battre monnaie blanche et noire, à condition qu'elle serait toujours au même coin et de la même valeur que les monnaies du roi, et il remplaça le château de Mauvezin par la châtellenie de Sauveterre. Enfin il assura à Roger Bernard une pension de six cents livres, dont Géraude de Navailles femme du vicomte avait hérité de ses ancêtres et qui avait cessé d'être payée depuis que les hostilités avaient commencé avec l'Angleterre. Roger Bernard II mourut jeune et laissa Matthieu sous la tutelle de Géraude. Quelques années s'étaient écoulées; néanmoins Matthieu n'avait pas encore atteint sa majorité à la mort de Gaston; un auteur ne lui donne que 16 ans.

Après avoir ouvert les prisons d'Orthez, il s'achemina vers le pays de Foix accompagné de Roger d'Espagne et suivi de deux cents lances. Il s'arrêta le premier jour à Morlas et le second à St-Gaudens. Là il apprit que Bureau de La Rivière et l'évêque de Noyon venaient (1) d'arriver à Toulouse. Le roi Charles VI les avait fait partir au premier bruit de la mort de Gaston pour aller saisir en son nom le comté de Foix. Les habitants appelaient de leurs vœux la domination royale et désiraient un sénéchal comme en possédaient Toulouse, Carcassonne et Beaucaire. Roger d'Espagne, dont les deux commissaires voulurent prendre conseil,

---

(1) Froissart, tom. 4, chap. 30.

les disposa en faveur du vicomte. Ils promirent d'attendre à Toulouse l'effet d'une démarche qu'on allait tenter auprès du roi. Roger d'Espagne et Espain du Lyon furent chargés d'aller plaider à la cour (1) les intérêts de Roger Bernard. La mission était épineuse. La plus grande partie du conseil opinait pour qu'on se saisît du comté. Le roi inclinait à cet avis. Le duc de Bourgogne au contraire pensait que le roi ferait bien de redemander l'argent qu'il avait compté à Gaston et d'abandonner tous les domaines à son héritier naturel. Malgré tout le crédit du duc, ce sentiment n'eût point été adopté sans le duc de Berry. Celui-ci regrettait amèrement les trente mille francs dont il avait payé l'hospitalité de sa jeune femme; il s'aboucha avec les ambassadeurs, et quand il eut obtenu l'assurance que ces trente mille francs lui seraient rendus, il se joignit à son frère et ramena le roi et son conseil au sentiment du duc de Bourgogne.

Le faible Charles VI donna des lettres scellées (*) qui assuraient les droits de Roger. Celui-ci s'empressa d'aller prêter serment de fidélité. Il amena avec lui Ivain avec lequel il s'était parfaitement réconcilié. Ivain était de l'âge du roi et ses traits rappelaient Gaston Phœbus. Le faible Charles VI n'eut pas plutôt vu le jeune chevalier qu'il s'attacha à lui, et cet attachement ne contribua pas peu à améliorer la cause du vicomte de Castelbon et à achever de lever les difficultés qu'une partie du conseil ne cessait de faire naître. L'hommage fut enfin reçu. Matthieu n'attendit pas que les lettres de désistement fussent délivrées pour retourner dans ses

(1) Froissart, chap. 32. — (*) Voir la note 1re à la fin du volume.

domaines. Il se rendit d'abord (1) au château de Foix où il fut reconnu par ses principaux vassaux et par la plupart des villes du pays. Il se transporta ensuite successivement à Pamiers, à Mazères, au Mas-St-Antonin, et y fit proclamer son autorité.

Rentré à Foix le 26 août, il y trouva réunis les gentilshommes du comté conduits par Corbeyran de Foix seigneur de Rabat et de Fornets, Sicard de Beaupuy seigneur de Tremoulet, Guillaume Arnaud de Château-Verdun co-seigneur de ce lieu, et Bernard du Saquet co-seigneur de Chaumont. Ils demandèrent que Matthieu confirmât les franchises et les libertés du comté trop souvent foulées aux pieds par l'impérieux Phœbus. Matthieu prit conseil de sa mère, de Hugues comte de Paillez, de Gaston de Levis seigneur de Leran, de Géraud de Mauléon seigneur de Prat et de Pons de Prades ses conseillers, et par leur avis, il accéda aux vœux des gentilshommes qui, après cette confirmation, lui prêtèrent foi et hommage. Ces divers serments retinrent Matthieu et sa mère dans le comté jusqu'au 1er septembre. Ils passèrent alors dans le Béarn. Les barons, les nobles et les communautés de la vicomté s'empressèrent de venir reconnaître et proclamer les droits du fils et la tutelle de la mère (*).

Ivain resta à la cour. Le roi le retint parmi ses chevaliers, le reçut au nombre des gentilshommes de sa

(1) Dom Vaissette, tom. 4, pag. 404. Froissart fait entendre qu'avant d'aller prendre possession de ses nombreux domaines, Matthieu passa la mer et suivit sur les côtes d'Afrique le duc de Bourbon et l'amiral de Vienne.

(*) Deux ans après, le 5 juillet 1393, Matthieu assembla la cour majour du Béarn dans le couvent des Jacobins d'Orthez et fit quelques réglements que nous donnerons à la fin du volume. (Voir note 2 à la fin du volume.)

chambre et l'admit à ses ébattements. L'infortuné seigneur ne tarda pas à payer de sa vie ces faveurs. Il périt le 30 janvier suivant victime d'une de ces folies (1) dont la cour était encore trop souvent le théâtre. Épuisé par des plaisirs précoces et bien peu dignes de la majesté royale et plus encore peut-être secrètement rongé par les chagrins dont l'abreuvait l'infidèle Isabelle sa femme, Charles VI avait vu disparaître rapidement cette belle et florissante jeunesse que ses peuples avaient saluée avec enthousiasme à son avénement à la couronne, et qu'ils entouraient de tant d'amour et de fidélité. Sa raison s'était même éclipsée un instant. Quand elle revint il avait perdu, avec la dignité de ses manières et la grâce de ses paroles, l'aptitude aux affaires les plus communes. La vie se retirait de ce corps usé avant le temps. On essaya de rappeler par les plaisirs des forces que les plaisirs avaient détruites.

La reine mariait une dame allemande de sa suite. Tous les princes avaient été invités. L'hôtel St-Paul était resplendissant, les danses vives et animées se prolongeaient dans la nuit. Tout-à-coup au milieu de la fête parurent six personnages liés ensemble et déguisés en satyres au moyen de vêtements enduits de poix et hérissés d'étoupes. Leurs jeux furent dégoûtants comme les personnages mythologiques qu'ils rappelaient. Mais le duc d'Orléans ayant par légéreté mis le feu à l'ignoble toison d'un de ces masques, un cri se fit entendre, répété par mille cris : sauvez le roi, sauvez le roi. C'était Ivain qui, dévoré par les flammes, oubliait ses souffrances pour songer à son maître. Charles en effet partageait la mascarade, mais heureusement qu'il venait

(1) Froissart, Juvénal, l'Anonyme de St-Denis.

de se détacher de ses compagnons pour aller tourmenter la jeune duchesse de Berry. Celle-ci s'empressa de le couvrir de ses robes pour le dérober au contact des flammes. Des autres cinq, deux périrent dans les horribles tourments de leur prison enflammée. Ivain et le comte de Joigny moururent le lendemain tendrement pleurés du roi, moins coupable que ceux qui pervertissaient sa jeunesse. Hugues de Guisai, l'inventeur de cette débauche, prolongea un jour encore ses intolérables douleurs. Un seul, le petit Nantouillet, comme s'exprime l'anonyme de St-Denis (*), se sauva en se plongeant dans une grande chaudière pleine d'eau qui se trouvait dans le voisinage. C'étaient là, ajoute un grave et estimable historien (1) dont nous aimons à emprunter souvent les paroles comme un hommage rendu à un enfant de la Gascogne, c'étaient là d'infâmes joies et d'infâmes morts dans un palais de roi.

On ignore ce que devint Gratien, si toutefois il n'est pas ce bâtard de Foix fils de Phœbus, que les auteurs espagnols appellent Bernard. Celui-ci passa les Pyrénées du vivant de son père, s'attacha à Henri II roi de Castille qui lui donna le comté de Médina-Cœli, le fixa près de lui et lui fit épouser Isabelle de La Cerda fille et héritière de Louis de La Cerda, ce favori du roi Jean, immolé par la jalousie de Charles-le-Mauvais.

(*) Liv. 12, chap. 9. Cela arriva, nous copions la traduction de Le Laboureur, pour expier une sotte et malheureuse coutume qui se pratique en plusieurs endroits de ce royaume, de faire impunément mille folies au mariage des femmes veuves et d'emprunter avec des habits extravagants la liberté de dire des vilainies au mari et à l'épousée. Voilà bien nos charivaris des secondes noces. Seulement ils ont lieu dans nos campagnes pour le mariage d'un veuf aussi bien que pour le mariage d'une veuve.

(1) M. Laurentie, Hist. de France, tom. 4, pag. 112.

C'est de lui que descendent les ducs de Médina-Cœli et les La Cerda d'Espagne.

Le rival de Gaston, Jean comte d'Armagnac, ne devait pas lui survivre. Pendant que l'un mourait dans le Béarn, l'autre mourait en Italie. Barnabò Visconti avait porté la peine de ses forfaits et fini ses jours dans une prison, victime de la perfidie de Jean Galeas son gendre et son neveu non moins scélérat, mais plus heureux que lui. Ses vastes possessions étaient tombées entre les mains de son meurtrier, et ses enfants, errants et fugitifs, cherchaient vainement un appui dans la Péninsule. Charles et Béatrix en appelèrent à la maison d'Armagnac. Les habitants de Florence et de Bologne en guerre avec Galeas et craignant de tomber sous ses lois, se joignirent à ces deux époux et sollicitèrent aussi Jean de passer en Italie. Jean aimait trop sa sœur pour ne pas voler à sa défense. Les grandes compagnies, malgré tout ce qu'on avait fait pour les détruire, désolaient toujours la France. Gascons, Bretons, Allemands, gens de Foix et de Béarn, tous arboraient les couleurs de l'Angleterre pour pouvoir attaquer nos provinces.

Jean demanda (1) à l'Auvergne, au Quercy, au Limousin, au Rouergue et à l'Agenais deux cent cinquante mille francs que les habitants lui donnèrent avec joie malgré la misère publique, car ils ne pouvaient ni labourer leurs terres, ni transporter leurs

---

(1) L'Art de vérifier les Dates, tom. 2, pag. 175. Jean avait racheté des mains de son frère le comté de Charolais et la baronnie des Angles que Jean II leur père avait placés dans le lot du fils puiné. Il vendit le comté de Charolais à Philippe-le-Hardi le 13 mai 1390, et la baronnie des Angles à Raymond-Guillaume de Caupenne le 21 septembre suivant. La baronnie fut achetée douze mille francs d'or. Col. Doat, tom. 40.

marchandises, ni rien faire hors des forts sans avoir acheté la permission de ces brigands. Pauvres et riches s'empressèrent de contribuer. Plusieurs vendirent leurs héritages. Tous les sacrifices devenaient faciles pour éloigner ces bandes cruelles et rapaces. Au prix de ces deux cent cinquante mille francs, le comte d'Armagnac promettait de faire évacuer le pays et d'entraîner sous ses pas les routiers en Lombardie. Il se fit aider par le dauphin d'Auvergne ; mais Gaston Phœbus (1), alors encore vivant traversa la négociation, sous prétexte qu'une armée aux ordres du comte d'Armagnac était un danger continuel pour ses possessions ; mais dans la réalité parce qu'il était jaloux de tout ce qui pouvait rehausser la gloire et la puissance de son rival. Il défendit à tous ceux qui reconnaissaient ses lois ou tenaient à sa faveur, d'accepter aucune offre, sacrifiant ainsi le bonheur et le repos du Midi à sa haine ou à des sentiments plus vils encore. Il ne fut pas difficile de faire sentir aux ducs de Berry et de Bourgogne, qui gouvernaient le royaume, combien le comte d'Armagnac allait soulager la France. Aussi applaudirent-ils à son dessein et lui accordèrent-ils non seulement le libre passage sur toutes les terres de la couronne, mais encore les vivres dont les troupes auraient besoin. La duchesse de Touraine seule, Valentine, fille de Galeas, ne pouvant les arrêter, écrivit à son père pour lui dévoiler les projets et le nombre des Français. Prévenu à temps, Galeas enrôla tout ce qu'il put de soldats, fit réparer les fortifications de ses places, les pourvut de vivres et se prépara à recevoir les ennemis qui allaient traverser les Alpes.

(1) Froissart, tom. 4, chap. 25. Nous lui avons emprunté le récit de cette expédition et de la mort du comte d'Armagnac.

Ceux-ci formaient un corps d'environ quinze mille lances. Ils se trouvèrent vers le 15 mars réunis sur les bords du Rhône. Le comte d'Armagnac, Bernard son frère et les principaux de leurs capitaines profitèrent du voisinage d'Avignon pour aller mettre leurs épées aux pieds de Clément VII et de son collége, et s'offrir à servir l'église contre les tyrans qui désolaient la Lombardie. Le pape et les cardinaux accueillirent avec joie cette offre. Ils retinrent le comte et sa suite huit jours entiers, durant lesquels ils leur prodiguèrent toutes les marques de leur reconnaissance. Après ce temps, Jean prit congé du souverain pontife et se sépara de Bernard. Les deux frères s'aimaient tendrement. D'ailleurs un vague pressentiment du sort qui l'attendait semblait assombrir le cœur de Jean. « Beau frère, dit-il à Bernard en l'embrassant pour la dernière fois, vous retournerez dans le Comminges et dans l'Armagnac, et vous y garderez notre héritage, car tous les forts n'en sont point évacués et libres. Ayez les yeux sur la garnison de Lourde que commande Pierre Arnaud de Béarn au nom du roi d'Angleterre, et sur les soldats renfermés à Boute-Ville et que conduit Jean de Grailly fils du captal de Buch et partisan déclaré de Gaston. Quoique maintenant nous soyons en paix avec le comte de Foix, nous ne pouvons savoir ce qu'il pense. Nous savons seulement qu'il est dur et ardent chevalier. Nous ne pouvons point laisser nos domaines entièrement dégarnis. Sur ce motif vous retournerez sur vos pas. Vous aurez souvent nouvelles de moi, et j'en aurai de vous. »

Bernard approuva ces dispositions qui lui parurent d'autant plus sages qu'il n'avait pas grande envie de traverser les monts. « Beau frère, un dernier ordre, lui dit encore le comte. En vous retirant, vous irez trouver notre cousin Raymond de Latour qui se tient à Manosque dans le comtat où il fait la guerre. Vous le prierez en mon nom et au vôtre de faire ses dispositions pour venir partager cette expédition avec moi. Je le ferai mon compagnon en toute chose et je l'attendrai dans la cité de Gap placée dans les montagnes. » Bernard répondit qu'il accomplirait fidèlement le message. A ces mots, les deux frères se séparèrent pour ne plus se revoir. Le comte d'Armagnac prit le chemin des Alpes, et son frère se dirigea vers le château de Boulogne qu'habitait le comte Raymond de Latour, et où il fut reçu avec l'expression du plus vif plaisir.

Aussitôt il exposa la mission dont il était chargé et peignit à Raymond la guerre d'Italie sous un jour favorable, afin de l'y déterminer plus facilement. « Cousin, lui répondit le comte de Latour, avant que votre frère ait pénétré dans la Lombardie et qu'il y ait assiégé quelque place, il se pourra bien que je me serai mis en route. Faites que votre frère m'écrive à ce sujet; je le suivrai dans le mois de mai. D'ici là, j'espère avoir terminé avec le pape mon oncle et les cardinaux qui ne veulent pas me rendre justice et retiennent ce que Grégoire mon oncle m'avait laissé. Ils espèrent m'effrayer et m'arrêter par leurs excommunications, mais ils n'y parviendront pas. Ils appellent à eux chevaliers et écuyers et les absolvent de peine et de coulpe à condition qu'ils me feront la guerre; mais ils ne peuvent attirer personne. J'aurai beaucoup plus de gens d'armes pour mille florins qu'eux avec toutes les absolutions qu'ils pourront promettre et donner dans sept ans. Beau cousin, répondit Bernard, le chevalier le moins scrupuleux de son temps, vous dites vrai. Poursuivez votre projet, je ne saurai vous en détourner. Je vais mander à mon frère ce que vous m'avez répondu. Il peut y compter de par Dieu, ajouta Raymond. »

Les deux cousins passèrent ensemble ce jour dans le château de Boulogne. Le lendemain, Bernard reprit son chemin, repassa le Rhône au pont St-Esprit, traversa le Rouergue et le Quercy, et rentra dans les comtés confiés à sa garde. Cependant son frère s'avançait vers Gap. Il reçut près d'entrer dans cette ville la lettre de Bernard, qui lui racontait les dispositions du comte de Latour; mais soit qu'il n'y vît qu'une excuse, soit que ce délai le surprît et l'irritât, il ne tint aucun compte des assurances qu'on lui donnait et il passa outre.

Les soldats qu'il conduisait étaient pleins d'allégresse et de confiance. « Chevauchons avec joie sur les Lombards, se disaient-ils. Nous avons une cause juste et bonne et un excellent capitaine. Cette guerre en vaudra grandement mieux et en sera plus belle. Nous allons au meilleur pays de la terre, car la Lombardie reçoit de tous côtés toute la graisse du monde. Les Lombards sont de leur nature riches, et nous y ferons notre profit. Ceux de nous qui sont capitaines s'en retourneront si opulents qu'ils n'auront plus que faire du métier des armes et de faire la guerre à personne. *Ainsi devisaient les compagnons l'un à l'autre.* » Et quand ils trouvaient un lieu riche et fertile, ils y séjournaient quelque temps pour s'y reposer et y faire rafraîchir leurs chevaux. Il y avait alors en Italie un chevalier d'Angleterre de haute réputation militaire, nommé Jean Hactonde. Le pape Boniface XI, le rival de Clément, l'avait envoyé soumettre les Florentins qui repoussaient son obédience. Jean chercha à l'attirer sous ses drapeaux et à s'en aider contre Galeas. Hactonde accepta la proposition, mais il demanda quelques jours pour achever de réduire Florence, et la ville prise, il promit d'aller joindre le comte d'Armagnac.

Enchanté de cette assurance, celui-ci s'écria aussitôt qu'il était maintenant sûr de faire une rude guerre à son ennemi, et que s'il plaisait à Dieu, il le mettrait à la raison ou il mourrait à la peine. Jean disait plus vrai qu'il ne le pensait. Il était alors dans les environs de Pignerol où il négociait avec le marquis de Saluce, qui penchait à se joindre à lui, mais qui n'osait se déclarer. Après lui en avoir arraché la promesse, Jean s'avança jusqu'à Ast et se contenta d'en former le blocus, résolu d'attendre sous ses murs le chevalier anglais. Les vivres lui venaient de toutes parts. Il lui en arrivait du Dauphiné et de la Savoie. Pignerol et le Montferrat en eussent seuls fourni assez. D'ailleurs les troupes qu'il commandait étaient peu disciplinées: elles se répandaient dans le voisinage et forçaient les villages à leur venir en aide. La force n'était pas même souvent nécessaire. Les esprits étaient disposés en faveur des Gascons. On avait été généralement indigné de voir un neveu égorger traîtreusement un oncle et enlever à des cousins germains leur héritage; et quoique la crainte eût fermé la bouche aux grands seigneurs d'Italie, ils n'en avaient pas moins pris en pitié le triste sort de l'infortunée Béatrix.

Le comte reçut bientôt un message de Hactonde. Celui-ci l'informait que les Florentins, ayant fait leur soumission au pape et lui ayant promis à lui-même six mille florins pour obtenir son éloignement, il était prêt à le venir joindre à la tête de cinq cents lances et de mille brigands : qu'il ne s'inquiétât pas de sa marche, qu'il saurait bien malgré ses ennemis s'ouvrir un passage jusqu'à son camp. A cette nouvelle le comte Jean assembla son conseil. Il y fut résolu qu'on abandonnerait Ast, qu'on s'avancerait au-devant de Hactonde et qu'on irait former le siège d'Alexandrie. Le projet fut exécuté. On traversa le Thesin et on arriva sous les murs de cette ville qui s'élève au milieu d'une vaste et fertile plaine, et qui offre toutes les facilités pour un campement.

Cependant Galeas s'était renfermé à Pavie d'où il surveillait ses ennemis. Une chose l'étonnait surtout, c'était de savoir où le comte d'Armagnac pouvait prendre assez d'argent pour solder tous les gens d'armes qui couvraient la Lombardie; mais on lui répondit: « sire, ce sont des gens de routes et de compagnies qui ne demandent qu'à gagner et à chevaucher à l'aventure. Ils ont longtemps vécu en France où ils avaient pris places, châteaux et forts qu'on n'a pu retirer de leurs mains qu'en les gorgeant d'argent. Le comte d'Armagnac a été l'âme de ces transactions, et par reconnaissance ils ont promis de l'aider de tout leur pouvoir dans cette expédition; mais à condition que tout ce qu'ils pourront conquérir leur appartiendra. Ils ne demandent pas d'autres gages, et tel se nomme homme d'armes en cette compagnie et est à cinq ou six chevaux, qui court à pied dans son pays et serait un pauvre homme. Aussi s'aventurent-ils légèrement. Il y aurait grand danger à les combattre; car la plupart sont hommes d'action et de main. Mieux vaut faire bien garder nos villes et nos cités, car elles sont fortes et bien pourvues. Ils n'ont pour un assaut ni artillerie ni machines que l'on doive redouter. Ils viendront bien aux pieds de nos remparts escarmoucher et faire de grandes appertises d'armes; mais là se borneront leurs succès. La preuve en est convaincante: ils sont entrés dans ce pays depuis plus de deux mois, et n'y ont pas seulement pris un petit fort. Laissez-les s'user sans combat; ils se dégoûteront de la guerre, et quand ils auront ravagé le pays, ils n'auront plus de quoi vivre. La faim les chassera enfin de l'Italie, si quelque événement plus désastreux ne les disperse auparavant. Seulement envoyez dans les villes les gens d'armes que vous soudoyez. Leur présence soutiendra et rassurera les citoyens peu accoutumés à voir ou à souffrir des sièges, et les citoyens vous aimeront davantage en voyant que vous songez à les protéger et à les défendre.

« Galeas goûta ce conseil. Il assembla en toute hâte les chevaliers, écuyers et autres gens d'armes qu'il avait à ses gages et dont le nombre s'éleva à cinq cents lances, et les plaça sous les ordres d'un capitaine habile et expérimenté, nommé Jacques de Berme. Celui-ci se dirigea aussitôt sur Alexandrie, et dérobant sa marche, il y entra secrètement le soir. Dès qu'il se fut un peu reposé, ceux qui étaient chargés de la garde de la ville vinrent le trouver dans son logis. Jacques leur demanda en quel état était la place et comment agissaient les ennemis, pour prendre ensuite une détermination. Les plus sages prenant la parole, lui dirent: depuis que le comte d'Armagnac a paru sous nos murs, nous avons tous les jours aux barrières assauts et escarmouches.

Bien, répondit le chevalier, demain, s'il plaît à Dieu, nous verrons comment ils se portent ou ce qu'ils voudront faire. Ils ne savent point ma venue. Je sortirai secrètement et je me placerai en embuscade. Ah! repartirent ceux qui lui parlaient, il faudra bien songer à ce que vous allez entreprendre, car ils sont bien seize mille chevaux ou plus, et s'ils vous trouvent en rase campagne, sans combattre et par l'effet de leurs chevaux ils feront voler sur vous et sur vos gens tant de poussière que vous serez déconfits. Assez, répliqua le chevalier, je verrai demain ce qu'il conviendra d'arrêter. Il nous faut signaler par quelque exploit, puisque nous sommes venus. A ces mots, l'assemblée se sépara et chacun se retira à son logis.

« Resté seul, Jacques de Berme donna ses ordres pour le lendemain. Dès que le jour parut, il fit prendre les armes à ses soldats, en laissa deux cents aux barrières et à la tête des autres trois cents il sortit par la porte opposée au camp des ennemis, et s'aventura à environ demi-lieue de la ville. Ce jour, le ciel fut très-pur et la chaleur bien vive. Le comte d'Armagnac qui était jeune, entreprenant et plein d'ardeur, entendit la messe sous sa tente, prit quelque nourriture, demanda ses armes, s'arma de toutes pièces, fit déplier seulement son pennon, et ne prenant avec lui que cent hommes, car il ne croyait avoir personne à combattre, il s'en vint au pas devant les barrières. Quelques-uns le suivirent de loin, mais la plupart n'en faisaient aucun compte. Pourquoi nous armer et nous avancer, disaient-ils ? Quand nous nous sommes présentés devant les retranchements, nous n'avons su à qui parler. Ainsi ils restèrent paisiblement dans leur camp occupés à se loger et à se livrer aux plaisirs de la table. Le comte d'Armagnac vint devant les barrières, suivi seulement des hommes qu'il avait choisis, et commença à déployer sa valeur et son adresse. Les assiégés, après avoir soutenu quelque temps la lutte, commencèrent à plier selon l'ordre qu'ils en avaient reçu, et dès qu'ils eurent atteint le lieu qui cachait l'embuscade, Jacques et les siens s'élancèrent l'épée à la main et tombèrent sur les assaillants.

« Quoique pris au dépourvu, le comte se défendit avec courage. Des soldats, partis du camp sans aucun but, venaient à chaque instant grossir sa petite troupe. La lutte fut vive et la victoire brillamment disputée. Mais on était au 25 juillet. Nul vent n'agitait les airs. La chaleur était si ardente que ceux qui étaient emprisonnés dans leurs lourdes et pesantes armures croyaient être dans une fournaise. A peine si les plus jeunes et les plus vigoureux pouvaient soutenir leurs armes. D'ailleurs les Français avaient contr'eux l'incontestable supériorité du nombre, plus de trois contre un. Ajoutez qu'ils devaient combattre au milieu d'une poussière qui ne permettait pas de voir où l'on déchargeait ses coups. Néanmoins ils eussent balancé encore le succès, si leur chef n'eût abandonné le champ de bataille. Oppressé par la chaleur et prêt de tomber en faiblesse, le comte s'enfonça dans une allée écartée sans que personne remarquât son absence. Il se trouva près de là un aulne que baignait un faible ruisseau. Il sentit l'eau mouiller ses pieds avant de l'apercevoir *et crut aussitôt être en paradis*. Il s'assit sur les bords de ce ruisseau sans que personne l'en empêchât, ôta à grande peine son casque et resta la tête couverte seulement d'une coiffe de toile;

puis il se baissa et plongea son visage dans l'eau. Il but tant et si longtemps que le sang se refroidit dans ses veines. Il perdit la parole avec le peu de forces qui lui restaient et tomba en apoplexie.

Ses gens ignoraient ce qu'il était devenu. Plusieurs avaient été pris, les autres n'opposaient qu'une faible résistance, lorsqu'un écuyer du duc de Milan s'étant écarté des siens, le rencontra étendu près du ruisseau. L'écuyer vit bien que c'était un chevalier et un homme d'un rang élevé; mais il ignora le reste et lui demanda: qui êtes-vous? Rendez-vous, vous êtes mon prisonnier. Jean entendit sa voix, mais ne put répondre, *car il avait la langue morte et le palais si clos qu'il balbutiait à peine.* Il lui tendit la main et fit signe qu'il se rendait. L'écuyer voulut le faire lever, mais il ne le put et resta près de lui. Cependant le combat se poursuivait. Jacques était un capitaine sage et expérimenté. Voyant que la journée avait été heureuse pour lui, qu'il avait pris ou tué un grand nombre d'ennemis, que ses gens commençaient à être fatigués, et que du côté du comte les rangs grossissaient et les forces se réparaient, il ordonna la retraite vers la ville.

» L'écuyer ne voulant pas laisser son prisonnier derrière, appela à lui quelques-uns de ses compagnons et les pria de l'aider à le transporter dans la place, leur promettant une large part de la rançon qui lui serait payée. On le transporta ainsi non sans quelque peine chez l'écuyer où on le dépouilla de ses armes et de ses habits, et on le plaça sur un lit.

» Le bruit se répandit bientôt dans le camp que le comte d'Armagnac n'y était point rentré et que personne ne savait ce qu'il était devenu. Tous s'étonnaient et s'affligeaient de cette disparition. Plusieurs revolèrent sur le champ de bataille et s'en retournèrent plus ébahis que jamais. Cependant l'écuyer qui l'avait pris désirait vivement savoir quel homme il avait en son pouvoir. Il s'adressa à un écuyer Gascon fait prisonnier et laissé libre sur sa foi, et le pria, avec l'agrément de son maître, de venir à son hôtel. Il le mena dans une chambre, alluma plusieurs flambeaux, et lui montrant sur un lit un malade qui se plaignait très-fort, il lui demanda : mon ami, ne connaissez-vous pas cet homme-ci ? L'écuyer se baissa et regarda le visage du chevalier. Il le reconnut aussitôt et dit : oui, je dois le bien connaître, c'est notre capitaine le comte d'Armagnac. Cette découverte remplit de joie l'écuyer Lombard, mais son prisonnier allait lui échapper. Le mal s'était déjà tellement aggravé, que Jean n'entendait ni ce qu'on lui disait, ni ce qu'on lui demandait. Allons, allons, dit son maître, laissons-le reposer, et ils le laissèrent ainsi, mais le lendemain ils le trouvèrent mort.

» Quand cette fin tragique eut été constatée, Jacques en fit porter la nouvelle dans le camp par ses prisonniers, espérant qu'elle y jetterait la consternation. Son attente ne fut point trompée. L'armée, composée de compagnies étrangères les unes aux autres, n'avait plus de chef. Personne ne pouvait prendre le commandement général. Un seul cri se fit entendre : sauvons-nous, retournons sur nos pas, l'occasion est perdue. Jacques, instruit de ces dispositions, fit aussitôt sortir toutes les forces dont il disposait et tomba sur les ennemis en faisant retentir dans les airs son cri de guerre : Pavie au seigneur de Milan. A cette attaque, nul ne se mit en défense, tous déposaient les armes *et se laissaient égorger comme font méchantes gens. Les Lombards les chassaient devant eux comme on pousse vers un fort un troupeau de bêtes* ».

Galeas usa de la victoire avec une générosité qui honorerait la plus belle vie. Il retira les prisonniers des mains de ses soldats, et non content de briser leurs chaînes, il leur donna à chacun un florin et y ajouta un cheval pour chaque gentilhomme. Il leur fit seulement jurer à leur départ (*) qu'ils ne porteraient jamais plus les armes contre lui. Galeas se montra encore plus grand à l'égard du comte d'Armagnac. Après avoir fait embaumer son corps, il l'enferma dans un cercueil de plomb, le confia à un évêque de ses états et à ceux des prisonniers que les liens du sang, de la reconnaissance ou de l'amitié attachaient le plus à leur ancien général, et le renvoya ainsi à Bernard. Juvenal des Ursins (1) raconte autrement la mort du comte d'Armagnac. Il dit que Jean, après avoir perdu trois cents des siens, fut atteint de neuf coups, qu'il n'eut que le temps de s'écrier : seigneur, je remets mon ame entre vos mains, et qu'il alla de *vie à trépassement*. C'était, ajoute Juvenal, un vaillant homme qui avait *cuidé* (pensé) bien faire.

Nous avons suivi les historiens français. Écoutons maintenant (2) les auteurs italiens, car les récits varient

(*) Durant leur retraite quelques-uns eurent pitié d'eux et leur firent l'aumône, mais les autres les accueillaient avec des railleries et leur disaient honteusement : allez, allez chercher votre comte d'Armagnac qui s'est tué et crevé de boire en une fontaine devant Alexandrie. Froissart, ibidem.

(1) Histoire de Charles VI par Juvenal des Ursins, pag. 85. —
(2) L'Art de vérifier les Dates, tom. 2, pag. 275.

non sur l'issue de la campagne, mais sur les événements qui la signalèrent. Le comte d'Armagnac, dit Muratori, était sans contredit fort habile au métier de la guerre, mais le mépris qu'il affecta pour les Lombards lui devint funeste. Sa première expédition fut contre Castellazo. Jacques de Verme y avait mis une bonne garnison qui fit une sortie dont les assiégeants se trouvèrent assez mal. Cet échec irrita le comte qui s'obstina à vouloir prendre la place de force. Un jour, ajoute Corio, il lui vint en pensée d'aller reconnaître en personne la ville d'Alexandrie de la Paille avec cinq cents cavaliers des plus distingués de ses troupes, et s'étant avancés jusqu'aux portes, ils se mirent à crier : dehors, vilains Lombards. Jacques de Verme que Galeas avait envoyé pour commander dans la place, irrité de ces injures, lâche cinq cents de ses meilleurs soldats sur les Français qui les reçoivent avec bravoure. Le combat fut long et opiniâtre de part et d'autre; mais enfin les Français perdant courage, voulurent prendre la fuite. Ce fut envain; on les fit tous prisonniers : le comte lui-même tomba entre les mains des Italiens et fut amené dans la ville où peu de jours après il mourut, soit de ses blessures, soit de poison comme le prétend Le Pogge. A la nouvelle de ces désastres, l'armée, qui était devant Castellazo, leva le siège ; mais Jacques de Verme l'ayant poursuivie dans sa retraite, lui livra le 25 juillet, entre Nice de la Paille et Ancise, un combat où il les défit presqu'entièrement.

Ainsi périt dans la force de l'âge, loin de sa patrie, et peut-être sur un triste grabat, un seigneur dont les talents militaires et le courage avaient déjà jeté un vif éclat dans toute la France, mais que devaient surpasser les talents militaires et le courage de son frère puiné. La Péninsule italique avait été funeste à la maison d'Armagnac comme elle le sera plus tard à la maison de France. Le père y rencontra des fers; le fils plus malheureux encore y trouva un tombeau. Jean avait gouverné le Comminges treize ou quatorze ans, et un peu plus de sept les trois comtés d'Armagnac, de Fezensac et de Rhodez avec les vicomtés de Lomagne, d'Auvillars et de Bruillois. Il ne laissait que deux filles, Jeanne et Marguerite, trop jeunes pour faire valoir leurs prétentions contre l'ambition de leur oncle, qui ne pouvait manquer de se prévaloir des dispositions formelles de Jean II leur aïeul.

CHAPITRE IV.

Bernard VII, frère de Jean III, est reconnu pour son successeur. — Il confirme les coutumes de la Lomagne. — Marguerite de Comminges, veuve de Jean, se remarie avec l'héritier du Pardiac et du Fezensaguet. — Bernard épouse Bonne fille du duc de Berry. — Trois compétiteurs se disputent le siége d'Auch. — Querelle de Menaud de Barbazan avec le comte de Pardiac. — Mort du vicomte de Fezensaguet et du comte d'Astarac. — Jean Jourdain II comte de l'Isle-Jourdain. — Matthieu comte de Foix, — son mariage, — sa mort — Archambaud de Grailly lui succède. — Troubles à Bayonne. — Division entre Marguerite de Comminges et son mari. — Fin tragique du comte de Pardiac.

Bernard VII, frère de Jean III, était né avec l'amour des combats. Il entrait à peine dans l'adolescence lorsque le duc d'Anjou (19 novembre 1377) le gratifia d'une somme assez considérable pour le récompenser de ses bons et agréables services à la guerre. Deux ans plus tard, il entreprit (1), à la prière du duc de Berry et des états d'Auvergne, de retirer des mains des Anglais les châteaux de Carlat, d'Usson et de Bénévent, et ce que n'avaient pu obtenir divers guerriers, sa jeunesse sut l'effectuer. Depuis ce moment, il avait presque toujours eu les armes à la main. Ce furent ces qualités guerrières peut-être autant que le testament de Jean II qui lui concilièrent tous les suffrages, après la mort de Jean III.

Dès que cette triste nouvelle eut traversé les Alpes, Bernard s'empressa de réunir (2) à Auch les états de Fezensac et de Rhodez pour qu'ils eussent à prononcer

(1) Grands Officiers, tom. 2. — (2) Manuscrit de Bonal, biblioth. royale de Paris.

entre l'oncle et les nièces. Le cas était à peu près nouveau dans sa maison ; depuis Bernard Ier qui prit en main l'administration en 920 et forma alors la souche des comtes d'Armagnac, il n'y avait eu qu'une légère interruption dans la succession directe, vers l'an 1245. Une lutte s'était engagée sur les deux systèmes de représentation, mais alors la mort avait presqu'aussitôt tranché les différends en enlevant les deux femmes qui faisaient valoir des droits ou élevaient des prétentions. On était encore assez voisin de ces temps où le service militaire était la principale base de l'ordre social. On conçoit à cette époque l'exclusion des femmes; mais depuis, l'usage avait prévalu dans toute la Gascogne que les filles ou les sœurs succédaient préférablement à des collatéraux plus éloignés. Ainsi le Bigorre et le Béarn étaient passés à différentes familles. Ainsi le comté de Rhodez et la vicomté de Lomagne étaient entrés dans la maison d'Armagnac. C'était donc une jurisprudence nouvelle que le testament de Jean II introduisait. Les voix pouvaient facilement se partager ; mais quelques barons plus politiques ou moins hardis craignirent de se prononcer contre un seigneur brave et puissant, et surtout implacable dans ses ressentiments. Tous les autres comprirent que deux jeunes pupilles au lieu de protéger le pays, alors en proie au double fléau des dissensions intestines et de la guerre étrangère, auraient elles-mêmes besoin de protection ; tandis que la large épée de Bernard saurait écarter les ennemis du dehors et réprimer les troubles domestiques. Aussi l'assemblée fut unanime. Elle reconnut le frère de Jean III pour son héritier légitime, en lui imposant toutefois l'obligation de marier convenablement ses deux nièces.

Après que ses droits eurent ainsi été proclamés, Bernard se transporta à Vic, escorté de la principale noblesse du Fezensac, et demanda, en sa qualité de nouveau seigneur, qu'on lui prêtât foi et hommage. Les quatre barons, Jean de Labarthe, seigneur d'Aure, Ayssius de Montesquiou, Odon de Montaut et Bertrand de Pardaillan, parlant en leur nom et au nom de tous les seigneurs du comté, répondirent qu'ils étaient prêts à acquiescer à ses désirs; mais que la coutume voulait qu'avant que la noblesse prêtât son serment, chaque comte nouveau jurât d'être bon seigneur et confirmât les coutumes accordées aux nobles et à leurs vassaux ; qu'ainsi avaient fait tous les prédécesseurs de Bernard, et qu'ainsi ils le priaient de faire lui-même. Le comte accueillit leur requête, et après s'être assis, le missel et la croix placés sur ses genoux, il jura d'abord qu'il défendrait les nobles, ses vassaux et leurs serfs contre toute violence ou toute oppression, ainsi que l'avaient fait ses prédécesseurs, et mieux s'il le pouvait. Il jura ensuite qu'il observerait inviolablement les libertés, franchises et coutumes du Fezensac comme le droit voulait qu'on les observât et comme l'usage les faisait observer. Cela fait, les nobles vinrent l'un après l'autre rendre leurs hommages et prêter leur serment de fidélité. Cet acte eut pour témoins Amanieu et Bernard d'Albret, Guillaume de Solages, Bernard de Grossoles et Bernard Duprat, 18 septembre 1392 (1).

Les états de la Lomagne se réunirent séparément et se prononcèrent comme on s'était prononcé à Auch. Néanmoins ils profitèrent de l'occasion pour rédiger

(1) Chartier du Séminaire d'Auch.

eu corps les libertés et franchises de la Lomagne et en obtenir la confirmation. L'assemblée se tint à Lectoure (1) le 6 janvier 1393, dans la maison d'Arnaud de Doucet, seigneur de Pouy, près Lavardens. On y vit Raymond Arnaud de Goth, seigneur de Rouillac, Garsie de Manas, seigneur de Balignac et du Pin, Bertrand de Léomont, seigneur de Puy-Gaillard, chevaliers, Othon de Montaut, seigneur de Gramont, Bernard Dubos, châtelain du Bos, Othon de Caumont, seigneur de Réjaumont et co-seigneur de Homps, les héritiers de Gaston de Sérillac, seigneur de St-Léonard et co-seigneur de Cadeillan, Sans Garsias de Manas, seigneur d'Avezan et co-seigneur d'Estramiac et de Gaudonville, Richard de Galard et Raymond de Caumont, co-seigneur de l'Isle-Bouzon, Réné de Caumont, co-seigneur de St-Pesserre, N... de Lachapelle et Arnaud de Bonnefont, co-seigneurs de St-Avit, Jean de Léomont, co-seigneur de Mauroux, Gaillard de Léomont, co-seigneur de Pouy-Gaillard et de Tudet, Vital de Frans, Vital de Preyssac, seigneur d'Esclignac, Arnaud de Pouy, co-seigneur de Homps, Doux et Bezian de Montaut, Othon de Bonnefont, seigneur de Fieux, Bernard de Bonnefont, Jean de Faudouas, seigneur de Plieux, Arnaud Dubrouil, seigneur de Pellefigue, Pons de Lagarde, seigneur de Lagarde, Eyssen du Bouzet, seigneur du Bouzet et de St-Jean du Bouzet, Othon de Caibirac, co-seigneur de Cadeillan, Aynard de Marestan, petit-fils de noble Guiraude de Vivés, et Jean de Vivés, co-seigneur de Vivés. On arrêta d'abord que Bernard serait supplié de confirmer les anciennes coutumes, renfermant 13 ou 14 articles, et écrites en

(1) Coutumes de la Lomagne. Chartier du Séminaire d'Auch.

Gascon, et de concéder certains autres articles déjà en vigueur, mais non encore promulgués. Bernard, après en avoir délibéré avec son conseil, se prêta au double vœu qui lui avait été exprimé (*) et reçut l'hommage de tous les seigneurs présents.

Après s'être fait reconnaître dans l'Armagnac et le Fezensac, il se rendit avec une suite nombreuse dans le Rouergue et fit son entrée solennelle à Rhodez le 21 mars. Le lendemain il fut couronné avec les cérémonies ordinaires dans l'église cathédrale par l'évêque Louis de Severi. Il partit peu de temps après avec la plus grande partie de la noblesse du Rouergue et de l'Armagnac pour aller rendre hommage de ses terres au roi qui était alors au château de Gisors en Normandie. Bernard n'était point encore marié. Les états du Comminges et de l'Armagnac songèrent à renouer l'alliance projetée presqu'au berceau de Bernard et de Marguerite. Les états d'Armagnac surtout ne voulaient pas laisser passer à une maison étrangère les grands biens d'une aussi riche héritière. On demanda les dispenses nécessaires à la cour d'Avignon. On s'étayait de la loi ancienne, qui autorisait ces unions, quand le frère ne laissait point d'héritier. On soumit l'affaire à une nombreuse congrégation composée de maîtres et de docteurs tant en théologie qu'ès-lois et ès-décrets. La réponse fut unanime : tous (1) déclarèrent que le

---

(*) Cet acte eut pour témoins Bernard de Rivière, seigneur de Labatut, Bernard du Prat, François du Bord, noble Mossin de Galard, Pierre-Raymond de Ligardes, Othon de Léomont, Arnaud-Guilhem d'Ardigues, Bernard-Raymond de Goyne, Guillaume de Labat, Pierre de Lagraulas et Arnaud de Juilliac ou de Jucelin, chanoine d'Auch.

(1) L'Art de vérifier les Dates, tom. 2.

pape devait repousser cette pétition comme totalement *dissonante de raison et d'usage.*

Marguerite de Comminges ne paraît pas s'être prêtée à cette demande. Aussitôt qu'elle eut perdu son mari, elle s'employa à faire mettre en liberté Jeanne de Comminges sa mère que Jean avait constamment tenue en prison dans le château de Lectoure. Elle présenta requête au roi pour obtenir cet élargissement avec la restitution du comté de Comminges et des autres biens qui lui appartenaient. Le roi donna (1) ordre, le 2 mai 1392, à Colard d'Estouteville, sénéchal de Toulouse, de lui faire restituer ses biens et de briser les fers de la comtesse Jeanne. Mais Bernard ayant fait naître des difficultés, cet ordre ne fut point exécuté sur-le-champ. Marguerite espéra mieux triompher de l'opposition de son beau-frère en formant de nouveaux liens. Elle jeta les yeux sur Jean fils de Géraud, comte de Pardiac. Jean entrait à peine dans l'adolescence. Mais son père s'intéressait beaucoup à la délivrance de Jeanne, et Marguerite crut l'y mieux intéresser encore en donnant sa main à son fils, ou plutôt elle ne vit que ce moyen de rendre à la liberté celle qui lui avait donné le jour, et égarée par ses sentiments, elle ne s'aperçut pas qu'elle sacrifiait son bonheur en associant des âges si disproportionnés. Elle chargea Hugues vicomte de Carmain, Jean de Levis seigneur de Lagarde, Jean de Bourges seigneur de Confolans et deux jurisconsultes, d'en arrêter les clauses et de les signer en son nom. L'acte fut passé (2) au château de Saulnes le 18 octobre, en présence de frère Peregrin de Penelas, de Guillaume

---

(1) Dom Vaissette, tom. 4, pag. 402. — (2) Chartier du Séminaire d'Auch.

de Cortade gardien des Jacobins de Marciac et de Bernard Saucède.

Ce mariage, séparant les intérêts du Comminges et de l'Armagnac, ne laissait aucun prétexte au nouveau vouloir de Bernard. Le sénéchal de Toulouse se rendit à Lectoure le 12 mai. Le comte d'Armagnac céda de bonne grâce à la nécessité et remit Jeanne entre ses mains. Cette feinte modération trompa la maison de Fezensaguet et servit à mieux creuser son tombeau.

Rejeté par sa belle-sœur, le comte d'Armagnac rechercha (6 septembre 1392) la fille aînée de Charles-le-Noble roi de Navarre, et proposa en même temps à ce prince un traité d'alliance. Il chargea (*) Menaud de Barbazan de cette double négociation. Le traité fut conclu, mais le mariage fut ajourné, vraisemblablement à cause de l'âge de la jeune princesse. Dans cet intervalle, Bernard demanda et obtint la main de sa cousine germaine, Bonne (1), fille du duc de Berry et de Jeanne d'Armagnac sa tante. Bonne était alors veuve d'Amé VI de Savoie, dont elle avait un fils, le célèbre Amédée, qui fut d'abord le premier duc de Savoie, porta ensuite quelque temps la tiare sous le nom de Félix V, et termina enfin ses jours dans la retraite sensuelle de Ripaille. Le duc de Berry constitua à sa fille cent mille livres d'or. Le contrat fut passé à Mehun sur Yèvre le 26 janvier 1393. Bernard y fut représenté par Marquis de Beaufort, Marquis de Canillac et Guillaume de Solages seigneur d'Entraygues. Ce mariage ne s'accomplit

---

(*) Menaud de Barbazan avait déjà été envoyé en Espagne sous le comte Jean qui l'avait chargé en 1386 de négocier, de concert avec Bernard de Grossoles, une ligue offensive et défensive avec le roi de Castille. (Collect. Doat, tom. 39).

(1) L'Art de vérifier les Dates.

que l'année suivante. Il fut célébré à Chambéry, séjour ordinaire de Bonne. La nouvelle comtesse fit son entrée solennelle à Rhodez le 19 octobre 1395, accompagnée de son père et d'une suite brillante, et alla descendre au couvent des Cordeliers. Bernard venait alors d'ajouter à ses vastes domaines les quatre vallées, que lui laissa en mourant Jean de Labarthe son oncle (1).

Trois compétiteurs se disputaient encore le siége d'Auch. Philippe d'Alençon, le premier titulaire toujours retiré à Rome, ne pouvait que protester de loin. Sa haute piété ne lui eût pas sans doute permis de pousser les choses trop loin; il mourut d'ailleurs peu après (5 août 1397) en odeur de sainteté et fut enterré dans l'église de Ste-Marie au-delà du Tibre. Jean Flandrin au contraire habitait la province. La maison d'Armagnac qui ne l'avait vu qu'avec peine nommé à l'archevêché, le vit avec plus de peine s'obstiner à le retenir au mépris de l'usage généralement suivi, et malgré les provisions données à l'évêque de Mende. Jean III eût pris en main les droits de son frère, si les soins de la fatale expédition d'Italie ne l'eût pas absorbé tout entier; mais il n'eût pas oublié le caractère sacré et le rang de Flandrin. L'altier Bernard ne connaissait pas de mesure. A peine eut-il pris l'administration du comté, qu'il attaqua ouvertement le cardinal-archevêque, le fit prisonnier (2) et le jeta dans un noir cachot. Cet excès appelait les foudres de l'église. Le comte fut excommunié; mais peu de mois après, Pierre de Lune qui venait de succéder à Clément VII sous le nom de

(1) Chartier du Séminaire d'Auch. — (2) *Gallia Christiana*. Dom Brugelles. M. d'Aignan.

Benoît XIII, leva l'excommunication, après avoir exigé toutefois que la liberté fût rendue au prisonnier.

La rigueur et l'insalubrité du cachot, la violence faite à la majesté de la pourpre romaine et sans doute aussi l'humiliation et la honte achevèrent d'épuiser le peu de vie que les glaces de l'âge laissaient encore à Flandrin. Il ne survécut pas un an à sa captivité et mourut à Viviers sa patrie, plus que centenaire, s'il est vrai qu'il eût déjà atteint sa quatre vingt-neuvième année lorsque les vœux du chapitre l'appelèrent sur le siége d'Auch. Il fut enterré dans l'église de St-Laurent, là même où il avait reçu le baptême (*).

La mort de Philippe d'Alençon et de Flandrin laissait Jean d'Armagnac paisible possesseur de l'archevêché; mais ce prélat devait peu connaître le repos. Benoît XIII le transféra presqu'aussitôt à Tours. Le chapitre de cette ville ne voulut pas le reconnaître et élut Louis d'Harcourt. Jean intenta un procès à l'élu, qui fut porté devant l'archevêque de Lyon, primat des Gaules. Le primat ne voulut pas prononcer et traîna l'affaire en longueur. Jean garda en attendant l'archevêché d'Auch.

Pendant que tous ces différends attristaient le diocèse d'Auch, une autre querelle ensanglantait le Par-

---

(*) Jean Flandrin portait d'argent à la fasce de gueules, accompagnée de trois roses, deux en chef et une en pointe. Elles sont à la salle basse et en plusieurs endroits de l'archevêché. Avant qu'il ne parût à Auch, la peste avait fait de si grands ravages dans la ville, qu'il ne restait plus, dit-on, sur la paroisse de St-Pierre, qu'une maison habitée qu'on a appelé longtemps aux Ladres; sans doute parce que les habitants avaient été atteints comme leurs concitoyens, mais que plus heureux qu'eux, ils avaient eu le bonheur d'échapper au fléau. Jean, désespérant de voir cette paroisse jamais rétablie, l'unit aux prébendes du St-Esprit. Cet état de choses dura jusqu'en 1720. M. Carrère qui était alors vicaire perpétuel, fit cesser l'union et rétablit la cure primitive. (M. d'Aignan).

diac et le Fezensaguet. Menaud de Barbazan (1) avait refusé de reconnaître la suzeraineté de Géraud, l'époux d'Anne de Montlezun et le beau-père de Marguerite de Comminges. Il réclamait une part du comté du chef de Mabile de Montlezun sa mère. Géraud se vengea de ce refus en saisissant les terres de Goux et de Bajonnette, et quelques autres domaines. Menaud opposa la force à la force, et des deux côtés on courut aux armes et on réclama le secours de ses amis. Les comtes d'Astarac et de l'Isle, les vicomtes de St-Paulin et de Carmain, les seigneurs de Launac, d'Orbessan, de Duran et de Sort, et une foule d'autres s'empressèrent d'accourir.

Le maréchal de Sancerre voulut en vain arrêter les dissensions. Il eut beau interposer l'autorité royale; il fut peu écouté dans la première chaleur de la querelle; mais après quelques hostilités réciproques où périrent Jean et Gérard de Lantar, le sénéchal de Toulouse, dans le ressort duquel se trouvaient les terres des parties belligérantes, s'étant rendu médiateur, les assembla de concert avec Guichard Dauphin, lieutenant du maréchal, d'abord à Gimont, puis à Fleurance (décembre 1393). Les conférences furent ensuite transférées à Grenade sur Garonne. Ce fut là qu'on arrêta les articles de la pacification auxquels Barbazan offrit de se soumettre. Mais Géraud les ayant rejetés, le maréchal mit ses domaines sous la main du roi et le fit arrêter lui-même. On le conduisit à Toulouse, d'où on le transporta à Carcassonne. Cet acte de rigueur fut suivi d'un jugement solennel que le maréchal rendit sur cette affaire le 26 juin 1394, dans la nouvelle salle du palais de Toulouse où il logeait alors. Géraud, en ayant appelé

(1) Dom Vaissette, tom. 4, pag. 406.

au parlement de Paris, fut amené, aux prisons du Châtelet où il demeura jusqu'à la St-Martin de l'année suivante. Il obtint alors son élargissement sous caution. C'est tout ce que nous savons de cette longue et vive querelle; mais ni ce procès, ni cet emprisonnement ne détachèrent le comte de la France. Il tint constamment son parti contre les Anglais, et cet attachement ne fut pas, dit-on, une des moindres causes qui entrainèrent la ruine de sa maison.

Jean, père de Géraud, était mort dans un âge fort avancé le 20 juin 1390. Le danger que lui avaient fait courir les violences commises contre les habitants de Pradères ne l'avaient pas rendu plus sage. Il se porta à de nouveaux excès contre la ville de St-Romans dans le Rouergue, et fut poursuivi criminellement, mais il eut encore le bonheur d'échapper à l'action de la justice. Son inviolable fidélité à la couronne de France couvrait ses emportements, et la justice se taisait en présence de ses services. Outre Géraud son successeur, il laissait deux filles (1). Jeanne l'aînée fut mariée à Jean de Levis-Mirepoix, et reçut en dot vingt mille florins. Mathe la seconde vivait encore sous le toit paternel à la mort de Jean. Elle n'eut dans le testament de son père (2 juin 1389) que dix mille florins avec ses habits nuptiaux. Elle épousa dans la suite le vicomte de Valerme dont on ne connait point avec certitude la famille, mais qu'on fait généralement descendre des vicomtes de Beaufort. Un autre de ses enfants, né avant Géraud, avait précédé son père dans la tombe sans laisser de postérité, et vraisemblablement sans être marié.

(1) **Grands Officiers**, tom. 3.

Le comte d'Astarac n'était guère moins emporté que le vicomte de Fezensaguet. Les habitans de Mirande (dom Clément (1) et dom Vaissette (2) disent Marmande) ayant refusé de l'aider à chasser les Anglais de Castelnau-Barbarens, il se vengea de ce refus en portant ses ravages sur leurs terres, et peu content de cette vengeance, il pendait sans pitié les malheureux Mirandais qui tombaient sous sa main. On s'en plaignit au roi et on en appela à sa justice. Mais que pouvaient ces plaintes à une époque où la justice était muette ou enchaînée? Jean avait rendu des services signalés à la France. Il combattait les ennemis de l'état; il ne sévissait même contre les Mirandais que pour les punir de n'avoir pas voulu concourir à cette œuvre patriotique. Aussi il obtint sans peine, en 1390, des lettres de rémission du faible Charles VI.

Jean vivait encore en 1395, mais après cette époque il disparaît de l'histoire sans qu'on puisse assigner l'année précise de sa mort. Il se prépara à cet acte suprême en fondant dans la ville de Pavie près d'Auch un couvent pour les Carmes dont il affectionnait spécialement l'Ordre. Maubrose ou Mascarose de Labarthe ne lui ayant donné que deux filles, il épousa, lorsque la mort la lui eut ravie, Philippe de Comminges qui le fit père de Jean II et de Marguerite. Celle-ci entra dans la famille de Monferrand. Mathe, l'aînée des filles de Mascarose, fut mariée à Roger de Comminges. Cécile, la cadette, fut plus malheureuse que ses sœurs; son père la maria à Jean Jourdain II, comte de l'Isle, et lui constitua vingt-cinq mille florins. Jean

(1) Grands Officiers, tom. 2. — (2) Idem. tom. 4.

Jourdain (1) était un seigneur licencieux. Le mariage et la naissance d'un fils ne suspendirent point ses débauches. Ses excès furent si criants que Cécile dut l'abandonner, et le comte ne se prêta que trop à cet éloignement. L'épouse outragée attendit quelque temps le retour du coupable; mais ne voyant point de repentir, elle s'adressa en 1389 aux tribunaux. Il est peu d'épouses dans ce siècle de licence effrénée qui n'eussent pu formuler des plaintes contre l'infidélité de leurs maris (*). L'affaire traîna en longueur. Après trois ans d'instances, les tribunaux adjugèrent enfin à Cécile par provision mille livres de rente. Son fils venait alors de mourir. Cette mort acheva de détruire une vie qu'avaient usée le délaissement, le malheur et peut-être aussi les mauvais traitements. Au moment où elle expirait, Jean Jourdain recueillait un riche héritage. Louis Jourdain, seigneur de Launac, son parent, lui légua tous ses biens. Mais cette libéralité donna naissance à des réclamations que le comte de l'Isle dut apaiser avec de l'or.

Toutes les violences que nous avons rencontrées avaient leur cause ou leur prétexte dans la guerre que l'Angleterre faisait à la France depuis le commencement de ce règne et qu'avaient à peine suspendue quelques trêves toujours courtes, mais surtout toujours mal gardées. Les deux pays sentaient également le besoin du repos. On essaya d'un traité de paix, mais les prétentions des deux peuples étant trop opposées, on s'arrêta

(1) Grands Officiers, tom. 2, pag. 711.
(*) Nous l'avons déjà remarqué, on ne connaît pas de famille seigneuriale où l'on ne trouve à cette époque un ou plusieurs bâtards reconnus.

(9 mars 1395) à une nouvelle trêve, dont on fixa la durée à 26 ans : c'était une véritable et entière pacification sous un nom étranger. Le mariage d'Isabelle fille aînée de Charles VI, princesse à peine échappée du berceau, avec Richard roi d'Angleterre, en fut le gage. On nomma aussitôt des conservateurs de la trêve dans les diverses provinces. Le comte d'Armagnac (1) et le maréchal de Sancerre furent chargés de la faire observer dans la Guyenne et la Gascogne, et saisirent cette occasion pour achever de purger nos contrées des compagnies que ni l'or, ni le fer n'avaient pu entièrement expulser. Grâces à leurs soins et à leur activité, le Midi respira enfin après tant de troubles et de malheurs. Les états seuls du comte de Foix ne prirent point part à la pacification de la province.

Matthieu avait épousé (2) Jeanne fille aînée de Jean Ier roi d'Aragon. Ce prince étant mort en 1396 sans laisser d'enfant mâle, Matthieu revendiqua la couronne au nom de sa femme ; mais il trouva un concurrent dans Martin frère de Jean. La nation, ne voulant pas passer sous les lois d'une famille étrangère, se déclara en masse pour Martin, alors occupé à enlever la couronne de Sicile à la maison d'Anjou pour la placer sur la tête de son fils. Matthieu en appela aux armes et attira sous ses drapeaux une foule de seigneurs Gascons, et à leur tête Bernard comte d'Armagnac, heureux de se venger de l'échec que lui avait fait essuyer quelques années auparavant le roi d'Aragon. Jean Jourdain comte de l'Isle avait promis de se joindre à eux ; il avait même touché une somme d'argent assez considérable destinée

---

(1) Dom Vaissette, tom. 4, pag. 408. — (2) Grands Officiers. Dom Vaissette. L'Art de vérifier les Dates.

à son armement ; mais l'amour des plaisirs le retint, et il dépensa dans de folles et crapuleuses orgies ce qu'il avait reçu pour une noble expédition. Matthieu et ses alliés ne furent point heureux. Marie de Lune, femme de Martin, soutint sans s'effrayer leurs efforts et eut assez de courage et d'habileté pour les rendre inutiles. Elle obtint même des états que son concurrent serait déclaré traître à la patrie et criminel de lèse-majesté, et que tous les domaines qu'il possédait dans l'Aragon seraient confisqués.

Matthieu s'en prit à la mauvaise foi du comte de l'Isle-Jourdain son allié et l'accusa d'avoir causé ses désastres en le privant d'une partie des forces sur lesquelles il avait droit de compter. Il l'obligea à lui restituer les sommes qu'il lui avait livrées. Il eût poussé plus loin sa vengeance, s'il n'eût été occupé à préparer une nouvelle expédition qui ne réussit pas mieux que la précédente. Il put à peine entamer l'Aragon ; mais sa femme étant morte, il abdiqua ses prétentions et accepta un accommodement auquel il survécut à peine quelques mois. Il mourut le 5 août 1398 sans laisser d'enfants. En lui s'éteignit la maison de Foix. Elle semblait s'être épuisée en portant si haut l'éclat de sa gloire sous Gaston Phœbus. Presque toutes ces nobles souches que nous avions trouvées sur le sol de la Gascogne après le départ des Normands étaient déjà mortes. Les maisons vicomtales de Bayonne, de Dax, de Tartas, de Marsan et de Gavarret ne s'étaient montrées que quelques siècles. Les vicomtes de Lomagne n'avaient guère poussé plus loin leur existence. Les Goths, qui leur avaient succédé, avaient passé plus rapidement encore. Le Bigorre et le Béarn avaient changé deux ou trois fois de maître. La branche comtale de Fezensac n'avait compté que cinq ou six générations. Les comtes de Pardiac venaient de s'éteindre. Les comtes de l'Isle-Jourdain et les vicomtes de Fezensaguet touchaient à leur fin. De la nombreuse descendance du grand Eudes et de Caribert, il n'allait bientôt rester que les comtes d'Armagnac et d'Astarac, et encore ceux-ci ne s'étaient peut-être perpétués aussi long-temps que parce que, contents de leurs domaines primitifs, ils n'avaient jamais songé à s'agrandir par des alliances ou par des entreprises heureuses.

Matthieu de Foix ne laissait qu'une sœur nommée Isabelle (1) et mariée à Archambaud de Grailly, quoique d'Hozier lui donne pour fils naturel Renaud de Foix-Castelbon, que Clément VII paraît avoir opposé à Gaillard de Coarrase partisan du pape Italien, et qui s'assit sur le siége de Tarbes en 1392. Tous les domaines devaient naturellement passer à sa sœur; mais Archambaud appartenait à une famille trop dévouée à l'Angleterre pour que la France n'y mît pas quelque obstacle. Il était né de Pierre II seigneur de Grailly et de Rosamburge de Périgord, fille d'Elie Taleyrand et de la célèbre Brunissinde de Foix. Il porta d'abord le titre de vicomte de Castelbon et de Curton; nous l'avons mentionné souvent sous ces deux noms, mais surtout sous le dernier. Il s'attacha à son frère aîné et au captal de Buch son neveu, combattit avec eux à Cocherel et partagea leur captivité. Fait une seconde fois prisonnier avec son neveu et conduit à Paris, il souscrivit aux

(1) Voir, pour tout ce qui concerne cette succession, les Grands Officiers, tom. 3. Dom Vaissette, tom. 4. L'Art de vérifier les Dates, tom. 2, et l'Anonyme de St-Denis.

conditions que l'héroïque captal ne voulut point accepter et devint son héritier en 1376. Arnaud Amanieu d'Albret lui disputa ce riche héritage. Mais il fut maintenu dans ses droits par le roi d'Angleterre qui l'établit bientôt après son sénéchal de Guyenne. Il prit alors le nom de captal de Buch et de comte de Benauges. Quoique avancé en âge, il n'était point encore marié. Il épousa en 1381 Isabelle de Foix, sœur de Matthieu, dont il eut une nombreuse postérité.

Deux jours après la mort de son frère, Isabelle prévoyant les obstacles que la France allait opposer à ses droits, protesta par un acte daté de Bordeaux qu'en recueillant la succession de Matthieu, elle n'entendait vouloir rien faire au préjudice du roi, et qu'elle était prête à lui faire hommage et à lui prêter serment de fidélité. Après cette protestation, elle s'empressa de se rendre dans le Béarn avec son mari. Les états étaient assemblés dans le couvent des Cordeliers de Morlas. A chaque mutation de seigneurs, ils obtenaient quelque extension de priviléges ou provoquaient quelque réforme dans leur législation. Avant de recevoir le serment d'Isabelle et d'Archambaud, ils leur proposèrent quelques articles qui furent acceptés, et aussitôt ils les reconnurent pour leurs maîtres et leur jurèrent fidélité. Isabelle craignit d'être surprise par la mort comme son frère, et quoiqu'elle eut des enfants, elle donna, en présence des états, à son mari, le Béarn et tous ses autres domaines. Archambaud ne voulut pas se laisser vaincre en générosité, et abandonna à sa femme les vicomtés de Benauges et de Castillon avec tous les biens qui appartenaient à la maison de Grailly. Les états approuvèrent ces dispositions et consentirent qu'Archambaud s'intitulât dès-lors comte de Foix et vicomte de Béarn, de Marsan et de Gavardan, comme l'avaient fait Matthieu et Gaston.

Le Béarn était un pays indépendant. Le roi ne pouvait, sous aucun prétexte, empêcher qu'Isabelle y fût proclamée vicomtesse; mais le Nébouzan, le pays de Foix et les autres domaines de Matthieu dépendaient de la France. Colard d'Estouteville, sénéchal de Toulouse, leur défendit de reconnaître la sœur de leur ancien seigneur jusqu'à ce que la cour en eût ordonné. Il fit signifier cette défense à Isabelle et à Archambaud, qui y répondirent (12 août) par une protestation plus étendue que celle qui avait précédé leur départ de Bordeaux. Après cette précaution, les deux époux ne craignirent pas de braver la défense. Ils se rendirent à Foix où ils reçurent (31 août) le serment des principaux vassaux et de la plupart des communautés du pays.

Le sénéchal avait reçu des ordres qui lui enjoignaient de placer les domaines réclamés sous la main du roi. Il s'était en conséquence avancé à la tête d'un corps de troupes, mais à peine avait-il paru que Mazères et Saverdun lui ouvrirent leurs portes. Isabelle et Archambaud, craignant que cet exemple ne fût généralement suivi, se hâtèrent de réunir les états de Foix dans l'abbaye de St-Volusien. Ils confirmèrent les priviléges qu'avaient octroyés les anciens comtes de Foix et en ajoutèrent de nouveaux. En même temps ils répondirent par un long mémoire aux raisons que le conseil du roi de France faisait valoir contre leurs prétentions. On le voit, la féodalité s'en allait; les armes ne vidaient plus seules les querelles. Le règne des légistes a commencé ou plutôt il s'étend toujours davantage. On combat avec la plume comme jadis avec l'épée. Celle-ci cependant n'était pas à négliger. Le roi ordonna au maréchal de Sancerre, qu'il venait de créer connétable, d'appuyer le sénéchal de Toulouse. Sancerre ouvrit la campagne du côté du Bigorre, soumit le Nébouzan et s'avança vers Mazères en forçant ou en recevant à composition toutes les places qui se trouvaient sur son passage.

Archambaud, comprenant un peu trop tard que la lutte était inégale, députa vers le connétable l'évêque d'Oleron et le sire d'Antin, et les chargea de lui porter des propositions d'accommodement. Le connétable avait établi sa résidence à Mazères. Il accueillit avec honneur les deux députés, et à leur persuasion il vint à Tarbes où il s'aboucha avec Archambaud. Cette entrevue fut suivie d'un traité dont les principaux articles étaient que tout acte d'hostilité cesserait, que le captal et sa femme obtiendraient sûreté pour aller présenter leur hommage au roi; que si le roi le refusait, ils soumettraient leurs droits à la décision du parlement, et qu'en attendant ils livreraient au roi leurs deux fils aînés pour lui servir d'ôtage.

Après cet accord, le connétable licencia ses troupes. Le comte d'Armagnac avait eu ordre de venir le joindre, mais il fut contremandé. Néanmoins on lui compta dix mille francs pour l'indemniser de ses préparatifs. Cependant le connétable s'avançait à travers la France, amenant avec lui les deux jeunes fils promis pour ôtages. Isabelle leur mère les suivit de près et parut à la cour vers le 12 novembre. Le roi refusa son hommage sous prétexte que les droits de la couronne n'avaient pas été encore assez bien discutés. Il la renvoya jusqu'au mois d'août de l'année suivante, mais il garda près de lui les deux enfants dont la haute stature et la beauté des traits ne démentaient pas le sang des Foix qui coulait dans leurs veines.

Pendant qu'Isabelle et Archambaud travaillaient à s'assurer les domaines de Matthieu, une révolution ravissait à Richard II, roi d'Angleterre, la couronne et la vie, et plaçait sur le trône (1392) le duc de Lancastre sous le nom d'Henri IV. Richard était né à Bordeaux et y avait passé la plus grande partie de son enfance. Il aimait beaucoup cette ville et toute l'Aquitaine. Si quelques-uns de ses habitants passaient les mers, il les accueillait avec plaisir et les comblait des marques de sa bienveillance. Aussi était-il grandement aimé dans toute la province. Sa déchéance et sa mort pouvaient soulever les esprits et les jeter dans les bras de la France. Le duc de Bourgogne conseilla d'envoyer Sancerre sur les frontières de la Guyenne et le duc de Berry dans le Poitou. Ce conseil fut suivi, et l'on se prépara à profiter de l'indignation qu'allait soulever ce tragique événement. Elle fut grande en effet. On refusa de croire aux premières nouvelles, et quand la vérité put être confirmée, Bayonne, Dax et Bordeaux fermèrent leurs portes. « Les Bordelais (1), plus affligés encore que les autres, s'écriaient dans leur douleur : ah! roi Richard, gentil roi, vous étiez pour Dieu l'homme le plus probe de votre royaume ; ce sont les gens de Londres qui vous ont préparé ce désastre. Jamais ils ne vous ont aimé et encore moins depuis que vous vous alliâtes par mariage au roi de France. Ah ! Richard, ils vous ont tenu pour roi pendant vingt-deux ans, et puis ils vous ont cou-

---

(1) Froissart, tom. 4, chap. 115.

damné et mis à mort. Une telle indignité, nous ne saurions la souffrir. »

Le sénéchal de Bordeaux entendant ces lamentations et sachant qu'elles se répétaient dans toute la province, se hâta d'écrire en Angleterre les regrets qu'inspiraient à Bordeaux, à Dax et à Bayonne le changement de règne et la crainte qu'il avait que ces villes n'appelassent les Français. Ces lettres furent portées en toute hâte à Londres, mais elles n'y inspirèrent aucune inquiétude. Ce ne sera jamais, s'y dit-on avec ce bon sens qui distingue la noble et riche cité, Bordeaux ni Bayonne qui se déclareront pour la France. Elles jouissent avec nous d'une entière franchise, et si les Français y dominaient, elles seraient taillées et retaillées deux ou trois fois l'an, chose à laquelle elles ne sont point accoutumées, et il leur serait trop dur de commencer. D'ailleurs ces trois villes sont entourées de seigneurs qui sont et ont toujours été dévoués à l'Angleterre, tels que les seigneurs de Pommiers, de Rosans, de Landiran, de Duras, de Mucidan, de Caupenne. Ils leur déclareraient aussitôt la guerre, et personne ne pourrait sortir hors des murs sans s'exposer à être pris. Néanmoins pour ramener les mécontents plutôt que pour prévenir un soulèvement si peu probable, on fit passer dans l'Aquitaine l'évêque de Londres et Thomas de Percy à la tête d'un léger corps de troupes. Mais la saison était mauvaise; la mer resta longtemps impraticable, et les deux nobles émissaires ne purent aborder sur les côtes de la Gascogne que vers le milieu du mois de mai.

Le duc de Bourbon les prévint; il s'approcha de Bordeaux et eut à Agen une entrevue secrète avec les députés des villes mécontentes; il ne fut pas à leur égard avare de paroles *toutes farcies de promesses* (1). Il s'engagea au nom de son maître à souscrire à tout ce qu'ils désireraient et à leur garantir cet engagement par des titres authentiques. Mais malheureusement les députés ne pouvaient rien conclure par eux-mêmes, et quand ils rentrèrent chez eux ils trouvèrent les esprits changés. « On avait considéré combien le royaume de France était vexé et molesté de tailles, de fouages et de toutes les vilaines exactions par lesquelles on pouvait extorquer de l'argent, et on s'était dit : si les Français deviennent nos maîtres, ils nous soumettront à ces usages. Mieux vaut être Anglais, car on nous laisse francs et libres. Si les gens de Londres ont détrôné Richard et couronné Henri, en quoi nous touche cela ? toujours avons-nous un roi. Nos marchandises de laines, de vins, de draps s'écoulent mieux vers l'Angleterre que vers la France. Gardons-nous de conclure un traité dont nous ayons ensuite à nous repentir. » Ainsi s'évanouit tout espoir de recouvrer une province que l'on regardait, malgré les traités, comme faisant partie de la monarchie.

Le monarque anglais se hâta de confirmer tous les priviléges octroyés dans l'Aquitaine par ses prédécesseurs, et il répandit en même temps des faveurs parmi les seigneurs les plus puissants (2). Il établit Nompar de Caumont sénéchal d'Agenais et lui donna la baronnie de Caumont, la terre de Lamothe, le château de Combalet et la seigneurie de Damazan et de Villefranche. Il confia la sénéchaussée de Bigorre et la garde du château de Lourdes à Jean de Béarn, et ratifia l'ac-

---

(1.) Froissart, tom. 4, chap. 115. — (2) Rôles Gascons et Rymer.

quisition que Peyroton de Campeils avait faite de la terre dont il portait le nom. Il gratifia Jean du Lyon d'une terre qu'il venait de confisquer à Gaillard de Bonel et Doat de Pins. Bernard de Gavaston reçut la garde du lieu de Pinbe, et Jean, seigneur de Monclar, obtint quelques droits sur Gensac, Castelmoron, Sauveterre, La Réole et St-Emilion.

Des troubles violents s'étaient élevés à Bayonne entre l'évêque et le corps de ville. Le schisme avait là plus qu'ailleurs porté ses fruits; le diocèse se composait de la basse Navarre et du Labour. Celui-ci reconnaissait avec l'Angleterre le pape de Rome, l'autre suivait avec le roi de Navarre et la France l'obédience du pape d'Avignon (1). Aussi, après la mort de Pierre d'Areich, religieux Augustin, né à Rhodez et mort vers l'an 1380, Pierre d'Arribeyre, issu d'une famille de Bayonne, demeura fidèle à Urbain et à ses successeurs, trouva des concurrents dans Nicolas et Garsias d'Enguy qui allèrent s'établir à St-Jean-Pied-de-Port, et amenèrent avec eux une partie du chapitre. D'Enguy était Basque et confesseur de Charles III, roi de Navarre. Il assista en qualité d'évêque de Bayonne au sacre de ce prince, en 1390. Nous lui devons une histoire abrégée des rois de Navarre que l'on aime encore à consulter.

Pierre d'Arribeyre termina sa vie en 1392 ou 1393, et fut remplacé par Menendez Garsias. C'est contre lui que la ville s'éleva parce qu'il réclamait quelques droits. On se porta à des outrages et à des violences. Le roi d'Angleterre se déclara (2) pour le prélat et ordonna à ses officiers de le protéger, mais il ne voulut pas juger les différends. Les deux partis en appelèrent à l'arbi-

---

(1) *Gallia Christiana*, tom. 1. Manusc. de Bayonne.—(2) Rymer.

trage de l'abbé de Sordes qui donna gain de cause à Menendez. Henri confirma encore en faveur d'Archambaud de Grailly toutes les donations dont les rois d'Angleterre avaient comblé sa famille. Néanmoins cette confirmation n'enchaîna pas Archambaud à sa cause. L'intérêt et l'ambition l'emportèrent sur la reconnaissance.

Le temps approchait ou Isabelle de Foix devait retourner près de Charles VI. N'osant pas entreprendre elle-même un second voyage, elle se fit représenter (1) par son mari qui n'arriva à la cour que dans le mois de février 1401. Les difficultés avaient été applanies, et il fut enfin admis à l'hommage. Le roi, après son serment, lui donna main-levée du comté de Foix et de tous les domaines qu'avait possédés Matthieu de Castelbon; il n'excepta que la vicomté de Lautrec et quelques terres de l'Albigeois, le château d'Ambres et la moitié de la seigneurie de Marquefave sur lesquels il prétendait avoir des droits. Archambaud, pour témoigner sa reconnaissance au roi, donna au monarque, aux princes français et aux grands du royaume un festin splendide suivi de joutes et de tournois. Peu de jours après il renonça solennellement au parti de l'Angleterre que, jusque là, sa famille avait embrassé avec chaleur, et jura d'être à jamais fidèle à Charles comme à son souverain.

Ses deux fils prêtèrent le même serment. Néanmoins le second était déjà si peu disposé pour la France, qu'il menaça de tuer son frère s'il quittait les léopards pour prendre les lys (2). Le temps ne changea point ses dis-

(1) Dom Vaissette, tom. 4, p. 413. Anonyme de St-Denis, liv. 20, chap. 6. — (2) L'Anonyme, même chap.

positions. Nous le trouverons souvent sous les bannières d'Henri IV et d'Henri V. Son père se hâta de retourner dans la Gascogne où il reçut au nom de sa femme un nouveau serment de fidélité de la part de ses vassaux; mais au moment où il espérait jouir en paix d'une succession si enviée, Jeanne de Comminges et Marguerite sa fille se présentèrent pour la lui disputer. L'affaire fut portée devant le parlement de Paris qui anéantit les prétentions des deux comtesses. Le roi d'Aragon s'était montré plus généreux. Aussitôt après la mort de Matthieu, il avait restitué à sa sœur la vicomté de Castelbon et les autres terres qui appartenaient à sa famille au delà des Pyrénées.

Marguerite de Comminges (1) n'avait pas trouvé le bonheur dans son union avec Jean, fils du comte de Pardiac. Elle voulut le maîtriser et user à son égard de l'empire d'une mère sur son fils. Jean choqué des hauteurs de sa femme la quitta pour se retirer auprès de son père; mais ayant appris quelque temps après que Marguerite habitait le Comminges et avait auprès d'elle le comte de Fontenilles son lieutenant, il revint la trouver à Muret où elle avait fixé son séjour. Son brusque éloignement avait aigri le cœur de la comtesse. Il en fut mal accueilli, et dans son dépit presqu'enfantin, il résolut de se venger et de se poser en maître. Dans ce dessein, il retourna vers son père afin de concerter avec lui les moyens de réduire une épouse trop altière. Ils résolurent ensemble d'implorer le secours du comte d'Armagnac leur parent. Jean se rendit aussitôt auprès de lui et en

(1) Voir, pour tout ce qui suit jusqu'à la fin du chapitre, les Grands Officiers de la couronne, tom. 2 et 3. Dom Vaissette, tom. 4, pag. 415 et suiv. L'Art de vérifier les Dates, tom. 2.

reçut un encouragement perfide et des promesses qu'on était bien loin de vouloir réaliser.

Bernard avait depuis longtemps voué une haine secrète, mais profonde, à Géraud et à son fils. Attaché jadis au parti des Anglais il ne pardonnait pas à Géraud d'être demeuré constamment fidèle à la France, d'avoir défait une troupe d'Anglais qui étaient venus faire des courses jusqu'aux portes de Condom, dont le comte de Pardiac était gouverneur, et enfin de ce qu'en ayant pris d'autres près de Gimont, il les avait fait pendre sans miséricorde. Son ame vindicative avait encore moins oublié que Géraud avait autrefois tiré la dague contre lui. Au fils, il reprochait d'avoir épousé la comtesse de Comminges sans le consulter, et plus encore d'avoir été préféré par elle. Loin donc d'embrasser leur parti, il se ligua secrètement avec Marguerite contre son beau-père et son mari. Ceux-ci ne soupçonnant rien de cette perfidie et se croyant au contraire assurés de son secours, entrèrent avec confiance dans le Comminges et y prirent d'abord quelques places ; mais ils attendirent vainement le comte d'Armagnac. Ne le voyant point arriver, ils suspendirent leur expédition et rentrèrent dans leurs domaines.

A peine avaient-ils licencié leurs troupes, que Bernard leva le masque, prit hautement la défense de la comtesse, accusa Géraud d'avoir voulu attenter à sa vie et fit faire des informations contre lui. « L'un des témoins, nous citons dom Vaissette, déposa que Géraud d'Armagnac, comte de Pardiac, s'étant enfermé dans une chambre du château de Laplume, au mois de mai de l'an 1400, y avait fait tirer par ses écuyers, d'une caisse bien fermée et couverte d'un drap vert, trois images de cire, de trois différentes couleurs, dont l'une était longue et les deux autres plus courtes, enveloppées dans de la toile; qu'après les avoir découvertes, il avait fait apporter un livre devant lui, et que l'ayant pris en ses mains, il avait proposé à Guillaume de Carlat, licencié en droit de Rabastens, de jurer de le conseiller sur ce qu'il lui demanderait. Guillaume de Carlat, dit ce témoin, voulait excepter la maison d'Armagnac de ce serment; mais le comte de Pardiac lui promit sept mille francs d'or, et lui dit : Mossen Guillaume, vous êtes présentement sous mon serment. Je cherche la mort de celui qui se fait comte d'Armagnac, et je veux avoir ses biens, sa femme, ses enfants et ses nièces pour en disposer à mon plaisir ; c'est pourquoi j'ai fait faire ces trois images à Milan en Lombardie, par des gens habiles, et vous ordonne de les faire consacrer au château de Monlezun par Jean d'Astarac, qui demeure à Montgiscard, et qui a le livre consacré. Je suis assuré qu'il n'y a aucune chose au monde qu'il ne fasse. J'ai fait faire cette image brune contre Bernard d'Armagnac ; et quand elle aura été consacrée et qu'il sera mort, nous viendrons aux autres, comme nous jugerons à propos. » Ce témoin ajouta que Guillaume de Carlat ayant porté cette image à Jean d'Astarac, il l'avait prié de ne rien entreprendre contre la maison d'Armagnac, et que Jean d'Astarac l'avait promis.

Quoiqu'il en soit de cette opération magique, elle servait trop la haine de Bernard pour ne pas s'en prévaloir et demander vengeance les armes à la main. Il obtint par le crédit du duc de Berry son beau-père, des lettres de Charles VI qui l'autorisaient à se défendre contre le comte de Pardiac. Enhardi par cette permission obtenue sous un prétexte mensonger, il marcha contre Géraud qu'il assiégea dans le château de Monlezun près de Marciac. La place fut serrée de près, et elle allait tomber au pouvoir des assiégeans, lorsque Géraud s'échappa par une porte dérobée et se retira avec quelques chevaliers dans le château de Brussens en Bigorre. Furieux d'avoir manqué sa proie, le comte d'Armagnac le poursuivit dans son nouvel asile, le fer à la main et la menace à la bouche, et obligea les habitants à le remettre en son pouvoir.

Maître de sa personne, il le traîna d'abord au château de Lavardens. Après l'y avoir laissé languir quelque temps dans un noir cachot, il voulut le soustraire à la pitié publique. La principale noblesse du pays, parente ou alliée des maisons de Pardiac et de Fezensaguet, eût importuné la férocité de Bernard en élevant en faveur du prisonnier une voix suppliante. Aussi, après quelques mois, il l'arracha du cachot de Lavardens et le fit conduire à la Rodèle en Rouergue. Là il le fit précipiter dans une citerne profonde avec ordre de ne lui donner que du pain et de l'eau. L'infortuné Géraud ne put résister à de si barbares traitements : il périt après dix ou douze jours de souffrances (1403).

LIVRE XIV.

CHAPITRE Ier.

Bernard comte d'Armagnac fait mourir les deux fils de Géraud et s'empare du Pardiac et du Fezensaguet. — Le duc d'Orléans se ligue avec lui. — Tournois célèbre où Barbazan se signale. — Charles Ier d'Albret succède à son père et reçoit l'épée de connétable. — Il se signale dans la Guyenne ainsi que les comtes d'Armagnac et de Clermont. — Extinction de la maison de l'Isle-Jourdain. — Le comte de Clermont achète le comté. — Comtes d'Astarac. — Continuation du schisme. — Archevêques d'Auch. — Le duc d'Orléans dans la Guyenne. — Sa fin tragique. — Ligue des princes contre le duc de Bourgogne. — Le comte d'Armagnac donne son nom à cette ligue. — Ses couleurs sont portées par les princes.

Une fin non moins tragique (1) attendait les deux fils de Géraud, Jean l'époux de Marguerite et Arnaud Guilhem dont nous n'avons point encore parlé. A la nouvelle de la prise de leur père ils s'étaient enfuis précipitamment à Puycasquier dans le Fezensaguet. Le comte de l'Isle-Jourdain et le bâtard d'Armagnac, redoutant pour eux la colère de Bernard, vinrent les y trouver et leur conseillèrent de se rendre sous leurs auspices auprès du comte d'Armagnac pour tâcher de fléchir son cœur et de recouvrer ses bonnes grâces. Les deux jeunes seigneurs y consentirent sans peine. Ils arrivèrent le jeudi-saint (1403) à Auch où Bernard se trouvait alors. Ils lui furent présentés le lendemain dans la salle de l'archevêché par le comte de l'Isle-Jourdain qui,

---

(1) L'Art de vérifier les Dates, tom. 2, pag. 279.

s'agenouillant avec eux, prononça ces mots : monseigneur, voici dans votre hôtel vos neveux. Ils sont bien jeunes et portent votre nom et vos armes. Ils vous requièrent pardon et moi avec eux. Nous vous prions qu'en l'honneur de Dieu et de la Passion que nous célébrons, il vous plaise de leur remettre le déplaisir que vous avez conçu contre eux. Le comte d'Armagnac répondit : oncle, vous êtes allé les quérir de votre volonté; veulent-ils se mettre à notre merci? Monseigneur, répartit le comte de l'Isle-Jourdain, assez se met à merci qui demande pardon. Non, répliqua Bernard, demander pardon est un, demander merci est un autre. Enfin ils demandèrent pardon et merci.

Le comte d'Armagnac en requit acte sans autrement s'expliquer; mais le matin de Pâques, quand, dans tout le monde chrétien, la religion incline le plus les cœurs vers la mansuétude et le pardon, il fit saisir ses neveux et les envoya sous bonne escorte au château de Lavardens. Là les deux frères furent séparés. L'aîné fut conduit au château de Brusson en Rouergue et le second à la Rodèle où son père était mort. Mais à la vue des murs pleins encore de l'agonie de son père, son cœur se brisa. Il voulut revenir sur ses pas ou du moins s'arrêter. Dans son effroi, il conjura ses conducteurs de le descendre du cheval sur lequel il était garrotté, mais il implora vainement leur pitié. Il n'obtint qu'un obstiné refus. Au milieu de ces tristes débats, tout à coup sa tête se penche, son corps s'affaisse et rompt les liens qui l'enchaînent. On s'empresse pour le saisir et on ne relève qu'un cadavre. Les tortures de son frère ne devaient pas se terminer si vite. Celui-ci fut conduit au château de Brusson, situé à quelques lieues de la Rodèle ; là, s'il faut en croire un document, l'attendait un bourreau plus cruel encore que les satellites de son frère. Bonne de Berry, la digne épouse du féroce Bernard, fit passer sous ses yeux un bassin ardent et lui arracha ainsi la vue. Il languit long-temps dans cet état privé de tout secours, et mourut enfin de faim et de misère. Ainsi finit la branche des Fezensaguet, puînée des Armagnacs, au moment où elle commençait à s'étendre et quand deux mariages heureux lui avaient porté les comtés de Pardiac et de Comminges.

Bernard n'attendit pas la fin de ces deux derniers rejetons pour s'emparer de tous leurs biens. Il fit avancer des troupes et fit occuper le Pardiac et le Fezensaguet. Jeanne (1), l'aînée des sœurs de Géraud, à laquelle les deux seigneuries appartenaient et par le droit de sa naissance et par la substitution de Jean Ier son père, essaya de les revendiquer, mais elle avait perdu son mari, et on persuada à Roger-Bernard, l'aîné de ses fils, et à ses autres enfants, d'accepter une transaction qui leur assurait une faible part de ce riche héritage. Leur mère ne voulut pas ratifier leur transaction. Elle alla à Paris demander justice de la mort de son frère et de ses neveux. Elle cria haut et longtemps contre l'horrible tragédie qui avait éteint une noble race, mais sa voix fut méconnue et ses plaintes étouffées. Le duc de Berry, tout puissant à la cour, protégeait le coupable. Elle obtint seulement une provision de trois mille livres sur les biens de son frère, et encore ne put-elle la mettre à exécution, soit à cause du crédit de Bernard, soit à cause des guerres qui désolaient alors la Gascogne. Elle se retira ensuite à Carcassonne, d'où,

---

(1) Grands Officiers de la Couronne, tom. 3, pag. 433.

ne se croyant pas en sûreté, elle passa à Penne d'Agenais et enfin à Sessat dans le Carcassez. Elle y languit quelque temps et mourut de tristesse, après avoir fait un testament par lequel elle légua à Hugues de Carmain, seigneur de Lautrec, son cousin, tous les droits qui pouvaient lui revenir de la succession de son frère et de ses neveux. Mathe d'Armagnac (1) s'était jointe à elle pour poursuivre le meurtrier de sa famille. Se voyant sans enfants et n'ayant pas plus que Jeanne pu obtenir justice, elle établit pour son héritier universel le vicomte de Lautrec choisi par sa sœur. Le vicomte fut aussi impuissant que ses cousines. Bernard resta paisible possesseur des deux seigneuries; mais il est au ciel une Providence dont l'œil est toujours ouvert sur les coupables. Quelques années encore, et le sang expiera le sang, et l'homme du meurtre expirera sous le fer meurtrier.

Ce trait de férocité n'est pas le seul qui ait souillé la vie de Bernard. Le seigneur de Severac (2), parent de celui qui ramena les soldats de Jean III, ne fut guère mieux traité que Géraud. Il était venu lui rendre visite au château de Gages; mais une discussion s'étant élevée, le comte s'emporta, et dans la violence de sa colère, il fit pendre son hôte à une des fenêtres du château. On lit dans un vieux manuscrit (3) qu'il réservait un pareil traitement à l'évêque de Rhodez, Vital de Mauléon, avec lequel il eut de longs et vifs démêlés. La querelle était née de l'exigeance du comte qui voulait obliger les vassaux de l'évêque à lui payer les mêmes redevances que ses vassaux propres. Bernard

(1) Grands Officiers de la Couronne, tom. 3, pag. 434. — (2) Bosc, Histoire du Rouergue, tom. 2, pag. 169. — (3) Bosc, ibidem.

feignit de vouloir terminer les différends à l'amiable, et engagea le prélat à le venir trouver à Gages. Vital de Mauléon s'y rendait, mais il rencontra sur son chemin un mendiant qui courait les rues de Rhodez en contrefaisant le fou, et qui lui cria en son langage (*) : Si monsieur de Rhodez savait, jamais à Gages il n'irait. L'évêque, qui avait tout lieu de se méfier du comte dont les trahisons étaient fréquentes, crut voir un avertissement dans les paroles de l'insensé, et il revint sur ses pas.

En attendant le jour des vengeances célestes, tout semblait prospérer à Bernard. Les princes divisés entr'eux recherchaient son amitié. Le duc d'Orléans conclut avec lui un traité d'alliance dont nous citerons les termes (1) : Nous Louis, fils du roi de France, duc d'Orléans, de Blois et de Beaumont, seigneur de Coucy, savoir faisons à tous présents et avenir que notre cher et aimé cousin, messire Bernard, comte d'Armagnac, de sa propre et libérale volonté et pour l'amour qu'il a pour monseigneur le roi et à nous, tant à cause de lignage que autrement, est aujourd'hui notre homme et allié, et nous a fait hommage en et pour la manière qui s'ensuit. C'est à savoir qu'il nous a promis faire loyauté et service envers tous, et contre tous ceux qui peuvent vivre et mourir, hormis et exceptés aucuns déclarés et nommés ès-lettres de notre cousin, lesquelles nous avons devers nous, et pour ce nous lui avons promis et promettons faire payer six mille francs de pension chaque un an en trois termes, sa vie durant seulement, des deniers de nos finances et pour et afin

(*) Se Moussu de Rhodez sabia, james à Gages n'anaria.
(1) Bosc, tom. 3, pag. 248.

qu'icelui notre cousin ait plus grand désir de nous servir comme dit est, nous lui avons promis et promettons par la foi et serment de notre corps en paroles du fils du roi l'aider, le servir et défendre de notre pouvoir envers et contre tous ses haineux ennemis et malveillants qui peuvent vivre et mourir tant ses voisins que autres, excepté ceux qui s'ensuivent; c'est à savoir le roi et la reine, leurs enfants et *quelques autres princes*, et c'est notre intention que les gens que nous envoirons devers notre cousin pour le servir, ayent et recouvrent de lui ou de ses gens les gages accoutumés en France, et les choses de sus dites avons à notre cousin d'Armagnac promis et promettons de notre certaine science et volonté et en paroles du fils du roi par la teneur de ces présentes lesquelles pour plus grande fermeté nous avons scellées de notre scel secret en absence de notre grand scel. Donné à Lyon sur le Rhosne, le 17 novembre de l'an de grâce 1403.

Bientôt aux dissensions intestines allait se joindre la guerre avec l'étranger. On avait, il est vrai, renouvelé avec le roi d'Angleterre la trêve signée sous son prédécesseur, mais les rivalités nationales étaient plus fortes que tous les serments. Elles se trahirent d'abord par des tournois où les chevaliers des deux nations portaient l'orgueil de leur patrie, plus encore que leur propre honneur. Un de ces tournois fut célèbre. Le sénéchal de Guyenne fit savoir à Paris (1) qu'il y avait dans ses contrées quelques nobles Anglais ayant désir de faire armes pour l'amour de leurs dames, et que si quelque Français voulait venir, ils le recevraient avec joie.

(1) Juvénal des Ursins, pag. 148. L'Anonyme de St-Denis, p. 449, prétend que la provocation vint de Barbazan et de ses compagnons.

L'invitation fut accueillie avec empressement à la cour surtout par quelques jeunes seigneurs de la suite du duc d'Orléans. Les Anglais étaient au nombre de sept, tous vaillants chevaliers, forts et puissants de corps et exercés au maniement des armes. Sept Français se présentèrent au rendez-vous assigné entre Mucidan et Montendre. Arnaud Guilhem de Barbazan, fils de Menaud, était à leur tête. Après lui marchait Guillaume du Châtel. Le duc d'Orléans faisait quelque difficulté de leur associer Champagne parce qu'il n'avait encore paru ni dans un tournois, ni sur un champ de bataille. Mais Barbazan qui le connaissait, dit au prince: laissez-le venir, car s'il peut une fois tenir son ennemi entre ses mains et lutter corps à corps avec lui, il l'abattra. Les Français se préparèrent au combat par les pratiques de la religion. « Le matin ils ouïrent bien pieusement la messe, s'ordonnèrent en grande dévotion et reçurent chacun le précieux corps de Jésus-Christ. » On ne sait pas trop ce que firent les Anglais. Quelques uns prétendent qu'ils ne songèrent qu'à boire et à se livrer aux plaisirs de la table. Au moment où la lice allait s'ouvrir, Barbazan harangua sa petite troupe. Il l'exhorta à soutenir son honneur et à bien combattre non pour l'amour des dames ou pour une vaine renommée, mais pour venger le roi et la patrie de leurs éternels ennemis. Le combat fut long et mêlé d'invectives : les Anglais traitant les Français de vils parasites de cour, et ceux-ci reprochant à leurs adversaires le meurtre de leur roi et le renvoi de la jeune Isabelle. Mais enfin la victoire se décida pour Barbazan et les siens; elle fut complète. Un Anglais fut tué, tous les autres se rendirent. Le sénéchal remena les vainqueurs à Paris où ils furent fêtés et comblés de présents.

Bientôt, des joutes et des tournois on passa aux combats. Les Anglais, malgré les trêves, recommencèrent leurs courses en Gascogne, pillant le pays, enlevant les troupeaux, rançonnant ou faisant prisonniers les habitants des campagnes. Les Gascons s'adressèrent à Charles d'Albret. Charles était l'aîné des fils d'Arnaud Amanieu (*) sire d'Albret, mort en 1401 (1), en laissant de Marguerite de Bourbon sœur de la reine, épouse de Charles V, trois enfants : Charles dont nous venons de parler, Louis qui mourut assez jeune et Marguerite qui épousa Gaston de Foix-Grailly fils d'Archambaud et d'Isabelle. Charles succéda à son père dans la sirerie d'Albret, dans la vicomté de Tartas et dans la charge de grand chambellan. Le roi retint seulement le comté

(*) Depuis ce mariage la cour de France ne cessa de combler de faveurs la maison d'Albret. Outre ce que Charles V avait donné à Arnaud Amanieu en 1368, il lui donna encore en 1379 dix mille livres de rente. Il donna (août 1370) à Perducas d'Albret les villes de Bragayrac et de Lalinde, et à Berard d'Albret sire de Ste-Bazeille, les villes de Monsegur et de Sauveterre en Bazadois et de Ste-Foi en Agenais avec la prévôté du pays d'entre les deux mers. Berard avait reçu du roi d'Angleterre les villes du Puy-Normand, de Labastide et de Villefranche. Le prince de Galles les fit aussitôt saisir, mais trois ans après voulant gagner Berard, il lui en donna main-levée. Le sire de Ste-Bazeille n'en demeura pas moins fidèle à la France. Le duc d'Anjou le chargea en 1377 de se transporter dans le pays d'entre deux mers pour y recevoir le serment de fidélité des habitants, et l'autorisa à y accorder toutes les grâces qu'il aviserait. Charles VI à son avénement au trône (15 janvier 1381) confirma aussi à Arnaud Amanieu d'Albret la pension de douze mille livres que son père lui avait assignée sur les aides de Montauban, et lui donna en nantissement la jouissance du comté de Dreux. L'année suivante il le choisit pour l'un des douze conseillers attachés à sa personne et lui alloua trente francs de gages par jour. Peu de mois après (16 mars 1382) il le nomma grand chambellan de France. Ces donations et quelques autres moins importantes sont extraites de l'Inventaire du château de Pau.

(1) Grands Officiers, tom. 6. L'Art de vérifier les Dates, tom. 2.

de Dreux dont il n'avait donné que la jouissance à Arnaud Amanieu, mais il dédommagea son cousin en lui confiant l'office de connétable que laissait vacant la mort du pieux et brave Jean de Sancerre.

Bien de gens s'étonnèrent qu'il eût choisi pour placer à la tête de ses troupes un seigneur boiteux, de petite taille, faible de corps, n'ayant ni la gravité des mœurs que demandait cette charge, ni l'expérience de l'âge, ni la science de la guerre (1). Mais tous les princes du sang s'étaient intéressés à cette nomination et le roi avait déféré à leurs désirs. Le jour où il reçut le serment de son parent (21 février 1403) la reine accoucha d'un fils, et le roi désigna le nouveau connétable pour parrain. Charles d'Albret lui donna son nom. Cet enfant devait un jour relever la monarchie : c'était Charles VII. Le connétable avait intérêt à éloigner les Anglais d'un pays où étaient situées toutes ses possessions.

Les Gascons l'exhortèrent (2) à préférer à la vie molle et voluptueuse qui le retenait à Paris, la gloire de délivrer sa patrie et de placer son nom parmi les noms qu'entourait de ses bénédictions la reconnaissance publique. Ils lui reprochèrent si adroitement le peu de renommée qu'il s'était acquis jusque là dans la conduite des armes, *qu'il se piqua d'honneur* et qu'il vint à leur secours vers la fin d'août à la tête de 800 lances d'élite. Sa marche ressembla à un triomphe. Il prit presque sans efforts treize ou quatorze châteaux ou forteresses. Il força ces rapaces coureurs à se renfermer dans les cités qui leur servaient d'asile, trop heureux de pouvoir en défendre les remparts. Les terres que la crainte des ennemis avaient fait abandonner furent aussitôt ren-

---

(1) Anonyme, liv. 22, chap. 10. — (2) Idem, liv. 24, chap. 10.

dues à la culture, et grâces à un sol naturellement fertile l'abondance et la joie ne tardèrent pas à renaître.

Le connétable voulut couronner la campagne par une entreprise sur Bordeaux. Les habitants commençaient à se lasser du joug anglais. La multitude des forteresses qui entouraient leur cité entravait le commerce. Ils s'en prirent au sénéchal établi par le roi d'Angleterre, le chassèrent de leurs murs et le remplacèrent par le sire de Mucidan. Celui-ci était oncle d'Archambaud de Grailly dont les sentiments étaient devenus Français. Le connétable crut l'occasion favorable; il noua des intelligences avec quelques bourgeois, mais la trame ayant été découverte, les conspirateurs payèrent leur tentative de leur tête et la monarchie anglaise conserva Bordeaux.

Pendant que le connétable signalait ses armes dans la Guyenne, le comte de Clermont (1), jeune prince de vingt-quatre ans, cueillait de nombreux lauriers dans le Limousin. Il avait sous ses ordres Jean de Foix, comte de Castelbon, Macot et Perrauton de Thermes, Jourdain, comte de l'Isle, Hugues, vicomte de Carmain, Thibaud d'Espagne et quelques autres seigneurs. Il venait d'épouser Marie seconde fille du duc de Berry, qui lui fit donner le titre de capitaine général du Languedoc. A peine ce jeune héros se fut-il reposé quelques mois, qu'il réunit de nouveau ses troupes. Mais, comme malgré son courage et son habileté, ses forces étaient insuffisantes pour résister au duc de Lancastre, qui s'avançait à la tête d'un corps considérable afin de venger l'Angleterre des derniers échecs, le roi retint au mois de

(1) L'Anonyme, liv. 22, chap. 10. Juvénal des Ursins, pag. 180. Dom Vaissette, tom. 4, pag. 420.

juillet Bernard d'Armagnac, beau-frère du nouveau capitaine général. Bernard avait sous ses ordres mille hommes d'armes et trois cents arbalétriers.

Les deux beaux-frères réunirent leurs troupes qui s'élevèrent à mille six cents lances et à mille hommes de pied. Ils attaquèrent le sire de Caumont (1), commandant des forces anglaises, le firent prisonnier et lui enlevèrent dix-huit places dont quelques-unes étaient très-fortes. Lévignac, Tonneins, Lavardac, la tour d'Aiguillon réputée imprenable, Pauillac, Lamothe furent emportés d'assaut. Les autres ouvrirent volontairement leurs portes ou furent reçues à composition. Ce succès enflammant leur ardeur, ils allèrent assiéger Baneberot vraisemblablement Barbaste. C'était une ville carrée, flanquée de quatre grosses tours, fermée d'un large fossé, fortifiée d'un bon avant-mur, et enfin peuplée d'habitants aguerris qui, se fiant en la bonté de la place et plus encore en leur force et en leur courage, n'accueillirent la sommation des Français qu'avec des rires moqueurs. Ils soutinrent vaillamment les deux premiers assauts, mais le troisième fut si sanglant qu'ils commencèrent à douter d'une plus longue résistance, et demandèrent à capituler. On leur accorda vie et bagues sauves, et on reçut le serment d'obéissance de ceux qui voulurent rester.

Les deux généraux y séjournèrent quelque temps avec leurs troupes, soit pour s'y rafraîchir, soit pour réparer la place. De là ils s'avancèrent vers Bordeaux, et après avoir assis leur camp devant la ville, ils envoyèrent offrir la bataille aux Anglais; mais ils les attendirent vainement durant trois jours. Personne n'osa sortir;

---

(1) Dom Vaissette et surtout l'Anonyme, liv. 25, chap. 17.

ils se virent ainsi avec regret privés de la gloire qu'ils s'étaient promise. Trois cents jeunes seigneurs que le comte de Clermont avait armés chevaliers pour ce combat et qu'il avait dû placer à l'avant-garde pour satisfaire la passion qu'ils avaient de signaler leur nouvelle *chevalerie*, furent encore plus affligés de ne pouvoir cueillir les lauriers que rêvait leur ardeur guerrière. Cependant les deux généraux tenaient les portes de la ville si étroitement serrées qu'on ne pouvait y introduire aucuns vivres. Ce blocus obligea les bourgeois à entrer en composition. Ils donnèrent une forte somme d'argent pour obtenir que les Français s'éloignassent et laissassent les routes libres.

Le comte de Clermont rentra à Toulouse dans les premiers jours d'octobre, ramenant avec lui le comte de l'Isle-Jourdain. Celui-ci, après la mort de Cécile d'Astarac s'était remarié avec Marguerite de Terride à laquelle il avait assuré dans leurs conventions matrimoniales la terre de Clermont-Soubiran. Cette seconde alliance fut stérile. Se voyant sans héritier, pressé d'argent et ayant dissipé une partie des biens dont il pouvait disposer, Jean Jourdain prit la résolution de vendre son comté (1) au jeune héros sous les ordres duquel il venait de combattre. Hugues de Carmain son neveu acquiesça à la vente moyennant trois cents francs de rente viagère. L'acte fut alors consommé. Le comté de l'Isle et la portion de la vicomté du Gimois possédée par Jean Jourdain, passèrent ainsi dans la maison de Bourbon. Ils ne coûtèrent que trente-quatre mille écus d'or.

(1) Dom Vaissette, tom. 4. Grands Officiers, tom. 2, pag. 711.

Jean Jourdain II promena encore quelque temps son humeur inconstante et sa vie dissipée dans la Guyenne et le Languedoc; nous le voyons même en 1411 prendre part à une expédition qui transporta dans l'Aragon quelques chevaliers français. Il mourut au retour de cette campagne, instituant pour son héritier Hugues de Carmain qui ne put recueillir que quelques minces seigneuries. Marguerite de Terride sa femme conserva Clermont-Soubiran qu'elle donna plus tard à Jeanne de Levis, femme du seigneur de Crussol. Avec Jean Jourdain II s'éteignit la maison de l'Isle-Jourdain.

C'était la quatrième famille comtale qui dans l'espace de trente ans s'éteignit dans la Gascogne. Les Pardiac avaient fini en 1377, les Foix en 1398, les Fezensaguet en 1404 ou 1405, et les l'Isle-Jourdain en 1411. La féodalité se mourait; les grandes familles féodales se mouraient avec elles. La sève qui nourrissait leur souche jadis si forte et si vigoureuse se retirait tous les jours. Les comtes d'Astarac, dont la maison devait disparaître la dernière, sont souvent mentionnés dans les mémoires de cette époque, et néanmoins ce n'est qu'avec peine qu'on trouve leur filiation. Ils étaient alors représentés par Jean II qui avait accompagné son père dans ses dernières campagnes et servi avec honneur dans presque toutes les expéditions tentées contre les Anglais. Sa vie fut courte, il mourut le 16 avril 1410 (1). Le nécrologe de Berdoues le dit expressément. Néanmoins plusieurs l'ont confondu avec son père dont certains prolongent la vie jusqu'en 1415. Bernard son fils aîné qu'il avait associé à l'administration l'avait pré-

---

(1) Grands Officiers, tom. 2, pag. 619 et suiv., et surtout l'Art de vérifier les Dates, tom. 2, pag. 281.

cédé de deux ans dans la tombe. On ignore le nom de sa femme qu'on croit être née dans la famille de Comminges. Outre Bernard, elle lui donna Jean III qui posséda le comté et perpétua la maison. Jean II laissa aussi un fils naturel, Bermond ou Veramond, dont nous parlerons plus tard.

Le comte de Clermont retourna à la cour presqu'aussitôt après avoir acquis le comté de l'Isle-Jourdain et laissa au comte d'Armagnac le soin de continuer la guerre. Bernard s'aida de Roger Bernard de Levis, seigneur de Mirepoix, le neveu de Géraud comte de Pardiac, le cousin germain et le plus proche héritier des deux victimes de Rodèle et de Brusson. Quoique tout semblât les éloigner à jamais, non seulement ils se rapprochèrent, mais ils s'unirent intimement et se promirent (1) appui et secours contre tous, excepté contre le roi de France et ses enfants et contre les ducs d'Orléans et de Berry.

Tous les fléaux semblaient alors conjurés contre la France. La frayeur était dans les cœurs. « Le 16 juin entre six et sept heures au matin (2) fut éclipse de soleil bien merveilleuse qui dura près de demi heure et ne voyait-on quelque chose que ce fût, non plus que s'il eût été nuit et défaut de lune. C'était grand pitié de voir le peuple se retirer dedans les églises et cuidait-on que le monde dust faillir. Toutefois la chose passa, et furent assemblés les astronomiens, qui dirent que la chose estait bien estrange et signe d'un grand mal à venir. Et tantost après, y eut vents terribles et horribles qui arrachaient arbres portants fruits et autres grands arbres ès forêts; et s'y eut gresle merveilleuse et grosse l'une comme l'homme a

---

(1) Dom Vaissette, tom. 4. — (2) Juvénal des Ursins, pag. 178.

le poingt et comme un pain d'un denier, l'autre comme les deux poings, et autres comme œufs d'oie, et y eut foison de bestail mort aux champs et oiseaux aux bois et plusieurs cheminées et maisons abattues et fit ladite gresle des dommages beaucoup. » Ces tempêtes amenèrent des inondations. Aux inondations succéda la famine, la famine à son tour fut suivie d'épidémies. Une d'elles qui sévit principalement sur le peuple enleva le duc de Bourgogne (27 avril 1404), Philippe-le-Hardi, prince que l'histoire est loin d'absoudre, mais qui laissait pour successeur son fils aîné bien autrement digne de blâme. C'était le terrible Jean-Sans-Peur. Heureusement pour la France que la famine se fit plus vivement sentir (1) en Angleterre. On eut recours à nos provinces malgré l'épuisement général et on demanda à venir s'y approvisionner de blés, qui manquaient surtout. Les ducs d'Orléans et de Berry inclinaient à le permettre; mais le nouveau duc de Bourgogne s'y opposa et l'autorisation fut refusée.

On crut même l'occasion favorable pour pousser la guerre dans la Guyenne en dépit des trêves si souvent renouvelées et violées plus souvent encore. Le connétable vint se joindre au comte d'Armagnac. D'autres renforts arrivèrent de la cour. On pressa les ennemis et on tâcha de les amener à une bataille; mais les Anglais la déclinèrent et se tinrent renfermés dans les villes qui leur appartenaient. Les deux généraux s'attachèrent à les en déloger et obtinrent un éclatant succès. Ils leur prirent plus de soixante places, cités ou forteresses. Le comte de Clermont et le vicomte de Castelbon qui commandaient un autre corps de troupes furent

(1) L'Anonyme, liv. 25, chap. 17.

presqu'aussi heureux. Encore quelques efforts, et la Guyenne rentrait sous les lois de la France. L'Angleterre, épuisée d'hommes et en proie à la famine, n'y pouvait envoyer que de faibles secours. Le roi Henri était assez occupé à s'affermir sur le trône et à déjouer des conspirations sans cesse renaissantes; mais les occasions avaient beau se montrer favorables, la démence du roi, les jalousies des princes et la dilapidation des finances mettaient obstacle à toute entreprise grave et longue, et ne permettaient que des courses rapides.

La papauté, qui sous les autres règnes était venue en aide aux malheurs publics, ne servait alors qu'à les aggraver. Benoît XIII s'obstinait toujours à garder la tiare. On essaya d'abord de se soustraire à son obédience et on le tint quatre ans renfermé dans son palais d'Avignon; mais il s'échappa sous un déguisement et se réfugia à Marseille où le roi Charles lui envoya une députation pour le déterminer à une abdication qu'appelaient les vœux de la catholicité, et que les maux de l'église rendaient indispensable. Cette députation fut confiée à l'archevêque d'Auch nommé conseiller d'état deux ans auparavant et à l'évêque de Cambrai; mais elle échoua contre l'obstination de Benoît. Les ambassadeurs étaient d'ailleurs assez mal choisis. L'archevêque d'Auch (1) était le frère de Bernard comte d'Armagnac à qui l'on ne résistait pas impunément dans ses domaines, et qui se signala par son dévouement obstiné pour Pierre de Lune. Aussi, soit qu'il cédât à l'autorité de son frère, soit qu'il se fût laissé gagner par les caresses du pontife, l'archevêque à son retour

---

(1) *Gallia Christiana*, tom. 1. Dom Brugelles. M. d'Aignan.

se déclara plus hautement que jamais pour Benoît et s'attacha entièrement à son parti. Le pontife pour récompenser son dévouement et celui de son frère, lui donna la pourpre en 1306.

Cette faveur appela sur lui l'animadversion du pape de Rome. Innocent VII, successeur de Boniface IX, reconnu alors par toute l'église, chargea l'archevêque de Bordeaux, l'évêque d'Agen et l'abbé de Clayrac, d'informer contre le nouveau cardinal et de prononcer sa déposition. La bulle qu'il leur adressa divisa le chapitre d'Auch. Quelques-uns plus faibles redoutèrent la colère du comte d'Armagnac et continuèrent de reconnaître Jean pour leur légitime prélat; mais le plus grand nombre n'écoutant que leur conscience et leur devoir, se déclarèrent contre lui et applaudirent à la sentence. Mais comment la faire exécuter sous les yeux de Bernard? Les choses en étaient là lorsque Grégoire XII qui venait de remplacer à Rome Innocent VII, confia le diocèse à Pierre de Langlade fils de Jean seigneur de Montbrun et de Dunes dans le diocèse de Dax. Pierre avait embrassé l'ordre des Ermites de St-Augustin, et avait été créé en 1403 administrateur des évêchés d'Aire et d'Oleron. Grégoire y ajouta en commende l'archevêché d'Auch. Malgré la haute protection dont Bernard appuyait la cause de son frère, presque tout le diocèse reconnut Pierre de Langlade jusqu'au mois de novembre 1408, époque où ce prélat quitta Auch. Jean était mort à Perpignan à la suite de Benoît XIII, le 18 février précédent.

Au milieu de ces dissensions religieuses les princes du sang parurent vouloir se réconcilier. Les ducs d'Orléans et de Bourgogne, qui partageaient la cour et le royaume, s'abouchèrent dans l'hôtel-de-ville sous la médiation du duc de Berry leur oncle commun, et pour faire oublier toute trace de leur ancienne animosité, non seulement ils s'embrassèrent et se jurèrent une éternelle amitié, mais ils poussèrent la confiance jusqu'à coucher dans un même lit. Nous retrouverons d'autres exemples d'une pareille familiarité. Ce fut durant plusieurs siècles la plus forte preuve d'estime et de confiance réciproques que pussent se donner deux amis. Cette réconciliation devait tourner à la gloire et à l'honneur de la France. Tandis que le duc de Bourgogne se chargeait d'aller reconquérir Calais, le duc d'Orléans courut attaquer la Guyenne (1), théâtre toujours ouvert aux combats, promettant ainsi une ample moisson de gloire. Le connétable, le comte de Clermont et une foule d'autres seigneurs de marque combattaient sous ses drapeaux; néanmoins le succès fut loin de répondre à la grandeur de l'entreprise.

Blaye, qu'il attaqua d'abord, se défendit quelques jours et fut enfin réduite à capituler. On pouvait la forcer de se rendre; mais on se contenta de lui faire promettre qu'elle ouvrirait ses portes, dès que la ville de Bourg aurait été emportée. On fut encore moins heureux sous les murs de Bourg. Cette ville était défendue par une garnison nombreuse et aguerrie, que commandait un seigneur Gascon aussi prudent que brave. La résistance fut vive et longue. Les vivres commencèrent à manquer dans le camp. L'hiver vint bientôt aggraver la disette. Les pluies percèrent les tentes et gâtèrent le peu de subsistances qui restaient. Il fallut marcher dans une boue profonde. Des mala-

(1) L'Anonyme, liv. 27, chap. 12. Juvénal, 1406.

dies engendrées par la famine et la rigueur de la saison achevèrent de porter le découragement dans l'armée. On prétexta le défaut de solde et on demanda à se retirer. Le duc d'Orléans voulut réprimer ce mouvement. Il menaça d'abord et descendit ensuite aux prières ; mais ni la sévérité, ni la douceur ne ramenèrent les esprits. Il fallut lever le siège et songer à une retraite qui le couvrit de honte aux yeux de tous les gens de guerre. Au lieu d'un noble fils de France, on n'avait vu dans lui qu'un jeune étourdi qui, pendant que l'armée se sacrifiait pour sa gloire, passait ses jours dans les divertissements et dissipait dans les jeux l'argent destiné à nourrir et à payer les soldats.

Affligé de voir finir si tristement la campagne, un vaillant chevalier de la suite du prince, nommé messire Robert de Chaslus (1), s'adressa à quelques gentilshommes braves comme lui et les exhorta à signaler leurs armes par quelques nobles entreprises avant de rentrer dans leurs foyers. Sa voix fut écoutée. Ils résolurent d'aller ensemble assiéger le château de Lourdes qu'on regardait comme imprenable, et dont la garnison par ses courses incessantes fatiguait tous les comtés voisins. Arrivés aux pieds des remparts, ils jurèrent de ne s'éloigner qu'après avoir emporté la place ou avoir été défaits en bataille rangée par les ennemis. Le siège dura un an. Ils durent lutter contre l'inclémence des saisons. L'hiver surtout fut rigoureux et les neiges excessives. Les vivres arrivaient difficilement ; mais ils bravèrent tous les obstacles, et leur constance fut couronnée du succès. Les assiégés, ne recevant point de secours, ouvrirent leurs portes et rendirent la place.

(1) L'Anonyme, liv. 27, chap. 12. Juvénal, 1406.

L'amour-propre national accueillit avec joie ce triomphe quoique assez mince. Il affecta de se persuader qu'il avait sauvé l'honneur des armes françaises.

L'expédition du duc de Bourgogne ne réussit guère mieux que celle de son rival; mais Jean au lieu d'accuser son impéritie s'en prit au duc d'Orléans. D'autres griefs aggravèrent sa haine. Dès-lors il jura la perte d'un rival détesté. On dirait que cet affreux projet fut conçu dans le repaire d'un tigre ou dans l'antre d'un vil scélérat. Six mois entiers il le renferma dans son cœur, et quand l'heure de l'exécution approcha, il se laissa conduire aux autels avec le duc d'Orléans pour y renouveler une amitié déjà promise et la sceller du sang de la victime trois fois sainte, comme s'il eût voulu rendre le Dieu du pardon et de la concorde complice de la vengeance qu'il méditait. Trois jours après, le 23 novembre 1407, dans la nuit, le duc d'Orléans tombait sous le fer de quelques assassins appostés pour attendre leur victime. Après cet attentat, joignant la dissimulation à la scélératesse, il accourut pour contempler le cadavre. On prétend qu'à son approche les plaies se rouvrirent et le sang coula. Lui cependant cachait son horrible joie sous une indignation apparente, et s'écriait: oncques on ne perpétra plus mauvais et plus traître meurtre. La cour s'indigna d'abord de tant d'audace et voulut punir l'attentat, mais la justice dut plier devant la puissance. Il fallut que les fils de la victime se contentassent d'une excuse dérisoire. Cette déplorable comédie se joua en présence du monarque et des principaux seigneurs du royaume dans l'église de Chartres, ce qui fit appeler paix ou traité de Chartres la réconciliation des princes qu'on y simula.

Par ce traité la maison d'Orléans était sacrifiée au duc de Bourgogne dont l'autorité éveilla les mécontentements et les jalousies. Il apaisa un instant le duc de Berry en lui donnant le gouvernement de la partie de la Guyenne qui venait d'être reconquise et en lui abandonnant tous les revenus qu'elle produisait ; mais les autres princes feignirent de s'alarmer. Le jeune Charles d'Orléans surtout, l'aîné des trois fils de Louis et de Valentine, brûlait, malgré la dernière pacification, de venger la mort de son père et de conquérir dans les conseils du roi la place que sa naissance semblait lui assigner. Dans ce dessein, il assembla à Melun ses principaux partisans. On vit accourir à cette réunion ses deux frères, le comte de Clermont, le comte d'Alençon, le connétable Charles d'Albret et le comte d'Armagnac, le dernier par son rang et le premier par son courage, son expérience et son habileté. Pour l'attacher irrévocablement à la maison d'Orléans, on arrêta d'abord le mariage de sa fille Bonne (1), à peine âgée de dix à onze ans, avec le prince Charles veuf depuis quelques mois d'Isabelle de France. Rien néanmoins ne fut arrêté dans cette première assemblée. On se donna un second rendez-vous à Gien. Les mécontents furent fidèles à s'y rendre; le duc de Bretagne, le duc de Berry et même le vertueux duc de Bourbon demeuré jusque là étranger à toutes les intrigues qui avaient divisé le royaume, s'échappèrent secrètement de la cour pour les aller joindre.

Alors on leva hautement le masque et on signa une ligue ou traité (14 avril) qui, selon le langage de tous

(1) Grands Officiers de la Couronne, tom. 3. L'Art de vérifier les Dates, tom. 2.

les conspirateurs, n'avait pour but que l'intérêt de la France et le rétablissement du roi dans la plénitude de ses droits et de sa liberté. Seulement on était résolu de chasser ceux qui voudraient s'opposer à ce dessein. Les ducs de Berry, d'Orléans et de Bretagne promirent de fournir chacun mille hommes d'armes et autant d'arbalétriers, le comte d'Armagnac mille hommes d'armes et seulement trois cents arbalétriers. Le comte d'Alençon et de Clermont ne s'engagèrent à amener que cinq cents hommes d'armes ; le premier y ajoutait trois cents et le second deux cents arbalétriers. Nous ignorons ce qu'offrit le connétable. Le duc de Bourbon seul se contenta de sanctionner la ligue de sa présence et n'alla pas plus loin.

Le comte d'Armagnac y révéla une puissance qu'on n'avait pas encore remarquée au-delà de la Loire, et plaça son nom à côté des premiers princes du sang et des plus grands vassaux de la couronne. Gendre du duc de Berry et beau-père du duc d'Orléans, il avait l'expérience qui manquait à l'un et la vigueur que l'autre avait perdue. Sa fierté et son courage égalaient son ambition. A la valeur et au génie, il joignait l'activité et la résolution si nécessaires à qui veut dominer. Mais chez lui le cœur n'était pas à la hauteur de l'intelligence. Sévère jusqu'à la cruauté, implacable dans sa haine, sans scrupule comme sans remords dès qu'il s'agissait d'assouvir sa vengeance, il inspirait la crainte, mais aussi il éloignait la confiance et l'amour. Nous n'ajouterons point que l'histoire lui reproche de s'être montré aussi brouillon que politique ; tous les princes de cette époque étaient inquiets et remuants. Ses qualités et ses vices en faisaient un excellent chef de parti. Aussi à peine admis dans la ligue, il en devint l'âme.

Avant de se séparer, les confédérés adressèrent un manifeste (1) aux bonnes villes du royaume, à l'université de Paris, aux chapitres des cathédrales et aux communautés religieuses les plus notables. Ils y protestaient de leur dévouement au roi et à sa famille, et y exposaient la mauvaise administration du duc de Bourgogne. Après cette publication, ils se retirèrent dans leurs domaines pour y rassembler leurs troupes.

Cependant leur ennemi ne s'endormait pas. Il leva à la hâte tout ce qu'il put de soldats, demanda des secours à ses alliés et détacha momentanément de la ligue le duc de Bretagne dont il acheta pour vingt mille écus la neutralité, et il tâcha de gagner à sa cause, au prix d'une somme considérable, le connétable d'Albret. En même temps il essayait des négociations, mais elles n'eurent aucun succès. Le monarque lui-même qu'on fit descendre jusqu'aux supplications et aux larmes, n'obtint qu'une réponse ambigüe. Au milieu de toutes ces démarches, les confédérés continuaient à réunir leurs forces et à concerter leurs opérations. Ils se portèrent successivement à Poitiers, à Angers et à Chartres qu'ils occupèrent le 2 septembre 1410. Après un séjour assez court ils se remirent en marche et poussèrent jusqu'à Etampes. Leur armée était nombreuse. Tous les confédérés y avaient conduit en personne les forces dont ils pouvaient disposer. Le seul duc de Bretagne gagné par le duc de Bourgogne n'y avait point paru. Mais pour ménager les deux partis ou du moins pour

(1) Juvénal des Ursins, pag. 209 et suiv. Les documents abondent pour la lutte qui s'ouvre. On peut consulter Monstrelet, Juvénal, l'Anonyme, le Journal de Paris, Fennin, Matthieu de Courcy, etc, etc. Nous renvoyons à ces sources. Nous ne citerons que les passages les plus importants pour l'Histoire de la Gascogne.

ne pas trop déplaire à celui qu'il abandonnait, il se fit remplacer par le comte de Richemont son frère. Le sire d'Albret s'était montré moins scrupuleux. En dépit de l'argent qu'il avait touché, il était accouru à la tête de ses vassaux.

Les confédérés arrivèrent bientôt sous les murs de Paris. Tous portaient une bande de toile blanche passée sur l'épaule. La bande blanche appartenait au comte d'Armagnac (1). Nous verrons plus tard ses couleurs portées par Charles VI. Elles passèrent à Charles VII et restèrent à la famille royale. L'écharpe blanche avait été ainsi donnée aux derniers Capétiens par un des derniers descendants des Mérovingiens. Du reste, la ligue ne vivait que par le comte d'Armagnac. Ses Gascons se distinguaient au-dessus de leurs frères d'armes par leur nombre, leur audace, et il faut le dire aussi, par leur rapacité. Leur nom devint presqu'aussitôt célèbre. On dit : les Armagnacs, pour désigner ces troupes ou même pour désigner en général les partisans des princes. Ceux-ci se montrèrent d'abord peu flattés (2) de cette dénomination, mais ils s'y prêtèrent ensuite ; ils eussent d'ailleurs protesté vainement. L'histoire elle-même a consacré ce nom.

Le duc de Bourgogne ne tarda pas à paraître à la tête d'une armée plus nombreuse que celle de ses rivaux. Néanmoins, malgré l'avantage du nombre, il n'osa pas hasarder une bataille. Ses soldats se contentèrent d'imiter leurs ennemis et de piller comme eux ceux qu'ils venaient défendre. Ils avaient adopté le chaperon bleu avec la croix rouge de St-André chargée en

(1) Mémoires de Fennin. Histoire de Charles VI, pag. 449.
(2) Idem.

cœur d'une fleur de lys. Ce fut dès-lors la marque des Bourguignons, comme la bande blanche était le signe des Armagnacs (*).

(*) La bande blanche, le chaperon bleu et la croix rouge forment nos couleurs nationales. Nous croirions volontiers que ces couleurs adoptées en 1789 par des hommes à qui l'histoire de notre monarchie n'était certes pas inconnue, sont nées de la fusion des deux partis. Si l'origine que nous hasardons ici n'est pas plus plausible que celle qu'on assigne communément, du moins elle est plus patriotique.

CHAPITRE II.

Cruautés des Armagnacs. — Les deux papes déposés et Alexandre V élu. — Bérenger de Guillot, archevêque d'Auch. — L'érection de l'évêché de Mirande révoquée. — Les Armagnacs reprennent les armes et assiègent Paris. — Leurs excès. — Atrocités de Bernard d'Albret. — Les Armagnacs forcés de repasser la Loire. — Le comte d'Armagnac gouverneur du Languedoc pour le duc de Berry. — Il attaque le comte de Comminges. — Mort d'Archambaud comte de Foix. — Jean son fils lui succède. — La cour l'oppose au comte d'Armagnac. — Benoît XIII s'interpose entre les deux adversaires.

S'il fallait en croire le journal de Charles VI, enragé Bourguignon, on ne saurait raconter sans frémir toutes les atrocités qui se commettaient journellement. « Les Armagnacs, dit-il (1), prirent les villages qui environnaient Paris, *et firent tant de maux comme eussent fait Sarrasins*. Ils pendaient les gens les uns par le poing, les autres par les pieds. Ils tuaient ou rançonnaient les autres et livraient aux flammes ce qui avait échappé au fer. Aussi, dès qu'on signalait au loin un parti, on s'écriait : ce sont les Armagnacs, et chacun s'enfuyait éperdu. Tout le mal qui se faisait on l'attribuait au comte d'Armagnac, tant il était tenu pour homme très-cruel et tyran, et sans pitié. Aussi égorgeait-on ses troupes comme on eût égorgé de vils animaux, et quand on avait massacré un ennemi, on disait : c'était un Armagnac, et nul n'y prenait soin. » Quoiqu'il en soit de la

(1) Pag. 4, année 1411. Pour tout ce chapitre, voir Monstrelet, Fennin, St-Remy, Juvénal, Hist. de Charles VI, le Journal de Paris, mais surtout l'Anonyme de St-Denis que nous avons cité de préférence parce qu'il est le plus explicite.

cruauté que le journal prête aux Gascons du comte d'Armagnac, ceux-ci s'ennuyaient de ne trouver devant eux que des populations désarmées. Ils auraient volontiers rompu des lances, mais personne ne sortit sur eux.

Pendant que les deux armées étaient en présence, la France n'avait qu'une voix pour appeler la fin de ces déplorables désordres. Partout le peuple se pressait aux pieds des autels, répétant (1) cette prière composée pour ces malheurs : Seigneur Jésus, pardonnez à votre peuple et ne livrez pas le royaume de France à la perdition, mais dirigez les princes dans les voies de la paix (*). Enfin les clameurs du pauvre peuple furent si grandes, que le roi qui jouissait de quelques moments lucides, se résolut à prononcer la confiscation des biens des princes et de leurs adhérents. La majesté royale n'avait pas perdu tout son prestige. Cette fermeté fut vraisemblablement plus efficace que toutes les voies de négociation et de douceur. Il est vrai que l'hiver approchait et que les vivres commençaient à manquer à cette foule de gens armés. On n'avait pu ni vendanger, ni semer dans l'Isle-de-France. Quelques provinces plus malheureuses n'avaient pas même pu recueillir la moisson. Quoiqu'il en soit du motif qui réunit les esprits, on signa le 2 novembre 1410 au château de Bicêtre, alors séparé de Paris, un traité dont la clause principale fut que tous les princes retourneraient sur leurs domaines et qu'aucun ne reparaîtrait à la cour, s'il n'y était mandé par des lettres scellées du grand sceau. Après que le traité eut été ratifié par le roi,

(1) Anonyme de St-Denis, liv. 30, chap. 9.

(*) *Domine Jesu, parce populo tuo, et ne des regnum Franciæ in perditionem, sed dirige in viam pacis principes.*

chacun s'éloigna avec ses troupes, les uns vides d'argent, les autres chargés de butin, mais tous poursuivis par les malédictions publiques. Sur la route, le comte d'Armagnac fit assiéger par le baron d'Estaing, un de ses vassaux, la forte place de Murat en Rouergue, qu'il prit avec le comte Raynaud qui la défendait et à qui il en disputait la propriété.

Cette paix permit de donner aux affaires de l'église une attention qu'absorbaient presqu'exclusivement les troubles publics. La catholicité s'était lassée des tergiversations de Benoît XIII et de Grégoire XII. Les cardinaux des deux obédiences s'étaient réunis à Pise, et après avoir déposé les deux vieillards également ambitieux et obstinés, ils avaient élu (26 juin 1409), Alexandre V, qui mourut à Bologne après dix mois de pontificat, et fut remplacé par Jean XXIII. L'église compta alors trois souverains pontifes au lieu de deux : Jean XXIII reconnu en France, en Angleterre, en Pologne et dans la plus grande partie de l'Italie et de l'Allemagne; Grégoire XII qui n'avait guère conservé que la Romagne, et Benoît XIII, dont l'autorité s'étendait sur les trois royaumes d'Espagne, les îles de Corse et de Sardaigne, et sur les comtés de Foix et d'Armagnac. Ce dernier pontife s'était retiré à Perpignan, suivi de quelques cardinaux qui s'étaient attachés à sa fortune et en particulier de Jean d'Armagnac (*). Jean y mourut le 18 février ou plutôt le 18 mai 1409.

(*) Jean portait écartelé d'Armagnac et de Rhodez, sans brisure, quoique bâtard. Ces armes sont aux piliers de la métropole du côté de l'archevêché. Ainsi le dit M. d'Aignan. Pour nous, nous croyons que les armes que l'on voit aux piliers sont celles des comtes d'Armagnac dont les tombes ignorées maintenant se trouvent dans l'église et peut-être dans le voisinage de ces piliers.

Benoît s'empressa de donner (3 novembre) l'archevêché à Bérenger de Guillot (1). Celui-ci, né au diocèse de Castres, avait été d'abord chanoine et archidiacre de Comminges. Amélie de Lautrec et Menaud de Barbazan qui se succédèrent sur ce siége, le choisirent pour leur vicaire général. Il passa ensuite avec le même titre auprès de Jean d'Armagnac. La douceur de ses mœurs et son habileté dans l'administration le firent aimer du chapitre qui l'élut le jour même où Benoît le nommait de son côté. Aussi la confirmation de l'élection ne se fit pas attendre. Elle fut octroyée le 10 décembre, et le 20 janvier 1410, Bérenger recevait l'onction sainte à Perpignan, vraisemblablement des mains du même souverain pontife. Il était alors âgé de soixante ans selon M. d'Aignan, et de soixante-dix suivant dom Brugelles.

Malgré tout ce qu'il devait à Benoît XIII et plus encore malgré la crainte qu'inspirait Bernard d'Armagnac, le nouvel archevêque demeura peu fidèle à l'obédience qu'avait reconnue son prédécesseur et qu'il avait jusque là reconnue lui-même. L'année qui suivit son sacre, il assista à une assemblée de prélats tenue à Paris, et peu de mois après (3 juin), Pierre de Toujouse, archidiacre d'Armagnac, Etienne de Labarthe, archidiacre de Pardaillan, Jean de Larroque, archidiacre d'Astarac, Othon de Rapissac, archidiacre de Magnoac, Arnaud de Juillac, archidiacre de Sos, Dominique de Baleix, Bernard de Lagorsan, sacristain, Jean de Sonis, Odon de Pont, Jean de Labarthe, Pierre d'Arcoues, Jean de Montesquiou, Arnaud de Montlezun, Jean de Bourrouillan, Arnaud Guillaume de Rivière, chanoines

(1) *Gallia Christiana,* tom. 1. M. d'Aignan. Dom Brugelles,

de la métropole, se réunirent dans le cloître sous la présidence de Pierre de Massès, vicaire général de Bérenger. Là, Pierre de Momères, official du diocèse, Jean Duffourg, procureur de l'archevêque et Pierre Duprat, son conseiller, exhibèrent des lettres du prélat qui défendaient de recevoir aucun bref de Pierre de Lune et de lui obéir. Elles défendaient aussi de reconnaître Arnaud Guillaume de Rivière pour archidiacre, sans doute parce qu'il devait sa nomination au même pontife qui l'avait nommé lui-même à l'archevêché. Bérenger, en se prononçant ainsi, parvint à fléchir la cour de Rome. Jean XXIII avait d'abord songé à le déposer; mais bientôt pressé par les prières de Jean III, comte d'Astarac, et des seigneurs d'une grande partie du diocèse, qui depuis longtemps reconnaissaient l'autorité du pape de Rome, il aima mieux partager le diocèse et ériger l'abbaye de Berdoues en évêché, en fixant la chaire pontificale à Mirande. Il unit à l'abbaye les archidiaconés d'Astarac et de Faget, et y ajouta les fruits de quelques prieurés et de quelques cures pour en composer la mense de l'évêché. S'il fallait en croire un vieux document (1), Bénémont ou Vérémont, frère naturel de Jean d'Astarac, était destiné à s'asseoir le premier sur le nouveau siége. Néanmoins nous trouvons que Guillaume de Barthès, abbé de Berdoues, prenait vers cette époque le titre d'évêque de Mirande. Ce titre, l'abbé de Berdoues le conserva quelque temps, mais Bérenger avait su mettre dans ses intérêts le roi de France qui en écrivit au pape. Les instances du prince et la soumission du prélat amenèrent la révocation de la première bulle. Le bref est daté de Man-

(1) M. d'Aignan. Pièces justificatives.

touc (9 février 1413). Cette révocation souffrit des difficultés. L'abbé de Berdoues, ainsi que le comte d'Astarac et son frère refusèrent de la reconnaître. La puissance royale vint en aide à l'autorité du souverain pontife. Le roi donna le 5 juin 1414, des lettres patentes qui ordonnaient la prompte et complète exécution du bref de Mantoue. L'abbé de Berdoues s'obstina encore et continua de s'intituler évêque d'un siége détruit avant d'avoir été sinon érigé, du moins complètement organisé.

Pendant que l'église étouffait peu à peu le schisme fatal, qui depuis si longtemps faisait gémir la piété, les princes français, toujours plus aigris, avaient rompu le traité de Bicêtre. Le duc de Bourgogne se plaignit que le comte d'Alençon, le duc de Bourbon et le connétable Charles d'Albret continuaient à lever des soldats. Il ajouta que le duc d'Orléans et le comte d'Armagnac son beau-père et son conseiller avaient formé le projet de s'introduire de force dans Paris, d'y égorger les bourgeois qui leur étaient hostiles et d'y enlever le roi, la reine et le duc de Guyenne, héritier présomptif de la couronne. Le duc d'Orléans repoussa cette accusation et envoya défier, en termes pleins d'outrages et de mépris, son cousin, qui lui rendit son cartel et ses insultes (1).

Paris se livra à la faction Bourguignonne. On prêchait en chaire contre les Armagnacs, on poursuivait tous ceux qui leur étaient dévoués. Pour piller ou égorger un bourgeois (2) il suffisait que quelqu'un criât: c'est un Armagnac. En même temps, hommes, femmes, enfants, tous prenaient le chaperon bleu et le sautoir rouge.

(1) Anonyme, liv. 31, chap. 7. — (2) Juvénal, pag. 232.

On poussa l'entraînement si loin qu'on brodait (1), dit-on, la croix de Bourgogne sur les ornements sacrés, qu'on s'en servait en forme de crucifix, et qu'on avait changé la manière de faire le signe de la croix. Ce qui est certain, c'est qu'on fit une procession générale à Notre-Dame, et là, en présence de tout le peuple réuni, on maudit et excommunia les Armagnacs et leurs adhérents, en vertu d'une bulle d'Urbain VI contre les compagnies, qu'on exhumait des vieux registres et qu'on appliquait peut-être avec quelque raison aux soldats qui ramenaient les désastres des anciennes compagnies. On désigna spécialement les ducs de Berry, d'Orléans et de Bourbon, les comtes d'Alençon et d'Armagnac, et le connétable d'Albret. Cette scène fut renouvelée deux ou trois fois.

Cependant l'armée des confédérés s'avançait vers Paris. Elle eut à soutenir dans sa marche quelques attaques qui lui enlevèrent un grand nombre de chariots et un assez large butin arraché aux contrées qu'elle avait traversées. Les gens de la campagne s'enfuyaient tremblants à son approche. Quelquefois cependant ils s'armaient de leur haine et de leur désespoir, et tombaient sur les bagages. Un de leurs corps, fier d'un premier succès qu'il ne devait toutefois qu'à la surprise, osa harceler le comte d'Armagnac. Le terrible Bernard n'était pas homme à endurer une insulte. Dans sa colère, il lança (2) ses Gascons contre les paysans et les fit traquer dans les bois comme des bêtes fauves. En un jour *on fit curée* de sept cents de ces malheureux.

(1) Juvénal, pag. 232. — (2) L'Anonyme, liv. 31, chap. 14.

L'armée parvint ainsi jusqu'à Beaumont-sur-Oise où elle fut passée en revue. Il s'y trouva huit mille chevaliers ou écuyers et douze autres mille gens d'armes sans y comprendre les arbalétriers et l'infanterie. Le duc d'Orléans les partagea en trois corps : il confia l'avant-garde au comte d'Armagnac ; il plaça l'arrière-garde sous les ordres du duc d'Alençon. Lui-même se mit à la tête du corps de bataille dont il distribua le commandement aux autres principaux confédérés. Voulant attirer dans son parti la reine et le duc de Berry, il alla à Melun leur en faire la proposition ; mais ni ses sollicitations, ni les instances du comte d'Armagnac et du connétable d'Albret qui l'accompagnaient ne purent vaincre leur résistance.

Ce refus n'altéra en rien la confiance de ses troupes, qui cheminaient en bon ordre joyeuses et fières comme si elles fussent allées combattre les ennemis de la croix ou des lys. Vers la fin de septembre, elles arrivèrent dans les plaines de Mondidier où le duc de Bourgogne avait réuni ses troupes. Les deux armées se trouvaient enfin en présence. Des courses, des rencontres assez sanglantes servaient de prélude à une bataille décisive. Tous la croyaient prochaine, et à cette pensée (1), les uns, amis de leur pays, s'affligeaient de ce qu'un si noble sang allait couler dans une étroite et mesquine lutte de haine sans dignité, ou d'ambition sans portée comme sans grandeur, tandis que les dangers de la patrie réclamaient impérieusement les bras de tous ses enfants. Les autres, indifférents aux maux de l'état, se réjouissaient de ce que la victoire allait abattre un parti et livrer à l'autre l'administration publique, but

(1) L'Anonyme, liv. 31, chap. 14.

unique de tous ces coupables efforts. Mais l'attente générale fut trompée. Les chefs du parti orléanais se divisèrent. Les plus jeunes, bouillants d'ardeur, voulaient marcher sur le champ à l'ennemi. Les plus vieux s'étayant de leur expérience, aimèrent mieux temporiser.

Pendant ces débats, le duc de Bourgogne fit sonner la retraite et repassa la Somme. Si son ennemi fût alors tombé sur son arrière-garde, il l'eût vraisemblablement fait avec avantage et eut eu tout l'honneur de cette campagne. Ainsi le dirent hautement ceux qui connaissaient l'art de la guerre, mais les vieux chefs en jugèrent autrement. Nos seigneurs (1), dirent-ils aux princes, il faut songer à quelque chose de plus grand et de plus utile au parti; et par leur conseil on retourna à Verberie, et l'on fit un pont de bois sur la rivière d'Oise pour le passage des chariots et des chevaux. Par ce moyen ils s'ouvrirent le chemin de l'Isle-de-France, et s'y jetèrent avec tant d'impétuosité qu'on eût dit qu'ils en voulaient plus à Paris qu'à ces Bourguignons qu'ils faisaient semblant de haïr mortellement, ou plutôt ils ne songeaient, les uns qu'à rentrer dans les riches hôtels que le duc de Bourgogne avait fait saisir sur eux, les autres qu'à se rédimer de la perte de leurs bagages ou des fatigues de cette longue campagne en pillant la ville ou en rançonnant les opulents bourgeois.

On le fit ainsi entendre aux Parisiens, et tous d'une voix unanime arrêtèrent qu'il valait mieux mourir que de commettre leur vie, leur liberté et leurs biens à la rage d'un ennemi dont tout proclamait la férocité. La défense fut organisée sur le champ et se poursuivit

(1) L'Anonyme, liv. 31, chap. 14.

avec activité. Bientôt arrivèrent les Armagnacs, qui occupèrent la rive droite de la Seine, comme l'année précédente ils avaient occupé la rive gauche. Ils se logèrent à Pantin, St-Ouen, Clignancourt, la Chapelle-St-Denis, Abervilliers, jusqu'à Montmartre d'où ils se répandaient dans les environs, pillant, rançonnant, massacrant ou chassant devant eux les malheureux villageois. A ces atrocités venaient se joindre je ne sais quelles scènes de piété qui prouvent que la foi vivait à côté de la licence et de la barbarie. On était dans l'octave de St-Denis. Les ducs d'Orléans et de Bourbon, le comte de Vertus frère du duc d'Orléans et les comtes d'Alençon et d'Armagnac, campés à St-Ouen, profitèrent du voisinage pour aller porter leur tribut de vénération à l'apôtre de la France. Ils se rendirent en dévotion à l'abbaye suivis d'une belle et nombreuse noblesse. Ils entendirent une messe basse, baisèrent les reliques et puis ils retournèrent à jeûn à leurs quartiers ; mais l'abbaye elle-même tomba bientôt en leur pouvoir.

Les Bretons, commandés par le comte de Richemont, poussèrent une reconnaissance jusque sous les murs bâtis autour du monastère et emportèrent de force un des faubourgs. Ce succès amena le reste de l'armée et l'assaut se préparait lorsqu'un orage épouvantable, qui creva sur les assiégeants, les força à renoncer à leur entreprise et à changer le siège en blocus. Jean de Châlons, qui commandait la place, résista quelques jours; mais enfin, sommé par le comte d'Armagnac et craignant les suites d'un assaut général qui aurait livré l'abbaye et tous ses trésors à une soldatesque affamée de butin, il accepta d'honorables conditions et rendit la place aux Orléanais. Elle fut confiée à la garde de l'archevêque de Sens, Jean de Montaigu, que la crainte ou la vengeance avait jeté dans le parti des princes. Mais le prélat, malgré sa bonne volonté, ne put pas la soustraire entièrement à la rapacité de bandes aussi indisciplinées.

Après la prise de St-Denis, les ravages augmentèrent. On ne saurait, dit un historien du temps (1), raconter en détail les meurtres, les brigandages, les incendies dont les bords de la Seine furent le théâtre durant le blocus de Paris. Après avoir vidé les granges, les greniers, les celliers, les étables, les bergeries, *on chassait aux paysans*, on garrotait comme des malfaiteurs ceux que l'on saisissait, et on les jetait à la rivière, s'ils n'étaient pas assez heureux pour pouvoir satisfaire à leurs cruelles exactions. La religion n'était pas plus respectée que l'humanité. Ils enfonçaient les églises, brisaient les baptistaires, enlevaient les croix, les calices, les ornements sacrés. Quelques-uns, poussant l'impiété plus loin, déchiraient de leurs dents forcenées les saintes hosties (2), ou les répandaient et les foulaient aux pieds pour emporter les ciboires. Une chapelle de la Vierge, célèbre par les miracles qui s'y étaient opérés et par le concours des fidèles que ces miracles y attiraient de toutes parts, la chapelle de Notre-Dame-des-Vertus ne trouva pas grâce à leurs yeux. Ils profanèrent le sanctuaire, jetèrent aux vents les reliques et emportèrent les chasses d'argent qui les renfermaient. Témoin de ces sacrilèges violences, dont sa piété avait horreur, l'archevêque de Sens s'écriait douloureusement : je crois certainement que nous mènerions mieux à fin notre entreprise, si nous n'avions avec nous ni

(1) L'Anonyme, liv. 39, chap. 18. — (2) Idem.

Bretons ni Gascons. Ces gens-là envisagent plutôt le profit que l'honneur. Ils ne font que trop voir par leur conduite qu'ils ne cherchent qu'à s'enrichir par le butin, par les rançons et par toutes sortes d'exactions, afin de pouvoir couler dans l'inaction le reste de leurs jours.

Pendant que les confédérés saccageaient ainsi les environs de Paris, un de leurs corps couvrait la Picardie de meurtres et de sang. Bernard d'Albret (1), cousin du connétable, la sillonnait à la tête de cinq cents Gascons qu'avaient jadis conduits le comte d'Armagnac et le connétable. Aux meurtres, aux vols, aux sacrilèges, à la lubricité, à toutes les scènes du brigandage le plus éhonté, Bernard et les siens ajoutaient l'insulte et la raillerie. Ils arrachaient les yeux aux malheureux qui tombaient sous leurs mains, leur coupaient le nez et les oreilles, et après les avoir ainsi mutilés, ils leur disaient froidement : allez demander protection à votre fou de roi, à ce pauvre idiot, à ce misérable captif, ou bien allez montrer votre belle mine aux traîtres du conseil du roi. En lisant ces récits empruntés à des témoins oculaires, on se demande si ce ne sont point là les hordes dévastatrices que nous avons rencontrées aux premières pages de notre histoire, les féroces Kemris, les terribles Huns, les sauvages Normands, ou plutôt on s'effraie en songeant combien les malheurs publics, et surtout les guerres civiles altèrent le caractère national et pervertissent les cœurs.

Les malheureux paysans, chassés de leurs demeures, ne pouvaient rester témoins impassibles de tant d'horreurs. A la vue de leurs maisons incendiées, de leurs fermes détruites, de leurs récoltes enlevées, de leurs

---

(1) L'Anonyme, liv. 31, chap. 10.

parents et de leurs amis massacrés, la rage et le désespoir s'allumèrent dans leur cœur. Un grand nombre d'entr'eux s'étaient réfugiés à Paris. Quoiqu'ils n'eussent pour armes que de lourds bâtons ferrés en forme de pique, ce qui les fit nommer *piquiers*, ils demandèrent à aller chercher les Armagnacs, promettant d'en avoir bon marché, *fussent-ils armés jusqu'aux dents.* Le comte de St-Paul, gouverneur de Paris, connaissant la différence de cette sorte de milice mal aguerrie avec des gens de main et d'expérience, rejeta longtemps leur demande, mais il céda enfin à leurs importunités et en laissa sortir quatre cents qui ne manquèrent pas d'aller donner tout droit dans une embuscade où leur envie de combattre fut bientôt satisfaite. La plupart restèrent sur la place; les autres se sauvèrent à toutes jambes, maugréant contre le comte qu'ils taxèrent de poltronnerie et de lâcheté pour ne les avoir pas secourus. Ce sort n'intimida pas les autres villageois, il fallut leur permettre de s'armer; mais devenus moins présomptueux, ils ne se commirent plus aux hasards d'une action réglée. Du fond des forêts où ils s'étaient retirés, du sein des grottes profondes et des retraites inaccessibles où ils s'étaient cachés, ils tombaient à l'improviste sur les fourrageurs et les massacraient. Mais après être tombés sur les Armagnacs, ils se jetèrent sur le parti opposé, et l'amour du sang s'éveillant peu à peu dans ces hommes grossiers et sans culture, ils dépassèrent bientôt les brigandages et les atrocités qu'ils voulaient punir. Comme au jour des grandes compagnies, il fallut sévir contr'eux et leur arracher les armes.

Il était temps que le duc de Bourgogne vînt secourir tant d'infortunes. Les vœux des Parisiens l'appelaient ardemment. Il leva de nouvelles troupes et s'allia avec l'Angleterre qui, après avoir balancé entre les deux partis, se décida enfin pour lui et lui donna mille deux cents lances. Jean n'attendit pas ce renfort; il ne prit avec lui qu'une partie de ses forces, et précipitant sa marche afin de sauver Paris, tous les jours serré de plus près, il arriva le 19 octobre à Pontoise. Le comte d'Armagnac, dont le sentiment (1) réglait ordinairement tous les suffrages comme étant le plus vieux, le plus avisé et le plus fécond en paroles, proposa de l'attaquer sur-le-champ. Cet avis paraissait aussi sage que hardi; mais quelques chevaliers s'y opposèrent, et cette fois leur sentiment prévalut. Ce délai donna le temps au duc de Bourgogne de compléter ses forces. Dès qu'il eut été rejoint par tous les siens, il traversa la Seine à Melun et fit le 23 octobre son entrée à Paris où il fut reçu aux acclamations publiques et au cri de : Noël, Noël, réservé pour les rois et l'héritier présomptif de la couronne.

Dès le lendemain, les Anglais pressés par les bourgeois, firent une sortie avec les Picards du comte de Bournonville. Ils allèrent attaquer trois cents Bretons qui occupaient les hauteurs de Montmartre et de Lachapelle. Le combat fut vif et sanglant, mais enfin la victoire demeura aux Anglais qui ramenèrent en triomphe de nombreux prisonniers. Il n'en fallut pas davantage pour décourager les Armagnacs. Ils virent dès-lors que Paris allait leur échapper sans retour, et se répandirent en invectives contre les chevaliers qui avaient empêché d'attaquer les Bourguignons à Pontoise, et les accusèrent, avec raison peut-être, d'avoir

---

(1) L'Anonyme, liv. 39, chap. 18.

trahi leur cause; mais ces murmures n'amélioraient pas leur position. Il fallait songer à se défendre. Dans cette vue, les chefs réunis en conseil arrêtèrent qu'on rappelerait les corps dispersés et qu'on les concentrerait à St-Denis. Cette concentration accumula les horreurs sur cette malheureuse cité et sur les villages voisins. On logea (1) les chevaux dans les lieux sacrés et les églises paroissiales, et on les attacha près des autels changés en auges et en crèches. Les lieux profanes furent encore moins épargnés, et comme les paysans qui avaient fui dans les bois voisins vengeaient sur les fourrageurs le sac de leurs maisons et la dévastation de leurs propriétés, les Orléanais détachèrent, la veille de Toussaint, six mille des leurs, qui prirent et pillèrent la ville de Montmorency, nouvellement close de murs, et mirent à feu et à sang la délicieuse vallée qui l'abrite.

Ce riche butin ne contenta ni les chefs, ni les soldats. Ils réclamèrent un autre salaire, et comme l'argent manquait, le duc d'Orléans résolut de s'en prendre à l'abbaye elle-même. Mais la vénération générale qui entourait les murs à l'ombre desquels reposaient les reliques de l'apôtre de la France et la dépouille de nos rois, commandait des ménagements. Un matin après la messe, le comte d'Armagnac fit assembler au réfectoire l'abbé et les religieux, et leur tint au nom du prince le discours suivant (2) :

« Vous savez les peines et les travaux que les seigneurs qui sont ici ont généreusement supportés, non par des motifs d'ambition, comme on veut le faire croire au vulgaire, mais pour rétablir dans sa splendeur la justice du royaume, maintenant humiliée ou plutôt foulée aux

(1) L'Anonyme, liv. 39, chap. 18. — (2) Idem.

pieds, et pour remettre le roi en liberté et le faire servir et honorer comme il l'était par le passé. Tous les Français doivent prendre part à une entreprise si juste et si agréable à Dieu. C'est une entreprise commune à la noblesse et au peuple. Pour un si juste motif on a levé de toutes parts et on a mené ici cette armée composée de tant de seigneurs et d'une si brave noblesse; mais l'argent qu'on attendait nous ayant manqué et les affaires ne pouvant souffrir de retardement, tous les chefs ont résolu, de concert, d'y suppléer au moyen du trésor de la reine que vous avez en garde; soyez assurés qu'elle ne sera point fâchée. Néanmoins, pour plus grande sûreté, je vous promets que les princes vous donneront une décharge scellée de leurs sceaux, de tout ce qu'ils prendront. »

Les religieux, aussi étonnés de cette proposition que de la témérité des princes, craignirent le ressentiment de la reine. Ils supplièrent qu'il leur fût permis de savoir sa volonté et d'en parler au duc de Guyenne; mais ce titre donné à l'héritier de la couronne fâcha le comte d'Armagnac, qui répartit en colère : dites Dauphin de Viennois et non duc de Guyenne; et aussitôt sans égard à leurs prières, il se fit ouvrir avec menaces les portes du trésor et y introduisit ses gens. Alors, à l'aide de marteaux et d'autres instruments, il força et rompit les serrures des coffres et en tira une grande partie de la vaisselle d'or et d'argent qui s'y trouva et qui fut sur-le-champ partagée entre les chefs. Les religieux craignant que le trésor de l'abbaye, dont le comte d'Armagnac avait murmuré quelques mots, ne fût pas plus épargné, firent évader secrètement ceux qui l'avaient caché, afin que personne ne pût l'indiquer.

Le temps manqua bientôt aux princes confédérés pour achever leur tentative. Le duc de Bourgogne cédant aux sollicitations incessantes des Parisiens, alla attaquer St-Cloud, que défendait une garnison composée de Bretons et de Gascons. Après un combat opiniâtre, ses troupes entrèrent dans la ville. On se battit dans les rues. Forcés de céder le terrain, les Gascons se retirèrent dans l'église et dans la tour qui commandait le pont, et là ils resistèrent encore longtemps. A la nouvelle de cette attaque, le duc d'Orléans accourut, mais la rivière le séparait des combattants. Il ne put qu'être témoin de la perte entière de la garnison qui périt sous les coups des ennemis, tomba entre leurs mains ou se noya en cherchant à aller le rejoindre.

Ce second échec ne permettait pas de retard. A peine rentrés à St-Denis, les chefs du parti d'Orléans songèrent à battre en retraite en toute hâte; mais pour comble de malheurs, le pont de bois qu'ils avaient construit se rompit sous leurs pas. On dut abandonner les bagages et les chariots. Les Parisiens auraient pu à leur tour profiter de cette fuite pour achever la déroute, mais ils restèrent enfermés dans leurs murs, et quand ils arrivèrent, ils se jetèrent avec avidité sur le butin délaissé par l'ennemi. Cette victoire si facile les enhardit au pillage. Moins scrupuleux que leurs adversaires, ils envahirent l'abbaye, se répandirent dans les cellules des religieux, enfoncèrent les coffres et les armoires, et enlevèrent tout ce qu'ils purent emporter. Il fallut racheter le trésor par une forte somme d'argent.

Pendant que les chefs confédérés s'enfuyaient ainsi, le duc de Bourgogne, maître des affaires, fit assembler un grand conseil où furent appelés les princes, les principaux seigneurs, les évêques présents à Paris, les députés de l'université et quelques autres notabilités. On y arrêta la proscription et l'exil de tous ceux qui avaient pris les armes. On confisqua leurs biens et on les déclara indignes de tout titre seigneurial ou de toute marque d'honneur. Les ducs de Bourgogne et de Guyenne se chargèrent de réduire les princes d'Orléans, mais le connétable et le comte d'Armagnac, placés aux extrémités de la France, étaient plus difficiles à atteindre.

Le dernier, après s'être séparé de ses alliés, s'était retiré en bon ordre vers le Languedoc. Le duc de Berry lui en confia (1) la garde (1ᵉʳ décembre) et l'investit de toute l'autorité qu'il s'y arrogeait en sa qualité de gouverneur et de prince du sang. Rassuré par l'étendue de ses domaines, le nombre de ses vassaux, le courage et la force des chevaliers qu'il avait sous ses ordres, et enfin par la faiblesse de ses ennemis, Bernard ne s'occupa nullement de ce qu'on venait de décréter à Paris, et se livra tout entier à des projets qu'il nourrissait depuis longtemps et dont la dernière expédition l'avait détourné.

Cependant le roi qui avait recouvré une lueur d'intelligence, ne trouvant auprès de lui que des partisans déclarés de la maison de Bourgogne, ratifia tout ce qui avait été fait. Il destitua le connétable (2), donna sa charge au comte de St-Paul et envoya le sire de Bournonville saisir le comté de Dreux restitué depuis peu à la maison d'Albret, tandis que le sire d'Heilly se rendait dans la Guyenne pour s'emparer des autres domai-

(1) Dom Vaissette, tom. 4. pag. 429. — (2) L'Anonyme, liv. 31, chap. 24.

nes de l'ancien connétable. En même temps il confirma la destitution déjà prononcée contre le duc de Berry et nomma au gouvernement de Languedoc Guillaume de Vienne, seigneur de St-Georges, Reynier Pot, gouverneur du Dauphiné et Pierre de Marigny. Ces trois seigneurs ne furent pas plutôt rendus à Toulouse, qu'ils publièrent une ordonnance dans laquelle il était enjoint à tous les habitants du Languedoc de combattre le comte d'Armagnac et les autres sujets rebelles qui couraient la province et y causaient de grands maux, de les prendre et de saisir leurs biens. En même temps ils firent venir un corps de troupes de la Savoie et du Dauphiné, les ajoutèrent aux milices de la province et entrèrent à la tête de ces forces réunies dans le comté de Rouergue qu'ils essayèrent de mettre sous la main du roi.

Bernard craignait peu leurs efforts. Loin de voler à eux, il parcourait en armes le comté de Comminges (1); il assiégea la ville de l'Isle-en-Dodon. La comtesse Marguerite, son ancienne belle-sœur, s'y était renfermée. Bernard avait jadis paru prendre en main sa cause contre le comte de Pardiac son époux; mais la mort de l'infortuné Jean et l'extinction de sa famille avaient changé ses intérêts. L'épouse menacée avait disparu; il ne voyait plus dans elle que l'injuste détentrice d'un vaste et riche pays qu'elle avait librement cédé à la maison d'Armagnac. Aussi pressa-t-il vivement le siège et ne se donna-t-il point de répit qu'il n'eût emporté la place. Ayant ainsi pris la comtesse, il se hâta de la mettre en lieu de sûreté, en la faisant transporter dans son ancienne prison du château de Lectoure. Plusieurs

(1) Dom Vaissette, tom. 4, pag. 430.

seigneurs s'étaient armés en faveur du comte d'Armagnac et faisaient une utile diversion en attaquant les places soumises au roi. Aussi comprit-on vite à Paris que pour réduire un ennemi semblable, ce n'était point assez de quelques seigneurs étrangers sans autorité personnelle. On songea à lui opposer un adversaire digne de lui.

Le roi (1) nomma (15 février 1412) le comte de Foix capitaine général dans le Languedoc et la Guyenne, et le chargea de soumettre le comte d'Armagnac et tous les gens d'église, les nobles et les barons qui le soutenaient ou qui se déclareraient pour lui. Jean venait de succéder à Archambaud de Grailly, mort, dit-on, presqu'en même temps qu'Isabelle sa femme. On raconte communément qu'Isabelle, n'ayant point d'enfants à l'époque où elle fut appelée à succéder à Matthieu son frère, promit de vouer à Dieu un de ses fils si le ciel lui en donnait quatre. Mais ce récit ne saurait soutenir l'examen de la critique. Ce qui est certain, c'est qu'Archambaud et Isabelle laissèrent cinq enfants (2), Jean qui leur succéda dans le comté de Foix, la vicomté de Béarn et la plus grande partie de leurs domaines, Gaston qui fut captal de Buch et s'attacha aux Anglais comme l'avaient fait presque tous ses ancêtres, Archambaud qui eut la seigneurie de Navailles et fut élevé ainsi que Matthieu son quatrième frère à la cour du duc de Bourgogne où ils servaient en qualité d'écuyers et de chambellans à la mort de leur père ; enfin Pierre, qui prit l'habit de St-François dans le couvent de Morlas, fit de brillantes études à Toulouse, devint

(1) Dom Vaissette, tom. 4, pag. 430. — (2) Grands Officiers, tom. 3. L'Art de Vérifier les Dates, tom. 2. Dom Vaissette, tom. 4.

évêque de Lescar en 1405 après la mort de Jean Ier, qui s'arrêta à peine sur le siége et fut créé cardinal en 1408 par Benoît XII dont son père suivait l'obédience.

Jean l'aîné avait déjà signalé (1) sa valeur sur plusieurs champs de bataille. Il avait servi l'an 1409 Martin, roi d'Aragon et l'avait aidé à repousser de la Sardaigne le vicomte de Narbonne. Il avait ensuite suivi ce prince dans la Navarre et avait combattu avec lui le comte de Mendoça. Rentré dans ses domaines, il se joignit aux Français et fut un des héros qui se distinguèrent au siége de Lourdes lorsque le château fut repris sur les Anglais. Il devait être moins heureux contre l'adversaire que lui désignait la cour de France.

A peine eut-il été revêtu de sa nouvelle dignité, qu'il accourut à Toulouse, et après s'être concerté avec les trois commissaires, il porta la guerre sur les domaines du comte d'Armagnac et y prit quelques places. Encouragé par ce succès, il alla assiéger le château de Toujet (2) dans le Fezensaguet. C'était une partie des dépouilles ravies aux deux fils du comte de Pardiac. Le château était fort par son assiette naturelle et abondamment pourvu. Il fut défendu vaillamment. Il fallut appeler de Toulouse trois cents arbalétriers. Le comte de Foix, qui commandait la tranchée en personne, fit aussi venir des pièces d'artillerie et entre autres une grosse bombarde en métal fondu à Carcassonne. Le sénéchal de cette ville l'avait précédé à la tête de toute la noblesse placée sous sa juridiction, mais le succès ne répondit pas à tant d'efforts. Bernard accourut avec un corps de troupes, força les lignes ennemies, contraignit Jean à une prompte retraite

(1) Dom Vaïssette, tom. 4, pag. 431. — (2) Idem, pag. 432.

et reprit en peu de jours toutes les places dont il s'était emparé.

La guerre continuait ailleurs contre les princes confédérés. Ceux-ci, à l'exemple du duc de Bourgogne, s'étaient retournés vers l'Angleterre et s'étaient engagés à contribuer de tout leur pouvoir à remettre le roi Henri en possession de tout ce qui avait été enlevé à ses prédécesseurs dans la Guyenne depuis le traité de Brétigny, à lui faire hommage de toutes les places ou forteresses qu'ils y possédaient et qui s'élevaient au nombre de 1500, et à lui abandonner les comtés de Poitiers et d'Angoulême dont les ducs de Berry et d'Orléans gardaient la jouissance. Dans ce honteux traité, les deux princes, oubliant ce qu'ils devaient au noble sang qui coulait dans leurs veines, se reconnaissaient vassaux et sujets du monarque anglais. Le comte d'Armagnac seul, se respectant jusque dans ses écarts, repoussait toute subjection et se contentait (1) de prêter hommage pour quatre châtellenies dont on l'investissait.

Au prix de cette flétrissure, le roi d'Angleterre promettait de protéger les princes comme de fidèles vassaux et de leur fournir incessamment un secours de mille hommes d'armes et de trois mille archers. Ce traité, destiné à demeurer secret, ayant été surpris, fut lu dans le conseil en présence de Charles VI. Il acheva d'aigrir son esprit. L'infortuné monarque, dans son indignation, voulut aller assiéger en personne Bourges, cité principale de son oncle le duc de Berry; mais une réconciliation facile à son cœur vint presqu'aussitôt calmer cette humeur belliqueuse. Un traité solennel étendit la grâce aux autres princes. Comme le comte

---

(1) Coll. Doat, tom. 48. Monstrelet, tom. 1, chap. 101.

d'Armagnac était absent, le roi nomma à Melun, le 12 décembre, l'archevêque de Toulouse et Jean Aubri son conseiller pour lui offrir la paix et prendre son serment (1). Il lui donna en même temps ainsi qu'à *ses vassaux et sujets* main levée des biens qui avaient été confisqués sur eux. Il exigeait pour toute condition que Bernard renoncerait aux alliances qu'il avait faites avec les Anglais.

Le comte avait alors les armes à la main. Pons de Latour, un de ses lieutenants, accompagné d'une foule de chevaliers, avait par ses ordres porté la guerre dans l'Albigeois où il assiégea un château. Cette attaque obligea Guillaume de Vienne et ses collègues de convoquer le ban de la sénéchaussée de Beaucaire et du reste de la province pour les combattre; mais ils ne purent empêcher que les partisans de Bernard ne s'emparassent vers le même temps du château de St-Allan dans le Gévaudan. Au milieu de ses incursions survint l'archevêque de Toulouse qui communiqua au comte de Foix et à ses collègues la mission dont le roi de France l'avait chargé. Ils proposèrent tous de concert à Bernard une trêve jusqu'au mois de mars. Bernard l'accepta et les troupes furent congédiées de part et d'autre.

Le roi voulut en même temps pacifier le Comminges. En attendant qu'il fût statué sur les prétentions de Bernard, il confia le gouvernement du comté à Thibaut d'Espagne, seigneur de Montbrun, et à Raymond Arnaud de Coarrase, seigneur d'Aspect, et ordonna à Gaillard de La Roche-Fontenilles, qui s'en était em-

(1) Dom Vaissette, pag. 432. Coll. Doat, tom. 48.

paré, sans doute avec l'approbation du comte d'Armagnac, de remettre l'administration à ces deux seigneurs et de faire rendre la liberté à l'infortunée Marguerite; mais l'autorité royale, peu écoutée dans l'Isle-de-France, l'était encore moins au delà de la Loire. Le comte d'Armagnac ne voulut point relâcher sa prisonnière. Il n'attendit pas même la fin de la trève pour reprendre les armes, et ayant conclu une nouvelle ligue avec l'Angleterre, il s'en prit au comte de Foix et lui déclara ouvertement la guerre (1).

Benoît XIII, que les deux ennemis reconnaissaient pour pape, prévoyant cette nouvelle levée de boucliers, avait déjà essayé d'établir entre eux une paix solide. Il leur avait envoyé dès le 11 janvier l'archidiacre de Lérida; mais les soins du pontife et les représentations de son nonce échouèrent contre la haine de Bernard. Le maréchal de Boucicaut, que le roi venait d'adjoindre au comte de Foix et qu'il avait chargé de couvrir le Bigorre, le Rouergue et l'Agenais contre les nouvelles tentatives des Anglais, se rendit dans le Velai et les autres pays limitrophes des domaines du comte d'Armagnac pour les mettre en défense contre les entreprises d'un ennemi que rien ne pouvait gagner. Le danger était si pressant que la principale noblesse du pays se réunit pour être prête à marcher au premier ordre. Du Velai, le maréchal alla à Toulouse où il convoqua, le 16 avril 1413, la noblesse de la sénéchaussée tant contre les Anglais que contre le comte d'Armagnac. Mais avant que leurs hostilités fussent portées plus loin, le connétable d'Albret, dévoué à Bernard comme toute sa maison, s'entremit avec le

(1) Dom Vaissette, pag. 433.

maréchal. Après plusieurs conférences, on convint des articles de la paix et on envoya à la cour pour les faire ratifier. En attendant, le comte d'Armagnac signa, le 28 mai, une suspension d'armes avec le maréchal et le comte de Foix. Cette suspension (1), qui ne devait durer que jusqu'au 1ᵉʳ août, fut ensuite prorogée jusqu'à Noël.

(1) Dom Vaissette, pag. 434.

CHAPITRE III.

Le comte d'Armagnac et le sire d'Albret rappelés à la cour, et le duc de Bourgogne repoussé de Paris. — Le roi et toute l'armée portant les couleurs du comte d'Armagnac. — Guerre contre les Bourguignons. — Prise de Soissons et atrocités qui la souillent. — Paix plâtrée entre les princes. — Le comte d'Armagnac attaque le comte de Foix. — Il fait avec lui une paix solide. — Bataille d'Azincourt. — Le comte d'Armagnac est fait connétable et prend en main les rênes du gouvernement. — Dureté et tyrannie de son administration. — Jean son fils aîné, vicomte de Lomagne, est nommé gouverneur du Languedoc.

Dans cet intervalle, les choses avaient complètement changé à la cour. Les insolences et les excès des Bourguignons (1) avaient lassé le roi, le duc de Guyenne son fils aîné et tout ce qui restait dévoué à ses maîtres. On se tourna vers le parti opposé. Le duc d'Orléans fut rappelé et devint le compagnon des jeux, l'ami du duc de Guyenne. Le roi lui rendit toutes ses bonnes grâces, ainsi qu'au duc de Berry. Il leva solennellement le bannissement qui pesait sur les deux princes et sur leurs partisans, avoua avoir été trompé par leurs ennemis et déclara être content de leurs services. En même temps il rappela le comte d'Armagnac, qui accourut en toute hâte. Un décret du 12 octobre 1413 lui restituait (2) ses biens et ses honneurs. Un second en date du 21 lui ouvrit les portes du conseil. L'écharpe blan-

(1) Voir, pour tout ce chapitre, Monstrelet, l'Anonyme, Juvénal, le Journal de Paris, Fennin, St-Rémy, etc. Nous ne citerons ces autorités que dans les passages les plus importants.
(2) Coll. Doat, tom. 48.

che reparut à Paris avec Bernard; ses couleurs succédèrent aux couleurs de Bourgogne, et l'on était aussi mal venu à ne pas les revêtir que peu de jours auparavant à ne pas prendre les autres. On en affublait jusqu'aux images des saints. A tous les siècles de notre monarchie nous retrouvons les Parisiens versatiles et légers. Le sire d'Albret suivit de près le comte d'Armagnac. Le roi le rétablit dans sa charge de connétable. Il voulut (1) qu'il fît son entrée solennelle dans Paris, portant nue dans sa main l'épée, marque distinctive de sa dignité. La plupart des autres seigneurs ne se firent pas attendre.

Leur présence était nécessaire; le duc de Bourgogne marchait rapidement vers l'Isle-de-France, et grande fut l'alarme lorsqu'on le sut à quelques lieues de la capitale. Le dauphin dînait (2) alors au cloître Notre-Dame chez un chanoine de la métropole. Le roi de Sicile, le duc d'Orléans, le comte d'Eu, le comte d'Armagnac et plusieurs autres grands seigneurs s'assemblèrent aussitôt dans le cloître et arrêtèrent un ordre de défense. Tous les hommes d'armes furent partagés en trois corps. L'avant-garde fut confiée aux comtes d'Eu, de Richemont et de Vertus; le duc d'Aquitaine, le duc d'Orléans et le roi de Sicile conduisaient le corps de bataille. L'arrière-garde fut placée sous les ordres du comte d'Armagnac et de deux seigneurs peu connus. Cette armée qui comptait environ mille chevaux parcourut les murs de la ville, et à chaque place le chancelier du duc d'Aquitaine qui marchait à cheval devant son maître, haranguait le peuple et l'exhortait à prêter ses efforts pour repousser les assaillants. Après cette

---

(1) L'Anonyme de St-Denis, liv. 33, chap. 18. — (2) Monstrelet, tom. 1, chap. 115.

promenade armée, chaque chef alla prendre son poste; le dauphin au Louvre, le duc d'Orléans au prieuré de St-Martin-des-Champs, le roi de Sicile à la Bastille, le sire de Bois-Redon à la porte St-Honoré, le sire de Gaucourt à la porte St-Denis et le comte d'Armagnac, vrai chef de cette armée, à l'hôtel d'Artois, dans le quartier des halles, qui était tout Bourguignon. Les portes de la ville furent fermées hormis la porte St-Jacques et la porte St-Antoine.

Le duc de Bourgogne qui avait compté sur les intelligences du dedans et sur la faveur du peuple n'avait avec lui que deux mille hommes d'armes et autant de gens de pied et d'arbalétriers. St-Denis lui ouvrit ses portes. Après s'y être reposé deux jours, il envoya son héraut d'armes porter des lettres au roi, à la reine, au duc d'Aquitaine et à la ville de Paris; mais ses lettres furent refusées, et le héraut eut ordre de quitter au plutôt la ville. Le comte d'Armagnac l'ayant rencontré le menaça de lui faire couper la tête. Le lendemain, le duc de Bourgogne vint ranger son armée entre Montmartre et Chaillot, et y fit déployer ses bannières. Personne ne s'ébranla. Le comte d'Armagnac chevauchait dans les rues avec ses gens d'armes, ordonnant aux ouvriers de vaquer à leurs travaux et les menaçant de la corde (1) s'ils approchaient des murailles. Le sire de Bournonville, étonné de cette immobilité dans une ville jadis si dévouée, s'approcha d'une porte et voulut parler, mais sa voix raisonna solitaire. Par ordre du comte d'Armagnac, pas une parole ne fut répondue. Jean-Sans-Peur comprit alors qu'il s'obstinait en vain.

(1) L'Anonyme, liv. 33, chap. 26.

Il reprit la route de ses états, poursuivi par les railleries publiques. En s'éloignant, il laissait le champ libre.

Dès le lendemain, le roi qui avait quelque retour de raison et de santé, signa des lettres où il le déclarait traître et appelait contre lui tous les bras capables de porter les armes; lui-même voulut conduire l'expédition. Une épidémie, connue sous le nom de coqueluche, qui atteignit tous les habitants de Paris presque sans exception, retarda son départ. L'armée était formidable : une foule de Gascons avaient couru se ranger sous la bannière du comte d'Armagnac. Jamais le roi ne s'était trouvé entouré de tant de gens d'armes. Tout fut prêt à la fin de mars 1414.

Le roi, après avoir fait ses dévotions à Notre-Dame de Paris (1), alla prendre l'oriflamme à St-Denis et la remit à messire Guillaume Martel seigneur de Bacqueville, seigneur Normand, également recommandable par son éloquence et par ses exploits; mais l'âge commençait à affaiblir les forces de Martel; il craignit de ne pouvoir défendre le noble et précieux étendard, et se fit adjoindre trois autres preux. C'est la dernière fois que l'oriflamme est mentionnée dans l'histoire. Elle disparut dans ces troubles où la royauté elle-même faillit s'abîmer (2).

L'armée s'ébranla aux premiers jours de la semaine-sainte. Rien n'était plus brillant que cette foule de princes et de seigneurs qui la composaient. Leur luxe insultait à la misère publique. Tous et même le roi portaient la bande du comte d'Armagnac, *délaissant*

(1) L'Anonyme, liv. 34, chap. 1. — (2) Nous donnerons à la fin du volume les cérémonies qui eurent lieu à cette occasion. (Voir note 3).

la noble et gentille enseigne que les rois de France, dit **Monstrelet** (1), *avaient toujours portée en armes; c'est à savoir la droite croix blanche; ce dont moult de notables barons et autres loyaux et anciens serviteurs furent assez mal contents, disant que pas n'appartenait à la très-excellente et haute majesté royale de porter l'enseigne de si pauvres seigneurs comme était le comte d'Armagnac, vu encore que c'était en son royaume et pour sa querelle.* Ils prétendaient même que cette bande *dont on faisait si grand joie*, avait été imposée par un pape au comte d'Armagnac en punition de quelques méfaits commis contre l'église.

Le roi fêta Pâques à Senlis et arriva enfin sous les murs de Compiègne, dont ses troupes avaient formé le siège depuis quelques jours. Mû par sa bonté ordinaire, il voulut lui épargner les horreurs d'une prise d'assaut qu'appelaient de leurs vœux et de leurs cris les Gascons, les Bretons et les Allemands. Il fit sommer la place de se rendre, et quoiqu'il n'eût obtenu d'abord qu'un refus assez désobligeant, il souscrivit ensuite à une négociation. Le comte d'Armagnac et le connétable s'y opposaient de toutes leurs forces, prétendant qu'il fallait punir la révolte et l'obstination; ils prouvaient d'ailleurs que peu d'hommes suffiraient pour emporter les murailles. Mais la clémence du roi l'emporta, et une capitulation signée permit à la garnison de sortir avec armes et bagages. Les habitants vinrent se jeter aux pieds du prince, et les mains jointes ils crièrent merci, et leur merci *fut civilisée*, comme on parlait alors, c'est-à-dire que la peine de mort que méritait leur rébellion, fut commuée en une amende. Aussitôt que la capitulation

---

(1) Tom. 1, chap. 119.

fut signée, et sans attendre que le roi eût fait son entrée solennelle dans Compiègne, l'avant-garde, composée des Lorrains du duc de Bar et des Gascons du comte d'Armagnac, marcha sur Soissons où elle fut bientôt jointe par le reste de l'armée.

Soissons était défendue par le jeune Enguerrand de Bournonville, la fleur de la chevalerie de cette époque. Enguerrand avait sous lui les sires de Craon et de Menou. Une sommation, dont le roi venait de faire précéder l'attaque, n'obtint aucun succès. Il fallut recourir à la force. Dès le premier jour du siège, le bâtard de Bourbon, que le duc de Bourbon chérissait comme s'il eût été son frère légitime et qui était estimé de l'armée entière pour sa vaillance et pour la douceur de ses mœurs, fut atteint à la gorge d'un coup d'arquebuse dont il mourut le lendemain après avoir reçu les sacrements de l'église. Tous les chefs, après avoir donné des larmes à sa mort, jurèrent de la venger dans le sang de ses ennemis et s'engagèrent à n'entendre *ni à paix, ni à trêve*. D'un autre côté, Enguerrand et les siens s'animaient à la défense. De rudes et nombreux assauts furent repoussés; mais, le 21 mai, l'armée se précipita sur la place avec tant de vigueur, que les assiégés furent contraints de céder le terrain et de reculer jusqu'à une brèche qu'avait faite l'artillerie royale. Dans cet assaut, les Gascons et les Lorrains se signalèrent par-dessus les autres. Tandis qu'on se battait sur les murailles, *corps à corps, main à main, à coups de lances, d'épée, de haches*, un capitaine anglais qui servait dans la place était entré en pourparlers avec d'autres anglais de la suite du comte d'Armagnac. Il se laissa séduire et fit abattre une porte qui donnait sur la rivière. Les Gascons s'y précipitèrent aussitôt et allèrent planter la bannière de leur maître au haut de la tour voisine. Cette vue enflamma les autres chefs, et tous les murs furent emportés.

Alors commença le plus horrible carnage. La garnison presqu'entière fut passée au fil de l'épée. Les citoyens, qui ne purent se racheter sur le champ, n'obtinrent aucun quartier. Le roi, ne pouvant oublier sa clémence naturelle, fit en vain publier qu'on eût à épargner le petit peuple, les femmes et les enfants; sa voix fut méconnue. Les soldats, dans l'enivrement de la victoire, ressemblaient, dit l'Anonyme de St-Denis (1), à un lion affamé qui poursuit sa proie. Après avoir pillé les maisons, ils se jetèrent sur les couvents et les églises où s'étaient réfugiées les filles et les femmes qui ne purent se soustraire à la brutalité non-seulement des soldats, mais même des chevaliers. Les saints ornements, les vases sacrés, les riches reliques, tout fut dérobé sans nul respect. Les ossements des martyrs, dépouillés de l'or, de l'argent, des pierres précieuses qui les enchâssaient, gisaient tristement foulés aux pieds. Jamais de mémoire d'homme une armée de chrétiens, commandée par de si grands seigneurs et composée de tant de nobles chevaliers, n'avait commis de telles horreurs. Ecoutons encore le même témoin oculaire dont nous empruntons ici les paroles (2) : « S'abandonnant à toutes sortes d'énormités sans honte et sans religion, il n'y eut ni crainte de Dieu, ni respect humain qui empêchât cette soldatesque en fureur d'user d'une licence effrénée et de surpasser la barbarie la plus sarrasine en sacrilèges, enfin, en toutes sortes de vilenies et d'ordures.

---

(1) Liv. 34. chap. 7. — (2) Idem

A grand peine le comte d'Armagnac put-il sauver d'embrasement les maisons qu'il avait pillées. »

Le lendemain, quand la soif du sang et du pillage fut un peu calmée, on fit publier par les carrefours que les rares habitants échappés au massacre pouvaient rentrer dans leurs foyers et que le roi leur pardonnait; mais la clémence royale ne s'étendit point à tous les assiégés. Le brave Enguerrand de Bournonville, fait prisonnier par les soldats de Raymond de La Guerre, un des capitaines Gascons, dut payer de sa tête l'exaspération générale qu'avait excitée la mort du jeune bâtard de Bourbon. Avec lui fut décapité le sire Pierre de Menou, heureux du moins de sauver les jours de son père, en protestant jusqu'à ses derniers moments de l'innocence du vieillard, que ses obsessions seules avaient entraîné dans la place. D'autres exécutions souillèrent encore la victoire. Après toutes ces barbaries, le conseil du roi trouva bon que le faible Charles usât de sa clémence naturelle, et qu'au lieu de rendre les citoyens serfs et esclaves à perpétuité (1), suivant l'usage ancien et la coutume de ses prédécesseurs, il se contentât de les frapper à jamais d'une lourde taxe.

Le roi quitta enfin Soissons et alla à Notre-Dame de Lyesse s'acquitter d'un vœu qu'il avait fait; mais avant de s'éloigner du théâtre où s'étaient consommées tant d'horreurs, il eut soin de faire rechercher et même de racheter les saintes reliques que les soldats avaient profanées. Il s'empressa ensuite de les faire restituer aux églises d'où elles avaient été arrachées. Puis, continuant sa route, il arriva à St-Quentin qui lui ouvrit

(1) L'Anonyme, liv. 34, chap. 7.

ses portes. Péronne imita cet exemple. Le comte de Nevers et la comtesse de Hainaut, frère et sœur du duc de Bourgogne, essayèrent en vain durant cette marche de fléchir le cœur de Charles VI. Son esprit était trop aigri ou plutôt ceux qui disposaient de sa volonté avaient trop d'intérêt à perdre ou du moins à humilier leur ennemi. Ne pouvant rien obtenir des négociations, Jean-Sans-Peur fit avancer quatre mille hommes d'armes que lui avaient fourni les deux Bourgognes et la Savoie.

Dès qu'on sut qu'ils s'avançaient divisés en trois corps, on résolut de marcher à leur rencontre. On fit prendre les devants au duc de Bourbon et au comte d'Armagnac (1) qui commandaient l'avant-garde de l'armée royale. Le combat était inévitable. Les deux avant-gardes allaient se rencontrer enseignes contre enseignes ; mais les deux chefs se retardèrent pour attendre les autres troupes du roi qui arrivaient trop lentement. Ils ne purent tomber que sur l'arrière-garde qu'ils dispersèrent et mirent en fuite, après lui avoir fait essuyer une perte de soixante-dix hommes tués et de cinq cents faits prisonniers. Ce léger avantage, transmis par le roi à Paris, y fut regardé comme le gage d'une entière victoire et de la confusion des ennemis. Le clergé en rendit publiquement grâces à Dieu au son de toutes les cloches des églises, et les bourgeois pour marque de leur réjouissance firent des feux par les carrefours où la jeunesse passa la nuit aux danses, aux chansons et à la cadence mélodieuse de toute sorte d'instruments de musique (2).

(1) L'Anonyme de St-Denis, liv. 34, chap. 0. Monstrelet. — (2) Id.

Tout prospérait au parti d'Orléans. Bapaume se rendit après une circonvallation de quelques jours. L'armée arriva sous les murs d'Arras. La ville était grande et remplie de braves et habiles chevaliers qui faisaient des sorties fréquentes. Les garnisons des places voisines couraient le pays, interceptant les convois. Les assiégés répondaient à l'artillerie royale par des bombardes et surtout par les canons de main nouvellement inventés. C'était (1) des tuyaux de fer où l'on mettait des balles de plomb que l'on lançait à travers les ouvertures des murailles. La trahison vint encore au secours de la place; aussi le siège n'avançait pas. Les vivres devenaient rares. Une épidémie se déclara. Le connétable et le duc de Bavière en furent atteints. La lassitude et le découragement gagnaient tous les cœurs. Seuls, les Gascons et les Bretons repoussaient toute conférence. Ils appelaient à grands cris l'assaut et le pillage qui devait suivre la victoire. Malgré leurs cris et quoi que pussent faire le duc d'Orléans et le comte d'Armagnac, les conférences se renouèrent et amenèrent enfin une paix, paix plâtrée que jurèrent malgré eux les ducs d'Orléans et de Bourbon, et leurs principaux partisans.

A peine fut-elle signée et le comte de Vendôme eut-il planté sur les murs d'Arras la bannière de France, que tous les corps se débandèrent. Vous eussiez dit une armée en déroute. Jamais on ne vit un tel désordre. Nul ne protégeait la campagne contre la licence du soldat.

Le comte d'Armagnac avait avec tous les chefs de l'armée accompagné le roi à Paris; mais il se hâta de

(1) L'Anonyme, liv. 34, chap. 12. On trouve ici le premier usage des armes à feu en France.

quitter la cour et de retourner en Gascogne où l'appelait son interminable querelle avec la maison de Foix. A ce cœur impatient de repos il fallait agitation et combats; mais surtout dans cette âme de fer il y avait toujours une place pour la vengeance. Il ne pouvait pardonner au comte de Foix d'avoir cédé aux injonctions de Charles VI, et de s'être armé contre lui alors qu'il était proscrit et mis au ban du royaume. Il croyait le temps venu de punir son ennemi de son audacieuse témérité, et sans se soucier si la prise d'armes n'était point en désaccord avec la pacification proclamée à Arras, il se ligua avec le vicomte de Narbonne, les barons de Severac, de Landorre, d'Arpajon et de Broquères, et les seigneurs de La Hire, de Barbazan et de Xaintrailles (*), et plusieurs autres braves chevaliers qui s'attachèrent à sa fortune et le suivirent depuis dans toutes ses expéditions. Il prit encore à sa solde un grand corps de routiers, que la paix publique laissait à la merci de ceux qui voudraient acheter leurs armes, et tomba (1) subitement sur les états du comte de Foix.

Celui-ci était alors au delà des Pyrénées où il accomplissait un pèlerinage à St-Jacques de Compostelle. Il accourut au premier bruit de l'invasion, mais pris au dépourvu, il ne put résister aux forces et à l'habileté du comte d'Armagnac. Il perdit successivement plusieurs places et fut enfin contraint de s'enfuir auprès du roi de Navarre d'où il envoya défier son ennemi. Brave comme était Bernard, il accepta sans peine le cartel, et l'on se préparait pour un duel qui eût peut-être décidé cette querelle séculaire, lorsque le pape Benoît XIII, que les deux compétiteurs reconnaissaient presque seuls

---

(*) Voir note 4 à la fin du vol. — (1) Dom Vaissette, tom. 4, p. 439.

dans toute la chrétienté, s'employa pour amener une réconciliation. Il leur envoya l'archidiacre de Lérida, qui avait déjà rempli avec succès une mission semblable, et cette fois encore l'habile négociateur triompha de la haine des deux familles, et leur fit conclure une paix de cent ans (1). Cette paix était déjà signée, lorsque (novembre 1414) le roi les appela l'un et l'autre au secours de la France attaquée par les Anglais.

Henri IV avait terminé (mars 1413) un règne semé d'agitations et de troubles, et laissé sa couronne à Henri de Monmouth, son fils, jeune prince de vingt-cinq ans, brave, ardent, ambitieux, mais sachant, quand il le fallait, appeler la politique au secours de son ambition. A peine fut-il monté sur le trône, qu'il s'empressa de demander la main de Catherine fille du roi. Comme il cherchait avant tout à attiser les haines et les dissensions publiques, il crut que les négociations serviraient mieux ses intérêts, et envoya à Paris deux ambassades successives. Avec la main de la princesse il réclamait d'abord la couronne de France ou tout au moins une partie du royaume. Il se bornait ensuite aux provinces que le traité de Brétigny avait données à l'Angleterre. Toutes ses demandes ayant été rejetées ainsi qu'il s'y attendait, il leva le masque et la guerre fut déclarée. Pendant qu'il descendait en personne sur les côtes de la Normandie, le comte d'Astarac (2) qui commandait en Gascogne, était convenu d'une trêve avec le sénéchal de Bordeaux et des Landes, général des troupes que le monarque anglais avait en Guyenne; mais cette trêve ne dura que quelques jours. Le sénéchal n'eut pas plutôt appris le débarquement de son maître,

(1) Dom Vaissette, tom. 4, pag. 439. — (2) Idem.

qu'il voulut faire une diversion en sa faveur et se jeta sur les possessions françaises.

Le sénéchal de Toulouse, au premier bruit de cette incursion, écrivit au comte d'Astarac, à l'archevêque d'Auch, à l'évêque de Lombez et aux principaux seigneurs ecclésiastiques et séculiers placés sur la rive gauche de la Garonne, de se tenir sous les armes, de veiller sur le pays et surtout d'empêcher qu'aucun inconnu ne traversât la Garonne; et pour intercepter plus efficacement le passage il fit rompre tous les ponts. Avec ces sages précautions, la présence des comtes de Foix et d'Armagnac paraissait moins nécessaire; aussi se disposaient-ils à répondre à l'appel de la couronne, mais avant d'entrer en campagne ils ratifièrent solennellement (1) la paix conclue sous les auspices du légat apostolique. L'histoire nous a conservé le serment du comte de Foix, prêté au château de Mazères le 6 décembre. Il promettait d'être loyal parent, ami et allié de Bernard, comte d'Armagnac, de l'aider dans toutes ses guerres, s'il en était requis, envers et contre tous, excepté contre le roi de France, son fils aîné le duc de Guyenne, les rois d'Aragon, de Navarre et de Castille, le comte d'Astarac, le captal de Buch et les seigneurs de Duras et de Montferran. Il ajoutait à la fin (2): si le roi et le duc de Guyenne ou tout autre usait de voie de fait contre le comte d'Armagnac notre cousin, et voulait causer quelque dommage à sa personne, à son honneur ou à son état, nous promettons et nous jurons de le soutenir et de le conseiller.

Presqu'au moment où les deux maisons abjuraient enfin de bonne foi une rivalité qui avait si longtemps

---

(1) Coll. Doat, tom. 48. — (2) Archives de Rhodez. Dom Vaissette, pag. 439.

désolé la Gascogne, la France voyait renaître les fatales journées de Crécy et de Poitiers. Le roi d'Angleterre, après avoir pris Harfleur, s'était avancé vers la Picardie, lorsque le connétable d'Albret, à la tête de presque tous les princes français et d'une foule innombrable de chevaliers, l'arrêta dans les plaines d'Azincourt. Aucune leçon ne profitait aux chefs des armées françaises. Là encore avec tous les éléments d'une victoire assurée la monarchie essuya la défaite la plus meurtrière peut-être qu'elle eût subi depuis deux siècles (15 octobre 1415). Sept cousins du roi et plus de huit mille gentilshommes restèrent sur le champ de bataille. Le duc d'Orléans et le comte de Richemont, retirés blessés de dessous les morts, le duc de Bourbon, les comtes d'Eu et de Vendôme, le maréchal de Boucicaut et plusieurs autres seigneurs de distinction tombèrent au pouvoir des ennemis; et comme si assez de sang n'avait pas été versé dans l'action, le vainqueur, au milieu d'une fausse alarme, ordonna froidement d'égorger la plupart des prisonniers. Ni le héros de Poitiers, ni son père ne se seraient souillés par cette atroce boucherie; mais Dieu mène les individus aussi bien que les nations. Le peuple avait grandi: il lui fallait une place dans la société. Les guerres civiles et étrangères, en moissonnant la chevalerie, lui ouvraient les rangs.

Le duc de Bourgogne espéra trouver dans le désastre d'Azincourt une occasion de ressaisir le pouvoir; mais trop de haines s'étaient amassées autour de lui. La cour, après avoir éludé d'abord et puis repoussé ouvertement ses offres, se hâta de lui opposer le comte d'Armagnac. On le manda en toute hâte à Paris du fond du Languedoc où il était encore. Enfin, le 27 décembre, il fit son entrée (1) à Paris, suivi d'un assez petit nombre de ses plus braves chevaliers. Son cortège se grossit bientôt d'une foule de citoyens que le dévouement et la frayeur entraînèrent sur ses pas. Il alla ainsi faire sa révérence au roi et à la reine, puis il revint souper à l'hôtel-de-ville chez le duc de Berry son beau-père et son oncle, surtout son principal protecteur. Dès le lendemain, le roi lui ceignit l'épée de connétable. Les provisions de cette charge lui avaient été délivrées dès le 18 novembre. En prêtant le serment solennel, Bernard remercia (2) humblement le prince du grand honneur qu'il lui faisait.

Il prit aussitôt en main l'administration des affaires. Jamais les conjonctures n'avaient été plus difficiles. L'armée était anéantie, les esprits abattus, l'élite de la chevalerie massacrée ou prisonnière, les provinces envahies, les finances dissipées, les liens de la subordination détruits, les feux de la guerre civile prêts à renaître, et à tant de maux la France ne pouvait opposer qu'un roi presque toujours privé de sa raison, une cour dissolue et divisée, et un premier ministre, habile sans doute à conduire des gens d'armes, mais étranger à l'administration. Heureusement le ministre était une de ces puissantes et vigoureuses natures qui grandissent et se développent avec les circonstances et semblent également faites pour tous les emplois. L'homme d'état se révéla sur-le-champ. On eût dit que le comte d'Armagnac avait toujours pris part aux affaires publi-

---

(1) Juvénal. pag. 325.—(2) St-Rémy, chap. 66; Edition de Godefroi faisant suite à l'histoire de Charles VI par l'Anonyme de St-Denis.

ques; mais il porta dans le gouvernement la dureté, la hauteur et l'inflexibilité de son caractère, et provoqua ainsi lui-même l'orage qui ne tarda pas à l'emporter, et qui faillit emporter avec lui l'héritier de la couronne.

Avant son arrivée, Tanneguy-Duchâtel avait pris quelques mesures pour mettre Paris à l'abri d'un coup de main. Le connétable multiplia les moyens de défense. Senlis, St-Cloud, St-Denis reçurent de fortes garnisons. Des troupes nombreuses sous les ordres du sire de Barbazan et de Ramonet de La Guerre couvrirent les campagnes, battirent quelques partis Bourguignons et firent plus d'un prisonnier de marque. A Paris même les portes furent murées et des soldats placés chez les habitants. Quiconque se montrait dans les rues ou prononçait seulement le nom du duc de Bourgogne était saisi et mis en prison. Ces remèdes étaient énergiques, mais peut-être nécessaires. Dans l'affaissement de la société, Bernard put croire que la fermeté était indispensable; mais sous ses ordres et avec les dispositions peu bienveillantes de la plupart des Parisiens, la fermeté se changea bientôt en violence. Au reste, le succès justifia d'abord sa conduite. Le duc de Bourgogne désespéra de triompher d'une défense si bien organisée, et reprit le chemin de ses états.

Après son départ et au milieu de la haine qui le poursuivait, le connétable sentait la nécessité de concentrer dans ses mains tous les pouvoirs. Il s'était déjà fait donner le commandement général (1) de toutes les forteresses du royaume; il y fit ajouter bientôt le gouvernement général des finances, et d'accord avec le roi

(1) Coll. Doat, tom. 48.

de Sicile, beau-père du nouveau dauphin, il imposa des tailles plus fortes que par le passé; les besoins étaient pressants et les caisses vides. Aussi n'épargna-t-il pas même le clergé qui se récria d'abord, mais qui se tut bientôt. Tout tremblait sous lui et sous ses deux séides les sires de Barbazan et Tanneguy-Duchâtel. Les exils et les proscriptions lui faisaient justice des résistances. Sa sévérité n'épargnait pas plus les soldats que les citoyens. Après la victoire d'Azincourt, le comte d'Orset s'était enfermé dans Harfleur, à la tête d'une nombreuse armée, d'où il détachait quelquefois sur les campagnes voisines jusqu'à mille quatre cents hommes d'armes et deux mille archers. Il disait assez haut que les Français n'auraient pas dans la contrée assez de forces pour oser attaquer ses détachements.

Le connétable apprit ces ravages et ces bravades, et prenant avec lui quelques troupes, il marcha aux Anglais qu'il rencontra près d'un lieu nommé Beaumont. Il réunit aussitôt ses soldats autour de lui et leur représenta que quoique l'ennemi fût du double supérieur, le nombre ne pouvait rien sur le courage; que leur cause était juste et sainte, et que Dieu protégerait le bon droit. A ces mots l'attaque fut résolue; mais ses troupes furent partagées en deux corps. L'un était sous les ordres du maréchal de Joigny; il conduisait lui-même l'autre. Celui-ci fit des prodiges de valeur, plusieurs Anglais furent tués ou pris. C'en était fait du corps entier, si les gens du maréchal eussent tous fait leur devoir; mais plusieurs chevaliers et même des seigneurs de distinction lâchèrent pied et facilitèrent ainsi à la garnison le moyen de rentrer dans la place. Il fallut même la présence, le sang-froid et la valeur du comte d'Armagnac pour rétablir le combat et empêcher la défaite du maréchal. Furieux de s'être vu ainsi arracher la victoire au moment où il la croyait assurée, il sévit contre les coupables et les fit pendre ignominieusement. Les chevaliers n'eurent pas un sort différent des simples soldats; il ne fit pas même grâce à quelques gentilshommes de très-haute naissance, *qui s'étaient enfuis de la besogne moult lâchement et déshonnêtement* (1).

La reine elle-même dut subir bientôt la loi commune. Retirée à Vincennes, elle y tenait son *noble état* ou plutôt une cour splendide. Quel que fût le malheur des temps, quelques tempêtes qui agitassent l'état, les dames et les demoiselles de son hôtel menaient leur train accoutumé et déployaient un luxe insultant. Elles portaient à leurs cornettes des garnitures qui se tenaient droites au-dessus de la tête et s'étalaient tout à l'entour si largement, que pour passer les portes il leur fallait se baisser et marcher de côté (2). C'était un théâtre de profusions, de pillage et de débauche dont gémissaient tous les gens de bien. Un dernier trait combla la mesure. Louis de Bois-Redon, un des familiers de cette cour licencieuse, rencontra une fois le roi qui revenait de Vincennes, et sans s'arrêter il le salua légèrement et passa outre. L'infortuné monarque le reconnut, et indigné de ce manque d'égards, il ordonna au prévôt de Paris de le poursuivre, de le saisir et d'en faire bonne garde, jusqu'à ce qu'il en eût autrement statué. Le lendemain le coupable fut appliqué à la question. Il laissa échapper de nombreux aveux et fut jeté à la Seine dans un sac où était écrit : *laissez passer la jus-*

---

(1) Juvénal, pag. 331. — (2) Juvénal.

tice du roi (1). Bientôt après le roi toujours irrité éloigna la reine et la relégua à Tours. C'était punir assez légèrement des torts bien graves et venger bien peu l'outrage fait à la couche royale. L'altière princesse, au lieu de s'imputer cet exil, s'en prit au connétable et lui voua une haine implacable.

Les Parisiens n'étaient guère mieux disposés à son égard que la reine. Ils s'étaient tus devant lui; mais pendant qu'il combattait les Anglais, les mécontentements augmentèrent. On s'adressa au duc de Bourgogne, qui envoya secrètement le sire de Poix et trois autres émissaires. La conspiration, comme il arrive presque toujours, fut éventée, et à la place des Bourguignons qui s'échappèrent, leurs principaux complices payèrent de leur sang leur coupable tentative. Bientôt le connétable revint, après avoir conclu une trêve assez courte avec les Anglais. Sa présence fut le signal de beaucoup d'autres exécutions et de quelques mesures plus violentes que les précédentes. On eût dit le gouvernement tyrannique d'un despote cruel et ombrageux. Il fit enlever les chaînes des rues et proscrivit toute assemblée sous quelque prétexte que ce fût. Il n'eût pas même permis de célébrer des noces sans la permission du prévôt, et quand la permission était accordée (2), il y avait des commissaires ou sergents payés aux dépens des mariés pour surveiller les murmures. Les bouchers, la plupart vendus à la faction bourguignone, furent d'abord désarmés. Bientôt cette mesure s'étendit à tout homme, clerc ou laïque. Il fut enfin défendu sous peine de mort d'avoir sur les fenêtres (3) qui donnaient dans la rue, ni coffres, ni pots, ni

(1) St Rémy, chap. 74. — (2) Journal de Paris, pag. 30. — (3) Id.

caisses à fleurs, ni bouteilles à vinaigre. Un pareil châtiment menaçait encore quiconque allait se baigner à la rivière (1).

Ces mesures, dont la plupart n'étaient pas sans prudence et sans utilité, lui aliénaient les cœurs et grossissaient le nombre des partisans du duc de Bourgogne. Celui-ci, après avoir d'abord hésité et surtout dissimulé, leva totalement le masque et fit ouvertement la guerre à l'armée royale. Ses partisans s'avancèrent jusqu'auprès de Paris, pillant, ravageant les campagnes. A leur exemple, il se forma des compagnies qui ne vivaient que de pillage; et comme elles se multipliaient chaque jour, le roi fut contraint de permettre à tous ses sujets de leur courir sus et de les massacrer sans pitié. A l'autorité royale on voulut joindre les foudres de l'église; on leur appliqua l'excommunication lancée jadis par Urbain V, contre les fameuses compagnies, et qu'on avait étendues plus tard à l'armée des princes.

Pendant que la France était ainsi la proie d'une multitude de brigands, le connétable cherchait à la venger de la funeste journée d'Azincourt et assiégeait Harfleur (2). Abattre les Anglais et les chasser presqu'aussitôt après leur victoire : le projet était hardi et ne pouvait appartenir qu'à un génie élevé. Pour le faire réussir, Bernard avait demandé des vaisseaux et des arbalétriers à Gênes. Le roi de Castille, l'ancien et constant allié de nos monarques, offrit ses bâtiments. Ces deux escadres combinées avec celles de France bloquèrent le fort d'Harfleur, tandis que le connétable l'attaquait par terre. A cette nouvelle, Henri étonné d'une

---

(1) Journal de Paris, pag. 30. — (2) Juvénal, pag. 331. Histoire de France par Villaret, tom. 7, pag. 192.

entreprise dont il aurait cru la France incapable, prêta facilement l'oreille aux propositions de l'empereur Sigismond, qui noblement accueilli en France et en Angleterre, s'entremettait à rétablir la paix entre les deux royaumes. Le duc de Berry, le roi de Sicile et quelques seigneurs étaient d'avis de traiter. Mais le comte d'Armagnac représenta avec raison que sous les coups d'une défaite, on ne pouvait pas obtenir des conditions avantageuses ; qu'on venait de faire d'énormes dépenses pour assembler des armées de terre et de mer; que l'occasion était favorable et qu'il fallait la saisir. Le comte était éloquent, il fit valoir ses raisons avec tant de force que sa voix entraîna le conseil, le parlement, l'université, le prévôt des marchands et les principaux bourgeois appelés à cette délibération.

Le roi d'Angleterre offrit alors une trêve de trois ans et consentit à laisser en attendant Harfleur entre les mains de Sigismond et du comte de Hainaut. Le connétable, qui se croyait sûr de la victoire, rejeta encore ses offres. Henri, se voyant réduit à se défendre, rassembla promptement tous les vaisseaux qui stationnaient dans ses ports et en composa une escadre dont il confia le commandement au duc de Betfort son frère. Presque tout ce que l'Angleterre comptait de braves chevaliers courut se ranger sous ses ordres. Betfort vint attaquer l'escadre française commandée par le vicomte de Narbonne. Le combat fut long et sanglant, mais enfin les Anglais l'emportèrent. Betfort s'introduisit dans la place, la pourvut de vivres et de munitions, et revint triomphant à Douvres. Quelques jours après, le comte de Huttingthon défit une seconde fois la flotte française et obligea enfin le connétable, trahi par tant d'événements malheureux, à lever le siège.

Le duc de Berry ne vit pas la triste issue de cette tentative ; il mourut à Paris dans sa soixante-seizième année. Ses trois fils l'avaient précédé dans la tombe. Il ne laisait que deux filles, dont l'une, comme nous l'avons vu, était mariée au connétable et l'autre au duc de Bourbon. Celle-ci, quoique la cadette, eut la plus large part dans la succession paternelle. Les lois féodales n'étaient pas très-précises ni très-uniformes pour régler la transmission des héritages aux femmes. On le conçoit sans peine, lorsqu'on se rappelle que non-seulement à l'origine de la féodalité, mais encore longtemps après, les hommes seuls furent aptes à succéder, parce qu'ils pouvaient seuls prendre les armes, défendre les fiefs et prêter aide aux suzerains.

La mort du duc de Berry privait le connétable d'un protecteur et d'un appui. Celle du nouveau dauphin, qui la suivit depuis, le délivrait au contraire d'un ennemi. Aussi fut-il soupçonné d'avoir hâté sa fin par le poison.

Le connétable parut s'inquiéter peu de ce que publiaient ses ennemis. Son zèle et son activité semblaient se multiplier. Sa fermeté ne l'abandonnait pas un instant. Néanmoins sa position devenait de jour en jour plus difficile. Le duc de Bourgogne avait mis sur pied plus de troupes que jamais. Le roi d'Angleterre, que la rumeur générale accusait avec raison de s'être secrètement ligué avec lui, se préparait à descendre de nouveau en France. Pour repousser ce double ennemi, il fallait de l'argent qu'on alla demander aux châsses des saints, aux reliquaires, aux trésors des églises. Ces expédients presque toujours nuisent plus à une cause qu'ils ne la servent. En voyant profaner les objets de son culte, le peuple s'exaspérait davantage, et dans son exaspération il disait tristement et haut que *cela ne porterait aucun profit ou que le profit serait mince* (1). La haine le rendait injuste. Les sommes ainsi prélevées furent employées à assurer les passages des rivières, à relever les murs de Paris, à préparer autour de la capitale du royaume une vigoureuse résistance.

En s'occupant ainsi de Paris, le connétable n'oubliait pas les autres villes de France ; mais ailleurs son action était moins puissante et sa présence n'y balançait pas la haine qu'une sévérité, indispensable au milieu de l'affaiblissement général de tout lien social et surtout de toute subordination, faisait naître dans tous les cœurs. On y pouvait plus facilement secouer un joug odieux. Rouen faillit lui échapper. Rheims, Châlons, Troyes, Auxerre et quelques autres cités importantes, ouvrirent leurs portes au duc de Bourgogne. Cette soumission avait été préparée par les lettres que ce prince avait écrites à toutes les bonnes villes de France et dans lesquelles il justifiait sa conduite, protestant de la pureté de ses intentions et peignant avec de vives et trop justes couleurs les maux de la France dont la plus grande partie était son ouvrage, et qu'il rejetait tout entiers sur le connétable et ses partisans. Les émissaires allèrent surtout tenter le Languedoc.

L'administration si fiscale du duc de Berry, chef nominal des Armagnacs, y avait aliéné tous les cœurs à ce parti. A la mort du vieux gouverneur, le roi espéra ramener les esprits en gardant sous sa main les domaines de la province qu'il avait autrefois abandonnés à son oncle ; mais un subside général qu'il fut

---

(1) Juvénal, pag. 136.

contraint d'imposer paralysa les effets de cette mesure. Aussi jugea-t-il prudent de remettre ce gouvernement à des mains dont le dévouement et la fidélité ne fussent pas équivoques. Il y nomma Jean, vicomte de Lomagne (1), fils aîné du connétable qu'il établit capitaine général *ès pays de Languedoc et de Guyenne.*

(1) Dom Vaissette, tom. 4, pag. 442.

CHAPITRE IV.

Le vicomte de Lomagne, fils aîné du connétable d'Armagnac, gouverneur du Languedoc. — Il assiége La Réole. — Charles II, sire d'Albret. — Le roi d'Angleterre fait une descente sur les côtes de Normandie. — Le duc de Bourgogne marche sur Paris. — Le connétable organise une habile défense. — Cruauté des deux partis. — Paris surpris par les Bourguignons. — Massacre du connétable et de ses principaux partisans. — Affreuse boucherie. — Mortalité.

Jean, vicomte de Lomagne, n'avait pas encore atteint sa vingtième année. Il était né le 15 octobre 1396 (1) dans le couvent des Cordeliers de Rhodez, où les comtes d'Armagnac faisaient habituellement leur résidence, et avait été baptisé le lendemain devant le maître-autel du couvent par l'abbé de Conques. Le pape et le duc de Berry, représentés le premier par l'évêque d'Alby et le second par le dauphin d'Auvergne, furent les parrains. Ses parents le fiancèrent en 1406 à Blanche (2), fille de Jean V et de Jeanne de Navarre, qui après la mort de Jean V s'était remariée à Henri IV, roi d'Angleterre, père du héros d'Azincourt. La bénédiction nuptiale fut donnée le 25 juin 1407 dans la chapelle du château de Nantes. Blanche était alors comme son époux un enfant de onze ans, et il fallut attendre quelques années pour que le mariage pût être consommé. Cette union rattachait la maison d'Armagnac à la maison de Bretagne, et par celle-ci à la maison régnante d'Angleterre. Le mariage de Bernard et de sa fille aînée

(1) Manuscrit de Bonal à la biblioth. royale de Paris. — (2) Grands Officiers, tom. 2. L'Art de vérifier les Dates, tom. 2.

l'avait déjà alliée aux ducs d'Orléans, de Berry et de Bourbon, et aux comtes de Savoie. Jamais les Armagnacs ne s'étaient élevés aussi haut.

Charles VI, en donnant le Languedoc au vicomte de Lomagne, laissait ce gouvernement dans la famille qui le possédait depuis longtemps. Il remplaçait le grand-père par le petit-fils. Cette nomination était commandée par les circonstances. Néanmoins elle paraissait peu politique. Avec les préventions qui poursuivaient le connétable en Languedoc plus encore qu'ailleurs, on ne pouvait qu'y accueillir avec froideur son fils aîné. Aussi Jean sentit le besoin de se faire pardonner sa jeunesse et son nom et de se relever dans l'opinion publique par quelque glorieux fait d'armes. Il assembla les milices des diverses sénéchaussées confiées à ses soins, et alla assiéger la ville de La Réole (1), une des plus fortes de la Guyenne, dont les Anglais s'étaient emparés peu de mois auparavant à la faveur des guerres civiles. La ville fut emportée au mois d'avril, mais la garnison eut le temps de se retirer dans le château et elle s'y défendit avec autant d'opiniâtreté que de valeur. Le vicomte de Lomagne désespérant de la soumettre avec son artillerie ordinaire, fit venir plusieurs pièces de Toulouse et en particulier la grosse bombarde de Carcassonne, dont nous avons déjà parlé et qui avait laissé des souvenirs de terreur dans l'esprit des peuples. Mais ni la grosse bombarde, ni les efforts des Français n'ébranlèrent le courage des ennemis. Le siège se prolongeait et menaçait de durer encore longtemps. Cependant l'argent manquait, et les troupes mal payées parlaient déjà de regagner leurs foyers. Jean

---

(1) Dom Vaissette, tom. 4, pag. 442.

voyant sa proie lui échapper, abandonna le commandement de ses troupes, se transporta à Nérac, emprunta (1) en son nom, du sire d'Albret, divers joyaux, et en les donnant en gage, il se procura quelques sommes avec lesquelles il apaisa les murmures de ses troupes et se rendit enfin maître du château.

Le sire d'Albret était le fils aîné (2) du connétable mort à Azincourt, et se nommait Charles comme son père. Il lui avait succédé dans la sirerie d'Albret, le comté de Dreux et la vicomté de Tartas. Outre ce fils, le connétable avait laissé de Marie de Grailly, veuve de Guy V qu'il avait épousée le 27 janvier 1400, et qui était morte un ou deux ans avant lui, quatre autres enfants, Guillaume, seigneur d'Orval, Jean, mort jeune sans avoir été marié, Jeanne que nous verrons devenir la seconde femme du comte de Foix, et Catherine qui fut unie au fils aîné de l'infortuné grand-maître Jean de Montaigu.

Le vicomte de Lomagne eût vraisemblablement poussé plus loin ses avantages, si les ordres de son père ne l'avaient appelé dans la Normandie. Le roi d'Angleterre y était débarqué au mois d'août, à la tête d'une armée de seize mille hommes d'armes, parmi lesquels on distinguait ses deux frères les ducs de Clarence et de Glocester et l'élite des barons de sa cour. Il s'avançait dans la province sans presque trouver d'obstacles. Les villes et les forteresses lui ouvraient leurs portes, et comment en eût-il été autrement ? Les capitaines qui y commandaient n'avaient pas de garnisons suffisantes pour les défendre et ne pouvaient nullement se bercer

(1) Dom Vaissette, tom. 4, p. 442. Inventaire du château de Pau. — (2) Grands Officiers, tom. 6. L'Art de vérifier les Dates, tom. 2.

de l'espoir d'être secourus. On ne savait même à qui obéir. Caen, Argentan, Bayeux, Lizieux, Alençon, Falaise, étaient déjà tombées au pouvoir des Anglais. A tous ces succès le roi n'opposa (10 septembre 1417) qu'une ordonnance, qui appelait sous les drapeaux le ban et l'arrière-ban du royaume qu'il convoquait à Etampes pour le 15 octobre.

Le vicomte de Lomagne fit publier l'ordonnance dans sa province et la signifia au comte d'Astarac et aux principaux seigneurs du pays ; il assigna en même temps la ville de Castel-Sarrazin (1) pour le quartier général de toutes les troupes. Il s'y rendit dans les derniers jours de décembre afin d'en prendre le commandement et de les conduire lui-même vers le nord. Mais au moment où il allait s'éloigner, les troubles publics s'accrurent, et sa présence devint nécessaire dans le Languedoc. Il n'eut pas trop de toutes les milices qu'il avait levées pour y maintenir l'autorité du roi, ou plutôt du connétable son père.

Le duc de Bourgogne avait assemblé son armée, et pour ne pas paraître trop ouvertement livrer sa patrie à l'étranger, il avait ouvert la campagne peu de jours avant le débarquement du monarque anglais. Sa marche ressemblait à un triomphe. En prenant les armes, il avait fait proclamer (2) l'abolition de la gabelle et de tous les impôts. Le peuple, accablé de subsides, méconnaissant ce qu'avait d'illusoire une pareille proclamation, ne pouvait que se porter au devant de celui qui promettait de tarir la source de ses maux et crier : Noël ! Noël ! au passage du nouveau sauveur. Amiens

(1) Dom Vaissette, tom. 4, pag. 443. — (2) Journal de Paris, page 32. Juvénal, pag. 344.

lui ouvrit ses portes. Beauvais hésita quelques jours et suivit bientôt l'exemple d'Amiens. Le duc de Bourgogne fut moins heureux à Beaumont-sur-Oise, et dut reculer devant les gens du comte d'Armagnac ; mais le seigneur de l'Isle-Adam se laissa gagner. Il lui livra avec la ville de son nom le passage de la rivière. L'Isle-Adam avait offert de servir le connétable s'il voulait lui donner une compagnie de cent hommes d'armes qu'il s'engageait à compléter à ses frais. Mais Bernard ne crut pas devoir accepter des services qui s'imposaient de la sorte. Il répondit (1) qu'il avait assez de capitaines et de soldats. Plusieurs autres seigneurs aussi sèchement refusés allèrent comme lui grossir les rangs des Bourguignons. Mais ni ces défections, ni la haine publique qui le poursuivait, ni les progrès du double ennemi qui menaçait sa puissance, rien n'ébranla la fermeté du connétable. Ne pouvant se porter en forces partout à la fois, il se décida à repousser avant tout le duc de Bourgogne. Dans ce dessein il rappela le peu de troupes qui disputaient encore la Normandie au roi d'Angleterre, et se contenta de lui envoyer une ambassade présidée par l'archevêque de Rheims (2), comme si des ambassadeurs pouvaient désarmer un conquérant jeune et ambitieux. C'était sacrifier la France à des intérêts personnels, et la sacrifier inutilement, car tous les efforts de Bernard n'arrêtèrent point le duc de Bourgogne qui, poursuivant ses avantages, arriva enfin aux portes de Paris. Il voulut s'emparer de St-Denis, mais le connétable prévint son dessein et fit entrer dans la place deux vaillants chevaliers, Guillaume Bataille et Hector de Péré, suivis d'une nom-

(1) Juvénal des Ursins, pag. 337. — (2) Idem, pag. 339.

breuse compagnie de gens d'armes. Jean craignit une trop longue résistance, passa outre (1) et courut assiéger St-Cloud, qu'Adenet-Trochelle défendit vaillamment. Il fut plus heureux devant St-Germain-en-Laie, et vint enfin occuper les hauteurs qui couronnent Paris.

Dès qu'il eut assis son camp, il écrivit au roi et au dauphin. Le héraut, chargé de ses dépêches, ne put pénétrer jusqu'à l'infortuné Charles VI. Le comte d'Armagnac le conduisit au dauphin, qui à l'instigation de son conseil, lui répondit : ton seigneur de Bourgogne, contre la volonté de monseigneur le roi et la nôtre, a déjà ravagé plusieurs provinces et poursuit tous les jours ses méfaits. Il montre mal qu'il soit comme il nous l'écrit, plein de bienveillance pour nous; et s'il veut que monseigneur le roi et moi le tenions pour notre parent et notre loyal vassal et sujet, qu'il aille chasser le roi d'Angleterre, l'ancien ennemi de ce royaume; qu'il revienne ensuite vers monseigneur le roi, et il en sera accueilli. Mais qu'il ne dise plus que le roi et moi sommes sous le servage de qui que ce soit; car nous jouissons de notre pleine et entière liberté. Pour toi, prends bien soin de lui répéter publiquement devant ses chevaliers ce que nous te disons (2).

Peu de jours auparavant, le dauphin s'était rendu à l'hôtel-de-ville, et par un discours plein de raison et de sentiment, inspiré sans doute à sa jeunesse, il avait su gagner la haute bourgeoisie et même lui arracher des larmes et le serment de tout sacrifier s'il le fallait pour défendre le roi et son fils. Le plan d'ailleurs adopté par

(1) Juvénal des Ursins, pag. 339. — (2) St Rémy, chap. 79.

le connétable était habilement conçu. On abandonnait la campagne à l'ennemi, et l'on se tenait étroitement renfermé dans les murs de Paris. On se contentait de repousser les attaques et de maintenir le bon ordre dans le sein de la vaste et turbulente cité. En agissant ainsi, on devait infailliblement lasser les Bourguignons, épuiser les trésors de leur chef et le forcer à la retraite. Il ne fallait pour triompher ainsi que de la fermeté et de la constance, et ces qualités ne manquaient point au connétable. Le peuple d'ailleurs, quoique disposé en faveur du duc de Bourgogne, s'irrita bientôt de le voir travailler avec tant d'ardeur à affamer la ville en empêchant qu'aucun comestible ne pût s'y introduire. Il s'indignait des pillages et des excès de tout genre commis sous ses yeux par des soldats venus, disaient-ils, pour le délivrer et le défendre.

D'un autre côté, le connétable ne négligeait rien pour prévenir toute surprise. « La rive droite, nous citons un historien moderne (1) à qui nous avons emprunté plus d'un trait et qui a groupé avec art ce qu'ont écrit les chroniqueurs de l'époque, Juvénal, Monstrelet, St-Rémy, Fennin, le Journal de Paris et la chronique de Charles VI ; la rive droite de la Seine ne courait aucun danger ; c'étaient les portes de la rive gauche seulement qui étaient assiégées. Toutes étaient murées sauf la porte St-Jacques, que le sire Grimaldy gardait avec ses arbalétriers Génois et quelques miliciens dévoués, et la porte St-Marceau, qui était tenue aussi par la milice et par les Gascons. Pour ne point perdre de monde inutilement et ne pas engager de combat, le

(1) M. de Barante, Hist. des ducs de Bourgogne, tom. 8, pag. 95, édit. in-12.

connétable avait défendu sous peine de mort de faire aucune sortie; mais tous ces gens de guerre ne savaient point se résoudre à une discipline si sévère. Ils s'en allaient sans cesse provoquer les Bourguignons, chercher des faits d'armes glorieux, et surtout ramasser du butin. Le malheur des gens de la campagne en devenait plus cruel; cela ne touchait guère tous ces Génois et ces Gascons: « nous sommes ici, disaient-ils, pour défendre la ville et non les paysans.

« Des précautions aussi grandes étaient prises pour tenir la ville en repos, et y empêcher toute tentative favorable aux Bourguignons. Le prévôt de Paris s'en allait sans cesse chevauchant d'une porte à l'autre, accompagné des principaux bourgeois du parti Armagnac, exhortant les gens de la milice à se bien comporter, et relevant les postes lorsqu'ils étaient fatigués. Chaque jour on faisait sur les places publiques crier de nouveau la défense aux ouvriers de quitter les boutiques. Personne ne pouvait porter les armes à moins qu'il ne fît partie ou du guet ou des gardes des portes. Toute assemblée ou réunion était interdite. Tout le monde devait rentrer chez soi dès que le couvre-feu était sonné. On avait fait boucher les fenêtres des cuisines qui donnaient du rez-de-chaussée sur la rue. Chaque maison devait avoir un tonneau plein d'eau devant la porte. Enfin, jamais police plus sévère ne s'était faite dans la ville. Grâce à ces dispositions, aucune dissension, aucun mouvement n'éclataient dans Paris. »

Le duc de Bourgogne s'ennuya d'attendre sous des murs dont il ne pouvait forcer l'entrée. Il se répandit dans le voisinage et en soumit presque toutes les places. Corbeil seul lui échappa, secouru à temps (1) par le brave Barbazan. Au milieu de ses succès, un événement plus utile à ses intérêts que toutes ces soumissions sembla devoir couronner son triomphe. Les cardinaux et une foule de prélats de toutes les nations catholiques s'étaient réunis à Constance pour terminer enfin le schisme qui avait depuis si longtemps désolé l'église, et dont peut-être après tant de siècles nous subissons encore les déplorables conséquences; car ce n'est jamais sans un long retentissement que les premiers chefs d'une religion divine s'abdiquent eux-mêmes et étalent le triste spectacle des passions humaines. Non seulement les rois et leurs grands vassaux, mais la plupart des seigneurs avaient envoyé leurs représentants afin de témoigner de leurs sympathies pour une assemblée réparatrice. Le duc de Bourgogne n'avait pas été le moins empressé; mais le connétable, malgré le poste éminent qu'il occupait auprès du trône de France, s'était abstenu. Avec cette fermeté de caractère, qui trop souvent dégénéra en obstination, il avait toujours soutenu l'inflexible Benoît XIII. Alors que tout l'univers l'abandonnait, il le faisait encore reconnaître dans tous les domaines dépendants de l'Armagnac et du Rouergue. Tous ses vœux, toutes ses sympathies étaient pour le vieillard obstiné, dont la main glacée par l'âge retenait encore sur sa tête chauve une tiare qu'il n'avait, disait-il, jadis acceptée que pour l'offrir à la première occasion en holocauste aux désirs et au besoin de la catholicité. Ce silence, au milieu de l'empressement général, fut et devait être remarqué. L'empereur Sigismond, dévoué à son rival, le dénonça ouvertement au concile; mais

(1) Juvénal, pag. 342.

la vénérable assemblée (1), après avoir frappé de ses anathêmes l'inflexible Pierre de Lune, qu'aucune considération n'avait pu amener à l'abdication et déclaré ses adhérents suspects d'hérésie, n'alla pas jusqu'à anathématiser le connétable son unique soutien. Elle déclara seulement qu'il était réputé dans le schisme, et s'adressa au duc de Bourgogne comme au dépositaire naturel de l'autorité royale en France, dans l'état de démence où languissait le roi, durant la jeunesse de son fils et durant la captivité des princes d'Orléans.

Cette démarche, si décisive aux yeux des peuples d'alors, consacrait les prétentions de Jean-Sans-Peur. Aussi s'empressa-t-il de la notifier à toutes les bonnes villes du royaume. En même temps il volait à Tours et brisait les fers de la reine, que sa haine pour le connétable jetait dans les bras du meurtrier du duc d'Orléans. Il la conduisit d'abord à Chartres, d'où Isabelle écrivit aux bonnes villes du royaume qu'elle prenait en main la régence que lui attribuaient les lois, et leur ordonnait en cette qualité d'obéir aux intentions de son cousin. Celui-ci ne tarda pas à s'approcher de Paris dont une nouvelle conspiration devait lui ouvrir les portes; mais elle échoua comme la précédente, et comme dans la précédente, les conspirateurs eurent la tête tranchée. Le duc, voyant que la trame qu'il avait ourdie était découverte, licencia une partie de ses troupes, mit de bonnes garnisons dans les places importantes et revint

---

(1) Le P. Labbe, Col. Concil., tom. 12, pag. 228 et surtout manuscrit de Bonal. Avant de prononcer, le Concile fit par trois fois demander hautement à la porte de l'assemblée s'il ne se présentait personne au nom de l'*illustrissime* comte d'Armagnac. Sur quoi Gerson se leva et dit que les ambassadeurs de France avaient des écrits par lesquels Bernard s'engageait à faire ce que ferait Charles VI.

chercher la reine à Chartres pour la conduire à Troyes.

Le connétable, instruit de leur marche, se porta sur leur passage à la tête de forces assez considérables, prêt à les combattre s'il en trouvait l'occasion favorable ; mais avant qu'il les eût atteints, ils étaient entrés dans Joigny et avaient placé entre eux la rivière de l'Yonne. Il n'y eut qu'une légère action d'avant-poste, et les deux nobles confédérés purent poursuivre leur route et arriver sans aucun autre obstacle à Troyes où ils reçurent un brillant accueil et où ils séjournèrent tout l'hiver. La reine y établit sa cour. Par des lettres solennelles (12 janvier 1418), elle institua son cousin gouverneur général du royaume. Le lendemain, la régente et le gouverneur créèrent un parlement, et donnèrent les grands emplois de la couronne à leurs créatures. Le connétable fut destitué. Sa charge fut donnée au duc de Lorraine, qui prêta le serment ordinaire. Le prince (1) d'Orange fut envoyé en Languedoc, et malgré les efforts du vicomte de Lomagne, il y fit reconnaître presque partout l'autorité de la reine et du duc de Bourgogne. L'hiver se passa ainsi. Le peuple des villes se révoltait contre le roi, criait : à bas les aides, maltraitait ou tuait les officiers du roi et les fermiers, qui étaient chargés de recevoir l'impôt, et même pillait les gens riches en les appelant Armagnacs. En même temps le connétable, Barbazan et Tanneguy-Duchâtel s'étaient remis à tenir la campagne. Ils couraient sur les Bourguignons, assiégeaient les châteaux et les forteresses et ne faisaient presque jamais de quartier.

(1) Nous empruntons les détails qui suivent à M. de Barante, tom. 8, pag. 111 et suiv. M. de Barante a groupé ce que disent St-Rémy, Juvénal, etc.

C'est au milieu de ces scènes de carnage que se poursuivait cette guerre maudite, où le fils combattait contre le père, le frère contre le frère, où l'on ne voyait que rapines et meurtres. « Les moines eux-mêmes déposaient leur habit de religion, *prenaient harnais de guerre et s'exerçaient aux armes* (1). Quelques-uns s'établissaient capitaines et avaient des soldats sous eux. Ils n'avaient d'abord songé qu'à se garder et à défendre leurs couvents, mais bientôt, imitant ceux qui portaient les armes, on les voyait courir sus, piller et dérober. Les forêts étaient remplies de brigands, le pays se dépeuplait. Les uns s'en allaient aux provinces lointaines où il n'y avait pas de guerre. Les autres étaient tués par les compagnies ou mouraient de faim ; les soldats de l'un et de l'autre parti, ne recevant pas la solde promise, ne connaissaient plus ni obéissance ni discipline. Les troupes du connétable refusaient sans cesse de quitter Paris pour aller combattre les Bourguignons, et lorsqu'elles se mettaient en campagne, c'était pour tout ravager. »

Pendant que les deux partis usaient à s'entredéchirer le peu de forces qui restaient à la France épuisée par tant de guerres et de sacrifices, le roi d'Angleterre achevait de soumettre la Normandie. La ville seule de Dreux lui opposa quelque résistance. Le brave Ramond de La Guerre s'y était renfermé à la tête d'une compagnie de gens d'armes. Il suppléa au nombre par son courage et son activité. Ses faits d'armes furent si brillants qu'ils ravirent d'admiration le monarque ennemi et toute son armée, mais malheureusement

---

(1) Juvénal, pag. 346.

Ramond fut rappelé à Paris, et la place fut contrainte de capituler.

Ces progrès déterminèrent une partie du conseil du roi à se rapprocher de Jean-Sans-Peur et à entamer avec lui des négociations; mais elles avançaient peu, lorsque Martin V, que le concile de Constance venait de placer sur la chaire de St-Pierre, après avoir déposé Jean XXII, envoya en France les cardinaux des Ursins et de St-Marc. Grâce à leur habileté, la plupart des difficultés s'applanirent. Les articles furent signés par les ambassadeurs; mais il fallait les faire ratifier par les chefs des deux partis. La reine et le duc de Bourgogne les agréèrent. Le roi et le dauphin paraissaient disposés à les accepter aussi, mais le connétable (1) et Ramond de La Guerre s'y opposèrent de tout leur pouvoir. Le chancelier poussa l'opposition ou plutôt l'insolence plus loin. Il dit au roi qu'il les scellât s'il le voulait, mais que pour lui il n'y apposerait jamais les sceaux. L'évêque de Paris et quelques autres seigneurs, affligés d'une résistance qui prolongeait les malheurs de l'état, conseillèrent au dauphin d'assembler au Louvre le conseil royal pour prendre une résolution définitive. Le conseil se réunit en effet, mais le connétable refusa de s'y rendre, disant (2) qu'il n'y avait que des traîtres qui pouvaient pousser à la signature d'un pareil traité. On avait trop besoin du connétable; on rompit les conférences, le traité fut abandonné.

Le peuple avait cru à la paix; quand il la vit s'éloigner, il voua une haine nouvelle au comte d'Armagnac et à ses principaux partisans, et accueillit avec faveur tous les bruits que la malveillance se plut à répandre

---

(1) St-Rémy, chap. 84. — (2) Idem.

sur leurs futurs projets. Tantôt (1) on répétait qu'ils voulaient égorger sans pitié tous ceux qui n'étaient pas de leur parti. On ajoutait même qu'ils avaient pillé les marchands et enlevé de force leurs toiles pour en faire des sacs où ils renfermeraient leurs victimes avant de les précipiter dans la rivière. Tantôt on disait qu'ils faisaient jeter dans la Seine les vieillards et les enfants qui ne pouvaient payer les subsides. Tantôt enfin on prétendait avoir recueilli de la bouche même de Bernard qu'il aimerait mieux livrer Paris aux Anglais, que d'y recevoir les Bourguignons; mais ce qui paraît plus avéré, c'est que le connétable averti par l'exaspération publique et aigri peut-être par un échec qu'il venait d'essuyer à Senlis, redoubla de sévérité. Ses capitaines semblaient se plaire à augmenter l'irritation publique par la dureté de leurs réponses. Quand on se plaignait à eux des exactions commises par leurs soldats, ils se contentaient de dire : il faut qu'ils vivent quelque part : ou bien, si c'étaient les Anglais ou les Bourguignons, vous ne crieriez pas ainsi; ou bien encore : vous avez trop de biens. Les gens du roi eux-mêmes n'étaient pas toujours à l'abri des insultes. Le 1er mai, ils étaient allés, selon l'ancien usage, chercher un arbre dans la forêt de Boulogne pour planter devant l'hôtel St-Paul; mais ils furent rencontrés par quelques Armagnacs qui tombèrent sur eux, et quand on déféra cette violence au connétable, on n'obtint de lui que ces mots : pourquoi y sont-ils allés ?

Quelle que fût l'exaspération générale des esprits, le comte d'Armagnac parut s'en mettre peu en peine.

(1) Voir, pour ce qui suit jusqu'à la fin du chap., Juvénal, pag. 348 et suiv. St-Rémy, chap. 85, 86 et 89, Pierre de Fennin à l'année 1418, et surtout le Journal de Paris, pag. 37 et suiv.

Comptant sur sa vigilance et sur les mesures de sûreté qu'il avait prises, il détacha quelques troupes et les envoya reprendre Montlhéry et Marcoussi contre les Bourguignons. Ces succès semblaient affermir sa puissance et toutefois il touchait à sa ruine. Perinet Leclerc, le fils d'un riche marchand de fer, résolu de se venger d'une insulte qu'il avait reçue sans en avoir pu obtenir justice, s'associa à quelques jeunes gens mécontents comme lui, et livra au sire de l'Isle-Adam la porte de St-Germain. Guy de Bar, Ferry de Mailly, Lyonel de Bournonville et les seigneurs de Chevreuse et de Chastellus, à la tête de sept ou huit cents lances, se pressaient sur les pas de l'Isle-Adam. Ils s'avancèrent en silence jusqu'au Châtelet. Là ils trouvèrent environ quatre cents personnes armées qui avaient été initiées au complot. Ils se partagèrent alors en plusieurs bandes. les uns se dirigèrent vers l'hôtel St-Paul qu'habitait le roi ; les autres prirent vers la rue St-Honoré(*) où logeait le connétable dans un magnifique hôtel que lui avait donné Charles VI. Tous criaient : la paix ! Notre-Dame de paix, vive la paix ! vive Bourgogne ! et ils appelaient aux armes ceux qui partageaient leurs sentiments. Le peuple craignant que ce ne fût un piège, demeura d'abord sourd à la provocation ; mais quand on les vit engagés dans la rue St-Denis et St-Honoré, alors on crut le succès assuré. L'on sortit de toutes les maisons ; on arbora la croix de St-André, et l'on se joignit aux bandes armées.

(*) L'inventaire de cette maison nous a été conservé tout entier. Voici ce qu'on trouva dans la chambre du connétable : item à la chambre de monseigneur, un petit banc, trois chaieses (trois chaises) à dos, une forme, quatre chiénés (quatre chenêts) un dressoir, un escoin, deux chaplis, une petite couverte, deux couëtes, deux cuissarts et un petit matelas. Coll. Doat, tom. 47.

Au bruit du tumulte, Tanneguy-Duchâtel, se réveillant en sursaut, courut à l'hôtel du dauphin, alors plongé dans le sommeil, car il était à peine deux heures ; *il saisit* le jeune prince, l'enveloppe à la hâte dans un des draps de son lit et l'emporte entre ses bras. Robert-le-Masson, chancelier du prince, lui donne son cheval ; ils le conduisent ensemble à la Bastille. Là ils le font habiller, et quelques moments après ils le font évader de Paris. L'on ne trouva pas le connétable. Averti à temps, il se déguisa sous les habits d'un pauvre ouvrier et alla se cacher dans la maison d'un maçon du voisinage. Ramonet de La Guerre, le chancelier, les évêques de Senlis, de Bayeux et de Coutances, moins heureux, furent pris.

Cependant l'Isle-Adam était parvenu à l'hôtel St-Paul. Il en fit briser les portes et se présenta au roi, qui se prêta à tout ce qu'il voulut. Armagnacs et Bourguignons étaient égaux à ses yeux, ou plutôt il était indifférent à tout. Dès que le jour parut, on le plaça sur un cheval et on lui fit parcourir les rues. Les violences continuaient. Le sang avait coulé en abondance, plus de cinq cents personnes avaient été massacrées dans les rues, sans compter ceux qui avaient été égorgés dans leurs maisons. Le grand et le petit Châtelet, le Louvre, le Temple, St-Martin-des-Champs, St-Magloire, toutes les prisons regorgeaient de gens suspects : on les y entassait en foule. Plusieurs même, pensant mieux échapper à la mort, allaient s'y renfermer volontairement. L'Isle-Adam et les siens ne jouissaient qu'à demi de leur triomphe ; la principale victime manquait. Dès le lendemain ils firent publier que tous ceux qui sauraient où était caché le comte d'Armagnac ou quelqu'un de ses partisans eussent à le révéler au prévôt de Paris sous peine de confiscation de corps et de biens. Le maçon chez lequel le connétable s'était réfugié, craignit pour ses jours. Il alla en faire la déclaration (1). Le prévôt y courut en toute hâte. Il trouva le connétable, le fit monter sur son propre cheval derrière lui, et le conduisit ainsi au Châtelet. Cet édit donnait un libre champ à la haine et à la cupidité. « *Déclarer les meurtres, pilleries, roberies et tyrannies qui se faisaient, serait chose trop longue et trop piteuse à réciter,* » dit Juvénal (2), le plus grave et le moins passionné des chroniqueurs de cette époque.

Pendant qu'on se livrait ainsi à toute l'ivresse de la victoire, Tanneguy-Duchâtel avait fait évader le dauphin par le pont de Charenton, et l'avait fait conduire à Corbeil, d'où le jeune prince se dirigea sur Melun et Montargis. Plus hardi, quand il eut mis en sûreté l'héritier de la couronne, Tanneguy osa tenter d'arracher Paris aux Bourguignons. Il manda secrètement les chefs de son parti qui commandaient dans les environs. L'intrépide Barbazan accourut de Corbeil. Le maréchal de Rieux se joignit à eux. Ils entrèrent à Paris le mercredi matin et s'avancèrent (3) à travers la rue St-Antoine, à la tête d'environ mille six cents hommes, criant : vive le roi, le dauphin et le comte d'Armagnac ! Une partie se porta rapidement sur l'hôtel St-Paul espérant surprendre le roi, mais la veille on lui avait fait quitter cet hôtel et on l'avait transporté au Louvre. Les autres pénétrèrent dans l'intérieur de la ville sans rencontrer d'obstacle. Déjà ils s'en croyaient maîtres. Il est du moins vraisemblable

(1) St-Rémy, chap. 85. (2) — Pag. 349. — (3) Id. Ibid.

que s'ils fussent allés droit au Châtelet, ils auraient pu délivrer les prisonniers, et que ceux-ci se joignant à eux, ils auraient chassé leurs ennemis. Quelques citoyens prenaient déjà la croix droite, un des symboles des Armagnacs; mais les hommes d'armes connaissaient peu la discipline.

Au lieu de chercher et de poursuivre les ennemis, les soldats entraient dans les maisons et s'amusaient à piller. D'autres criaient : à mort, à mort, tuez tout. On entendait même, s'il faut en croire une source trop partiale (1), le cri de vive le roi d'Angleterre ! A ce cri, à la vue du pillage, le peuple courut se ranger sous les bannières du sire de l'Isle-Adam, du prévôt et de quelques autres chefs qui s'étaient armés à la hâte. On fond sur les assaillants, on les presse, on les culbute, et après une vive résistance, on les force à regagner la Bastille, en laissant trois ou quatre cents morts dans les diverses rues qu'ils avaient traversées, sans y comprendre un très-grand nombre de blessés. Leur retraite n'apaisa pas la populace. Les armes qu'elle tenait à la main, la vue du sang qui avait coulé excitaient sa rage. On allait dans les hôtelleries (2) et les maisons chercher les Armagnacs et on les assommait dans les rues à coups de haches. L'exaltation était si grande, que ceux qui ne pouvaient entrer s'acharnaient sur les cadavres. Les hommes et les femmes venaient maudire et insulter les corps sanglants. Chiens de traîtres (3), disaient-ils, vous êtes encore mieux traités qu'à vous n'appartient. Plût à Dieu qu'il y en eût davantage et que tous fussent en cet état. Il n'y avait pas une rue un peu fréquentée où l'on ne vît un tel spectacle.

(1) Journal de Paris, pag. 38. — (2) Hist. des ducs de Bourgogne, tom. 8, pag. 128. — (3) Journal de Paris, pag. 38.

Du fond de leurs cachots, le connétable et les compagnons de sa captivité avaient entendu toutes les imprécations et les outrages. Peut-être à travers les soupiraux ils avaient vu couler le sang des victimes immolées en haine de leur nom; mais du moins leurs jours avaient été respectés. Nul n'avait songé à aller se ruer sur des malheureux placés sous la sauve-garde des lois et de l'honneur national. Mais le duc de Bourgogne et la reine tardèrent longtemps à se montrer. L'autorité sommeillait; les excès devaient s'accroître. La nuit du dimanche 12 juin (1), nuit à jamais exécrable dans les fastes de notre monarchie, quand la Bastille était évacuée et que toutes les places jusqu'aux frontières de la Picardie, de gré ou de force ou à prix d'argent, s'étaient rendues, et qu'ainsi nul danger ne menaçait Paris, le bruit se répandit tout-à-coup que les Armagnacs revenaient pour délivrer les prisonniers et exterminer les citoyens.

La populace s'ameuta, conduite par un potier d'étain, mais soulevée dans l'ombre par les sires de l'Isle-Adam, de Luxembourg et de Chastellus. Bientôt les rangs se grossirent et la masse se porta à environ quarante mille hommes. L'exaltation s'accrut avec le nombre. On jura d'exterminer tous les Armagnacs, et aux cris de vive la paix, vive Bourgogne, on se porta aux prisons. Le prévôt Guy-de-Bar essaya, dit-on, de calmer les esprits; mais ce qui est certain, c'est qu'effrayé des accents qui retentissaient autour de lui, il laissa à la fin tomber de ses lèvres ces lâches paroles (2) : mes amis,

---

(1) Le Journal de Paris nous peint ainsi les scènes de cette journée en style allégorique. (Voir note 5 à la fin du volume.) — (2) Journal de Paris, pag. 41.

faites ce qu'il vous plaira. La multitude n'avait pas attendu cette coupable autorisation. Elle était accourue à la tour du palais où le connétable et le chancelier avaient été transférés. A la première résistance, elle égorgea les geôliers, brisa les portes, traîna les deux prisonniers dans la cour, les massacra inhumainement, les dépouilla, et avant de s'éloigner, s'acharnant sur le connétable, elle lui enleva (1) de l'épaule une large lanière de chair, affreux emblême de l'écharpe blanche.

Elle se porta ensuite successivement au prieuré St-Eloi, au Temple, au grand et au petit Châtelet. A St-Eloi, l'abbé de St-Denis avait revêtu ses ornements sacerdotaux, il s'était réfugié dans la chapelle où il tenait élevée la sainte hostie. Rien ne pouvait rappeler ces furieux au respect ni à la pitié. Déjà ils agitaient au-dessus de la tête de l'abbé leurs haches dégoutantes de sang. Heureusement que l'Isle-Adam parut et qu'il parvint non sans peine à sauver cette victime. Le petit Châtelet renfermait les évêques de Coutances, de Senlis, de Bayeux et d'Evreux; le premier avait sur lui beaucoup d'or. Il l'offrit en vain à ses bourreaux; il périt avec ses collègues. Le grand Châtelet résista quelque temps et donna l'étrange spectacle d'une prison qui soutient un siège; mais forcés par les flammes et la famine, les prisonniers, après deux heures d'une lutte désespérée, se rendirent, aimant mieux périr par le fer que par le feu. Ils trouvèrent encore moins de pitié que les autres. On les forçait à se précipiter du sommet ou des fenêtres de la tour sur les piques, les bâtons et les épées que l'on tenait en bas pour les recevoir.

(1) St-Rémy, chap. 86.

Le prévôt Jean de Luxembourg, Jacques d'Harcourt, les seigneurs de l'Isle-Adam, de Chevreuse, de Chastellus, le vidame d'Amiens à la tête de mille lances armées assistaient à cette horrible boucherie, et ne savaient dire que ces mots, éternelle honte de cette noblesse dégénérée; mes enfants, vous faites bien (1). Du moins dans les saturnales de la terreur aucun de nos grands noms historiques n'applaudissait aux bourreaux. On n'épargna ni les enfants, ni les femmes. Une d'elles prête à accoucher avait été éventrée, et comme son enfant palpitait dans ses entrailles, regardez, disaient ces tigres attroupés autour d'elle, regardez le petit chien qui se remue (2). Le massacre dura sans interruption depuis quatre heures du matin jusqu'à onze heures. Trois mille personnes avaient péri ainsi, et la rage n'était point asssouvie.

Le connétable, le chancelier et Ramond de La Guerre, liés ensemble, furent livrés trois jours à la vile populace, qui épuisa sur eux tout ce que la rage fatiguée de meurtre, mais non assouvie, put inventer d'atrocités. Le quatrième jour on les jeta sur une claie et on les fit traîner (3) par un cheval jusqu'auprès de l'église de St-Martin-des-Champs. On les enterra avec l'évêque de Coutances dans un fumier, au milieu de la cour, que l'on voyait derrière cet édifice. On entassa les autres dans des chariots et on les fit jeter dans la campagne. Quelquefois on les attachait par les pieds à une corde, on les traînait ainsi hors des portes, et on les abandonnait à la voracité des chiens ou des oiseaux carnassiers.

(1) St-Rémy, chap. 86. — (2) Juvénal, pag. 351. — (3) St Rémy, chap. 86.

L'agitation se perpétua plusieurs jours. La terreur planait sur toutes les têtes. Tout ce qui était riche ou envié était tenu pour Armagnac et mis à mort. Les femmes des victimes, plus malheureuses encore que leurs maris, ne trouvaient aucun secours. A peine si une main amie osait venir les assister dans leurs couches. Presque toujours il fallait s'envelopper de mystère pour porter le nouveau-né (1) aux fonts sacrés ou l'ondoyer dans la maison même où il avait reçu le jour. Le plus souvent la pauvre mère devait se délivrer seule et baptiser elle-même son enfant, et puis enfant et mère expiraient délaissés. On vit des prêtres (2) partager assez la haine de la multitude pour refuser leur ministère et même le baptême à la faction opposée. Ce dernier trait manquait. La plume échappe de la main. Au moins si, comme dans la plupart des commotions civiles, quelque trait noble ou généreux nous avait été conservé? Mais non, l'œil ne peut s'arrêter que sur de vils sicaires ou de lâches fauteurs de désordres. Ces scènes se renouvelèrent plusieurs fois. Le duc de Bourgogne et l'affreuse Isabelle, rentrés dans Paris, osèrent à peine les réprimer; mais le ciel se chargea des vengeances.

« Depuis le mois de juin jusqu'au mois d'octobre, dit Juvénal des Ursins (3), il y eut si grande mortalité, qu'à peine le nombre en est croyable. Spécialement moururent presque tous ces brigands et autres gens de commune, et aucuns soudainement sans contrition, confession et repentance, et sut-on par aucunes dames de l'Hôtel-Dieu de Paris où il en trépassa moult grand

---

(1) Juvénal, page 351. — (2) Id. ibid. — (3) Page 354.

nombre, qu'il y en eut bien sept à huit cents de morts lesquels on exhortait de se confesser et repentir des maux qu'ils avaient fait. Mais ils répondaient que jà n'en requeraient merci à Dieu, car ils savoyent bien que Dieu ne les pardonnerait point. Et quand on leur montrait ou prêchait la miséricorde de Dieu, ils n'en tenoyent aucun compte : et moururent comme gens tout désespérés, qui était grand pitié. Il y eut un notable homme de Senlis qui fut présent aux dits meurtres, et puis s'en retourna à Senlis; mais un jour quand il eut pensé à ce qu'il avait fait ou esté consentant de faire soudainement il partit de son hostel, criant par les rues; je suis damné; puis se jeta en un puits la teste devant, et ainsi se tua. » On trouva morts dans les bois les brigands qui y avaient pris leur retraite. Cette épidémie, regardée généralement comme une *une bien grande et bien apparente punition de Dieu*, emporta, dit-on, cinquante mille personnes en six semaines. Le prince d'Orange, les seigneurs de Poix, et de Fosseuse et quelques autres gentilshommes du prince de Bourgogne y succombèrent. Mais les deux plus grands coupables, Jean-Sans-Peur et la reine sans entrailles y survécurent. Nous nous sommes laissé aller presqu'à notre insu, à raconter ce que deviennent les cités entre les bras et sous les coups de l'émeute.

LIVRE XV.

CHAPITRE I⁰ʳ.

Enfants du connétable d'Armagnac. — Bonne de Berry, sa femme. — Jean IV, vicomte de Lomagne, succède à son père dans l'Armagnac et le Rouergue.—Ligue d'Aire.— Le comte de Foix, gouverneur du Languedoc. — Bernard, second fils du connétable. —Jean IV achète le comté de l'Isle-Jourdain. — Bernard son frère est apanagé,— il reçoit l'hommage des seigneurs du Pardiac, — il épouse Éléonore fille unique du roi titulaire de Hongrie, de Jérusalem et de Sicile. — Évêques de Lombez. — Vaurus, — Son arbre et ses cruautés. — Le comté de Bigorre rendu à la maison de Foix. — La pucelle d'Orléans.

Bernard VII avait fait son testament (1) dès 1398. Il choisissait sa sépulture dans la métropole d'Auch, ou à l'abbaye de Bonneval, suivant qu'il terminerait ses jours plus près de l'une ou de l'autre. Il fondait, selon l'usage, plusieurs chapelles dans les églises de Rhodez et d'Auch, instituait Bonne de Berry, son épouse, tutrice de ses enfants, et nommait pour ses exécuteurs testamentaires l'évêque de Rhodez, Guillaume de Solages, son féal conseiller, maître Pierre Audibert, jacobin, et Géraud Dupuy, ses conseillers, Guillaume de Larroque, chevalier, sénéchal du Rouergue et le seigneur de Castelnau son cousin. Il avait eu (2) sept enfants : deux fils et cinq filles. Jean, l'aîné,

---

(1) Bosc, Histoire du Rouergue, tom. 2, pag. 175. Manuscrit de Bonal. — (2) Grands Officiers, tom. 2. L'Art de vérifier les Dates, tom. 2. Bosc, tom. 2.

déjà vicomte de Lomagne, lui succéda dans les trois comtés d'Armagnac, de Fezensac et de Rhodez, ainsi que dans la plupart de ses autres domaines. Jean fut le quatrième de son nom parmi les comtes d'Armagnac. Bernard, le second fils du connétable, naquit le 29 mars 1400, et eut le comté de Pardiac. Des cinq filles, Marie, l'aînée, était morte à sept ans; Bonne, la seconde, née à Lavardens, n'avait vécu qu'un an avec le duc d'Orléans; Anne, la troisième, avait épousé le 28 octobre 1417 Charles II, fils aîné de l'ancien connétable d'Albret, et peu de jours avant la mort de son père elle avait renoncé solennellement à tous ses droits, moyennant quarante mille écus d'or qui lui avaient été promis en dot; enfin Jeanne, née au château de Gages en 1403, et Béatrix, née en 1406, inconnues l'une et l'autre à presque tous les historiens, moururent sans être mariées et furent enterrées aux Cordeliers de Rhodez.

Bonne de Berry survécut dix-sept ou dix-huit ans au connétable. Elle passa (1) le reste de sa vie dans les pratiques de la religion, et fit oublier l'acte de cruauté que lui attribue un historien, si cet acte est vrai. Elle se tint presque toujours dans le couvent des Cordeliers, où elle occupait un quartier séparé des religieux. Elle avait fait bâtir dans le chœur de l'église une petite chapelle grillée. On l'y voyait assidûment, prenant part aux offices de la nuit et du jour avec les demoiselles de sa suite. Elle mourut dans cette retraite, chargée d'années et de mérites, le 30 décembre 1435, et non pas 1437, comme le dit Jean Chartier (2). Les religieux l'enterrèrent dans la nef à côté de sa mère,

(1) **Manuscrit de Bonal à la biblioth. de Paris.**— (2) Les Grands Officiers, tom. 2, pag. 422, la font mourir au château de Carlat.

revêtue de l'habit de St-François qu'elle avait pris à ses derniers moments. Sa haute piété, sa bienfaisance et sa douceur avaient fait chérir son nom. On s'empressa de toutes parts à ses obsèques. Jamais de mémoire d'homme le concours n'avait été aussi grand. Guillaume de Latour, évêque de Rhodez, présida à la cérémonie, et Jean du Pouget, supérieur des Cordeliers d'Aurillac, confesseur de la comtesse, prononça l'oraison funèbre (*). Dans la suite, il se fit, dit-on, quelques miracles à son tombeau.

Aucun de ses ancêtres n'avait porté aussi loin que Bernard la gloire de la maison d'Armagnac. Son nom remplissait la France, ses couleurs avaient été adoptées par la royauté, et après avoir durant plusieurs siècles paré le trône, elles n'ont disparu qu'avec la branche aînée des Bourbons. Ses vastes possessions le rendaient l'égal des princes du sang. Son courage et ses talents militaires le plaçaient au-dessus des premiers généraux de son époque, mais son excessive ambition, son obstination et sa cruauté ternirent l'éclat de toutes ces qualités, empoisonnèrent ses jours, et sans doute aussi creusèrent sa tombe. Du reste, la sévérité qu'il portait dans ses affaires, il la conservait dans ses mœurs et la voulait surtout chez les autres. Nous en trouvons la preuve dans une lettre (1) qu'il écrivit le 7 janvier 1408 à Guillaume d'Oleargue, évêque de Rhodez. Bernard s'y peint tout entier. « Révérend père et cher seigneur, lui dit-il, nous avons entendu et sommes informé que les biens de l'église de Rhodez ont été mal gouvernés

(*) L'orateur prit pour texte ces paroles de l'Écriture : *mulierem fortem qui inveniet.*

(1) L'Art de vérifier les Dates, tom. 2, pag. 276.

aux temps passés et le sont encore à présent plus mal ; que les joyaux laissés à l'église de Rhodez ont été aliénés, et s'aliènent encore de jour en jour, ce qui revient au grand préjudice et dommage de votre église et de la chose publique ; que l'office divin ne se fait point dans ladite église ainsi qu'il devrait estre fait, ni se fait dans les autres églises cathédrales circonvoisines, de quoy nous avons du déplaisir et en sommes emerveillez. Et en vérité nous jugeons que vous y avez peu d'honneur, puisque la correction vous en appartient ; et qui pis est, nous avons entendu qu'aucunes personnes de ladicte église mènent publiquement une vie déréglée et deshoneste, en telle sorte que non seulement l'estat de l'église, mais encore le peuple en est scandalisé. Par quoy nous vous prions et requérons de mettre à ces choses si bon et brief remède qu'on ne puisse vous rien reprocher. Autrement tenez pour certain qu'en votre défaut nous l'y mettrons tel qu'il y en aura de bien faschez, et ce ne sera pas votre honneur. Enfin si nous voyons qu'il n'y soit autrement pourvu en diligence, nous ferons prendre tous les bénéfices qu'ils (les gens d'église) auront en notre terre et les baillerons et ferons bailler à autres personnes que nous trouverons assez honestes lesquelles feront leur devoir envers Dieu et l'église. Révérend père, ne différez point cette affaire, car en vérité elle ne requiert pas dilation, et ne veuillez point que le temporel y ait à pourvoir, car ce serait une grande diffamation de l'église. » Le terrible Bernard était craint ; on savait que chez lui l'action suivait de près la menace. L'évêque et le chapitre s'empressèrent de faire justice à ses réclamations. C'est tout ce que nous savons de cette affaire.

Lorsque les Bourguignons entrèrent dans Paris, le vicomte de Lomagne (1) était dans le Languedoc, occupé à disputer ce gouvernement au prince d'Orange. La lutte était déjà inégale; la mort du connétable ne permettait plus de la soutenir. Aussi dès que la nouvelle en parvint à ses oreilles, Jean abandonna le Languedoc et se retira dans le Rouergue, où il convoqua la noblesse de ses états. Bientôt se mettant à sa tête, il s'achemina vers Paris pour aller demander au dauphin vengeance contre les meurtriers de son père, et pour lui offrir avec l'hommage de sa fidélité son épée et l'épée de ses vassaux. Il rencontra le prince, non loin de la ville de Tours sur laquelle il marchait, et dont il l'aida à s'assurer. La position du prince devenait chaque jour plus difficile; il lui fallait combattre à la fois les Anglais et les Bourguignons. Dans de pareilles conjonctures, il ne pouvait que promettre une justice dont le changement de sa fortune pouvait seul amener le jour. Jean n'attendit pas l'exécution de cette promesse; il se hâta de rentrer dans l'Armagnac pour y prendre solennellement possession du comté.

Les maux qui pesaient sur les provinces placées au-delà de la Loire menaçaient d'envahir la Gascogne. Cette menace réunit les membres des quatre grandes familles qui se partageaient alors l'Aquitaine de Charibert et d'Eudes. La royauté, placée entre un vieillard dans l'enfance et un jeune homme sans force et presque sans patrie, ne pouvait rien surtout pour les vassaux éloignés. Ils devaient songer eux-mêmes à leur sûreté. Ainsi se forma la ligue d'Aire. Les comtes d'Armagnac, de Foix et d'Astarac, le sire d'Albret et Matthieu de

---

(1) Dom Vaissette, tom. 4, pag. 143.

Foix s'assemblèrent (16 novembre 1418) dans une loge de bois (1), construite entre cette ville et Barcelonne. Le comte de Pardiac seul y manqua, mais il s'y fit représenter par son frère. Voyant les troubles et les guerres qui désolaient le reste de la France, et comprenant que leur union pouvait seule les éloigner de leur pays, ils se jurèrent une alliance intime et promirent de se soutenir et se défendre contre toute personne qui pouvait vivre ou mourir. La royauté elle-même n'était pas exceptée. On revenait aux derniers jours des Carlovingiens, quand les seigneuries se constituaient indépendantes. Mais si les temps étaient les mêmes, les mœurs, les institutions et les hommes avaient changé. A l'aurore des Capétiens, la féodalité naissante, pleine de sève et de vigueur, était assez forte pour soutenir son œuvre. Après la mort du connétable, la féodalité épuisée se mourait. Il lui eût fallu un appui, loin qu'elle put servir d'étai. Aussi, quand la royauté aura échappé à l'éclipse passagère qui la voile, elle n'aura qu'à se montrer pour forcer à l'obéissance tous ces puissants seigneurs, ou abattre ceux qui oseront lutter contr'elle.

Parmi ceux qui tenaient le timon des affaires ou aspiraient à le tenir, nul ne s'irrita de la ligue d'Aire. Le comte de Foix qui l'avait signée fut nommé gouverneur du Languedoc, presqu'à la fois par le duc de Bourgogne et par le dauphin (2) qui se disputaient le gouvernement. Le nouveau gouverneur se fit d'abord reconnaître à Toulouse, puis il conclut une trêve avec le sénéchal des Landes, qui commandait en Gascogne

(1) Dom Vaissette, tom. 4, pag. 448, et Preuves, pag. 424. Inventaire du château de Pau. — (2) Dom Vaissette, pag. 448.

au nom du roi d'Angleterre et avec le capitaine du château de Maubec, près de Solomiac, occupé par les Anglais. Il attaqua alors le prince d'Orange et le força à abandonner la province. Resté seul maître, il convoqua les états du Languedoc à Toulouse le 15 juillet 1419, et y appela entr'autres les évêques de Lombez et de Comminges, et le comte d'Astarac.

Pendant que le comte de Foix travaillait à s'affermir dans sa nouvelle dignité, le comte d'Armagnac était occupé à recueillir le dernier soupir de Blanche de Bretagne, sa femme. Blanche (1) laissa un fils nommé Pierre qui suivit bientôt sa mère au tombeau, et deux filles, Marie qui épousa le duc d'Alençon en 1439, et Eléonore, que le pape Félix V, son oncle, maria en 1446 avec Louis de Châlons, prince d'Orange, celui-là même que le duc de Bourgogne opposa au fils du connétable, et que le comte de Foix venait de forcer à la retraite (*).

Le dauphin respecta le deuil du comte d'Armagnac et se contenta d'appeler près de lui le comte de Pardiac, frère de Jean, qu'il qualifia (2) du titre de son très-cher et aimé cousin. Quelques autres seigneurs se pressaient autour de l'héritier de la couronne; mais les succès toujours croissants du roi d'Angleterre récla-

(1) Bosc, tom. 2, pag. 170.

(*) Plusieurs écrivains ne font naître de ce mariage qu'une fille, nommée Bonne, qu'ils font mourir sans avoir été mariée. Ils veulent même qu'après sa mort son père ait, en 1448, réclamé du comte de Bretagne la somme de soixante-dix mille francs qui restaient dûs de la dot de Blanche, et que par une transaction, il se soit contenté de trente-cinq mille.

(2) Grands Officiers, tom. 2, pag. 427.

maient les forces (*) de la France entière. On s'interposa entre le dauphin et le duc de Bourgogne, et la paix paraissait terminée, lorsque eut lieu la funeste entrevue du pont de Montereau (10 septembre 1419). Jean-Sans-Peur y fut assassiné aux pieds du dauphin par les partisans de ce prince, parmi lesquels on comptait le vicomte de Narbonne, neveu du connétable, et le sire de Barbazan. Le vicomte ne se défendit pas d'avoir porté le premier coup; Barbazan au contraire ne fut pas généralement mis au nombre des assassins. Il ressentit même, dit-on, un grand chagrin de ce qui était arrivé, et fit de vifs reproches à ceux qui avaient tramé le complot. Vous avez, leur dit-il (1), détruit l'honneur et l'héritage de notre maître, et j'aurais mieux aimé mourir que d'assister à cette journée encore que je n'y fusse pour rien. Sa renommée du moins n'en fut point atteinte, et il conserva, même parmi les Bourguignons, le surnom de Chevalier-Sans-Reproche.

Pendant que ce meurtre éloignait une réconciliation de jour en jour plus nécessaire, et jetait dans les bras de l'Angleterre le nouveau duc de Bourgogne et la reine plus irritée encore que le fils de la victime, Jean comte d'Armagnac franchissait les Pyrénées et allait demander à la cour de Pampelune la main d'Isabelle (2), sixième fille de Charles III, roi de Navarre, et d'Eléonore de Castille. A son retour, il alla rejoindre le dauphin. Ce prince était assez mécontent de la conduite

---

(*) Le dauphin pour stimuler la fidélité de Bernard et récompenser ses services, lui donna (3 janvier 1419) trois cents livres tournois, voulant, disait-il, lui faciliter le moyen d'acheter de la vaisselle d'argent (Grands Officiers, tom. 2).

(1) Monstrelet, liv. 1, chap. 212. — (2) Grands Officiers, tom. 2. L'Art de vérifier les Dates, tom. 2.

équivoque du comte de Foix, qui louvoyait entre les deux partis et qui détournait à son profit les revenus du Languedoc. Il résolut de prendre en main l'administration et de se transporter en personne dans cette province. Il notifia à Jean de Foix le dessein qui l'amenait, et après avoir visité Lyon et Vienne, il arriva à Toulouse dans les premiers jours de mars 1420, accompagné du comte de Clermont, fils du duc de Bourbon, qui languissait encore dans les fers depuis la funeste bataille d'Azincourt, de l'archevêque de Bourges, son vice-chancelier, et des comtes d'Armagnac et de Pardiac. Il s'y arrêta à peine pour rétablir dans leurs offices tous ceux que les Bourguignons avaient révoqués, et poursuivant son voyage, il se rendit à Carcassonne où il avait convoqué pour le 17 mars les états généraux du Languedoc. L'archevêque d'Auch, les évêques de Lombez et de Pamiers et le comte d'Astarac y avaient été appelés (1). Tout ce que nous savons de cette assemblée, c'est qu'elle accorda au dauphin un aide de deux cent mille francs à cause de son joyeux avénement dans le pays (*).

Charles, après avoir clos les états, passa à Montpellier et puis à Nîmes, qui lui ferma ses portes et qu'il fut obligé d'assiéger. Arrivé sur les bords du Rhône il

(1) Dom Vaissette, pag. 451.

(*) Le prince établit alors et peut-être durant l'assemblée le parlement de Toulouse, qui ouvrit ses séances le 29 mai 1420, sous la présidence de l'archevêque Dominique de Florence, que l'on avait tiré du couvent des Jacobins pour le placer sur la chaire de St-Sernin. Le premier arrêt criminel que rendit cette cour porte l'empreinte de cette époque où une foi rude et ardente surnageait encore au milieu des crimes et des désordres, et où plutôt l'on semblait altéré de sang. Il condamnait un blasphémateur à avoir la langue et ensuite la tête coupée.

trouva une plus longue et plus vive résistance au Pont-St-Esprit, dont la garnison fut passée au fil de l'épée. Enfin il fit son entrée au Puy le 15 avril 1420, et il assista dans la cathédrale aux premières vêpres de l'Ascension en surplis et en aumusse, en sa qualité de chanoine. Le lendemain après la messe solennelle célébrée par l'évêque, il créa chevaliers, le comte de Pardiac, les barons de Clermont, d'Aptchier, de Latour-Maubourg et de Laroche et les seigneurs de Vergissac, et de Roussel, qui tous s'étaient distingués contre les Bourguignons. En s'éloignant, il nomma le comte de Clermont, fils du duc de Bourbon, capitaine général en Languedoc. Il commit aussi le comte d'Armagnac (1) à la défense de la province.

Le dauphin voulait surtout les opposer au comte de Foix qui, irrité d'avoir été dépouillé de ce gouvernement et vivement sollicité par le roi Charles VI, ou plutôt par le roi d'Angleterre dont le premier n'était que l'aveugle instrument, paraissait pencher pour les ennemis de la France; mais leurs efforts réunis ne purent amener que la soumisssion de quelques places. Durant cette campagne, le comte d'Armagnac (2) acheta (14 juillet 1421), des procureurs du duc de Bourbon le comté de l'Isle-Jourdain et la vicomté de Gimois pour la somme de trente-huit mille écus d'or. Cette somme était destinée à payer la rançon du duc toujours prisonnier en Angleterre. Le comte de Clermont ratifia la vente et Jean envoya Bertrand de Galard, seigneur de l'Isle-Bouzon, prendre en son nom possession du comté. Bertrand se transporta (3) successivement à l'Isle, à Mau-

(1) Dom Vaissette, pag. 455. — (2) Id. et Grands Officiers, tom. 2. (3) Collection Doat, liv. 49.

bec, à Gimont, et fit (16 et 20 juillet) prêter serment à son maître. Cette acquisition et quelques autres qui la suivirent, jointes aux terres qu'il possédait déjà, le rendaient un des plus puissants seigneurs du Midi et même de la France entière. Ses domaines s'accroissaient tous les jours. Le roi, pour le récompenser de ses services, lui donna (18 novembre 1421) le comté de Bigorre (1) et la châtellenie de Lourdes; mais le parlement de Paris mit des obstacles à cette libéralité, et le comté resta à la couronne (*).

Tandis que le comte d'Armagnac combattait les Anglais dans la partie du Languedoc, voisine de la Gascogne, Bernard, comte de Pardiac, les combattait à l'autre extrémité de la province, ayant sous son commandement la noblesse du Lyonnais et du Velay. Il attaqua (2) le sire de Laroche-Bazon, un des chefs Bourguignons qui, à la tête de trois cents hommes d'armes, parcourait l'Auvergne, le Gévaudan, le Forez et le Vivarais; il le battit, et après l'avoir défait, il le força à abandonner le pays. Cet exploit lui valut le titre de

(1) L'Art de vérifier les Dates et la Coll. Doat, liv. 50, placent cette libéralité à l'année 1425.

(*) Quelques mois après l'achat du comté de l'Isle-Jourdain, le 31 décembre 1421, Jean IV confirma dans son château d'Aignan les privilèges de la ville qui porte ce nom; et pour récompenser les services de Bernard de Mont, seigneur de Mont, Lartigue, St-Gô et Gellenave, il lui abandonna quelques droits féodaux. Bernard, ainsi que ses frères, avaient combattu sous les bannières du connétable. Il était l'aîné des trois fils de Louis de Mont et avait été marié à Catherine de Fors ou Ferrières (*de Fereriis*), fille du seigneur de Réjaumont. Pierre, le second, épousa Marguerite de Ferrabouc, héritière de Bertrand de Ferrabouc, seigneur de Pléhaut. Menaut, le puiné, s'unit à Longuette de Ferragut, fille du seigneur de Cravencères. Leur sœur fut mariée à Aisius de Carchet, seigneur de Lassalle et de Carchet, près d'Aignan.

(2) Dom Vaissette, pag. 459.

capitaine général du Mâconnais et du Charolais, dont le roi l'investit alors. Le maréchal de Sévérac l'institua en même temps son héritier, et Bonne d'Armagnac, sa mère, lui donna les terres qu'elle tenait du duc de Berry. La comtesse voyait avec peine qu'il eût été maigrement apanagé par le connétable; elle ménagea un nouveau partage entre ses deux fils, et sous ses auspices (1), le 2 mai 1424, il fut passé à l'Isle-Jourdain une transaction qui assurait à Bernard, outre le comté de Pardiac, les vicomtés de Carlat et de Muret, les baronnies des Angles et de Peyrusse, situées, la première dans le Bigorre et la seconde dans le Fezensac. Cette transaction lui donnait encore les châteaux d'Ordan et de Biran.

Bernard se transporta peu de jours après dans le comté de Pardiac, où il ne s'était point encore montré, et en jura (2) les priviléges en présence de N. de Sariac, Raymond de Castelnau, Bernard de Rivière et Géraud d'Arblade. La noblesse qui s'était réunie pour recevoir son serment, lui prêta à son tour foi et hommage. On compta dans cette assemblée Arnaud de Marguattou ou Marguastau, abbé de St-Sever de Rustan, Jean de Monlezun, seigneur de St-Lary, Odon de Béon, seigneur de Serian, Manaud de Gelas, seigneur de Bonas, co-seigneur de Laguian, Jacquinot d'Estaing, seigneur d'Estampes, Bernard d'Esparros, seigneur de St-Christau, Faulon de Gardères, co-seigneur de Laguian, Ogier de Monlezun, seigneur des Litges, Bernard de Monlezun, seigneur de Gardères, Jean de Jussan, seigneur de Tieste, procureur de Bourguine, dame de Laveraët, Nicolas d'Antras, co-seigneur de

(1) Manuscrit de Bonal. — (2) Chartier du Séminaire d'Auch.

Samazan, Bertrand de Beaucaire, seigneur de Beaucaire et Guillem de Ponsan, seigneur de Lasseube.

Cette augmentation d'apanage, le souvenir du connétable et l'affection que le dauphin portait au jeune Bernard lui valurent la main d'Eléonore (1), fille unique de Jacques de Bourbon, roi de Hongrie, de Jérusalem et de Sicile qui, malgré sa triple couronne, n'eût eu que des titres sans réalité, si avec sa royauté il n'eût possédé les comtés de La Marche et de Castres. Le maréchal de Sévérac fut chargé de négocier ce mariage au nom du comte de Pardiac. On signa l'acte dans le château de Roquecombe, et peu de jours après, à la suite de quelques transactions, le nouvel époux fut chargé de gouverner le comté de La Marche en qualité de lieutenant-général de son beau-père. Celui-ci venait lui-même d'être nommé gouverneur du Languedoc par Charles VII ; car l'infortuné Charles VI avait cessé de vivre le 21 octobre 1422, et le dauphin son fils avait été proclamé roi dans les provinces qui repoussaient le joug anglais, tandis que les autres reconnaissaient le fils du roi d'Angleterre, Henri VI, jeune enfant que le duc de Bedfort son oncle fit sacrer à Paris. Le nouveau gouverneur convoqua à Montpellier les évêques de Comminges et de Montpellier, le vicomte de Couserans, Thibaut d'Espagne, seigneur de Montbrun, Jacques de Montaut, Arnaud-Roger de Comminges, le vicomte de Caraman, de Bruniquel et de Villemur, Jean de Lautar, le seigneur de Mauléon et les consuls de St-Bertrand, de Grenade, de Gimont et de Castel-Sarrasin.

(1) Grands Officiers. L'Art de vérifier les Dates, tom. 2.

L'évêque de Lombez était (1) Arnaud de Mirepoix dont nous ne connaissons guère que le nom. La plupart de ses prédécesseurs sont aussi inconnus que lui. A Guillaume de Durfort avaient succédé Arnaud Ier qui fut choisi en 1383 pour arbitre par l'abbé de Bolbonne et par Roger-Bernard de Levis, seigneur de Mirepoix, père de cet Arnaud ; Pierre Ier qui siégeait en 1386, et Jean II qui avait remplacé Pierre en 1386. Jean était né à Bâle dans la Suisse. C'était un prélat instruit, éloquent, et surtout versé dans la connaissance des divines Écritures et de la philosophie. Il composa quelques opuscules et un livre de sermons que ses contemporains recherchèrent, mais qui sont complètement ignorés de nos jours et vraisemblablement très-dignes de l'être ; car l'éloquence de cette époque, autant et plus peut-être que celle des siècles précédents était lourde, pédantesque, hérissée de citations indigestes et parasites. Le mauvais goût régnait dans la chaire comme dans les arts et les modes. Jean prolongea son épiscopat jusqu'en 1415. Il eut pour successeur Raymond de Bretenoux, chanoine d'Apt, qui mourut presqu'aussitôt et laissa le siége à Arnaud de Mirepoix.

L'assemblée de Montpellier vota des subsides ; mais le roi de Hongrie qui l'avait convoquée, ne présida pas à leur emploi. Le comte de Foix, après avoir longtemps hésité, se détacha enfin du parti anglais et se déclara pour Charles VII. Le gouvernement du Languedoc fut le prix de sa soumission (2). Jacques de Lamarche y souscrivit de bonne grâce à la prière de son maître et reçut en indemnité une somme considérable. Son successeur, avec la lieutenance du Languedoc et de la

---

(1) *Gallia Christiana*. — (2) Dom Vaissette, pag. 464.

Guyenne eut deux mille francs de pension, outre vingt mille écus d'or qui lui étaient donnés pour la garde du Béarn, du Marsan et du Gavardan. A ce prix, il s'engageait à servir le roi et son fils contre tous, à renoncer à toutes les alliances contraires à son service et à aller le joindre à la tête de huit cents hommes d'armes et autant d'hommes de trait partout où le prince l'appellerait. Jean de Foix scella ses promesses de son serment le 1ᵉʳ février 1425. Matthieu de Foix, comte de Comminges, s'engagea comme son frère à servir la France.

La guerre avait été reprise avec une nouvelle fureur. Amis et ennemis, Anglais et Français, Armagnacs et Bourguignons, parcouraient les provinces et portaient partout la désolation. On ne pouvait, dit un auteur contemporain, semer nulle part (1). Lorsqu'on se plaignait aux seigneurs, ceux-ci se riaient des plaintes et leurs gens continuaient ou même redoublaient leurs excès. Le désespoir s'empara de la plupart des laboureurs; ils cessèrent leurs travaux et abandonnèrent leurs femmes et leurs enfants en se disant (2) l'un à l'autre : « que ferons-nous ? Mettons tout en la main du diable sans nous inquiéter de ce qui nous adviendra. Autant vaut faire le pis que nous pourrons. Mieux nous en irait de servir les Sarrasins que les chrétiens. Aussi bien on ne peut que nous tuer ou nous pendre. Déjà, il y a quatorze ou quinze ans que cette danse douloureuse a commencé. Il est vrai que la plus grande partie des seigneurs sont morts sans confession par le glaive, par le poison, par la trahison ou par quelque mauvaise mort contre nature. »

(1) Journal de Paris, pag. 80. — (2) Id.

Un trait raconté par le Journal de Paris (1), souvent suspect, il est vrai, quand il s'agit du parti dévoué au dauphin, achèvera de nous faire connaître tout ce que cette effroyable guerre versait de maux sur les habitants des campagnes. Le bâtard de Vaurus (*) associé à quelques autres capitaines, s'était emparé de la ville de Meaux, d'où il faisait au loin des courses sur le pays qui reconnaissait la domination anglaise. Attaché jadis au connétable d'Armagnac et sans doute un de ses vassaux, il cherchait à venger le sang de son maître et immolait à sa mémoire tout ce qui tombait sous sa main. Il surprit un jour un jeune homme menant sa charrue, l'attacha à la queue de son cheval, le traîna dans la ville et le fit torturer pour lui arracher une lourde rançon. Le jeune homme s'était marié cette même année et sa femme touchait au terme de sa grossesse. Il lui fit savoir la forte somme qu'il lui faudrait pour échapper à la mort. Sa femme qui l'aimait tendrement accourut aussitôt ; elle espérait attendrir le cœur du tyran, mais le tyran fut inflexible. Il lui signifia que si la rançon n'était point dans ses mains à un terme qu'il fixa, il attacherait le prisonnier à son orme. Il désignait ainsi un arbre où il pendait ses victimes, et rien n'était plus redouté dans la contrée que l'orme de Vaurus. La jeune femme recommanda son mari à Dieu *moult tendrement plourant, et lui d'autre part plourait moult fort pour la pitié qu'il avait d'elle.*

(1) Journal de Paris, pag. 84.

(*) Tous les auteurs contemporains l'appellent Vaurus. Nous ne connaissons point dans la Gascogne, ni même dans le Midi de famille qui porte ou qui ait jamais porté ce nom. Nous croirions volontiers qu'il faut dire de Baur, de Vaux ou de Lavaur, noms connus dans notre pays.

L'infortunée s'éloigna enfin en maudissant le sort, et ne perdit pas un instant; mais quelque diligence qu'elle fît, elle ne put recueillir l'argent que huit jours après le terme assigné. Elle revola à Meaux demandant son mari. La rapidité de sa course, le chagrin et les douleurs de l'enfantement qui commençaient à se faire sentir avaient épuisé ses forces. Elle s'évanouit en arrivant, et quand elle rouvrit les yeux elle redemanda son mari *moult piteusement*; mais on lui déclara qu'elle ne le verrait que lorsqu'elle aurait payé la rançon. Il lui fallut donc attendre. Cependant elle vit amener plusieurs laboureurs qui, dès qu'ils ne pouvaient payer leur rançon, étaient aussitôt noyés ou pendus sans merci. A cette vue, elle trembla pour son époux, car son pauvre cœur était depuis longtemps oppressé des pressentiments les plus sinistres. Néanmoins son amour la soutint, et elle acheva de compter la somme qu'elle avait apportée. Dès que Vaurus s'en fut saisi, il lui signifia qu'elle eût à s'éloigner et que son mari, partageant le sort des autres vilains, avait été pendu comme eux. Lorsqu'elle entendit cette affreuse parole, hors d'elle-même, et oubliant ce qu'elle avait à craindre, elle se répandit en imprécations contre le tyran et ses satellites. Vaurus n'était point accoutumé à un semblable langage. Il s'irrita de cette violence, lui fit couper les robes jusqu'à la ceinture, et ainsi demi nue il la fit conduire à gros coups de bâtons vers son orme où elle fut attachée si fortement que les liens lui entraient dans la chair. Les branches de l'arbre étaient chargées à diverses hauteurs de quatre-vingts ou cent cadavres dont quelques-uns agités par le vent venaient de leurs pieds effleurer sa tête.

La nuit ne tarda pas d'ajouter à tant d'angoisses les ténèbres et la solitude. Le délaissement et la terreur achevèrent d'abattre le peu de courage qui restait dans l'âme de l'épouse et de la mère ; elle céda à sa destinée et accepta son martyre. Seulement, quand parfois elle rappelait le lieu où elle était, elle recommençait ses plaintes et s'écriait : sire Dieu, quand donc cessera l'affreuse douleur que j'endure ? Ses cris alors étaient si violents, qu'on l'entendait dans la cité, mais personne n'eût osé lui porter le moindre secours. En ces *douloureux cris le mal de son enfant la print.* Ses gémissements redoublèrent. Les loups seuls accoururent à sa voix, et le lendemain aux pieds de l'arbre de Vaurus on trouva ses chairs presque dévorées avec les lambeaux de son enfant que les animaux carnassiers avaient arraché de ses flancs entr'ouverts.

Après avoir connu les tortures de la victime, nos lecteurs seront peut-être curieux d'apprendre ce qui advint au bourreau. Le monstre, par un de ces assemblages qu'on ne voudrait point trouver, mais qu'on rencontre assez souvent, était aussi brave que cruel. Il soutint longtemps tous les efforts d'une armée anglaise qui était venue assiéger Meaux, et que commandait en personne le roi Henri V. Denis de Vaurus son frère, Pierron de Luppé et quelques autres capitaines partageaient avec lui l'honneur de cette résistance. Mais Henri s'opiniâtra aux pieds des remparts, et il fallut se rendre. La plupart des chevaliers furent reçus à rançon. Les deux Vaurus furent exceptés. Denis fut décapité quelques jours après à Paris. Le bâtard n'attendit pas aussi longtemps son sort ; il fut pendu sur-le-champ à son arbre, et le vainqueur voulut qu'on lui plantât dans la poitrine (1) son étendard, noble signe de la chevalerie, qu'il avait souillé par tant de cruautés.

Ces scènes se renouvelaient de tous côtés. Si l'on excepte les domaines de quelques seigneurs assez puissants ou assez habiles pour se faire respecter des deux partis, toutes les provinces étaient en proie aux incursions et au pillage. Gaston travailla à délivrer le Languedoc; et il commençait à y ramener quelque tranquillité, lorsqu'il fut appelé au-delà de la Loire par Charles VII. Ce prince lui destinait le commandement (2) d'une armée qu'il levait à grand peine pour l'opposer aux Anglais qui, encouragés par quelques succès, avaient réuni de nouvelles forces et se préparaient à porter le dernier coup à la monarchie presque expirante. Gaston s'empressa d'obéir et reçut mission de les combattre. Il alla, suivi de Matthieu de Comminges son frère, joindre le roi à Issoudun. Il menait avec lui *grande et puissante compagnie, tant de gens d'armes comme de trait*. Charles, pour récompenser son zèle et l'attacher mieux à sa cause, lui restitua le comté de Bigorre et la châtellenie de Lourdes vainement réclamée par la maison de Foix, depuis la mort de Constance de Béarn. Il y ajouta même la vicomté de Lautrec sur laquelle Gaston élevait aussi des prétentions. Matthieu de Foix reçut la terre basse d'Albigeois qui faisait jadis partie des domaines de la maison de Comminges. Le parlement de Toulouse transféré alors à Béziers, se refusa à enregistrer la restitution du Bigorre. Il fallut pour vaincre sa résistance que le roi réitérât plusieurs fois ses ordres et envoyât à la cour *des ambas-*

(1) Mémoires de Fennin à l'année 1422. — (2) Dom Vaissette, tom. 4, pag. 468.

sadeurs solennels (1). Elle obéit enfin, et le 19 février elle rendit l'arrêt qui faisait cesser le séquestre mis sur le Bigorre cent trente-trois ans auparavant par Philippe-le-Bel. Le comté avait été durant cet intervalle gouverné au nom de la France par un sénéchal.

La campagne projetée n'eut point lieu ; des troubles s'élevèrent dans le Languedoc. Charles dut y renvoyer Gaston et Matthieu. Le pays était infesté de brigands parés des couleurs de l'Angleterre. Ils avaient à leur tête André de Ribes qui se faisait appeler le Bâtard d'Armagnac, quoiqu'il ne le fût nullement. Ils profitèrent de l'absence des troupes que le comte de Foix avait conduites à Charles VII, et poussèrent leurs courses jusqu'aux portes de Toulouse. Ils s'emparèrent de plusieurs points fortifiés et en particulier de la petite ville de Pavie (2), près d'Auch, dont ils firent leur principale place d'armes. Ils mirent tous les lieux voisins à contribution et les forcèrent à faire avec eux des *pastis*. On appelait de ce nom, ou bien du nom de *souffrance de guerre* les accords par lesquels les populations, au prix de contributions forcées, se mettaient à l'abri des vexations des hommes d'armes. C'est la contribution noire, imposée jadis par les clans montagnards de l'Écosse aux habitants de la plaine. L'invasion anglaise avait ramené la barbarie dans la France.

Le comte d'Armagnac, jaloux de la confiance que le roi accordait à un ancien rival de sa maison, et plus encore fâché de voir échapper le riche domaine qui lui avait été promis un instant, favorisait sous main le prétendu bâtard et aidait à ses succès. Mais on fut

---

(1) Dom Vaissette, tom. 4, page 468.—(2) Dom Vaissette, p. 469.

obligé non-seulement de fermer les yeux sur de sourdes menées, mais encore de réclamer son épée quoique tout la rendît si suspecte. On lui confia la sénéchaussée de Beaucaire non moins infestée de routiers que le Languedoc. Il vint s'établir à Nîmes, et dans peu de temps, plus heureux que le comte de Foix, il purgea la sénéchaussée de brigands, et empêcha les Bourguignons d'y pénétrer, comme ils le méditaient; mais il fut appelé ailleurs, et son départ fut suivi des excès qu'il avait réprimés un instant. En s'éloignant, il laissa dans la sénéchaussée quatre cents hommes d'armes de diverses nations, sous la conduite de quelques capitaines qui, oubliant leur mission, vécurent à discrétion dans le pays et y commirent plus de désordres que les ennemis qu'ils voulaient chasser. Comme si ces ravages n'épuisaient pas assez la province, il fallut encore payer le secours qu'avait apporté le comte d'Armagnac, et verser dans ses mains vingt-deux mille livres (1). On vota un subside qui souleva des plaintes. L'évêque de Laon, principal ministre du roi, et Hugues de Noé, son maître d'hôtel, accoururent dans le Languedoc, et après avoir reconnu la justice des réclamations, ils y firent droit et apaisèrent les esprits. Hugues de Noé avait été élevé à la cour. Charles VI le donna d'abord pour échanson (2) à la reine Isabelle et l'attacha ensuite en qualité de premier écuyer au jeune comte de Poitiers, le dernier dauphin. Celui-ci étant parvenu à la couronne, le nomma son maître d'hôtel et lui donna la charge de visiteur général des gabelles à sel dans le Languedoc.

(1) Dom Vaissette, page 471. — (2) Col. Doat à l'année 1407.

Le comte de Foix ne pouvait réprimer les routiers qui pullulaient de toutes parts. André de Ribes surtout se faisait remarquer par son audace, mais il fut enfin pris par un autre capitaine de routiers qui le vendit à la France. Le comte d'Armagnac le réclama sous prétexte d'en faire justice comme d'un de ses vassaux. Ces réclamations ne furent point écoutées, et Ribes fut décapité dans la ville de Toulouse. Malgré cet exemple, les désordres se multipliaient. Des compagnies nouvelles s'organisaient tous les jours ; la province entière était mise à rançon. Les populations, aigries par leurs malheurs, s'en prirent au comte de Foix qu'elles accusèrent de négligence et de mauvais vouloir. On eût mieux fait d'accuser l'anarchie qui dissolvait le corps social. Le comte, sans s'émouvoir de ces accusations, commandait en maître dans son gouvernement et tranchait presque du souverain. Il établit de son chef Jean de Mauléon capitaine général du Languedoc, et se déchargea sur lui du soin de réprimer les routiers pendant qu'il irait sur les frontières d'Espagne traiter avec le roi d'Aragon. Jean de Mauléon réunit quelques troupes et fit quelques tentatives qui lui réussirent. D'un autre côté, le seigneur de La Roche-Fontenilles soumit quelques châteaux, mais ces succès n'arrêtèrent point les incursions. Gaston parut enfin en armes ; il poursuivit les routiers, les dispersa, en prit un grand nombre et les fit tous pendre sans pitié.

Tous les yeux étaient alors fixés sur le siège d'Orléans qu'avaient entrepris les Anglais. Avec cette place tombait le dernier rempart de la France. Sa chute livrait aux ennemis le Blaisois, la Touraine et le Poitou. Gaucourt, un capitaine expérimenté, en était gouverneur. L'élite de nos guerriers courut s'y renfermer avec lui. On comptait à leur tête Dunois, Lahire et Xaintrailles que l'on retrouvait partout où il y avait des ennemis à combattre et des lauriers à cueillir. Après eux l'histoire signale quelques seigneurs Gascons (1), Guillaume d'Albret, Verduzan et Coarrase. Avec de pareils défenseurs, le siège ne pouvait qu'être long et opiniâtre. La famine ne tarda pas à se faire sentir dans le camp. Bedford, qui gouvernait sur le continent au nom de son neveu, dirigea un convoi de vivres. Les Français l'attaquèrent. Ils avaient l'avantage du nombre, et néanmoins la précipitation qui avait causé leur ruine sur tant de champs de bataille, amena encore leur défaite. Deux Stuarts, Guillaume d'Albret, Verduzan, Rochechouart et plusieurs autres furent tués. Dunois, Lahire, Xaintrailles purent à peine ramener dans Orléans cinq ou six cents hommes des débris de leur armée. Cet échec semblait assurer le triomphe de l'Angleterre. Charles VII n'avait plus de troupes régulières à lui opposer. Épuisée par une longue lutte, pressée de toutes parts, la ville ne pouvait tarder à se rendre. Il ne restait au monarque Français qu'à aller errer sur les montagnes de l'Auvergne ou du Dauphiné, si toutefois ces provinces ne lui étaient pas enlevées, ou peut-être même, comme feront quatre siècles plus tard ses descendants, à aller demander un asile à la fidèle Écosse. Déjà on lui conseillait la retraite ; mais au moment où tout espoir semblait détruit, le ciel lui suscita un défenseur qui, à travers des prodiges que la politique et la philosophie ont vainement cherché à

(1) Mémoires de la Pucelle d'Orléans.

expliquer d'une manière plausible, devait le conduire à Rheims et affermir sur sa tête une couronne à demi renversée.

Jeanne d'Arc, plus connue sous le nom de la Pucelle d'Orléans, quittait Vaucouleurs, petite ville voisine du lieu de sa naissance, le jour même où les Anglais triomphaient à Rouvray. Elle parvint bientôt à s'introduire dans Orléans. Dès-lors tout fut changé; en deux jours la plupart des redoutes élevées par les Anglais furent prises, et le troisième ils levaient le siège (8 mai). Le roi, quoiqu'avec répugnance, céda à la voix de la Pucelle et se décida à aller recevoir l'onction sainte à Rheims. Mais pour arriver jusqu'à la basilique de Clovis, il fallait traverser quatre-vingts lieues d'un pays occupé par les ennemis et hérissé de places défendues par de nombreuses garnisons, et Charles ne commandait qu'une armée de quatre mille hommes, manquant à la fois et de vivres et de paie. Pour oser affronter tant de périls, on n'avait d'autre garant que la parole d'une villageoise de dix-sept ans, et l'on ne pouvait se dissimuler que le moindre revers entraînerait les plus grands malheurs, vraisemblablement même la ruine de la monarchie; mais afin de mieux confondre l'orgueil de l'homme, Dieu sait quand il lui plaît déjouer tous les calculs de la prudence humaine et se servir des plus faibles instruments pour amener les plus graves résultats. L'ange de la France veillait sur son roi. Charles triompha de tous les obstacles. Le 17 juillet, soixante-huit jours après la levée du siège d'Orléans, l'archevêque de Rheims faisait couler sur son front l'huile sacrée au milieu de l'élite de la noblesse pleine de confiance, d'enthousiasme et de fidélité.

CHAPITRE II.

Le comté de Gaure donné au sire d'Albret. — Lahire, Xaintrailles, Barbazan se signalent. — Traité d'Arras. — Archevêques d'Auch. — Évêques de Dax, de Bayonne, de Lectoure, d'Aire. — Mort de Jean, comte de Foix. — Gaston son fils aîné lui succède. — Charles VII fait son entrée à Paris. — Peste. — Guerre. — La ville de Fleurance refuse de recevoir le secours qu'on envoie au sire d'Albret. — États d'Orléans. — La Praguerie.

Le comte d'Armagnac ne prit aucune part aux événements que nous venons de raconter (1). Il était depuis longtemps occupé à garantir ses domaines des incursions des Anglais, dont les nombreux partis sillonnaient la Gascogne. Sa vigilance ne put les écarter, et les dégâts furent assez considérables pour que Charles VII crût devoir en 1427 allouer douze mille écus d'or au comte et à ses vassaux, pour les dédommager de tout ce qu'ils avaient souffert. Le sire d'Albret fut encore plus maltraité par les Anglais, qui lui enlevèrent le Mas-d'Agenais, la baronnie d'Auriabat, Gamarde, Salles, Rioms, Vayres, Castelmoron, Gensac et plusieurs autres places. Le roi, pour lui faire oublier ces pertes, lui donna (2) le comté de Gaure et la ville de Fleurance. Celle-ci, en passant à la France sous Charles V, avait reçu l'assurance de Jean II, comte d'Armagnac, un des lieutenants royaux, qu'elle ne serait jamais distraite de la couronne. Elle protesta contre la libéralité qui la livrait à la mai-

(1) Voir, pour ce chapitre, Jean Chartier, le Journal de Paris, Monstrelet et Berry. — (2) Coll. Doat, tom. 49.

son d'Albret; mais ses protestations furent repoussées, et elle dut se soumettre à la force. La noblesse de la Lomagne sut mieux faire écouter sa voix. Elle députa (1) vers le comte d'Armagnac, Bertrand de Gallard, seigneur de l'Isle-Bouzon, Bertrand de Goth, seigneur de Rouillac, Jean de Vicmont, seigneur de Tournecoupe et Gaillard de Leomond, seigneur de Pouygaillart, et les chargea d'obtenir la confirmation de leurs priviléges. Jean se prêta à leurs vœux et en signa un acte authentique dans le château de l'Isle-Jourdain, le 4 mai 1428.

Pendant que les comtes de Foix et d'Armagnac, et le sire d'Albret combattaient dans la Gascogne et le Languedoc, Lahire, Xaintrailles et Barbazan, les trois preux Gascons, soutenaient au-delà de la Loire l'honneur des armes françaises. Lahire prit Louviers (2), d'où il ravagea la Normandie, et porta le fer et la flamme jusqu'aux portes de Rouen. Xaintrailles, non moins actif, battit les Anglais près de Lagny, fit lever le siège de Compiègne et remporta une victoire complète à Germigny (3). Fait prisonnier à Gournai où son intrépidité osa accepter un combat trop inégal, il fut aussitôt rendu à la liberté par Talbot, qu'il avait lui-même renvoyé sans rançon quelques années auparavant. Jeanne d'Arc, tombée au pouvoir des Anglais devant Compiègne, trouva moins de loyauté que le chevalier dont elle avait partagé les dangers. Conduite à Rouen, elle languit un an dans les fers et périt (30 mai 1431) sur un bûcher, sans que dans cette France où elle avait rappelé la victoire et parmi tant

(1) Chartier du Séminaire d'Auch. — (2) Monstrelet, tom. 2, chapitre 7, pag. 36. — (3) Id. pag. 68.

de nobles chevaliers que sa jeunesse, son innocence, son courage et sa beauté devaient intéresser à sa cause, aucune voix s'élevât pour la réclamer ou la défendre.

Barbazan avait lui aussi failli périr au fond d'un noir cachot. Il s'était signalé au siège de Melun (1) qu'il avait longtemps défendu contre les forces réunies de l'Angleterre et de la Bourgogne. Durant le siège, les deux partis s'étant rencontrés dans les mines et les contre-mines, il y eut plusieurs joutes aux torches et aux flambeaux, où furent faites *maintes belles expertises d'armes*, et où furent créés plusieurs chevaliers. Le roi d'Angleterre et le duc de Bourgogne voulurent eux-mêmes y rompre des lances. C'est contre le sire de Barbazan que jouta le roi, sans d'abord se faire connaître; mais dès que le chevalier sut quel était son adversaire, il se retira respectueusement. Cette courtoisie le sauva. La garnison, après avoir subi toutes les horreurs de la famine, avoir mangé tous ses chevaux, s'être vue décimée par la contagion et le fer de l'ennemi, fut enfin contrainte de se rendre. Au mépris de la capitulation, la duchesse douairière de Bourgogne demandait la tête de Barbazan comme étant un des meurtriers de son mari; mais le brave Gascon se réclama du titre de frère d'armes du roi d'Angleterre qu'il avait acquis en joutant corps à corps avec lui. Henri, dès-lors, pour le soustraire à la haine des ennemis, l'envoya dans une de ses forteresses dont on ignorait le nom; mais content de ce faible acte de générosité, il parut l'oublier.

Après le sacre du roi, le brave Lahire suivi de quelques compagnons décidés, fit une trouée jusqu'au

(1) Juvénal des Ursins, pag. 378 et suivantes. Monstrelet, tom. 1, chap. 227.

fond de la Normandie, et parut subitement devant Château-Gonthier. Le commandant anglais nommé Kingston, pris au dépourvu, n'opposa qu'une légère résistance. Il demanda à capituler, obtint la vie sauve et se hâta de partir. En parcourant le château, on trouva Barbazan enfermé dans une étroite cage de fer. On en rompit les barreaux; mais par un de ces sentiments exagérés qui n'appartiennent qu'à une époque où les vertus étaient outrées comme les vices, le chevalier ne voulut point en sortir (1). Il avait promis à Kingston d'être son loyal prisonnier, et il fallait que sa parole fût dégagée. On dut courir après l'Anglais qui revint délivrer lui-même le trop scrupuleux Barbazan. Le roi l'accueillit avec d'autant plus de joie, que le bruit de sa mort s'était généralement répandu et le nomma aussitôt gouverneur de la Champagne. Il n'en eut pas plutôt pris le commandement, qu'il défit les Anglais et leur enleva plusieurs places. Il se signala surtout à La Croisette, près de Châlons, où avec trois mille hommes il tailla en pièces huit mille ennemis et leur fit six cents prisonniers; mais le terme de ses triomphes et de sa vie approchait. René d'Anjou, surnommé depuis le bon roi René, songeait à se mettre en possession de la Lorraine, que lui disputait son cousin Antoine de Vaudemont. Les plus braves chevaliers de France et de Bourgogne coururent se ranger sous les deux bannières opposées. Barbazan, maréchal de l'armée de René, s'opposa longtemps à ce qu'on livrât une bataille qui pouvait tout perdre; mais elle fut donnée (2 juillet 1431) malgré ses avis. Il n'en combattit pas avec moins de

(1) Hollinshed, cité par M. de Barante, tom. 11, pag. 41.

valeur, et tomba dans la mêlée percé de coups. Sa mort entraîna la défaite et la prise de René.

Le roi voulant honorer sa mémoire, fit transporter son corps dans l'abbaye de St-Denis; et à l'exemple de Charles V, qui voulut que Duguesclin reposât à ses pieds, il ordonna qu'on érigeât au chevalier Gascon un tombeau de bronze (1) près de la place où il avait choisi sa sépulture. Barbazan ne laissait de Sibile de Montaut sa femme, qu'un fils encore jeune qui ne survécut pas longtemps à son père, et une fille qui épousa le comte d'Astarac, et qu'il déshérita pour donner ses biens au baron de Faudoas, son neveu.

La guerre se poursuivait sur tous les points de la France. Le duc de Bourgogne, toujours allié à l'Angleterre, ayant rassemblé une armée, tomba sur le Beaujolais, menaçant d'étendre ailleurs ses ravages. Charles VII s'empressa d'envoyer contre lui le duc de Bourbon à la tête de toutes les forces qu'il put réunir. En même temps il écrivit (2) aux comtes de Foix, d'Armagnac, de Comminges et d'Astarac, et aux principaux seigneurs du Languedoc, et leur ordonna de s'armer en toute hâte et d'aller joindre le duc. Malgré ces préparatifs, cette expédition se borna à quelques rencontres sans importance et à quelques forteresses prises ou perdues de part et d'autre. Les Anglais profitèrent de l'éloignement des troupes pour redoubler leurs courses dans le Languedoc et pousser des reconnaissances jusqu'aux environs de Toulouse; mais ils furent promptement réprimés. La victoire avait abandonné leurs drapeaux. Le traité d'Arras vint encore (1435) affaiblir leur puissance.

(1) Histoire généalogique de la maison de Faudoas. — (2) Dom Vaissette, tom. 4, pag. 483.

Le pape Eugène IV l'avait provoqué, en appelant à la paix les rois de France et d'Angleterre. Le cardinal de Ste-Croix, dont il s'était servi pour leur prêcher la concorde, représenta le St-Siége dans l'assemblée. Le concile de Bâle, alors réuni depuis près de quatre ans, y députa le cardinal de Chypre, l'archevêque d'Auch (1), l'évêque de Dax et trois autres prélats. L'Angleterre refusa d'accéder aux propositions qui lui furent faites au nom de la France. Ce refus n'empêcha pas Charles VII et le duc de Bourgogne de s'y réconcilier sincèrement. Une des clauses du traité portait que le roi donnerait à son cousin, outre son sceau, le sceau des princes de son sang et des principaux seigneurs de son royaume, parmi lesquels étaient désignés les comtes d'Armagnac, de Pardiac, de Foix et d'Auvergne. Cette paix fut reçue avec des transports d'allégresse dans tout le royaume : c'est la première fois que la France respirait depuis plus d'un demi siècle. Maintenant elle pouvait entrevoir la fin de ses maux. Pendant que les cœurs s'ouvraient à la joie, la trop fameuse Isabelle mourait dans la solitude et le mépris, et était portée sans cortège et presque sans honneurs dans sa tombe de St-Denis, aux pieds de laquelle le sculpteur représenta une louve accroupie, vrai symbole de celle qui avait abjuré ses sentiments de mère et de française.

L'archevêque d'Auch que nous venons de rencontrer à Arras, était Philippe de Lévis (2), successeur de Béranger de Guillot. Celui-ci, après son retour de Constance, fit quelques réformes que les malheurs des temps rendaient nécessaires, mais qui soulevèrent

(1) Hist. de Charles VI par Jean Chartier, pag. 73. — (2) *Gallia Christiana*. M. d'Aignan.

contre lui le chapitre. Béranger crut échapper à l'orage en abandonnant la ville d'Auch et en se retirant dans son château de Mazères. La haine de ses ennemis alla l'y chercher (1). Antoine de Rabastens, archidiacre du St-Puy, irrité sans doute de ce que l'archevêque avait supprimé son bénéfice (*), se déclara hautement contre lui et s'associa Dominique de Balits, archidiacre d'Armagnac, Bernard de Monlezun, archidiacre de Savanès, et Bernard de Baylin, archidiacre de Vic. Ils se transportèrent ensemble à Mazères vers la fête de St-Martin, accompagnés de plusieurs laïques, y firent malgré le prélat un long séjour, y consommèrent les provisions de bouche et y commirent plusieurs dégâts. L'archevêque, impuissant à les réprimer, lança contr'eux une sentence d'excommunication qu'il fit fulminer dans toutes les églises de son diocèse. Les archidiacres en appelèrent au St-Siège. Les syndics du chapitre métropolitain, au nom du corps entier, embrassèrent leur cause et en appelèrent avec eux.

Béranger était trop vieux pour lutter ainsi contre l'élite de son clergé. Il aima mieux accepter une transaction. Les archidiacres du St-Puy et d'Armagnac retournèrent au château de Mazères, accompagnés de Besian du Coussol, abbé d'Idrac, et de Bertrand de Logorsan, syndic du chapitre, et là, agissant en leur nom et au nom des deux archidiacres absents, ils jurèrent sur les saints évangiles que ni eux ni les autres chanoines n'avaient jamais rien dit ou fait dans l'intention d'insulter ou molester leur archevêque; et

(1) M. d'Aignan, pièces justificatives.
(*) Béranger venait de l'unir au chapitre métropolitain en chargeant celui-ci d'entretenir un maître de musique et quatre enfants de chœur.

IV.

qu'ils n'avaient agi que dans la vue de le porter à venir en bon pasteur résider à sa métropole, où sa présence leur semblait nécessaire pour la bonne administration du diocèse. Le prélat accueillit leur excuse, leva l'excommunication et les rétablit dans tous leurs honneurs. L'acte en fut passé au château de Mazères le 8 janvier 1423. Ces concessions n'amenèrent pas la paix. D'autres dégoûts vinrent troubler la vieillesse de Guillot et lui rendre si pénible le séjour d'Auch, qu'il permuta en 1425 son archevêché contre l'évêché d'Agde; mais il eut à peine le temps d'oublier ses chagrins sur son nouveau siége, car il y mourut le 29 décembre de cette même année dans un âge extrêmement avancé.

Philippe de Lévis que cette permutation envoyait à Auch, était le troisième fils (1) de Philippe de Lévis, seigneur de Florensac et d'Alix de Quélus. Il avait été nommé très-jeune à l'évêché d'Agde et n'avait pas atteint sa quarantième année, lorsqu'il prit possession du siége métropolitain. Jean, comte d'Armagnac, le députa (2) presqu'aussitôt vers le pape Martin V, pour lui porter le tribut de son obédience. C'était une des dernières adhésions qui arrivaient au pontife de Rome. L'obstiné Benoît XIII était mort le 29 novembre 1424, abandonné presque de tout l'univers catholique, et Gilles Mugnos, ce fantôme qui lui avait été substitué par deux cardinaux restés seuls fidèles à une cause désespérée, dépouillait volontairement (26 juillet 1429) les ornements dont on l'avait affublé.

Rentré en France, Philippe de Lévis s'occupa de sa métropole. L'église, dont on avait jeté les fondements

(1) Grands Officiers, tom 4, pag. 39. — (2) Idem.

au commencement du schisme, avait souffert des dissensions qui avaient troublé le sanctuaire. Les travaux s'étaient d'abord avancés lentement, puis ils avaient été totalement interrompus. L'archevêque les fit reprendre (1) avec une nouvelle activité (*); mais le chapitre réclamait encore plus ses soins que les murs de la métropole. Il ne se laissa pas intimider par la résistance qu'avait éprouvée son prédécesseur, et rédigea des statuts qui furent arrêtés au château de Mazères le 21 mai 1431. Ne pouvant les publier lui-même, il chargea Jean d'Amélius, né à Jegun et prévôt de St-Salvi d'Alby, d'assembler les chanoines, de leur notifier ces réglements et d'en exiger la stricte observance sous peine des censures ecclésiastiques. Philippe de Lévis était alors parti pour le concile de Bâle. A peine se fut-il éloigné, que Jean comte d'Astarac, feignant de vouloir protéger l'érection de l'évêché de Mirande, enfonça les greniers de l'archevêque et maltraita ses gens. Amélius de Jegun, à qui la plainte en fut portée, frappa d'excommunication le comte et ses agents, et lança un interdit général sur toutes ses terres. Philippe de Lévis, ayant été instruit de ce qui s'était passé, déféra cette affaire au concile. L'abbé de Faget avait accompagné le métropolitain. Il se plaignit aussi du comte d'Astarac, qui sous prétexte que l'abbaye de Faget avait été réunie à la mense de l'évêché de Mirande, s'était permis des insultes, des

(1) Dom Brugelles, M. d'Aignan, Cartulaire d'Auch. Nous leur avons emprunté tout ce qui concerne ce prélat. Voir aussi le concile de Bâle, Coll. Con., tom. 12.

(*) Pour rendre l'édifice plus vaste, les chanoines abandonnèrent une portion de leur cloître avec le terrain où ils étaient ensevelis, et obtinrent en compensation le droit d'être ensevelis dans le chœur de la nouvelle église.

vexations et des déprédations nombreuses contre cette abbaye. Leur plainte fut écoutée et le comte fut cité au concile le 4 août.

Deux jours plus tard, les Pères, par une bulle expresse, confirmèrent la révocation faite déjà par Jean XXIII et par le concile de Constance, et annulèrent de nouveau l'érection de l'évêché de Mirande. Jean, cependant, travaillait à faire retirer l'interdit lancé par l'official d'Auch; mais n'ayant pu en venir à bout, il s'adressa au roi qui renvoya la connaissance de cette affaire au sénéchal de Toulouse. Celui-ci commanda à l'official d'Auch de lever toutes les censures sous peine de cent marcs d'or. Cet ordre amena une transaction qui fut signée le 21 février 1435. Ce n'était pas seulement du comte d'Astarac que l'archevêque avait à se plaindre; les autres seigneurs avaient profité du schisme pour envahir ce qui était à leur convenance. Les clercs eux-mêmes s'étayant tantôt de la cour de Rome, et tantôt de la cour d'Avignon, s'étaient jetés sur la proie; châteaux, villes, maisons, terres, droits, rien n'avait été respecté. Le concile de Bâle commit l'abbé de St-Sernin de Toulouse, l'évêque de Lombez et le prieur de St-Orens pour faire rentrer l'archevêque dans ses droits, et les charger d'employer, s'il le fallait, les censures ecclésiastiques pour réduire les coupables. Philippe obtint encore du concile une ordonnance contre l'évêque de Dax, qui depuis le schisme refusait de reconnaître la juridiction ecclésiastique du métropolitain.

Cet évêque était Bernard de Laplagne (1) que les Pères de Bâle lui avaient donné pour collègue à l'assem-

(1) *Gallia Christiana*, tom. 1. L'Abbé Du Temps, tom. 1. Manuscrit de Dax.

blée d'Arras. Bernard se voua jeune à l'état religieux et prit l'habit de St-Benoît. Il parut avec éclat au concile de Constance, et fut envoyé à celui de Bâle par Henri roi d'Angleterre, qui le revêtit du titre de son orateur auprès de l'assemblée. C'est là que les vœux du chapitre de Dax allèrent le chercher. Le pape Eugène IV lui opposa Guisard de Lissague. Richard, successeur d'Henri, se déclara pour ce dernier qui finit par rester possesseur du siége; mais alors Bernard de Laplagne avait été revêtu de la pourpre. Depuis l'avénement de Jean II en 1374, ce siége avait toujours été agité. Urbain VI avait nommé ce prélat, mais le chapitre ne voulut pas le reconnaître. Il fallut que le roi d'Angleterre écrivît en sa faveur. Cette médiation ramena les esprits. Néanmoins, après quelques années, Jean II abandonna la Gascogne pour passer en Portugal, où il monta sur le siége de Lisbonne. Le pape Boniface lui donna pour successeur son secrétaire Pierre Du Bosc, d'une ancienne famille de Bordeaux, chanoine de St-André et archidiacre de Médoc. Sa science et ses talents l'avaient fixé à la cour du souverain-pontife, près duquel il remplissait les fonctions de secrétaire et de chambellan. Le roi d'Angleterre accueillit assez mal cette nomination, mais il s'apaisa ensuite et l'accepta pour ambassadeur du St-Siége. Pierre Du Bosc trouva une opposition plus forte dans les partisans du pape d'Avignon, qui lui opposèrent Pierre de Castelnau, abbé de La Castelle. D'autres monuments placent vers la même époque sur ce siége un Garsie-Arnaud, un Nicolas, un François, un David de Monteraud et un Garsias. Le schisme portait ses fruits partout, mais spécialement dans la Gascogne, où la double influence de la France et de l'Angleterre divisées sur le successeur de St-Pierre comme sur tout le reste, ne pouvait qu'ajouter à la confusion et aux troubles.

La scission se poursuivait toujours dans le diocèse de Bayonne. Pierre du Bernet institué par Jean XXIII, et Guillaume de Bordes nommé par Benoît XIII, étaient en présence vers l'an 1410 (1). Le concile de Constance vers lequel Guillaume de Bordes fut envoyé par Charles, roi de Navarre, reconnut sa légitimité et statua (2) que les deux compétiteurs gouverneraient simultanément le diocèse, mais qu'à la mort de l'un d'eux le survivant serait reconnu de tous les fidèles, sans qu'il pût y avoir élection; qu'alors le chapitre de St-Jean-Pied-de-Port serait dissous, et qu'il irait se réunir au chapitre de Bayonne pour ne former qu'un seul corps. Du Bernet mourut le premier. Malgré le décret du concile, ses adhérents lui donnèrent Pierre de Mouloc pour successeur; mais cette nomination fut annulée, et Guillaume de Bordes qui avait fait sa paix avec l'Angleterre, jouit enfin paisiblement du siége. Néanmoins il l'échangea bientôt contre celui de Dax dont l'évêque passa à Bayonne. Cet échange acheva de calmer les mouvements de cette déplorable lutte.

Lectoure avait, durant cette période (3), vu passer sur son siége Beguier de Magnaut, dont le pontificat fut marqué par un horrible tremblement de terre qui se fit ressentir à Lectoure le 6 mai, et par une famine qui éleva le froment à un prix excessif; Bernard Beguier, neveu de Beguier, qui assista à la réconciliation des maisons de Foix et d'Armagnac en 1379; Rainier de

(1) *Gallia Christiana,* tom. 1, pag. 1318. Manuscrit de Bayonne. — (2) Coll. Concil., tom. 12. — (3) *Gallia Christiana.*

Malent ou plutôt de Malus ; Odon Raymond III qui fit des statuts pour son chapitre ; Payrac, d'abord chanoine et chantre de la cathédrale, à laquelle il laissa une magnifique croix et un calice plus magnifique encore; Géraud de Pouy dont on ne connaît que la mort arrivée le 30 juillet 1425, et enfin Martin de Guttieris, né à Pampelune dans la Navarre, et qui assista au concile de Bâle où il sacra Bernard de Casillac, promu à l'évêché d'Albi.

L'église d'Aire paraît avoir joui d'un peu plus de paix que les autres églises de la Gascogne (1). Après la mort de Guichard ou Garsie-Arnaud de Navailles, dont quelques-uns font deux prélats et dont l'épiscopat ne fut troublé que par les démêlés qui s'élevèrent entre les habitants d'Aire et ceux de Cazères, au sujet de quelques pâturages, le siége fut occupé en 1399 par Bernard de Brun, chanoine d'Evreux et créature de l'Angleterre. Bernard eut pour successeur Arnaud-Guillaume d'Aydie ou de Lescun. Quelques auteurs distinguent, et vraisemblablement avec raison, Arnaud-Guillem d'Aydie, d'Arnaud-Guillem de Lescun. Le premier, selon eux, était bâtard du comte d'Armagnac et frère de l'archevêque d'Auch, Jean de Lescun, et d'un autre Lescun, que nous verrons devenir le favori de Louis XI. Le second appartenait à la noble et antique famille de Pommiers, dans laquelle la vicomté de Lescun était entrée par les femmes (*). Ce qui est certain, c'est qu'Arnaud Guillaume de Lescun possédait

(1) *Gallia Christiana* et manuscrit d'Aire.

(*) Oihénard mentionne ainsi les évêques d'Aire: Bernard de Brun depuis 1399 jusqu'en 1404; Arnaud-Guillem d'Aydie depuis 1404 jusqu'en 1406; un autre Bernard depuis 1406 jusqu'en 1416, et après celui-ci Arnaud-Guillem de Lescun.

en commande les abbayes de Pontaut, de St-Girons et de St-Sever, et le prieuré de St-Leser. Il fut remplacé en 1428 par Roger de Castelbon, que ses talents, son habileté et sa dextérité dans les affaires firent adjoindre au cardinal Pierre de Foix son parent et envoyé avec lui vers le roi d'Aragon pour éteindre dans ce royaume la dernière étincelle du schisme. Roger était un des conseillers du comte de Foix. Il assista en cette qualité à un hommage que l'évêque de Pamiers rendit en 1436 à Gaston, successeur de Jean Ier, qui était mort au château de Mazères (1), dans la nuit du 3 au 4 mai de cette même année.

Jean soutint dignement la gloire de la maison de Foix. Il est qualifié de *très-haut et très-magnifique prince* dans plusieurs documents de cette époque. Il avait été marié trois fois. Il épousa d'abord Jeanne, fille de Charles III, roi de Navarre, et d'Eléonore de Castille, dont il n'eut point d'enfants. Après la mort de Jeanne, il rechercha la main de la princesse Blanche, sa sœur, dans l'espoir d'ajouter le royaume de Navarre à ses vastes domaines. Mais le pape, auquel il fallut recourir pour obtenir une dispense, la refusa. Jean se remaria alors (février 1422) avec Jeanne, fille du connétable d'Albret, et en eut deux fils, Gaston et Pierre. Devenu veuf une seconde fois, il s'unit à Jeanne d'Aragon, fille du comte d'Urgel; mais la mort vint presque aussitôt briser ses nouveaux liens, et l'enleva dans le premier mois de son mariage. Outre Gaston et Pierre, il laissait deux fils naturels, dont l'un fut abbé de Ste-Croix, de Bordeaux, et dont l'autre épousa Catherine de Viela qui lui porta la seigneurie de Gerderest.

(1) L'Art de Vérifier les Dates, tom. 2. Grands Officiers, tom. 3. Dom Vaissette, tom. 4, pag. 483.

Gaston, l'aîné des fils légitimes, eut les comtés de Foix et de Bigorre avec les vicomtés de Béarn, de Castelbon, de Marsan, de Gavardan et de Nebouzan. Il était déjà fiancé à Eléonore, fille de Jean, infant d'Aragon, et de la princesse Blanche, devenue reine de Navarre. Pierre eut pour son apanage les vicomtés de Lautrec et de Villemur, et forma la branche des Foix-Lautrec. Les deux frères furent placés sous la tutelle de Matthieu, comte de Comminges, leur oncle. Les obsèques de Jean se firent avec solennité; le corps fut déposé à l'abbaye de Bolbone, sépulture ordinaire des comtes de Foix. Le lendemain des funérailles, la noblesse et les consuls de diverses communautés se réunirent au château de Mazères, et prêtèrent serment (1) à leur nouveau maître. Cette cérémonie accomplie, Matthieu se hâta de conduire son pupille dans le Béarn. Les seigneurs et les jurats s'étaient rendus dans le réfectoire des Cordeliers d'Orthez. On compta parmi eux (2) Pierre de Valigre, vicaire général du cardinal, Pierre de Foix, administrateur perpétuel de l'évêché de Lescar, André, évêque d'Oleron, Arnaud-Guillaume de Gayrosse, abbé de la Reule, Jean de Lassalle, abbé de Sauvelade, Jean de Carmails, Matthieu de Lescar, Raymond-Arnaud de Coarrase, Pierre de Domi, Jean de Béarn, Jean de Gavaston, Pierre, seigneur d'Arros, et Jean, seigneur de Gayrosse, barons de Béarn, Jean Brun et Pey-Arnaud d'Andouins, jurats de Morlas, Pey-Arnaud du Pont et Bernard Dupux, jurats d'Orthez; enfin Jean de Béranger et Jean d'Esson, jurats de Sauveterre. L'assemblée présenta à Gaston et à son

(1) Dom Vaissette. — (2) M. Faget de Baure, Essai sur l'Histoire du Béarn.

tuteur trente-deux articles, et demanda qu'ils en jurassent l'observation. Les deux comtes, après avoir pris connaissance de ces articles, en rejetèrent quelques-uns et acceptèrent les autres. L'acte en fut dressé le 2 juillet (*).

La ville de Paris était rentrée (11 avril 1436) sous les lois de son légitime souverain. Charles VII en apprit la nouvelle dans le Dauphiné où il tenait ses états de Languedoc. Il fut retenu encore quelques mois dans le Midi, et ne fit son entrée dans la capitale du royaume que le 12 novembre, sept mois après qu'elle avait chassé les Anglais, *dont on fit si grand feste comme on pouvait faire à Dieu* (1). Le corps du connétable d'Armagnac reposait dans l'église de St-Martin-des-Champs. Il n'était resté sous le fumier que durant la tempête qui lui enleva la vie; mais dès que le calme avait été rétabli, on l'avait transporté dans le chœur de l'église avec les dépouilles mortelles de l'évêque de Coutances. Treize jours après l'entrée du roi, le comte de Pardiac, qui avait accompagné le prince, fit célébrer dans cette église un service solennel (**) pour son père. Charles

(*) Le premier de ces articles est ainsi conçu : Par cette sainte loi (les saints évangiles et la croix) je jure que je serai fidèle et bon seigneur pour tous les habitants de la terre et pour chacun d'eux en particulier; je les maintiendrai dans tous leurs fors, priviléges, coutumes, usages écrits ou non écrits; je les défendrai de tout mon pouvoir dans ou hors la terre de Béarn, contre tous et contre moi-même; je rendrai ou ferai rendre la justice au pauvre comme au riche, et à chacun dans le lieu et vic de son domicile, et je ferai exécuter les jugements; je ne prendrai ni ne permettrai de rien prendre de ce qui leur appartient sans leur consentement. Cet article fut accordé.

(1) Journal de Paris, pag. 177.

(**) Et y ot bien ce jour dix-sept cents cierges allumez et de torches à la vallue (en proportion) et tous prestres qui voldrent (voulurent) dire messe furent payez. (Journal de Paris, pag. 177.) Nous lui avons emprunté ce récit.

y assista avec le roi de Sicile et tous les seigneurs de sa suite. Le chapitre de Notre-Dame y parut aussi, ainsi que tous les corps de l'état revêtus de leur grand costume. Ce jour, la ville entière avait oublié la haine qu'elle avait si longtemps vouée au connétable, car plus de quatre mille bourgeois se joignirent à la cour et vinrent prier pour l'âme de leur victime. Malheureusement on ne put faire des largesses après le service, comme c'était l'usage. Le menu peuple, trompé dans son attente, retrouva son ancienne rancune et recommença à murmurer contre les Armagnacs. Pendant qu'on murmurait au dehors, le comte de Pardiac faisait retirer les ossements du tombeau qui les renfermait et les faisait transporter à Notre-Dame-des-Champs, où ils restèrent deux jours dans une chapelle ardente. Le 27 ils furent enlevés et reportés dans l'Armagnac (*).

La joie, qu'avait fait naître dans les ames la soumission de Paris, fut bientôt assombrie par un double fléau, qui pesa presqu'aussitôt sur tout le royaume. Les guerres continuelles et les ravages, qui marchaient à leur suite, amenèrent une famine si affreuse, qu'à Abbeville une femme fut brûlée pour avoir égorgé des petits enfants et mis leur chair en vente après l'avoir salée. La famine fut suivie d'une épidémie, qui enleva une quantité immense de personnes. Dans beaucoup de villes, l'on ne pouvait suffire à enterrer les morts. Paris perdit plus de cinquante mille habitants. Des rues entières demeurèrent désertes. Les loups erraient sans

---

(*) C'est à tort que quelques-uns le font ensevelir à Bonneval. Nous avons déjà dit que l'inscription qu'on lisait sur une tombe dans cette abbaye était fausse, et que le nom du connétable y avait été substitué à celui d'Henri, le dernier seigneur de la maison de Milhau.

crainte et en plein jour dans son enceinte et y dévoraient parfois des femmes et des enfants. Il fallut que la cour des comptes mit leurs têtes à prix. Bernard de Grossoles écrivait au comte d'Armagnac, alors absent de l'Armagnac, qu'il n'osait point rentrer dans son château de St-Martin, à cause de la mortalité qui sévissait à St-Clar, mais qu'elle avait disparu de Lavardens et qu'elle s'apaisait à Lectoure (*). Les états d'Armagnac n'ayant pu se réunir ni à Lectoure, ni à Vic-Fezensac, s'assemblèrent à Jegun (1436), et accordèrent à la comtesse huit sols six deniers par feu (1).

Ces fléaux n'avaient point suspendu la guerre ; les Anglais inquiétaient la Gascogne. Ils se répandirent dans l'Agenais et y prirent Castelcuiller, Sauveterre et Monsegur, et s'avancèrent jusqu'aux portes d'Agen et de Sos. Les routiers aidaient à leurs progrès et rançonnaient le Midi. A leur tête se faisaient remarquer les bâtards d'Astarac, de Béarn, d'Armagnac et plusieurs gentilshommes Gascons. Le roi voulut mettre fin à ces ravages et arrêter les progrès des ennemis. Il chargea Poton de Xaintrailles (2) d'aller les combattre, et lui donna un corps de troupes assez important. Les états du Languedoc lui accordèrent de leur côté cent

(*) Bernard de Grossoles ajoutait : le varlet de Bertranon de Jaulin, qui est prisonnier de Bertrand de Castillon, est en mauvais état, car il a demeuré longtemps au fonds de la tour neuve, laquelle n'est pas encore achevée ni couverte et il y a de la boue au fonds. Grand nombre de gens m'ont prié par pitié et non pas par autre amitié qu'ils aient pour lui, que je le fisse changer en une autre tour qui est couverte; mais je n'ai pas voulu le faire parce que je ne sais pas votre volonté, et que l'autre n'est pas si assurée que la neuve. (Coll. Doat, tom. 30.)

(1) Inventaire du trésor de Lectoure dans la coll. Doat. — (2) Dom Vaissette, tom. 4, pag. 489.

huit mille livres tournois. Quelques chefs de routiers, toujours aux gages de ceux qui pouvaient acheter leur épée, se joignirent à lui. L'expédition fut heureuse quoique nous en ignorions les détails. Poton put s'avancer jusque dans le Médoc (1) et le soumit à la France. Rodrigue de Villandraut, partisan espagnol également renommé, et pour sa valeur et pour ses brigandages, s'empara sous ses ordres de Fumel, de Lauzun, de Laparade, de Lassauvetat-sur-Drot et de Tonneins; mais après leur départ, les Anglais reprirent presque tout ce qu'ils avaient perdu. Ils occupèrent entr'autres le Port-Ste-Marie, que conquirent le sire de Caumont et le seigneur de Tonneins surnommé le baron Anglais. Le comte d'Astarac commandait dans la province. Il appela à lui le marquis de Fimarcon, et tombant à l'improviste sur les deux seigneurs, il leur ravit leur nouvelle conquête. Il s'avança ensuite vers Agen qui ne paraît pas avoir subi la domination anglaise, et qui toutefois refusa de lui ouvrir ses portes. Le comte surprit la ville par escalade à une heure de la nuit, et obligea les habitants à lui prêter serment en qualité de lieutenant du sénéchal d'Agenais. Les seigneurs de Luzignan et de Boville essayèrent de lui enlever sa conquête comme il avait enlevé le Port-Ste-Marie aux sires de Caumont et de Tonneins. Ils ourdirent une conspiration où entra le juge ordinaire d'Agenais; mais la conspiration fut découverte, et l'on pendit sans miséricorde tous ceux qui y avaient trempé.

Le roi s'était rapproché du théâtre de la guerre et avait fait un voyage dans le Languedoc. Après avoir pourvu aux affaires les plus pressantes, il se rendit au

---

(1) Berry, Hist. Chron. de Charles VII, pag. 401.

Puy où il tint les états de la province. Il y avait appelé (1) les comtes d'Armagnac, de Foix, de Comminges et d'Astarac. Charles reçut au Puy une députation des états de Comminges. Marguerite leur comtesse avait trouvé encore moins de bonheur auprès de Matthieu de Foix qu'auprès de son second mari; mais Matthieu n'avait pas agi comme Géraud d'Armagnac. Au lieu d'abandonner à ses caprices une épouse vieille et difficile, il l'avait renfermée dans une prison, où il la détenait sans la laisser voir même à ses parents, et avait gardé l'administration du comté. Les états s'émurent du sort de leur maîtresse, et allèrent demander au roi sa délivrance. Charles accueillit leur demande et commit le sénéchal de Toulouse, le bailli de Berry et le juge criminel de Toulouse pour sommer Matthieu de délivrer sa femme et de la remettre ès mains de la justice. Si Matthieu s'y refusait, les commissaires devaient saisir tous ses domaines et mettre le Comminges sous la main du roi, et renvoyer l'affaire au dauphin qui se rendait à Toulouse. Matthieu habitait cette ville lorsque le juge criminel lui signifia les ordres de son maître. Il y forma opposition comme il était facile de le prévoir, et il fut ajourné devant le dauphin.

Le prince fit son entrée à Toulouse le lundi de la Pentecôte (25 mai 1439). Comme il n'était âgé que de seize ans, son père lui avait donné un conseil pour le diriger. A la tête de ce conseil était le comte de Pardiac attaché au jeune prince en qualité de gouverneur. Le dauphin travailla surtout à éloigner les routiers qui avaient alors à leur tête Rodrigue de Villandraut et le bâtard de Bourbon, le compagnon d'armes de

(1) Dom Vaissette, pag. 490.

Villandraut, durant l'expédition de Guyenne sous le brave Xaintrailles. L'expédition finie, Villandraut et le bâtard étaient rentrés ensemble dans le Languedoc et avaient recommencé leurs pillages. Pour obtenir leur éloignement, il fallut compter au premier deux mille écus et mille au second. Ils occupaient plusieurs places dans le comté de Comminges. Ils en livrèrent une partie à Matthieu de Foix et l'autre au comte d'Armagnac.

Celui-ci revendiquait le Comminges et prétendait que ce comté avait été donné à la maison d'Armagnac par Marguerite et par Jeanne sa mère, en dédommagement des sommes d'argent que Jean II et Jean III avaient dépensées pour leur cause. Le prince retint cette affaire, et en attendant son jugement, il força les deux compétiteurs à signer une convention. Matthieu était en outre ajourné pour répondre sur la captivité de Marguerite; mais avant que le terme assigné fût venu, le dauphin reçut ordre de retourner en France. Il s'était déjà mis en route, lorsqu'il apprit que le comte de Huttington avait débarqué à Bordeaux à la tête d'une armée qui s'élevait, dit-on, à quinze mille hommes, et qu'il se disposait à porter la guerre non seulement dans la Guyenne, mais encore dans le Languedoc. Cette nouvelle suspendit sa marche, et il écrivit au roi, pour demander des ordres ultérieurs. Charles écrivit à son fils de pourvoir à la défense du pays et de revenir le joindre au plutôt. Le dauphin obéit. Il nomma (1) le comte de Foix, le vicomte de Lomagne, fils aîné du comte d'Armagnac et le sire d'Albret, capitaines généraux, et les envoya combattre Huttington et ses Anglais. Il chargea en particulier les sénéchaux de la province

(1) Dom Vaissette, pag. 493.

de veiller à ce que les comtes de Comminges et d'Armagnac exécutassent le traité qu'il leur avait imposé, et d'empêcher surtout qu'ils recourussent aux armes. Après ces sages mesures, il s'éloigna en toute hâte.

Cependant le comte de Huttington avait descendu la Garonne et s'était répandu dans l'Agenais. Il y prit Le Mas, Clairac, Lavardac, Le Nondieu, Francescas et La Montjoie. Il poursuivait surtout le sire d'Albret et lui enleva Mézin et la plupart de ses places. Profitant de ses avantages, il marcha vers le pays de Gaure et s'avança jusqu'à deux lieues de Fleurance. Averti de son approche, le sire d'Albret fit demander un secours au dauphin, qui lui envoya Jean de Stuart et Bernard du Gua. Les deux capitaines accoururent à marches forcées; mais les gens de guerre étaient redoutés des villes, même lorsqu'ils volaient à leur secours. Quand on signala l'arrivée de Stuart et de du Gua (1), les consuls assemblèrent les citoyens à l'hôtel-de-ville et firent décider qu'on ne les recevrait point. Après cette délibération, ils firent fermer les portes. La comtesse, qui s'était renfermée dans la ville avec deux de ses enfants, instruite de la délibération arrêtée, se transporta à la porte par où devaient entrer les secours qu'elle attendait, et fit enlever de force la clef. Au bruit de la résistance, les habitants s'attroupèrent, jurant Dieu qu'ils défendraient les portes contre les capitaines et contre la comtesse elle-même. En même temps plusieurs d'entr'eux grimpèrent sur la tour et tâchèrent de rompre les cordes qui retenaient la herse, quoique la comtesse et ses enfants fussent dessous et pussent ainsi être écrasés. Ils en seraient sans doute

---

(1) Coll. Doat, tom. 53.

venus à bout, si quelques citoyens plus sages ou moins emportés n'y avaient mis obstacle, et la comtesse resta maîtresse de la porte.

Les consuls Jean de La Réole, Arnaud d'Augumin, Pierre Meret et Bernard Lari firent alors décréter à l'hôtel-de-ville que si quelque citoyen était attaqué ou recherché à l'occasion de ce qui s'était passé, tous prendraient sa défense et regarderaient sa cause comme la leur. Au milieu de cette irritation, les rixes étaient inévitables. Quelques habitants se prirent de querelle avec un sergent du comte et le blessèrent. Quand la justice voulut informer, ils s'évadèrent et se retirèrent à Cézan. Dans cet asile, ils se montrèrent encore plus entreprenants qu'à Fleurance et ne craignirent pas d'attaquer le gouverneur de Lectoure pendant qu'il cheminait paisiblement. Cette nouvelle insulte demeura encore impunie. Enhardis par cette tolérance, les coupables retournèrent un mois après à Fleurance, où les consuls leur assurèrent qu'ils n'avaient rien à craindre; que s'ils étaient attaqués, ils n'avaient qu'à jeter un cri, et qu'aussitôt toute la ville volerait à leur secours.

Quelques jours après leur rentrée, le sire d'Albret étant venu lui-même à Fleurance, dut faire taire son juste ressentiment et jeter le voile de l'oubli sur toutes les scènes dont la ville avait été le théâtre. Cette conduite rendit les habitants plus audacieux. Un des hérauts fut assailli de nuit et renversé à terre si rudement qu'on le crut mort. Le comte instruit de cette violence, fit saisir celui qu'il en crut coupable; mais les citoyens s'attroupèrent et investirent l'hôtel; ils menacèrent de le brûler avec ceux qui l'habitaient, si on ne rendait la liberté à leur concitoyen. Il fallut encore dévorer cet outrage.

Le sire d'Albret ne put pas même lever le cens qui lui était dû en sa qualité de comte de Gaure. N'osant ou ne pouvant se faire justice, il s'adressa au roi qui ordonna que le cens serait levé; mais quand le receveur voulut remplir les devoirs de sa charge, Bernard Lari à la tête de quatre-vingts hommes armés, lui signifia qu'il eût à se retirer. On déféra l'affaire au sénéchal de Toulouse qui envoya sur les lieux le sous-viguier. Celui-ci fit arrêter deux des plus mutins, dont l'un était de Fleurance et l'autre de Cézan; et il allait les amener avec lui, lorsque la ville entière s'ameuta, les portes furent fermées, les cris de mort sortirent de toutes les bouches. Le sous-viguier s'estima heureux d'échapper en abandonnant les prisonniers. Ces désordres ne pouvaient rester sans répression. Le roi ordonna qu'on fît marcher sur Fleurance des forces suffisantes pour triompher de toute résistance, et commanda qu'on saisît les quatre citoyens les plus coupables, qu'on les conduisît à Toulouse et qu'on les punît selon toute la rigueur des lois. Ce qui fut exécuté vers l'an 1446.

Pendant que les Anglais s'avançaient vers l'Agenais, le dauphin s'éloignait rapidement. Néanmoins il ne put assister aux états d'Orléans que le roi ouvrit lui-même. Tous les princes y parurent en personne ou s'y firent représenter par des ambassadeurs. Le comte d'Armagnac y députa le sire d'Estang (1) avec une suite nombreuse. Cette brillante assemblée ne paraissait avoir qu'un désir, celui d'alléger les charges publiques. On y traita longuement des maux de la patrie, mais on

(1) Berry, pag. 404.

fit peu pour les guérir. Le seul résultat durable fut d'avoir provoqué une ordonnance dont les développements ont détruit la féodalité et changé l'art militaire en Europe. Toutes les bouches s'y étaient plaintes de la licence des gens de guerre.

« Il fut défendu (1), sous peine de crime de lèse-majesté, de confiscation de corps et de biens, de perte de noblesse et de tout autre droit aux honneurs et aux offices publics, d'être assez hardi pour lever, conduire ou recevoir une compagnie de guerre sans congé, licence ou lettres patentes du roi. Défense était faite sous même peine à tous capitaines, gens de guerre et autres, de piller, dérober ou détrousser, de laisser piller, dérober ou détrousser gens d'église, nobles, marchands, laboureurs ou autres sur les chemins, ou leurs hôtels, ou habitations ou ailleurs, et aussi de les prendre, emprisonner et rançonner ; au contraire, on devait les laisser passer sûrement et sauvement. Défense aussi de prendre aux marchands et laboureurs leurs bœufs, leurs chevaux et toute bête de harnais, de labour, de voiture ou de charrois, laissant, au contraire, labourer ou charrier leurs denrées et marchandises paisiblement et sans leur rien demander ; de détruire ou laisser détruire le blé, le vin ou autres vivres quelconques, de les jeter dans les puits, de défoncer les pipes ou autres vaisseaux, de scier ou couper les blés, de les battre, de les faire *manger en vert à leurs chevaux;* de mettre ou laisser mettre le feu aux gerbes, aux maisons, aux foins, aux pailles, aux lits, franges, ustensiles, presses, pressoirs et autres instruments ; de démolir les charpentes des maisons pour se chauffer. Il était enjoint aux sénéchaux, baillis et pré-

---

(1) M. de Barante, tom. 13, pag. 40.

vôts du royaume de faire prompte et bonne justice de tous ceux qui violeraient ces défenses. A leur défaut, tout Français pouvait ou plutôt devait leur courir sus. Leurs dépouilles étaient dévolues à ceux qui les saisissaient, et si dans cette lutte quelqu'un d'eux était tué, nulle poursuite ne pouvait être intentée contre le meurtrier. » Les autres dispositions n'étaient pas moins sages et surtout moins énergiques.

C'était mettre un peu d'ordre au milieu du chaos, mais l'ordre ne pouvait convenir à ces hommes de guerre accoutumés à vivre de pillage et de licence. Les princes du sang donnèrent l'exemple de la résistance. Une conspiration fut ourdie et prit le nom de Praguerie, des troubles de Prague et de la Bohême, suscitées par les Hussites sur lesquels l'univers entier avait alors les yeux. Conduite par La Tremouille, un des anciens favoris du roi, elle compta dans ses rangs le duc d'Alençon, le comte de Vendôme, le brave Dunois lui-même, et surtout le duc de Bourbon, le plus ardent peut-être et le plus empressé. Les principaux chefs des routiers se joignirent à eux; c'était leur cause que les princes défendaient sous le vain et fallacieux prétexte du bien public. Le dauphin retournait du Languedoc avec le comte de Pardiac son gouverneur, que le roi lui avait *baillé pour l'instruire ès bonnes mœurs* (1). Il n'avait alors que dix-sept ans, et son caractère jaloux, hargneux et ennemi de toute supériorité commençait à se développer. Le bâtard de Bourbon, Raymond d'Amboise et quelques autres n'eurent pas de peine à le déterminer à se déclarer contre son père. Vainement le comte de Pardiac lui

(1) Jean Chartier, pag. 102.

fit les plus sages remontrances : tout fut inutile. Le dauphin lui signifia qu'il n'entendait plus se conduire par les ordres et la volonté d'un gouverneur, qu'il voulait en user à sa guise; que désormais il ne serait plus tenu en subjection comme il avait été jusqu'à ce jour, et qu'il lui semblait qu'il ferait très-bien le profit du royaume. Sans écouter d'autre avis, il manda près de lui les princes révoltés et se retira à Niort.

Le comte de Pardiac, désolé de tant d'obstination, poursuivit sa marche jusqu'à Angers qu'habitait alors le roi, et l'instruisit (1) de tout ce qui se passait. Charles, si souvent faible et irrésolu, déploya dans cette circonstance une activité à laquelle ses ennemis étaient peu accoutumés et força les mécontents à venir s'humilier à ses pieds. Resté seul, le dauphin dut, malgré son mauvais vouloir, implorer à son tour un pardon que son père ne lui fit peut-être pas assez chèrement acheter. Pendant que le roi de France étouffait ainsi les premières étincelles de la guerre civile, le concile de Bâle, se laissant emporter contre les résistances de la cour de Rome, déposait le pape légitime et allait chercher dans sa retraite de Ripaille, Amédée de Savoie, pour lui imposer la tiare sous le nom de Félix V. Mais les nations catholiques avaient trop souffert des derniers déchirements de l'église. Aucune n'épousa les passions du concile, et le schisme repoussé ou accueilli froidement partout, s'usa de lui-même et disparut bientôt comme un fruit d'arrière-saison, qui tombe sans avoir pu mûrir dans un temps qui n'est pas le sien.

(1) Jean Chartier, pag. 102.

CHAPITRE III.

Les Anglais assiègent Tartas. — Charles VII vole à sa défense à la tête d'une puissante armée. — Il soumet Dax, St-Sever, Tonneins, Marmande, La Réole. — Il termine le long différend élevé au sujet du comté de Comminges. — Il fait citer le comte d'Armagnac. — Il envoie contre lui le dauphin qui saisit les domaines du comte et le fait prisonnier avec sa famille dans l'Isle-Jourdain. — Procès de Jean IV. — Le roi lui fait grâce et lui rend la plus grande partie de ses domaines. — Mort et funérailles du comte.

Charles VII profita du rétablissement de la concorde pour se porter sur Pontoise, à la tête d'une armée nombreuse. Outre Lahire et Xaintrailles, on y voyait (1) le comte de Pardiac, le sire d'Albret et presque tous les grands seigneurs du royaume. Le succès ne répondit nullement à l'attente publique. Le siège traîna en longueur et fut enfin levé. Le roi, plus heureux quelque temps après, investit de nouveau la place et s'en empara. Il se reposa à peine des fatigues du siège et partit aussitôt pour le Poitou. Une nouvelle incursion des Anglais demandait sa présence dans le Midi. Ils s'acharnaient toujours sur le sire d'Albret qui, après la campagne précédente, avait recouvré la plupart de ses places et leur avait même enlevé la ville d'Aire. Le sénéchal de Bordeaux et le captal de Buch conduisaient cette nouvelle entreprise. Le captal était ce Gaston (2), second fils d'Archambaut de Grailly et d'Isabelle de

---

(1) Monstrelet, tom. 2, chap. 7, pag. 388. Berry, pag. 413. —
(2) Grands Officiers de la Couronne, tom. 3.

Foix, dont le dévouement à l'Angleterre avait commencé presque avec la vie. L'âge n'avait point changé ses sentiments. Pendant que son frère aîné se dévouait à la France avec la plus grande partie de sa famille, il s'attacha aux Léopards et leur demeura fidèle jusqu'à son dernier soupir. Henri V lui donna le comté de Longueville, le décora de l'Ordre de la Jarretière et le chargea d'épouser en son nom la princesse Catherine. Il employa souvent avec succès ses talents militaires. Le gouvernement d'Henri VI continua de se servir de son épée, et le plaça même quelquefois à la tête des forces anglaises.

Les deux généraux prirent d'abord quelques châteaux sans importance et arrivèrent (1) ensuite devant Tartas, qu'ils sommèrent vainement de se rendre et qu'il fallut assiéger suivant les règles de l'art. Tartas était la capitale d'une vicomté qui servait depuis longtemps de titre aux aînés de la maison d'Albret. Charles II, le fils du connétable, s'y était renfermé à la tête d'une foule de braves chevaliers, et il repoussait avec courage tous les assauts des ennemis. Sept mois s'étaient écoulés et le siège n'avançait point ; mais la famine commençait à se faire sentir dans la place. Le sire d'Albret en craignit les suites et accepta une composition, dont les principales conditions furent que la ville resterait jusqu'à la St-Jean entre les mains de son fils aîné ; que si le 25 juin les Français ne s'étaient pas montrés avec des forces suffisantes pour faire lever le siège, elle ouvrirait les portes aux Anglais, mais que dans le cas contraire elle resterait à son maître et à la France. Durant l'armistice, les habitants pouvaient entretenir

---

(1) Berry, pag. 419.

toutes les relations qu'ils voudraient avec le Bordelais et la Guyenne. Ce traité fut juré par les trois chefs. Pour mieux garantir son serment, le sire d'Albret donna un de ses fils en otage.

Dès que la nouvelle en fut parvenue à la cour de France, Charles convoqua toutes les milices de France et surtout les troupes de la sénéchaussée de Toulouse, plus voisine du théâtre de la guerre. Il assigna pour quartier-général la ville de Toulouse, où toutes les troupes devaient être rendues le 1er avril 1442. Il députa en même temps le sire de Panassac (1) et le sire du Bourg vers ses cousins les comtes d'Armagnac, de Foix et de Comminges et le vicomte de Lomagne pour les engager à joindre leurs forces aux siennes. Le vicomte de Lomagne entraîné par sa jeunesse et par son amour pour les combats, n'attendit pas cet ordre. Il se mit en armes dès les premiers jours de janvier. Les états de Gévaudan lui donnèrent mille moutons d'or et en donnèrent deux mille sept cents à plusieurs capitaines de routiers, qui traversaient le pays pour aller combattre à Tartas. Par cette libéralité, les états voulaient se garantir du pillage; ce qui n'était pas très-facile malgré les dernières ordonnances; on le vit quelques jours plus tard. La noblesse de la sénéchaussée s'était réunie à l'époque assignée; mais le roi occupé ailleurs avait été obligé de différer sa venue. Ce retard amena des désordres. Les seigneurs réunis se vengeaient sur les campagnes des délais qu'éprouvait l'expédition. On ne put ramener l'ordre et faire cesser les brigandages qu'en les renvoyant momentanément dans leurs foyers.

(1) Dom Vaissette, tom. 4, pag. 496.

Charles prit enfin la route du Languedoc et fit son entrée solennelle à Toulouse le 8 juin 1442. Il était vêtu de noir et montait un cheval blanc; il traversa ainsi les rues sous un dais brodé en or et porté par les huit capitouls vêtus de leurs robes mi-parties de noir et d'écarlate. Il y séjourna quinze jours, soit pour donner aux troupes le temps de se mettre en marche, soit pour attendre les gens d'armes qui s'étaient retardés. Il conduisait sans contredit la plus belle armée que la royauté eût mise sur pied depuis cinquante ans; mais comme les vivres se concentraient difficilement sur la même ligne, le prince la partagea (1) en deux corps. Il confia l'un au connétable Arthur de Richemont, et garda le commandement de l'autre, se dirigeant par Grenade sur Mont-de-Marsan, tandis que le connétable s'avançait par un autre chemin. Sur leur route quelques villes osèrent leur fermer leurs portes; mais elles ne tardèrent pas à se repentir de leur audace. Les deux corps se réunirent au Mont-de-Marsan. Le 22, l'armée coucha aux champs près d'une petite place située à deux lieues de Tartas. Le lendemain le roi la rangea en bataille dans la grande lande de Tartas. Il était entouré du dauphin, du connétable, des comtes du Maine, d'Eu, de La Marche, de Castres, de Pardiac, de Foix, de Comminges, du vicomte de Lomagne, du sire d'Albret et de cent ou cent vingt chevaliers bannerets.

La lutte n'était pas possible. La journée se passa sans qu'il parût aucun ennemi. Le soir, le seigneur de Cauna, gouverneur de la place, remit au connétable le

(1) Monstrelet, pag. 196. Berry, pag. 420. Mémoires de Richemont, pag. 370.

fils du sire d'Albret qui avait servi d'otage et fit serment de servir la France. Les troupes s'ébranlèrent aussitôt ; le connétable se retira à Souprosse, tandis que le roi alla se loger dans un village voisin. Le lendemain, fête de St-Jean, on fit séjour, mais le lundi on alla assiéger St-Sever (1). La ville était défendue par des murs, des palissades et des fossés profonds. Thomas de Rameston, sénéchal de Guyenne, s'y était renfermé avec cent hommes d'armes Gascons ou Anglais et quatorze cents arbalétriers Gascons. Le premier jour fut donné aux préparatifs, mais le mercredi le roi ordonna au corps placé sous ses ordres de monter à l'assaut, et défendit au connétable de faire assaillir la place par ses gens, se croyant assez fort pour la prendre seul. Cette défense mortifia singulièrement le vieux guerrier. Aussi quand le roi, trompé dans son attente et trouvant plus de résistance qu'il n'avait pensé, réclama son concours, Arthur résolut d'abord de le refuser ; mais bientôt l'amour du devoir et le zèle pour la gloire de son souverain l'emportèrent sur un frivole dépit. Il s'élança sur les murailles et un quart d'heure après, la ville était emportée. Les désastres qu'elle essuya furent grands ; mais ils l'eussent été bien davantage sans le connétable et le comte de Pardiac. Ils se précipitèrent au milieu des vainqueurs, apaisèrent leur rage et sauvèrent plusieurs femmes de leur brutalité. La nuit les trouva parcourant les rues, même au péril de leurs jours ; car dans les ténèbres, des soldats qui ne les connaissaient point, irrités de leurs représentations, se jetèrent sur eux et faillirent les assommer. Ils ne durent

(1) Monstrelet, pag. 196. Berry, pag. 420. Mémoires de Richemont, pag. 370.

leur conservation qu'à une protection visible du ciel. Leur généreuse intervention s'étendit principalement sur l'âge le plus tendre. Plus de cent orphelins appelaient de leurs vagissements leurs mères, dont les unes avaient été massacrées et dont les autres, cédant à une première terreur, s'étaient enfuies. Les deux seigneurs firent amener des chèvres pour les allaiter *et ne vîtes jamais telle pitié*, ajoute un chroniqueur du temps (1).

Après avoir séjourné quatre jours dans leur nouvelle conquête, les Français prirent la route de Dax. Dans le chemin, les bagages du connétable lui furent enlevés, et il les regretta d'autant plus que la famine commençait à se faire sentir. Pour toute boisson, il ne lui restait qu'une bouteille de vin assez petite; il prit son souper sur les bords d'une fontaine, *qui bien* (2) *servit*. Le lendemain, un vendredi, on mit le siège devant Dax (3). Cette ville se prêtait mieux à la défense que St-Sever. Ses fossés étaient plus larges et plus profonds, et ses tours plus élevées. Ses murailles surtout, les plus belles que le moyen âge ait léguées à notre province, semblaient défier l'attaque. Une foule de vaillants guerriers étaient accourus s'y renfermer avec joie, se promettant l'honneur d'arrêter les triomphes du roi de France. Ils voulurent empêcher les premiers travaux; il y eut à cette occasion *belle scarmouche*, dit le chroniqueur déjà cité, mais ensuite, ajoute-t-il, *bien petit à manger dans le camp*. Les assaillants furent repoussés et l'armée assit ses lignes.

Le roi se plaça au-delà de la rivière, vers Bordeaux, ayant près de lui le dauphin, les comtes d'Eu, de Foix, de Comminges et d'Astarac. Plus près des remparts et à la tête du pont étaient campés le sire d'Albret, les

---

(1) Richemont, pag. 372. — (2) Idem, pag. 373. — (3) Monstrelet, Berry, Richemont.

sénéchaux de Beaucaire et de Toulouse, et les seigneurs de Castelnau-Bretenoux et de Clermont-Lodève. Le connétable avait pris le côté opposé au roi; le comte de Pardiac, le vicomte de Lomagne et quelques autres seigneurs de distinction commandaient sous lui. Lahire et le maréchal de Rouhaut s'étaient postés à une des portes. La vue d'une armée si brillante et de tant de capitaines renommés, loin d'intimider les assiégés, sembla multiplier leur courage et leur activité. On les voyait, tantôt faire pleuvoir une grêle de traits sur leurs ennemis, tantôt s'élançant de leurs remparts, aller les provoquer dans leur camp et s'avancer jusqu'à la pointe de leurs piques, afin de pouvoir leur porter des coups plus sûrs. Le siège dura six semaines. La Chalosse, malgré sa fertilité, ne pouvait suffire à nourrir un aussi vaste rassemblement. On n'avait rien à attendre des landes immenses dans le voisinage desquelles on se trouvait. La famine ne tarda pas à se faire sentir chez les Français; le connétable lui-même n'avait que quelques oignons, du pourpier, quelque peu de pain et encore moins de vin (*).

On connaissait dans la ville combien le fléau pesait dans le camp, et on s'y flattait tous les jours davantage du triomphe qui devait couvrir de gloire la cité et ses défenseurs. Cette noble et guerrière confiance, leurs ennemis l'appelaient un sot orgueil (**). L'événement

(*) Toutefois il lui vint une pipe de vin qui lui coûta bon prix (très-cher), et lui dura plus que vin lui avait jamais duré, car tout homme qui en envoyait quérir avait sa bouteille remplie, pourvu qu'il apportât une bouteille d'eau pour mettre par la bonde. (Richemont).

(**) Le chroniqueur, avec cette injustice et ce dédain que nous avons si souvent remarqués dans les annalistes du Nord, appelle les habitants *les gens les plus orgueilleux qu'on peut trouver*. (Richemont. pag. 373).

allait justifier ce langage. Le jour approchait, en effet, où le courage devait céder au nombre. Le dauphin ordonna subitement un assaut qu'il voulut commander en personne. Les assiégés soutinrent l'attaque en gens de cœur et de résolution. Ils se défendirent tout le jour *et y eut de grandes vaillances faites par ceux du dedans et ceux du dehors* (1); mais sur le soir le boulevard intérieur fut emporté avec la tour qui commandait la grande porte de la ville. Le roi, profitant de ce succès ordonna pour le lendemain un assaut général. Durant la nuit les habitants ne purent songer *sans s'esbahir fort* que leurs ennemis étaient aussi rapprochés d'eux. Quand le jour leur montra les nombreux escadrons déjà prêts à assaillir les murs de tous côtés, ils craignirent les horreurs qui, dans la première ivresse de la victoire, accompagnent toute conquête longtemps attendue et chèrement achetée. Ils demandèrent à capituler. Le connétable et le comte de Pardiac s'intéressèrent à leur sort, et à leur sollicitation le roi consentit à les prendre à merci. Il exigea seulement que le sénéchal des Landes qui commandait dans la place rendît aussi les châteaux de Bedos et de Sabres, et que les gens d'armes qui y étaient renfermés, demeurassent prisonniers de guerre. A ces conditions, Charles s'engageait à conserver intactes les franchises de Dax. On souscrivit à tout ce qu'exigeait le monarque, et le sénéchal des Landes donna son fils en otage en attendant que les châteaux fussent livrés.

Ces deux sièges avaient éprouvé l'armée; le roi la laissa reposer pendant huit jours, et après avoir confié la place à un écuyer du comte d'Armagnac, nommé

(1) Berry, pag. 420.

Arnaud Guillaume de Bergognan, il ordonna de lever le camp. Plusieurs de ses capitaines étaient déjà montés à cheval et attendaient dans une vaste lande leurs frères d'armes; lorsqu'on vit accourir une troupe fuyant à toute bride et criant aux armes. C'étaient les gens d'un capitaine nommé Blanquefort. La présence du roi n'avait pu maintenir une exacte discipline parmi ces nombreuses bandes, si accoutumées au pillage. Pendant le siège et surtout durant les huit jours de repos qui l'avaient suivi, plusieurs officiers s'étaient répandus sur les pays voisins, presque tous dépendants du comte de Foix et y avaient semé la dévastation. A la vue de leurs habitations incendiées, de leurs champs ravagés, de leurs greniers épuisés, les habitants ne prenant conseil que de leur douleur, s'attroupèrent au nombre d'environ quatre mille et tombèrent sur le capitaine Blanquefort, le plus rapace ou le plus aventureux de ces officiers; mais ils s'étaient trop hâtés. Avertis à temps, tous les capitaines, qui stationnaient dans la lande, se portèrent aussitôt sur les assaillants. Ceux-ci, hors d'état de lutter contre le nombre, le courage et l'habitude du maniement des armes, n'attendirent pas leur approche; ils s'enfuirent à leur tour, mais ils furent atteints dans une vallée coupée de haies et de buissons. Sept cents de ces malheureux restèrent sur la place et deux cents furent amenés prisonniers; les autres du moins purent regagner leurs chaumières détruites ou pillées. Le roi ferma les yeux sur ces actes plus dignes de brigands que de soldats. Le comte de Foix lui-même n'osa pas se plaindre, et *n'en fut autre chose*, dit froidement le chroniqueur (1).

(1) Berry, pag. 421.

Le roi retourna à St-Sever, où il ne s'arrêta que pour y nommer un gouverneur, et de là il se dirigea vers Agen. Le connétable et le comte de Pardiac conduisaient un corps séparé. Le connétable était veuf depuis peu de temps. Le comte de Pardiac lui avait souvent parlé d'une de ses nièces, fille du sire d'Albret. Arthur donna les mains au projet d'alliance. Deux de ses chevaliers se rendirent à Nérac, où le sire d'Albret habitait avec sa famille; le comte de Pardiac les y avait précédés. Il n'eut pas de peine à faire accueillir la proposition. Le connétable, qui suivit de près les envoyés, arriva lui-même à Nérac, *et cette nuit soupa avec les dames et les vit à son aise et dansèrent* (1). Les fiançailles furent célébrées sur-le-champ (22 juillet 1442). Charles d'Albret assura à sa fille trente mille écus d'or, et lui donna en attendant en jouissance le comté de Dreux que le roi lui avait rendu le 16 novembre précédent. Le mariage fut béni un mois après. Jeanne, la nouvelle épouse, ne tarda pas à prendre la route de la Bretagne, où sa vie devait s'éteindre bientôt (1444).

Cependant le roi poursuivait ses conquêtes. Tonneins et Marmande se rendirent (2) à la première sommation. La Réole opposa plus de résistance. Un écuyer Anglais et un chevalier Gascon y commandaient, et quoiqu'ils n'eussent avec eux que cent lances et trois cents hommes de trait, ils osèrent se défendre. La ville fut prise après un combat meurtrier. Il fallut employer la mine contre le château, qui fut enfin forcé de capituler le 8 décembre. La saison était avancée, l'hiver s'annonçait par des gelées précoces. Le roi termina la campagne

(1) Richemont, pag. 374. — (2) Richemont, Berry, Monstrelet.

et alla passer les fêtes de Noël à Montauban. L'expédition avait été brillante. Une foule de seigneurs entraînés par les succès, avaient abandonné l'Angleterre et s'étaient déclarés pour Charles VI. Rien n'avait résisté à ses armes. Toutes les places qu'il avait attaquées lui avaient de gré ou de force ouvert leurs portes, mais toutes ne lui étaient pas demeurées longtemps fidèles; Dax lui échappa presqu'aussitôt (1). Quelques soldats de la garnison de Bayonne, après s'être concertés avec les citoyens, se cachèrent la nuit dans une église voisine des remparts. Le matin, quand on ouvrit les portes, ils se précipitèrent dans la ville et s'en emparèrent. Se portant aussitôt vers le château, ils l'assaillirent avec vigueur, mais ils ne purent l'emporter sur-le-champ. D'autres soldats vinrent les renforcer. Arnaud Guillaume de Bergognan ne se défendit que trois jours. Après ce terme il craignit que le château fût emporté, et se rendit prisonnier avec la garnison qu'il commandait. On le blâma d'autant plus de cette précipitation, que s'il eût tenu un jour de plus, Dax était sauvé. Le comte de Foix volait à son secours, et le roi de France, au premier bruit de ce hardi coup de main, avait fait partir le maréchal de Cullant. La perte de Dax entraîna celle de St-Sever. Les habitants de cette dernière ville ayant appris ce qu'avaient fait leurs voisins, chassèrent la garnison française et appelèrent les Anglais; mais le comte de Foix (2), maintenant plus heureux, accourut aussitôt et força les Anglais à s'éloigner, et la ville dut rentrer sous les lois de la France.

(1) Monstrelet, Berry. — (2) Berry, pag. 422.

Le roi prolongea son séjour à Montauban (1). Les froids furent si rigoureux, que toutes les rivières de la Gascogne furent gelées. Les neiges tombèrent avec abondance. Les chemins demeurèrent longtemps interceptés. Pendant plus d'un mois, on ne pouvait voyager ni à cheval, ni à pied. Charles profita de ces loisirs pour terminer la querelle élevée au sujet du comte de Comminges (2). Après le départ du dauphin, Poton de Xaintrailles prétendit assez gratuitement que Matthieu de Foix s'était rendu coupable de désobéissance aux ordres du roi, et sous ce prétexte il entra dans le Comminges, y prit plusieurs places au nom de son maître, et quand il se vit rappelé comme l'avait été le dauphin, il ne voulut pas les remettre à Matthieu, mais il en confia la garde au comte d'Armagnac. Matthieu, outré de cette conduite, s'en prit à son concurrent, et de part et d'autre on eut recours aux armes. Au bruit de cette collision le roi s'empressa d'envoyer en Gascogne le bailly de St-Pierre-le-Moutier et le chevalier Hugues de Noé, en qui il avait une confiance particulière, et qu'il employa à la plupart des affaires traitées sous son règne dans le Languedoc. Ces deux commissaires avaient pour mission de commander aux deux adversaires de poser les armes et d'attendre le jugement royal. Ni l'un ni l'autre ne voulurent d'abord se soumettre à cette injonction. Néanmoins ils se ravisèrent bientôt et remirent leurs différends aux comtes de Pardiac et de Foix, leurs deux plus proches parents, et leur livrèrent les places, objets du litige. Cet arrangement ne fut

---

(1) Le brave Lahire mourut à Montauban au retour de cette expédition 1442. — (2) Dom Vaissette, tom, 4, pag. 438.

pas goûté du roi qui voulait tenir ces places sous sa main.

Il fit en conséquence sommer le comte d'Armagnac d'avoir à les lui remettre. Jean fit d'abord quelques difficultés, mais enfin il y consentit et le manda ainsi aux deux nobles arbitres. Ceux-ci alors refusèrent nettement d'obéir ; et prétextant que le roi devait bientôt venir en personne, et qu'alors l'affaire s'instruirait pleinement, ils résolurent d'attendre son arrivée. Quand le roi s'arrêta à Toulouse quelques jours avant d'aller secourir Tartas, il fit sommer les comtes de Pardiac, de Foix et d'Armagnac de comparaître devant lui ; mais les trois comtes éludèrent cette sommation sous le prétexte qu'ils étaient occupés à s'armer pour la nouvelle expédition. Au milieu de ces contestations, Matthieu de Foix qui ne paraît pas avoir été alors inquiété, transféra sa femme du Béarn, où il la détenait prisonnière, dans un château du pays de Foix. La campagne s'ouvrit. Le roi, à son retour, chargea quatre seigneurs d'aller sommer les arbitres et les prétendants de livrer à sa garde les places contestées et de rendre la comtesse à la liberté ; il voulut même qu'on employât la force en cas de refus. Les commissaires se transportèrent d'abord auprès du comte d'Armagnac et le sommèrent de rendre les places, ce qu'il fit sur-le-champ. On hissa aussitôt les bannières et les *pennonceaux* du roi qui flottèrent au haut des tours. Malgré cette soumission, les envoyés ordonnèrent à Jean IV de comparaître dans le délai de quinze jours devant le roi à Montauban, et avant la St-Jean devant le parlement de Toulouse, pour avoir à répondre sur plusieurs griefs qui lui étaient imputés. Les envoyés se rendirent ensuite à la cour de Foix et enjoignirent à Gaston de remettre la comtesse de Comminges en liberté. Gaston répondit qu'elle n'était dans aucune de ses places, et pour mieux les convaincre, il les fit toutes ouvrir en leur présence, et Marguerite ne se trouva nulle part. De Foix, les envoyés se transportèrent dans le Comminges et firent à Matthieu l'injonction qu'ils avaient faite à son neveu. Matthieu hésita d'abord et demanda un jour de délai. Ce jour expiré, il promit de se rendre devant le roi à Toulouse. Là en présence des états de Comminges, il fut arrêté entre le roi et lui que la comtesse serait remise en liberté; que durant sa vie elle jouirait de la moitié des revenus du comté, et que l'autre moitié appartiendrait à son mari; qu'à la mort de l'un d'eux, les revenus entiers passeraient dans les mains du survivant, mais qu'après le décès des deux époux, le comté avec ses dépendances serait réuni à la couronne. Matthieu, n'ayant plus de motif pour tenir sa femme en captivité, ne tarda pas à la conduire à Toulouse.

Marguerite sortit enfin de sa longue prison et suivit le roi à Poitiers. Elle comptait alors près de quatre-vingts ans : c'était conquérir la liberté sur le seuil du tombeau. Elle n'en jouit pas un an entier. Dans les premiers jours de sa délivrance, elle ratifia ce qui avait été fait entre le roi et son mari, et confirma la substitution établie par son père au profit de la couronne de France. A sa mort, Matthieu se mit en possession de tout le comté et contracta une nouvelle alliance avec Catherine de Coarrase. Pendant que le comte oubliait auprès de sa jeune et belle épouse les nœuds mal assortis que la cupidité seule avait jadis formés, le comte d'Armagnac, comptant pour rien la transaction de Montauban, envahissait (1) un héritage qu'il disait lui appartenir; et en effet le droit semblait être pour lui. Pierre Raymond l'avait appelé au comté de Comminges avant le roi de France, dans le cas où ses filles mourraient sans postérité. Jeanne, mère de Marguerite, et Marguerite elle-même, avaient aliéné leur héritage en faveur de la maison d'Armagnac, sous Jean III, frère du connétable. Enfin il paraît que Marguerite, peu de jours avant sa mort, avait retracté les engagements qu'elle avait pris avec Charles VII, et que consacrant le passé, elle avait donné son comté à Jean IV.

Cet acte était resté secret; mais l'intérêt du pays, son indépendance, la longue et presque constante intimité qui avait régné entre les maisons de Comminges et d'Armagnac, tout le rendait plausible. Il est certain qu'on ne chercha point à en nier l'existence; mais la monarchie avait grandi depuis le sacre de Rheims, et après avoir presque expulsé les ennemis du dehors, elle avait commencé à s'attaquer aux grands vassaux, seuls ennemis qu'elle eût alors devant elle. Déjà elle avait trouvé mauvais que Jean d'Armagnac s'intitulât comte par la grâce de Dieu. Le moyen âge à son aurore avait employé ces paroles comme un juste hommage à la divinité; mais l'usage en avait changé la signifi-

(1) Dom Vaissette, tom 5, pag. 4. Berry. Jean II avait confisqué la terre de Palamini et la baronnie de l'Isle-de-Noé sur Gaillard de l'Isle, et lui avait ainsi promis une indemnité en argent; mais la mort avait surpris le comte d'Armagnac et Gaillard avant que la somme eût été comptée. Manaut, fils de Gaillard, s'adressa à Jean IV durant la lutte que celui-ci soutenait contre Matthieu de Comminges, et en obtint la restitution de la baronnie qui toutefois ne lui fut d'abord rendue qu'à titre viager. Jean V confirma la restitution faite par son père, et la compléta en la rendant perpétuelle. (Chartier du Séminaire).

cation, et d'un titre inventé ou accueilli par la reconnaissance et la piété, il semblait en avoir fait un titre de suzeraineté et d'indépendance. Les prédécesseurs de Charles VII eussent pu réclamer comme lui, mais la force leur manquant, ils fermaient les yeux sur des prétentions suspectes. D'ailleurs ils avaient trop d'intérêt à ménager des seigneurs puissants dont les domaines touchaient aux possessions anglaises pour les inquiéter sur quelques mots équivoques. En 1440 les circonstances avaient changé. Le roi fit sommer Jean de renoncer à un titre qui n'appartenait qu'à la couronne.

Jean ne vit dans cette défense qu'un abus de la puissance royale. Il répondit (1) que ce titre, il l'avait porté jusqu'à ce jour et que ses prédécesseurs l'avaient porté avant lui. Il ajouta qu'il devait cet hommage à Dieu de qui nous tenons tout. Il exposa enfin que l'Armagnac n'avait jamais été un fief royal et que ses ancêtres en étaient devenus comtes, non par un don du roi, mais *par l'élection des hommes*. Fort de son droit, Jean en appela au parlement de Paris, au pape, au concile général et par devant qui il en appartiendrait, et fit signifier cet appel aux commissaires (mars 1443) (2). A ce grief s'en ajouta aussitôt un second. Le roi voulut assujettir le comte à contribuer aux subsides de guerre; Jean s'y refusa, l'usage et les déclarations de Charles V et de plusieurs de ses prédécesseurs étaient pour lui. Le roi insista et fit faire de nouvelles injonctions par Tanneguy-Duchâtel. Le comte persista dans son refus et fut soutenu par toute sa noblesse. La cour de France reprochait aussi à Jean d'Armagnac d'avoir fait

(1) Col. Doat, tom. 53. — (2) La Coll. Doat désigne le 19 mai précédent.

embaucher (1) le capitaine Salazar par Jean de Lescun, bâtard d'Armagnac, dont la réputation militaire commençait à se faire jour, d'avoir donné à ces deux capitaines cent lances et de les avoir placés dans le Rouergue, d'où ils se répandaient dans les environs, pillant et rançonnant les sujets du roi. On l'accusait encore de traiter actuellement en Angleterre. On voulait même qu'il eût fait offrir au jeune Henri VI une de ses filles en mariage; mais ces accusations étaient aussi vagues que les deux prétentions du roi étaient nouvelles. Le prétexte manquait pour que Charles pût en appeler à la force. La mort de Marguerite de Foix et la levée de boucliers qui la suivit vint le lui offrir. Le roi, saisissant l'occasion, fit signifier au comte qu'il eût à remettre entre ses mains toutes les places du Comminges dont il s'était emparé et qu'aurait dû faire respecter la sauvegarde du roi qui les couvrait; mais Jean ne tint pas plus compte de cette injonction que des précédentes. Le roi, las de voir son autorité méconnue, chargea le dauphin d'aller tirer raison de tant de désobéissances.

Le jeune prince partit (2) suivi du maréchal de Cullant et des seigneurs de Châtillon, d'Estissac et de Blanquefort. Ils menaient avec lui mille lances sans compter les gens de trait. Il arriva rapidement dans le Rouergue, et sans donner le temps à ses ennemis de se reconnaître, il se montra sous les murs de Rhodez, que gardait le capitaine Salazar. Ce capitaine fut bientôt réduit à capituler. Le dauphin exigea impérieusement qu'il abandonnât le pays, mais il prit au service du roi la compagnie qu'il commandait. Il se contenta de mettre

(1) Berry, pag. 424. — (2) Berry, Abrégé de l'Histoire de Charles VII, pag. 346.

à sa place Matthieu Garsie, chef de routiers comme Salazar, mais chez qui la fidélité et le dévouement à la couronne égalaient la valeur. Après la prise de Rhodez, le dauphin ne s'arrêta pas à réduire les autres places et marcha vers Toulouse où les trois châtellenies de Samatan, de l'Isle-en-Dodon et d'Aurignac (1) lui envoyèrent des députés pour se soumettre à ses ordres. Elles avaient refusé de reconnaître Matthieu de Foix pour leur seigneur, prétendant que Marguerite avait révoqué avant sa mort la donation qu'elle avait faite à son mari; d'ailleurs celui-ci ne pouvait, selon elle, être admis à hériter d'une épouse qu'il avait condamnée à une prison perpétuelle sans autre motif qu'une coupable aversion. Dans leur indignation, elles en appelèrent au parlement qui les condamna et confirma l'accord dressé à Toulouse entre Charles VII et Marguerite. Ce jugement ne les réconcilia pas avec Matthieu et elles avaient continué à le repousser jusqu'à ce jour.

Le dauphin leur pardonna le passé, et poursuivant sa marche, il traversa la Garonne et courut assiéger l'Isle-en-Jourdain. Il menait avec lui le comte de Pardiac qui, oubliant les liens du sang, ou peut-être espérant adoucir la rigueur de la victoire et protéger plus efficacement un frère malheureux, était venu grossir les rangs de l'armée royale. Jean d'Armagnac, au bruit de l'orage qui le menaçait, s'était enfermé dans cette place avec Isabelle de Navarre, sa femme, Charles son second fils et ses deux filles. Il essaya une légère défense; mais bientôt augurant mieux d'une prompte soumission, il ouvrit (2) les portes de la ville et se livra avec tous les siens à la générosité du vainqueur. C'était peu connaî-

(1) Dom Vaissette, tom. 5, pag. 4. — (2) Berry. Dom Vaissette.

tre l'ame du futur Louis XI. Insensible à la confiance qu'on lui témoignait, le prince fit sur-le-champ arrêter le père et les enfants, et les envoya prisonniers au château de Lavaur, d'où il les transféra à Carcassonne. Après cet acte de sévérité, il entra dans l'Isle-Jourdain, l'abandonna au pillage et la retint ensuite sous la main du roi. Le vicomte de Lomagne était alors dans le Rouergue avec quelques troupes. Dès qu'il apprit la captivité de son père et de toute sa famille, il sentit que la lutte était impossible et se réfugia près du roi de Navarre, son cousin germain. Pendant sa fuite, le dauphin (février et mars 1444) parcourait en vainqueur l'Armagnac, le Fezensac, la Lomagne et les autres domaines de l'infortuné Jean IV. Quand il s'en fut assuré, il retourna sur ses pas et rentra dans le Rouergue pour en achever la conquête. A son approche, tout le pays se soumit, à l'exception des châteaux de Capdenac et de Severac où le bâtard d'Armagnac avait introduit deux fortes garnisons et qu'il tenta de protéger; mais le dauphin sut paralyser ses efforts en faisant assiéger les deux châteaux à la fois et amener le Bâtard à un traité, qui faisait cesser toute résistance et commençait à ébranler la fidélité d'un des plus braves et plus habiles défenseurs de la maison d'Armagnac.

Cette expédition n'avait pas duré deux mois. Dès qu'elle fut terminée, le dauphin retourna en France et commit tous les domaines dont il s'était saisi à la garde de Théode de Valperge, bailly de Lyon. A peine se fut-il éloigné, que le vicomte de Lomagne secrètement accueilli et soutenu par son cousin, alla à la cour d'Aragon et de Foix, en obtint des secours et rassembla un corps de troupes, avec lequel il essaya de reprendre les possessions de sa famille ; mais le sénéchal de Toulouse ayant réuni la noblesse de sa sénéchaussée rendit inutiles tous ses efforts et le contraignit de repasser les monts. Le vicomte ne resta pas longtemps oisif; il engagea à sa cause le roi de Castille et le comte de Savoie, qui envoyèrent en France des ambassadeurs pour obtenir la délivrance et la grâce du prisonnier. Le comte de Foix, suivi du vicomte de Lautrec, son frère, fit un voyage à la cour (1) et se rendit caution pour l'ancien rival de sa maison. Les ducs d'Orléans, de Bourbon et d'Alençon, les comtes du Maine, de Mortaing, de Richemont et de Dunois, presque tous les plus puissants seigneurs de France, appuyèrent (2) les sollicitations du comte de Foix. Ces hautes et nombreuses sympathies enhardirent les députés du comte d'Armagnac qui, à maintes reprises, demandèrent justice. La cause fut portée au parlement. Le roi y siégea en personne entouré de sa principale noblesse. L'orateur du comte s'y plaignit de la malignité qui avait jeté des soupçons sur la fidélité de son maître, y raconta tous les maux que ces soupçons avaient attirés sur une famille innocente et sur tous ses domaines, et y exposa les services que le comte et ses ancêtres avaient rendus à la couronne de France. Il conclut à ce qu'on fît bonne et briève justice.

Lorsqu'il eut fini de parler, l'avocat criminel du roi nommé maître Jean Barbin se leva, *et après avoir fait la révérence comme il appartenait*, il demanda et obtint deux ou trois jours pour répondre à ces allé-

(1) Dom Vaissette, tom. 5, p. 6. — (2) Matthieu de Coucy, p. 547, dans l'édition de Geoffroi qui l'a réuni à Jean Chartier, à l'abrégé de la chronique de Charles VI et à Berry. 1 vol. in-folio. C'est l'édition que nous citons. Nous avons emprunté à Matthieu de Coucy tout ce procès. Les députés de Jean IV étaient Beraud de Faudoas et l'abbé de Bonneval.

gations. Au jour convenu, Barbin combattit l'exposé de l'orateur adverse et déduisit longuement « toutes les fautes, dommages et inconvénients qui étaient advenus aux rois de France et royaume depuis trois cents ans, par les comtes d'Armagnac précédents, et nommait pleinement par leurs noms ceux qui avaient fait cela, et en quels temps ils en avaient ainsi usé. Il récita ensuite de point en point ce qui avait été fait contre le roi, son autorité et sa seigneurie par ce comte d'Armagnac à présent régnant. Il rappela qu'il donnait grâces et rémissions comme un souverain, qu'il mettait tailles en ses terres deux ou trois fois par an, qu'il tenait frontière pire au peuple qu'aux Anglais et prenait vivres, blé, moutons, bœufs, vaches, mulets, pourceaux, si l'on n'avait de lui saufs conduits; qu'il battait son confesseur quand celui-ci ne voulait point l'absoudre; qu'il avait fait pendre à Nîmes un huissier qui venait lui signifier un exploit; qu'il avait battu, pillé et emprisonné plusieurs ecclésiastiques. » Au nom de tous ces méfaits, il requit du roi que cette affaire fût poursuivie en justice jusqu'à la fin, et allégua plusieurs raisons qui s'opposaient à ce qu'on usât de clémence. Il conclut enfin non seulement à la confiscation de tous les domaines du comte d'Armagnac, mais encore à la punition corporelle du coupable.

En entendant ces graves et foudroyantes accusations, les défenseurs demandèrent un jour pour répliquer, et dans l'intervalle ils parlèrent aux partisans de la maison d'Armagnac, qui tous d'un commun accord leur conseillèrent de requérir du roi grâce et miséricorde, vu qu'il y aurait trop de péril pour leur maître à attendre les rigueurs d'une sévère justice. Ils suivirent ce conseil, et accompagnés des comtes de Foix et de Dunois, les plus empressés de toute la cour en faveur de l'infortuné Jean, ils abordèrent Charles VII en grande humilité, et tombant aussitôt à genoux devant lui, ils le supplièrent « qu'au lieu de justice dont ils l'avaient autrefois requis, il lui plût de sa haute autorité et puissance royale, faire grâce et miséricorde, et recevoir leur maître à merci, assurant qu'à l'avenir il serait prêt à se montrer vassal soumis et obéissant, et à accueillir tout ce qui serait ordonné par lui et son conseil, sans contredit et empêchement. »

Le roi agréa leur requête et répondit aux sollicitations des seigneurs de sa cour *qu'il en ferait tant en leur faveur et à leur recommandation qu'ils n'auraient cause de s'en douloir et de s'en plaindre* (1). Dès ce moment la cause se poursuivit avec moins de chaleur, et peu de jours après (août 1445), Charles VII donna à Seri-les-Châlons (2) des lettres, où il déclarait qu'il cédait aux prières des princes et des seigneurs que nous avons nommés plus haut, « et attendu (ajoute-t-il) l'hu-
» milité dudit comte d'Armagnac, la proximité de
» lignage qui est entre lui et nous et la longueur
» de sa prison, nous remettons au comte d'Armagnac
» et à son fils tous excès, crimes, rébellions et déso-
» béissances par eux commis ou par leurs officiers ou
» serviteurs contre les nôtres. » Le roi accordait ensuite au comte d'Armagnac et à son fils la restitution de leurs domaines. Il se réservait toutefois, 1° le comté de Comminges qui était dévolu à la couronne et auquel le comte serait tenu de renoncer formellement avant sa délivrance; 2° les terres et les seigneuries qui avaient

---

(1) Matthieu de Coucy.—(2) Coll. Doat, tom. 83. L'Art de vérifier les Dates, tom. 2, pag. 276.

appartenu au maréchal de Sévérac ; 3° les quatre châtellenies du Rouergue données par le roi de France à la maison d'Armagnac, et dont Charles VII disposa quelques mois après en faveur du dauphin pour le dédommager des frais que lui avait coûtés l'expédition de Gascogne ; 4° des châteaux de Lectoure, Beaucaire, Gourdon et quelques autres ; 5° enfin ses droits régaliens dans tous les domaines restitués ; mais avant tout le comte et ses enfants devaient prêter serment qu'ils seraient toujours bons et loyaux au roi, qu'ils renonceraient à tous services, promesses, appointements ou alliances envers le roi d'Angleterre ; que lui et ses enfants promettraient de ne jamais mettre en leurs titres ni se nommer par la grâce de Dieu, comtes d'Armagnac : ces mots emportant méconnaissance de fiefs, étant comme ils savent, sujets de la couronne, et leur terre et seigneurie étant tenues du roi. Et outre ce, le comte d'Armagnac et ses enfants bailleraient les sûretés et les scels du roi d'Espagne, des ducs de Savoie, d'Orléans, d'Alençon et de Bourbon, et des comtes du Maine, de Foix et de Dunois.

Ces conditions étaient aussi dures qu'humiliantes. Aussi le comte ne voulut point d'abord (1) de pareilles lettres et prétendit n'être pas coupable. Néanmoins, vaincu par la nécessité et plus encore par les instances de ses amis, il se rendit enfin, remplit les préliminaires exigés et sortit de prison avec sa famille ; mais à peine eut-il échappé aux verroux, qu'il protesta contre l'aveu qu'on lui avait arraché. Il renouvela, dit-on, sa protestation devant le parlement de Toulouse, lorsqu'il y alla faire entériner ses lettres de grâce le 14 mars 1446.

---

(1) Manuscrit de Bonal.

Cette sentence laissait entre les mains du roi la ville de Lectoure. La garnison que le dauphin y avait placée, lorsqu'il conquit l'Armagnac, s'y conduisait avec toute la licence que n'inspire que trop souvent la victoire. Malgré les dernières ordonnances, elle s'introduisait dans les maisons, enlevait les vivres, l'argent, les objets précieux, tout ce qui peut tenter la rapacité, ou bien souillait de sa lubricité l'innocence du foyer paternel ou la pureté du lit conjugal. On eût dit une ville ennemie en proie à une soldatesque étrangère, plutôt qu'une ville amie et fidèle sous la garde des défenseurs de la patrie.

Les habitants avaient patienté jusqu'à ce jour, ils espéraient rentrer bientôt sous la dépendance de leurs anciens maîtres et oublier leurs maux sous leur administration; mais dès qu'ils apprirent ce qui avait été statué, ils n'écoutèrent que leur désespoir, et s'armant de tout ce qui tomba sous leurs mains, ils se soulevèrent (1), coururent assiéger leurs tyrans dans le château. N'ayant pu réussir à les prendre d'emblée, ils les bloquèrent étroitement et essayèrent de les affamer (25 février 1445). Théode de Valperge était parmi les assiégeants. Il trouva moyen d'instruire le parlement de Toulouse de ce qui se passait, et le pria d'interposer son autorité afin d'apaiser la sédition. La cour arrêta qu'elle en écrirait à Tanneguy-Duchâtel, lieutenant du comte du Maine, gouverneur du Languedoc, et au trésorier de St-Hilaire, l'un des commissaires royaux. En même temps elle manda au sénéchal de Toulouse de prévenir la noblesse de sa sénéchaussée, d'avoir à se tenir prête à marcher au premier avis; mais ces remè-

---

(1) Chron. de Bardin *ad annum* 1445. Dom Vaissette, tom. 5, p. 8.

des étaient longs et la sédition prenait tous les jours de l'accroissement. Dans ce péril, le premier président ordonna au comte d'Astarac et au seigneur de Faudoas de se transporter en toute hâte à Lectoure. Ceux-ci, se trouvant trop faibles pour triompher à force ouverte, et voulant épargner le sang de leurs compatriotes, proposèrent une trêve qui fut acceptée. On attendit l'arrivée de Tanneguy-Duchâtel, qui s'était mis en marche au premier bruit du soulèvement. C'est tout ce que nous savons de cette affaire.

Le comte de Foix, dont la puissance ne faisait pas (*) moins d'ombrage à la cour de France que celle du comte d'Armagnac, et dont la fidélité pouvait être encore plus suspecte, puisqu'une partie de sa famille était ouvertement dévouée à l'Angleterre, sut mieux se plier aux circonstances. Quand on lui défendit comme à Jean de se dire comte par la grâce de Dieu, selon l'usage général de tous les chefs des grandes maisons comtales de la Gascogne, il protesta contre une pareille injonction (1); mais après avoir réservé l'avenir, il se soumit et abdiqua un titre qui éveillait les susceptibilités du monarque. Il s'épargna ainsi les amertumes qui empoisonnèrent les derniers jours du comte d'Armagnac, et ne tardèrent pas à le conduire au tombeau.

(*) Une dispute de préséance s'étant élevée entre Jean de Miossens et Pey de Domy, Gaston régla ainsi les rangs de la cour majour du Béarn. A droite d'abord l'évêque de Lescar, et puis dans l'ordre suivant les seigneurs de Navailles, de Lescun, de Gerderest, de Domy et d'Arros. A gauche l'évêque d'Oleron, et après lui les seigneurs d'Andouins, de Coarrase et de Gayrosse. Fait au couvent des Dominicains d'Orthez le 3 juillet 1443. Domy et Gaveston protestèrent contre le rang qu'on leur assignait. Le seigneur de Viela réclama aussi, mais en vain, une place à la cour. Coll. Dont, tom. 53.

(1) Coll. Dont, tom. 53.

Jean IV ne comptait pas encore quarante-neuf ans, et néanmoins il ne survécut pas cinq ans à sa délivrance. Le souvenir de ses domaines si rapidement envahis, et surtout l'humiliation de sa captivité abattirent son courage. Il se retira de la scène du monde et ne prit désormais aucune part aux événements qui agitèrent la France. Toutefois, soit crainte de se compromettre de nouveau, soit politique, soit tendresse pour un fils qu'entraînait l'amour des combats, il permit au vicomte de Lomagne d'aller joindre le roi Charles VII et de prendre part à la rapide campagne qui devait se terminer par la conquête de la Normandie. Pour lui il se confina dans son château de l'Isle-Jourdain, et après y avoir traîné une vie languissante, il y mourut le 5 septembre 1450 (1), consumé de tristesse et épuisé de chagrin. Il laissait cinq enfants: Jean vicomte de Lomagne qui lui succéda, Charles qui porta longtemps le titre de vicomte de Fezensaguet, et eut pour apanage avec cette vicomté les baronnies du Cresseil, de Roquefeuil, de Mervis et de Baralongue et la châtellenie de Malauze, et trois filles; Marie, l'aînée, qui devint la seconde femme de Jean II, duc d'Alençon, et dont le contrat de mariage fut passé à l'Isle-Jourdain le 30 avril 1447, Eléonore, la seconde, qui épousa Louis de Châlons, prince d'Orange, celui-là même que nous avons vu disputer le Languedoc à Jean IV ; enfin la triste Isabelle, dont la fatale beauté causa la ruine de sa maison. Charles et Isabelle, alors encore jeunes, étaient seuls auprès de leur père quand il rendit le dernier soupir.

On transporta son corps à Auch, où il fut déposé dans le château comtal. Le lendemain matin, les con-

(1) Grands Officiers, tom. 3. L'Art de Vérifier les Dates, tom. 2.

suls (1) Jean de Berry, Donat de Monlong, Bernard de Mont, Arnaud d'Anglade, Jean d'Anestas, Arnaud d'Aureillanet et Jean de Monteta, en manteaux et capuchons noirs, se réunirent à la maison commune, où s'étaient déjà rassemblés la plupart des notables aussi vêtus de noir et presque tout le peuple. Ils se transportèrent ensemble au château; Arnaud de Sabathié et Jean de Mattas, l'un sénéchal, l'autre juge de Fezensac, et plusieurs autres officiers les y avaient précédés. Ils étaient venus avec quelques notables et toutes les dames de la ville se grouper autour des restes inanimés de leur ancien maître. On partit du château, et prenant par la rue du chemin droit, on parcourut les divers quartiers de la ville. Un des consuls marchait à la tête du convoi, portant la bannière du comte surmontée d'un crêpe. Hommes, femmes, enfants suivaient en faisant retentir les airs de ce cri lamentable : hélas, monseigneur ! monseigneur, hélas ! *Mosségné ayé ! Mosségné ayé !* On arriva ainsi à la métropole où les chanoines chantèrent une messe solennelle. Les consuls et les bourgeois entendirent la messe, assistèrent aux funérailles et retournèrent au château en faisant entendre le même cri : hélas, monseigneur ! monseigneur, hélas ! Cette cérémonie se renouvela les deux jours suivants, et chaque jour les travaux furent généralement interrompus et le deuil aussi grand (2).

(1) Cartulaire d'Auch appartenant à l'hôtel-de-ville. — (2) Voir note 6 à la fin du volume.

CHAPITRE IV.

Jean V, vicomte de Lomagne, succède à son père dans la plupart de ses domaines.—Le roi lui rend Lectoure et la plupart des places qu'il détenait. — Conquête de la Guyenne. — Entrée de l'armée française à Bordeaux. — Soumission de Bayonne. — Le comte d'Armagnac reçoit le serment de ses vassaux. — Il fait son entrée à Auch et est reçu chanoine. — Il soutient Jean de Lescun qui dispute l'archevêché à Philippe II de Levis, neveu et successeur de Philippe Ier.

Le vicomte de Lomagne n'avait pas quitté la cour depuis quatre ans. Il était sous les murs de Falaise, lorsqu'il apprit la mort de son père; il prit aussitôt congé du roi et retourna dans la Gascogne. Il se montra à peine dans ses principaux domaines, et après avoir reçu l'hommage de quelques-uns de ses vassaux, il s'empressa de revenir au-delà de la Loire, suivi de l'élite de sa noblesse, et d'aller prêter à son tour le serment d'allégeance à son suzerain. L'acte fut reçu dans le mois de novembre 1450 (1) à Montbazon, où le roi s'était retiré après la conquête de la Normandie. Charles, encouragé par ses succès, s'occupait alors à rejeter les Anglais dans leur île. Peu d'années lui avaient suffi pour leur enlever tout ce qu'ils avaient conquis depuis la bataille de Crécy; mais la Guyenne, ancien patrimoine d'Éléonore, restait encore à entamer. Ses peuples, accoutumés depuis longtemps à la domination anglaise, avaient besoin d'être ménagés; il fallait surtout gagner les seigneurs. Pour attacher à sa cause le comte d'Armagnac, Charles

(1) Grands Officiers, tom. 3.

lui rendit les châteaux de Lectoure et de Gourdon avec les quatre châtellenies du Rouergue. Ces quatre châtellenies étaient engagées au dauphin; Jean V dut indemniser le prince, mais la dernière tempête qui avait failli abattre sa maison, avait épuisé ses trésors; le vieux Poton de Xaintrailles, l'ami constant des comtes d'Armagnac, vint à son aide. Il lui donna une partie de l'or qu'il avait enlevé aux ennemis de l'état, ou qu'il tenait de la juste munificence de son souverain, et reçut en gage (1) la vicomté du Bruillois et la baronnie de Montégut, près d'Auch. Jean put ainsi jouir des bienfaits de Charles VII.

Les comtes de Foix et d'Albret et les divers membres de ces deux nombreuses familles ne furent pas moins généreusement traités par le monarque français, qui s'attacha encore mieux les cœurs par l'ordonnance suivante, dont les divers articles nous ont paru dignes d'être cités. Il fut publié (2) « que tous gens d'armes,
» après le départ de l'armée qui seraient logez tant ès
» villes fermées et faubourgs comme ès villages, tant
» pour hommes que pour chevaux, paieraient tous vivres
» à prix raisonnable, tels que les maréchaux ou les
» commis sur ce sujet auraient ordonné. Pour chaque
» mouton qu'ils prendraient cinq sous tournois, et rendraient la peau à son maître. Qu'aucun ne serait assez
» hardi que de tuer aucune brebis *portière* (pleine),
» pour chaque pourceau vingt sous tournois, pour cha-
» que cochon de lait quinze deniers tournois, pour
» chaque veau de lait dix sous tournois, pour chaque

(1) Le comte d'Armagnac vendit aussi alors au bâtard d'Armagnac, son frère, les baronnies de Cazaubon et de Mauléon, et céda à Odon de Lomagne la terre de Montégut en Armagnac.— (2) Matthieu de Coucy, pag. 610.

» génisse de deux ans et au-dessous trente sous tournois,
» chaque poule six deniers tournois, chaque poussin
» quatre deniers tournois, chaque oie douze deniers
» tournois. Défense de tuer bœuf arable ou vache lai-
» tière. On payait pour chaque cheval jour et nuit cinq
» deniers tournois, pour chaque boisseau d'avoine dix
» deniers, pour chaque gerbe d'avoine cinq deniers
» tournois, pour chaque boisseau de froment vingt
» deniers, pour chaque gerbe de froment douze de-
» niers, pour chaque boisseau de seigle quinze deniers,
» pour chaque gerbe de seigle huit deniers. Défense de
» prendre ni froment, ni seigle sans grande nécessité.
» Si quelqu'un violait l'ordonnance, il rendrait ce qu'il
» aurait pris et perdrait quinze jours de gages. »
L'ordonnance devait être publiée par tous les capitaines une fois par semaine. Avant de déloger, le capitaine devait faire publier que si quelqu'un n'avait pas été payé aux prix susdits, il vînt à lui; qu'il lui ferait rendre justice; et si le capitaine ne tirait pas punition des transgressions de ses gens, il en était responsable, et le roi s'en prendrait à lui.

Ces sages dispositions ne devaient pas être toujours suivies. Comment ramener subitement au devoir des hommes chez qui le pillage était devenu une habitude, et accoutumés à vivre aux dépens du pays qu'ils traversaient. Mais la loi était promulguée; avec le temps et un peu de sévérité, elle devait porter ses fruits. D'ailleurs le peuple voyait que le roi de France commençait à prendre en pitié ses longues souffrances; c'était déjà préparer habilement le succès de la campagne. Dès que le printemps s'ouvrit, l'armée se mit en marche. Le comte de Dunois, dont l'expédition de

Normandie avait encore augmenté la renommée, la commandait. Il avait sous ses ordres (1) le comte d'Angoulême, frère du duc d'Orléans, Jacques de Chabannes, grand-maître de la maison du roi, Joachim Rouhault, maréchal de France, le comte de Castres, Jacques d'Armagnac, fils du comte de Pardiac, et quelques autres seigneurs. Il arriva sous les murs de Montguyon dans les premiers jours de mai 1451. La place était commandée par Regnaut ou Arnaud de St-Julien, gentilhomme Gascon. Regnaud n'avait avec lui qu'un assez léger corps de troupes soudoyées. Il essaya une courte résistance; mais incapable de lutter contre des forces supérieures, il demanda à capituler et obtint d'honorables conditions. De Montguyon, Dunois alla assiéger Blaye, qui se défendit d'abord avec courage; mais l'armée française ayant été renforcée de deux corps de troupes, la place fut emportée d'assaut. Le Soudic de Latrau et le sire de Montferrand, son frère, qui s'y étaient renfermés, eurent le temps de gagner le château, d'où ils essayèrent encore de repousser les ennemis. Toutefois leur courage dut céder au nombre, et après quelques jours, ils furent obligés de subir la loi de la France et de se rendre prisonniers. Dunois porta la rançon du sire de Montferrand à dix mille écus d'or. En l'élevant ainsi, le général français faisait comprendre combien il appréciait Montferrand. Il le montra encore mieux en cherchant à l'attirer sous ses drapeaux, car il lui promit, s'il voulait passer à la France et livrer deux des cinq villes qui lui appartenaient, non seule-

---

(1) Voir, pour cette expédition, Jean Chartier, pag. 220 et suiv., Berry, pag. 468 et suiv., Coucy, pag. 611 et suiv., Monstrelet, tom. 3, pag. 58. Nous avons puisé à ces quatre sources.

ment de lui faire grâce de la rançon, mais de lui assurer quatre mille livres de pension et une terre assez considérable.

Pendant que Dunois s'avançait ainsi en vainqueur, le comte d'Armagnac retardé dans ses préparatifs, partait de son pays, accompagné (1) de Poton de Xaintrailles et des sénéchaux de Toulouse, de Rouergue, d'Agenais, de Quercy et de Guyenne. Le corps qu'il commandait n'était pas aussi nombreux que le ferait croire la présence de tant d'officiers royaux; il n'était composé que de cinq cents lances; dans ce nombre, il est vrai, n'étaient point compris les arbalétriers. Le comte vint mettre le siège devant Rioms, qu'il attaqua avec vigueur, mais la défense ne fut pas moins vigoureuse que l'attaque, et il fallut changer le siège en blocus.

Le comte de Foix que le roi avait nommé gouverneur de la Gascogne, combattait depuis longtemps à l'extrémité de la province. Il se porta d'abord sur Mauléon (2), capitale de la Soule. La ville ne tarda pas à se soumettre, mais la garnison se retira dans le château bâti sur une crête inaccessible et se défendit longtemps. Le roi de Navarre, allié des Anglais, vint au siège et proposa un traité par lequel les Anglais ne pourraient jamais s'approcher du Béarn qu'à la distance de quatre lieues. Il espérait gagner Gaston; mais le comte, se souvenant qu'il était là général des Français et non vicomte de Béarn, rejeta la proposition et pressa avec une nouvelle ardeur les assiégés, qui furent enfin obligés de se rendre. Après cette soumission, le comte de Foix partagea son armée; il en garda une

(1) Jean Chartier. — (2) Idem, pag. 192.

partie et confia l'autre au vicomte de Lautrec qui était venu prendre part à cette expédition. Il courut attaquer Hastingues, tandis que le vicomte investissait Guiche, la plus forte place des environs. Hastingues et Guiche ayant été pris, les deux frères se réunirent sous les murs de Dax, que les Français avaient vainement conquis deux fois. Les habitants penchaient pour l'Angleterre. Ils avaient échappé à Gaston presqu'aussi promptement qu'au gouverneur nommé par Charles VII, et ils s'étaient replacés sous une domination qu'ils aimaient.

Le sire d'Albret, entouré du vicomte de Tartas et du sire d'Orval ses deux fils, en avait commencé le siège et s'était posté près du pont de l'Adour, à-peu-près à la place qu'occupait le roi durant le siège précédent. Le sire d'Orval (1) venait de se signaler par un brillant et hardi coup de main. Au moment où tout le pays courait aux armes, il avait appelé à lui quelques braves chevaliers, leur avait assigné pour rendez-vous la ville de Bazas, et se mettant à leur tête, il avait sillonné la contrée. Tournant tout-à-coup vers Bordeaux, où il s'était ménagé quelque intelligence, il espéra s'y introduire au lever du soleil le jour de la Toussaint; mais son projet avait été découvert, et neuf mille hommes, citoyens ou Anglais, s'armant à la hâte, étaient sortis des murs pour lui faire expier sa témérité. Le sire d'Orval n'avait avec lui que cinq cents guerriers; néanmoins il accepta le combat et marcha à l'ennemi qu'il rencontra à l'entrée d'un bocage. Le courage suppléa au nombre; la victoire fut complète : près de huit cents Anglais restèrent sur le champ de bataille et

(1) Jean Chartier, pag. 220.

plus de douze cents furent faits prisonniers. Le maire de Bordeaux, qui les conduisait, n'échappa que par une prompte fuite et en abandonnant les gens de pied qu'il avait placés aux premiers rangs, comme pour en faire un rempart à sa cavalerie. Ce succès livrait au sire d'Orval un riche butin : c'était le prix principal qu'il attendait de sa course; d'ailleurs la ville avait organisé une vigoureuse défense. Il rentra avec les siens à Bazas, d'où il alla joindre son père et son frère aîné.

Le comte de Foix était accompagné de son frère le vicomte de Lautrec et des barons de Navailles, de Lavedan, d'Arros, de Coarrase et de la plupart des seigneurs de Foix et de Béarn. Seul, il avait réuni autant de troupes que le comte d'Armagnac aidé des quatre sénéchaux, car il conduisait cinq cents lances et deux mille arbalétriers. Toutefois le siège se traîna lentement. Tous les yeux étaient alors fixés sur Fronsac, dont la chute devait attirer la perte de la Guyenne entière. Tout ce que l'Angleterre comptait dans la province de plus courageux ou de plus dévoué à ses intérêts était accouru se ranger autour des léopards menacés; mais que pouvaient le courage et le dévouement de quelques chevaliers, alarmés des progrès des Français ou affligés de l'humiliation de l'Angleterre, contre l'un des plus grands capitaines de ce siècle, entouré du prestige de la victoire et soutenu par des forces imposantes qu'il dépendait de lui d'augmenter encore, en rassemblant sous ses drapeaux toutes les troupes disséminées dans la province. Aussi, après quinze jours d'assauts repoussés et de combats bravement rendus, il fallut enfin parlementer. Un armistice fut d'abord conclu.

Les Bordelais, pour lesquels cet armistice était resté

ouvert, non seulement y accédèrent; mais ils demandèrent à traiter pour toute la province. Poton de Xaintrailles, Jean Bureau et Oger de Briquet, juge de Marsan, munis des pouvoirs du général français, se rendirent dans leur ville; ils y furent honorablement reçus et grandement fêtés par le gouverneur et les bourgeois. L'accord fut signé, d'un côté, au nom du roi, et de l'autre au nom de la ville de Bordeaux et de tout le Bordelais. Pour éviter l'effusion du sang et sauver le pays d'une totale destruction, les Français permettaient aux états d'attendre jusqu'au mercredi, veille de la St-Jean, l'armée du roi d'Angleterre qu'on annonçait depuis longtemps et qui devait aborder tous les jours. Si elle n'avait point paru à l'époque assignée, et si même alors elle n'était pas assez forte pour chasser les Français de leur camp, Bordeaux, Fronsac, Rioms, toutes les villes de la Guyenne promettaient de se soumettre à la France. Charles VII, à son tour, pour reconnaître cette soumission, s'obligeait à conserver religieusement tous les priviléges octroyés, soit à la ville, soit au pays; il s'engageait à n'imposer aucune nouvelle taille et promettait d'établir à Bordeaux un parlement et un hôtel de monnaies.

Le 23 juin, dès que le jour parut, l'armée française se rangea en bataille autour des murs de Fronsac, et demeura jusqu'au soir sous les armes. Quand la nuit approcha, un héraut cria par trois fois de toutes ses forces: secours du roi d'Angleterre pour le château de Fronsac; mais les échos seuls répondirent à sa voix, et aucun défenseur ne se montra dans la plaine. Le lendemain, Fronsac ouvrit ses portes. Un messager en porta aussitôt la nouvelle à Dax, à Rioms et à quelques autres châteaux assiégés, qui tous se rendirent. La ville de Mont-de-Marsan ne fut pas la dernière à arborer les couleurs de la France. Elle députa à Dax, vers le comte de Foix, Jean de Briquet, juge-mage du pays, pour lui porter avec les clefs de la ville la soumission de toute la vicomté. Bayonne, au contraire, trompée par la promesse d'un prompt secours que le roi d'Angleterre faisait toujours espérer, refusa d'accéder à la convention et maltraita même le messager.

Cependant le comte de Dunois s'était à peine donné le temps de prendre possession de Fronsac; il était allé coucher le soir même à Ste-Catherine, petit village situé à une lieue de Bordeaux, et où était déjà arrivé le comte d'Armagnac à la tête de ses troupes. Le lendemain, au point du jour, il s'avança jusqu'aux pieds des murs de l'ancienne capitale des possessions anglaises sur le continent. Il se plaça à la tête de l'armée, et entouré de tous les seigneurs qui commandaient sous lui, il envoya sommer les habitants de venir remettre entre ses mains les clefs de la ville. Elles lui furent aussitôt apportées par les seigneurs de Montferrand, de Duras et de Lesparre, et par les jurats.

Dès que le vainqueur se fut assuré des portes et des tours, l'entrée des troupes commença. Le jour était encore peu avancé. La marche fut ouverte (1) par les archers de l'avant-garde au nombre de dix ou douze mille. Ce corps était commandé par Joachim Rouhault, qui venait d'être nommé connétable de Bordeaux, et par le seigneur de Panassac sénéchal de Toulouse. Il était suivi des hommes d'armes de l'avant-garde sous les ordres des maréchaux de Lohéac et de Jalonges.

---

(1) Jean Chartier, pag. 248.

Après eux venaient les comtes de Nevers et d'Armagnac, et le vicomte de Lautrec, à la tête de trois cents hommes d'armes de pied. Ensuite s'avançait le corps de bataille des archers au nombre de trois mille, que conduisaient le comte de Laboissière, lieutenant du comte du Maine et le seigneur de Larochefoucault; puis entrèrent les évêques d'Aleth et de Langres, et Guy-Bernard, archevêque de Tours, conseillers du roi, et avec eux le chancelier de La Marche que suivait Tristan-l'Hermite, prévôt des maréchaux, entouré de ses sergents. Alors l'on vit apparaître une haquenée blanche à la selle de velours cramoisi et à la housse de velours azuré, semé de fleurs de lys d'or en broderie. Elle portait un coffret de la même étoffe que la selle, où étaient renfermés les grands sceaux du roi. Un varlet à pied amenait la haquenée, et à ses côtés se tenaient deux archers à livrée.

Après ces sceaux paraissait le chancelier de France, à cheval, armé d'un corset d'acier sur lequel il avait passé une jaquette de velours cramoisi. Ensuite entra Poton de Xaintrailles, grand écuyer du roi, monté sur un magnifique coursier, couvert de drap de soie, armé à blanc, tenant l'une des bannières royales, et ayant à sa gauche son neveu, le seigneur de Montégut, qui portait l'autre bannière et montait pareillement un beau coursier. Ils chevauchaient tous deux sans escorte et précédaient immédiatement le lieutenant du roi. Enfin parut le comte Dunois, seul, monté sur un coursier blanc, couvert d'une housse de velours bleu et *chargé d'orfévrerie d'or*. Il était suivi des comtes d'Angoulême et de Clermomt, armés *tout à blanc* et accompagnés de leurs pages richement habillés. Puis entrèrent les comtes de Vendôme et de Castres, et avec eux plusieurs nobles, barons ou grands seigneurs, tous parés de riches habits. Ensuite venait le corps de bataille des hommes d'armes au nombre de mille cinq cents lances, sous les ordres de Jacques de Chabannes. La marche était fermée par les hommes d'armes du comte du Maine et par l'arrière-garde conduite par Abel Rouhault, frère de Joachim. L'armée parcourut ainsi toutes les rues jusqu'à la place de la cathédrale. Là, Dunois et les comtes d'Angoulême, d'Armagnac, de Nevers, de Vendôme et de Castres mirent pied à terre.

L'archevêque vint les recevoir en habits pontificaux, accompagné de ses chanoines. Après avoir présenté l'encens à Dunois et lui avoir fait baiser la croix et les reliques, il le prit par la main et le conduisit jusqu'aux marches du grand autel. Sur les pas du lieutenant-général marchaient deux hérauts du roi qui allèrent placer les bannières royales, l'une au-dessus du lutrin de l'église et l'autre au haut de la chaire. Après les hérauts, entrèrent les seigneurs. Quand le lieutenant-général et sa suite eurent achevé leurs prières, l'archevêque prit un missel, requit Dunois et les seigneurs qui l'entouraient de jurer que le roi maintiendrait *à toujours* et la ville et le pays dans leurs franchises, priviléges et libertés. Dunois le jura et les seigneurs le jurèrent avec lui. Le serment prêté, le lieutenant fit jurer à l'archevêque, au seigneur de Lesparre, aux nobles du pays, aux jurats, aux notables et aux bourgeois que dorénavant ils seraient bons et loyaux sujets au roi Charles et à ses successeurs, *sans jamais aller à contraire;* ce qu'ils firent tous d'une voix, les mains tendues vers les saints évangiles. Une foule de gens

du commun jurèrent aussi en criant à haute voix :
Noël ! Noël !

La cérémonie terminée, Dunois et tous les seigneurs entendirent dévotement la messe, que célébra l'archevêque et qu'avait précédée le chant du *Veni Creator* et du *Te Deum*. Pendant la cérémonie, toutes les cloches de la cathédrale et de toutes les églises de la ville ne cessèrent de retentir. Le service achevé, on laissa dans l'église une des bannières royales : l'autre fut portée au château dont le comte de Dunois prit possession au nom du roi son maître et où il choisit son logement. Les seigneurs se logèrent par la ville et furent fêtés par les bourgeois. Le lendemain, le chancelier reçut le serment et l'hommage de tous les seigneurs du Bordelais, qui promirent d'être à l'avenir *bons et loyaux Français*. Le captal de Buch et le comte de Candale son fils, se refusèrent, seuls, à passer sous les lois de Charles VII. Ils aimèrent mieux vendre aux comtes de Foix et de Dunois les terres qu'ils possédaient en Guyenne. Le captal se retira alors dans la petite ville de Meilles en Aragon qu'il acheta. Son fils passa en Angleterre, et attendit à la cour d'Henri VI qu'un soulèvement assez facile à prévoir ou que quelqu'autre occasion favorable le ramenât les armes à la main, dans une province, où ses aïeux avaient été transplantés et où sa famille avait prospéré et grandi sous la protection de la Grande-Bretagne.

L'expédition étant à peu près terminée, l'armée ne tarda pas à se dissoudre. Les comtes de Nevers, de Clermont et de Castres allèrent porter au roi la nouvelle de ces succès ; et les comtes d'Armagnac, d'Angoulême et de Penthièvre retournèrent dans leurs domaines. Le comte de Dunois retint près de lui le maréchal de Lohéac, Xaintrailles, le sire d'Orval et quelques autres seigneurs, et se dirigea avec eux vers Bayonne (1), qui s'obstinait à repousser la domination française. Joachim Rouhault, Théode de Valperge, Gaspard Bureau, grand-maître de l'artillerie de France, et Tristan-l'Hermite les avaient précédés et s'étaient joints au comte de Foix, dont les troupes étaient déjà arrivées sous les murs de la place. Dunois se posta entre la Nive et l'Adour; il n'avait que cinq ou six cents lances. Le corps du comte de Foix placé sur les côtes de la mer, vers le Labour, était plus nombreux. Il se composait de huit cents hommes d'armes et de deux mille arbalétriers, presque tous venus de ses domaines. Il n'eut pas plutôt assis ses lignes, qu'il fit attaquer le faubourg de St-Léon. Ce faubourg était défendu par de larges fossés et par une forte palissade; mais les fossés furent comblés de fascines et la palissade rompue par l'artillerie. Les Anglais se défendirent quelque temps. A la fin, chassés de leur position, ils mirent le feu au faubourg et se retirèrent dans la ville; mais avec tant de précipitation que les assaillants faillirent y entrer pêle-mêle avec eux.

Le sixième jour du siège, le sire d'Albret et le vicomte de Tartas son fils aîné, arrivèrent à la tête de deux cents lances et de trois mille arbalétriers. Ils se logèrent au St-Esprit, près du pont qui sépare maintenant les deux départements des Landes et des Basses-Pyrénées, et qui a toujours servi de limite aux diocèses de Dax et de Bayonne. Le lendemain de leur arrivée, la garnison fit une sortie; mais elle fut reçue par Bernard de

(1) Jean Chartier, pag. 252.

Béarn et ses gens qui la repoussèrent avec avantage et la forcèrent à rentrer précipitamment dans la place.

Le comte de Dunois, de son côté, avait enlevé les travaux extérieurs, et ne pouvant modérer l'ardeur de ses troupes, il avait commencé à faire attaquer les murailles sans attendre quelques grosses pièces d'artillerie. Le succès ne répondit pas à cette bonne volonté. Deux ou trois assauts successifs n'eurent d'autre résultat que de faire couler le sang des soldats qu'un chef doit toujours ménager. Cependant l'artillerie approchait. A cette nouvelle, les assiégés craignant pour leurs richesses et leur vie, demandèrent à capituler. Dunois, assuré du triomphe, imposa les conditions : la garnison resterait prisonnière avec Jean de Beaumont qui la commandait. La ville se soumettrait au roi, et en punition de sa désobéissance, elle paierait quarante mille écus d'or. Ces conditions étaient dures; on balançait à les accepter, lorsque le 20 août 1451, par une belle matinée d'été, au milieu d'un ciel pur et serein, on aperçut dans les airs une croix blanche, laquelle, dit Jean Chartier, dont nous empruntons les paroles et à qui nous laissons la garantie de ce récit (1), fut vue publiquement durant une demi-heure par tous ceux qui la voulurent voir. Les habitants crurent y lire la volonté du ciel. Ils abattirent les croix rouges des Anglais et y substituèrent la croix blanche de France. Ce prodige frappait les regards peu d'instants après le lever du soleil, et à dix heures, Dunois prenait possession de la ville et du château, et faisait flotter au haut des tours les bannières royales.

(1) Pag. 256. On bâtit à cette occasion la chapelle de Ste-Croix qu'on voyait jadis sur le chemin d'Espagne, à un kilomètre de la ville.

L'entrée solennelle avait été fixée au dimanche suivant, 24 août. A la tête du cortége (1) marchaient mille archers conduits par Lespinasse ; ils étaient suivis de deux hérauts du roi et de Bertrand d'Espagne, sénéchal de Foix, très-richement habillé, qui tenait dans sa main la bannière royale. Après eux venait le comte de Foix monté sur un coursier superbement harnaché. Derrière le comte se tenait son sénéchal de Béarn, dont le cheval portait un chanfrein d'acier garni d'or et de pierres précieuses, estimé quinze mille écus. Autour du sénéchal se pressaient une foule de seigneurs. Enfin la marche était fermée par un corps de douze cents lances à pied.

Le comte de Dunois entrait avec la même pompe par une autre porte de la ville. Gaston et lui se rencontrèrent près de la cathédrale, où ils trouvèrent l'évêque en habits pontificaux, entouré des chanoines et des autres membres du clergé, revêtus de chapes et portant les principales reliques de leur église. Les deux comtes mirent aussitôt pied à terre, baisèrent les reliques et allèrent faire leur dévotion à la cathédrale. Cet acte de prise de possession rempli, ils se retirèrent chacun à leur logis. Peu d'instants après, le comte de Foix envoya la couverture de son coursier, qui était de drap d'or et prisée quatre cents écus d'or fin, à Notre-Dame de Bayonne pour qu'il en fût fait des chapes. A l'ouverture du siège, il avait armé quinze chevaliers parmi lesquels on signale le sire de Tarsac, frère du seigneur de Navailles, Roger et Bertrand d'Espagne, et le seigneur de Benac. Ces nouveaux chevaliers signalèrent leurs premières armes ; mais de tous ceux qui combatti-

---

(1) Jean Chartier, pag. 256.

rent au pied des remparts de Bayonne, aucun ne se distingua autant que Bernard de Béarn', qui fut blessé d'une coulevrine, et n'en parut pas moins à tous les assauts.

Le comte d'Armagnac était alors occupé à recevoir les hommages de ses vassaux. Après s'être reposé quelques jours de sa dernière campagne, à l'Isle-Jourdain, résidence ordinaire de sa famille, il se transporta vers la fin d'août à son château de Vic. Le 31 de ce mois, la noblesse du Fezensac (1) se présenta à lui dans la salle du château. Elle avait à sa tête Guillaume de Voisins, seigneur de Montaut, Aïssin de Montesquiou, seigneur de Montesquiou, Jean de Pardaillan, seigneur de Pardaillan, et Bertrand de Montesquiou, seigneur de Lauraët et de Lagraulet, barons du comté de Fezensac. Après eux se pressaient Jean de Beauville, co-seigneur de Magnaut et de Roques, Barthélemy de Montesquiou, seigneur de Marsan, Thibaut de Podenas, seigneur de Marambat, Manaut de Baulac, seigneur de Préneron, Manaut de Gelas, seigneur de Bonas, Odon de Massas, seigneur de Castillon-Massas, Bertrand de Monlezun, seigneur de Caillavet, Bertrand d'Arcamont, seigneur d'Arcamont, Louis de Lasseran, seigneur de Mansencôme, Manaut de Lasseran, seigneur de Cazaux, Jean de Bezolles, seigneur de Bezolles, Armand de Larroque, seigneur de Scieurac, Jean de Monlezun, seigneur d'Antras et Georges de Sérignac, co-seigneur de Belmont. Tous ces seigneurs déclarèrent tenir leurs baronnies ou leurs seigneuries avec toutes leurs dépendances du comte, comme leurs prédécesseurs les avaient tenues des prédécesseurs de Jean. Ils s'offrirent à en

(1) Chartier du Séminaire. Extrait du Trésor de Montauban.

faire hommage et à prêter serment de fidélité; mais avant ils requirent et supplièrent Jean V qu'il voulût lui-même prêter serment *comme avait coutume de faire tout nouveau comte à son avénement*, et confirmer les usages, fors, libertés, coutumes et autres priviléges écrits dans les coutumes du Fezensac, ainsi que l'avait jadis fait le connétable Bernard d'heureuse mémoire. L'acte, qu'on attribuait au connétable et que nous avons déjà rapporté ailleurs, ayant été constaté, Jean s'assit sur un petit siége de bois, couvert d'une tapisserie de laine, et ses deux mains posées sur le missel, le *Te igitur* et la croix, il jura d'être à ses nobles et à leurs sujets, bon et fidèle seigneur, comme doit l'être tout bon seigneur à ses vassaux; de les défendre de tout son pouvoir contre toute violence; enfin d'observer et de faire observer les usages, fors, libertés, coutumes et priviléges du Fezensac, comme l'avait fait le comte Bernard, son aïeul. Aussitôt les barons, les chevaliers et les autres nobles vinrent chacun à leur tour fléchir le genou devant le comte, et leurs mains dans ses mains, ils promirent sur le missel, la croix et les saints évangiles, d'être bons, vrais, loyaux et fidèles sujets et vassaux dudit comte et de ses successeurs, de garder et de défendre sa vie, ses membres, son état, sa dignité, son honneur et ceux de ses successeurs; de remplir en un mot tous les devoirs qu'un sujet et vassal doit à son seigneur. Ils s'engagèrent encore à garder tous les secrets que le comte et ses agents leur confieraient, et de ne jamais les découvrir qu'avec sa permission ou par son ordre; ils promettaient conseil, secours, appui et faveur s'ils en étaient requis;

et s'ils savaient que quelque malheur ou quelque danger menaçait la vie, les biens ou le corps du comte, ou de ses successeurs, ils promettaient de les dénoncer au plutôt au comte par eux-mêmes, ou en son absence à ses officiers, ou tout au moins de lui en donner connaissance par un message fidèle. Ce serment prêté, chaque noble fut admis à baiser sur la bouche le suzerain en signe d'amour et d'alliance. Cet hommage solennel eut pour témoins Raymond, évêque de St-Papoul, Beraut de Faudoas, seigneur de Faudoas et de Barbazan et sénéchal d'Armagnac, Jean de Labarthe, sénéchal d'Aure, Jean Dubarry, bourgeois d'Auch, juge ordinaire d'Armagnac, et Bertrand de Ruble (*de Rulia*), juge d'appaux d'Armagnac.

Jean ne fit son entrée solennelle à Auch que le 25 janvier 1452. Il s'y présenta (1) escorté d'une nombreuse et brillante noblesse, et fut reçu à l'entrée de la ville par les consuls Jean de Berry, Arnaud d'Anglade, Bernard d'Enroques, Jean de Viella, Doat de Montlong, Arnaud de Laveraët et Jean de Montbreta, qui le conduisirent, en tenant la bride de son cheval, jusqu'à l'entrée de la cathédrale. Le chapitre (*) et le reste du clergé l'y attendaient en chantant des psaumes. Arrivé près d'eux, le comte descendit de son palefroi et alla s'asseoir sur une chaire dressée dans le préau du cloître, tenant contre sa poitrine un missel ouvert. Les consuls

(1) Coll. Doat, tom. 54.

(*) Le nom des membres du chapitre, qui le reçurent, nous a été conservé. C'étaient Bernard de Monlezun, archidiacre de Savanès, Jean de Biran, archidiacre de Vic, Baptiste Dubosc, archidiacre de Magnoac, Bertrand de Resseguier, archidiacre de Pardaillan, Manaud de Bezolles, prieur de Montesquiou, Bernard d'Abadie, sacristain, Amanieu de Lomagne, Jean de Larroque et Jean du Lau.

s'avancèrent vers lui et fléchirent le genou en présence d'une multitude de citoyens qui ratifiaient du geste et de la voix les actes et les paroles de leurs magistrats. Ils prêtèrent serment de fidélité pour eux et pour leur cité. Le comte accueillit leur serment et déclara qu'il n'entendait préjudicier en rien à leurs droits, à leurs coutumes et à leurs priviléges. Après cette déclaration, il cassa les consuls; mais en ayant délibéré un instant avec les seigneurs de sa suite, et ayant reçu l'assurance qu'ils étaient des hommes probes et de bonne renommée, il les rétablit. Les consuls ainsi rétablis, prêtèrent de nouveau serment; puis à leur tour ils supplièrent le comte de vouloir bien jurer qu'il observerait les franchises de la ville comme l'avaient fait ses prédécesseurs. Jean consulta encore, et d'après l'avis qu'il reçut, il jura l'observation demandée en présence de Bernard de Landorre, de Beraud de Faudoas, de Jean de Labarthe, de Jean, seigneur de Pauliac et de Bernard de Peyrusse, chanoine de l'Isle.

Ce serment réciproque prêté, Jean entra dans l'église précédé du chapitre, et après qu'on lui eut assigné une stalle, comme on fait à tout chanoine reçu, il s'approcha de l'autel, jura sur les saints évangiles de garder et faire garder les libertés et les droits du chapitre, se recommanda à la Ste-Vierge, patronne de la métropole, et lui offrit un tournois d'argent. Le chapitre arrêta aussitôt que dès ce jour on ferait mention du comte, qu'on prierait pour lui à la messe et aux offices, et que partout on placerait son nom immédiatement après celui du roi. Enfin on le conduisit en pompe à l'archevêché, où il passa le reste du jour et où il coucha. On lui porta dans cette résidence sa portion canoniale de pain et de vin.

Jean V était alors dans la force de l'âge ; exercé aux armes depuis son enfance, il s'était montré le digne petit-fils du connétable. Heureux si, en héritant de son courage et de son activité, il n'avait pas aussi hérité de son obstination et de son orgueil ! Les malheurs de son père l'avertissaient de ménager le roi de France dont les deux dernières campagnes avaient singulièrement accru la puissance et les susceptibilités ; mais les leçons de l'expérience ne profitaient jamais à la haute noblesse. Toujours inconstante et légère, pour ne pas dire inquiète et remuante, elle ne semblait caresser qu'une pensée : conquérir l'indépendance, ou plutôt l'affecter, et cette pensée elle la poursuivait partout et toujours sans se préoccuper des obstacles et des périls. Afin de se montrer maître dans ses domaines, Jean ne tarda pas à braver le monarque.

Philippe de Lévis, archevêque d'Auch, se démit le 25 mars 1454 de l'archevêché en faveur d'un de ses neveux, nommé Philippe de Lévis (1) comme lui, ce qui a fait quelquefois confondre les deux parents. Le chapitre ne voulut pas reconnaître cette substitution (2) et prétendit que la démission de l'oncle était pure et simple. Il s'assembla le 29 mai et fixa au 15 juin l'élection d'un nouvel archevêque. Cependant le pape défendit de passer outre ; mais quoique le bref du souverain pontife eût été vidimé et affiché aux portes de la métropole et de l'église des Cordeliers, le chapitre feignit de l'ignorer. Toutefois l'absence des archidiacres de Pardiac, d'Anglés et de Vic, de Bernard du Lau, abbé d'Idrac, d'Amanieu de Lomagne, de Jean

(1) Les deux prélats portaient d'or à trois chevrons de sable au lambel de gueules. — (2) *Gallia Christiana*, Dom Brugelles et surtout M. d'Aignan.

de Laroche et de Jean Delort, fit renvoyer l'élection d'abord au 18 et puis au 22. Les suffrages s'étant alors partagés, on s'arrêta à la voie du compromis et on déféra la nomination à Jean Duclerc et à Bernard de Resseguier, qui désignèrent Jean de Lescun.

Lescun est situé sur le sommet des Pyrénées, près des limites qui séparent la France de l'Aragon. A quel titre Jean portait-il ce nom ? Appartenait-il à la famille d'Odet d'Aydie, le fameux Lescun qui joua un rôle sinon brillant, du moins actif sur la fin du règne de Charles VII ? Était-il le frère de cet autre Lescun que nous verrons créé par Louis XI, gouverneur de l'Aquitaine, du Languedoc, du Dauphiné, maréchal de France, comte de Comminges; et en cette qualité était-il fils naturel de Jean IV ? Oihénard l'a écrit (1) et la plupart des historiens ont suivi Oihénard ; mais pour nous, nous penserions plutôt que le dernier maréchal de Lescun et le compétiteur de Philippe de Lévis, étaient fils de Guilhem de Lescun et d'Anne d'Armagnac-Thermes, dont le mariage béni par l'église ne fut jamais reconnu par la maison d'Armagnac, ce qui fit donner aux enfants qui en nâquirent le nom de Bâtards. Jean fut élevé à St-Mont, où il prit l'habit religieux. Il fut ensuite pourvu du prieuré de St-Côme dans le Rouergue, quoiqu'à peine entré dans les ordres sacrés. C'est là qu'on alla le chercher pour l'opposer au candidat de Rome. Ce choix fut reçu avec acclamation par le clergé et le peuple; mais il n'était pas facile de le faire reconnaître dans l'église et d'obtenir que l'élu trouvât un consécrateur. Le chapitre s'adressa à l'archevêque de Vienne, en sa qualité de primat des Gaules,

(1) *Notitia Vasconiæ*.

et le pria d'accorder la consécration au prélat de son choix. En même temps il écrivit au pape Nicolas V pour lui faire part de l'élection. Jean de Lescun écrivit lui-même au souverain pontife et confia sa lettre à Arnaud-Guillaume de Sansac, chanoine de Rhodez, à Jean Delort, à Pierre de Reveston et à Pierre de Thezan, secrétaire du dauphin, et les chargea de ses pleins pouvoirs (août 1454). Toutes ces démarches furent inutiles. Le pape maintint Philippe de Lévis et repoussa son concurrent. Le chapitre s'obstina de son côté; il était soutenu par le comte d'Armagnac. Charles VII, qui appuyait Philippe, s'irrita de tous ces refus et s'en prit à Jean V.

Presque en même temps (à la fin de 1453) mourut Matthieu de Foix, comte de Comminges, ne laissant que deux filles de son second mariage. Le roi nomma aussitôt Jean d'Aci et Nicolas Berthelot, membres du parlement de Toulouse, pour prendre en son nom possession du comté. Les commissaires se transportèrent le 10 janvier 1454, à Muret où ils avaient convoqué les consuls et les habitants des quatre grandes baronnies qui partageaient le Comminges, et reçurent le serment de fidélité. Le comte d'Armagnac fit protester (1) contre ce serment, en vertu des droits qu'il prétendait toujours avoir sur le Comminges. Jean de Labarthe-Giscaro, sénéchal d'Aure, Manaud de l'Isle-d'Arbechan, Bernard de Rivière, seigneur de Labatut, Pierre Arnaud de Mauléon, Pierre-Raymond de Paulin, Jean de Grossoles, Sanche de Lissarague et deux autres seigneurs furent chargés de cette mission. Ils la remplirent avec fermeté en présence du fils du sénéchal et de

---

(1) Dom Vaissette, tom. 5, pag. 17.

Géraud de Montaut; mais leur protestation fut méconnue et le Comminges passa sous les lois immédiates de la couronne. Charles VII, dont la vieillesse se montra si jalouse de l'autorité et si empressée à arrêter l'agrandissement ou même à réduire la puissance des grands vassaux, ne devait pas pardonner à Jean d'opposer un prélat au prélat de son choix et moins encore de songer à ajouter à ses vastes domaines un vaste et riche comté; mais cachant les ressorts de sa politique, il saisit pour attaquer l'Armagnac le prétexte que lui offrait la vie licencieuse du comte.

LIVRE XVI.

CHAPITRE Ier.

Passion criminelle de Jean V pour Isabelle sa sœur, — Il l'épouse. — Le roi de France essaie en vain de rompre cette union incestueuse. — La Guyenne se révolte et retombe sous les lois de la France. — — Le roi fait marcher des troupes contre Jean V. — Celui-ci se sauve en Espagne avec Isabelle, — Il est condamné. — Abjurant alors sa conduite il va se jeter aux pieds du pape. — Pie II l'absout et écrit en sa faveur au roi de France. — Mort de Charles VII. — Louis XI rétablit Jean V dans ses domaines. — Gaston, comte de Foix, marie son fils aîné avec Magdelaine de France. — Emprisonnement et mort tragique de Blanche de Navarre, belle-sœur de Gaston.

Jean avait conçu une passion criminelle pour Isabelle, sa sœur, une des plus belles princesses de son temps. Isabelle (1) entrait alors dans sa vingt-deuxième année et son frère dans sa trente-sixième. L'infortunée repoussa longtemps toute proposition; mais entourée de séductions, ou plutôt vaincue par la force, elle céda enfin sous la promesse qu'un mariage viendrait bientôt purifier cet amour incestueux. Deux enfants furent les fruits de cette déplorable faiblesse. Les mœurs s'étaient profondément altérées durant les guerres que nous avons traversées, nous ne l'avons que trop vu;

(1) Nous avons puisé tous ces détails dans **Matthieu de Coucy** à l'année 1455, pag. 695 ; nous leur laisserons leur couleur.

mais du moins la famille était restée pure au milieu de la licence. Où iraient se réfugier la vertu, l'innocence, la pudeur, tout ce qui fait le charme et le bonheur de l'homme, si le foyer domestique leur était enlevé ? On s'indigna d'une audace qui portait le vice dans un sanctuaire jusque là inviolable. La religion s'épouvanta d'une monstruosité, qui ramenait les mœurs de l'Asie payenne.

S'il faut en croire Matthieu de Coucy, dont le récit souvent fautif nous paraît toujours empreint de la plus évidente partialité, Charles VII, dès qu'il fut instruit de ce qui se passait, s'en affligea doublement et comme chrétien et comme chef de la maison de France, à laquelle le comte tenait par les liens du sang. *Il lui semblait que jamais chrétien de bonne foi ne pouvait se souiller par de semblables énormités.* Il essaya donc de guérir le comte de sa folie et lui députa plusieurs fois des gens *de qualité et d'entendement* pour lui représenter le grand mal qu'il commettait et le déshonneur dont il couvrait son nom. Il s'engageait en même temps à obtenir l'absolution du saint-Père, si le scandale était levé. Les premières remontrances furent assez mal accueillies; mais enfin Jean se montra plus docile et promit d'éloigner sa sœur. Sur cette assurance, le roi envoya des ambassadeurs au pape qui, à sa prière, pardonna au coupable et lui accorda l'absolution, sous l'expresse condition toutefois que Jean promettrait solennellement de ne jamais retourner à son péché. Jean le promit de nouveau au roi et au pape, et néanmoins peu de temps après il rappela Isabelle et en eut un autre enfant. Pour couvrir sa conduite, il fit courir le bruit dans ses domaines qu'il avait reçu une bulle du pape qui lui permettait d'épouser sa sœur. Ici les versions varient.

Suivant les uns (1), Jean, pour apaiser les remords de sa sœur et faire taire les murmures publics, eut recours à l'art des faussaires. Il s'adressa à Antoine de Cambrai, alors référendaire du pape et depuis évêque d'Aleth. Antoine aidé de Jean de Volterre, notaire apostolique, lui fabriqua au prix de l'or une bulle du pape. Les autres en plus grand nombre (2) prétendent que le comte ajouta le sacrilége à l'inceste et supposa une bulle qui n'exista jamais. De ces deux sentiments, le dernier quoique le plus généralement admis, est complétement faux, et le premier nous paraît plus qu'inexact. Il est certain, il est vrai, qu'Antoine de Cambrai, surprenant la bonne foi de Calixte III, présenta l'indult à sa signature et que le sceau pontifical fut apposé à un acte rédigé d'avance, et dont le saint-Père ignorait le contenu. Mais le langage de Pie II donne à entendre que le comte d'Armagnac fut étranger à cette fraude. Quoiqu'il en soit, Jean commanda à un chapelain de son hôtel de bénir son mariage. Le chapelain s'y refusa à moins d'avoir vu les lettres pontificales. Le comte outré de cette réponse, s'emporta contre le prêtre et lui dit que sa parole de gentilhomme devait lui suffire, et que jamais il ne lui montrerait la bulle. En même temps il le menaça s'il opposait de nouvelles difficultés, de le faire jeter dans le Gers qui coule au pied de la ville de Lectoure, théâtre de cette scène. Le lâche chapelain trembla pour ses jours, et malgré ses répugnances, il bénit le mariage dans la chapelle du

(1) L'Art de vérifier les Dates. Dom Vaissette. — (2) Garnier et la plupart des historiens du dernier siècle.

château. Isabelle elle-même, dit Matthieu de Coucy, n'y donnait les mains qu'à regret : elle cédait à la force et à la violence, et détestait dans son cœur le crime qu'elle commettait. Quelques-uns veulent même qu'elle ait été pure jusqu'à ce jour.

Ce mariage ajouta encore au scandale. De tous côtés on se récria contre le vil débauché, qui au libertinage osait ajouter le sacrilége. La renommée en porta la nouvelle jusqu'aux oreilles du pape et du roi. Le souverain pontife lança aussitôt une sentence d'excommunication non seulement contre le comte et contre sa sœur, mais encore contre tous ceux qui avaient aidé ou favorisé cette union. Le roi, n'écoutant d'abord que la facilité de son cœur et se souvenant peut-être du connétable, essaya une nouvelle démarche pour ramener le coupable. Il manda à la cour le comte de La Marche et la comtesse d'Albret, distingués l'un et l'autre par leurs qualités personnelles plus encore que par leur naissance. Le premier était ce fils puîné de Bernard VII que le roi de France avait donné pour gouverneur à Louis XI et que nous avons désigné jusqu'ici sous le nom de comte de Pardiac. La comtesse d'Albret était Anne d'Armagnac sa sœur. Quand ils furent l'un et l'autre près de lui, Charles leur représenta l'indigne conduite de leur neveu et leur recommanda d'aller le trouver dans la ville de Lectoure où il vivait pour lui remontrer la grande faute qu'il avait commise et comment il s'était mis *hors de la foi et déshonoré plus que jamais prince chrétien descendu de la maison de France.* Il les chargea de lui dire de sa part que s'il ne se gouvernait autrement, il prêterait aide et conseil au saint-Père et le *chasserait si loin, qu'il ne saurait plus se tenir en sûreté dans aucun royaume chrétien*. Le comte de La Marche et sa sœur se chargèrent volontiers de cette mission et promirent de faire tous leurs efforts pour la conduire à bonne fin.

Ils s'acheminèrent aussitôt vers les domaines du comte, espérant le rencontrer à Lectoure, que Matthieu de Coucy place dans un pays peu peuplé, mais surtout presque vide de maisons, quoique la Lomagne ait toujours été une des parties les plus fertiles et les mieux habitées de la Gascogne. Jean avait été averti de la venue de ses parents et du motif qui les amenait. Quand il put penser qu'ils approchaient de la ville, il monta à cheval, et prenant avec lui un certain nombre de ses gens, il alla au devant d'eux. Il les atteignit en rase campagne, et sans les saluer autrement, il leur dit aussitôt : « beaux oncles, je sais bien pourquoi vous venez en ce pays, vous pouvez vous en retourner, *car pour vous ne pour tous ceux qui en voudront parler, ne plus ne moins n'en ferai, et veux bien que vous sachiez que vous n'entrerez point dans ma ville.* » Le comte de La Marche et sa sœur s'étonnèrent d'une pareille réception; mais il fallut dévorer l'outrage. La nuit allait tomber, le pays n'était pas sûr et ils ne pouvaient aller demander nulle part l'hospitalité, car il n'y avait pas de logis *à dix lieues près*, dit encore avec aussi peu de vérité Matthieu de Coucy (*).

Les deux illustres parents ne parurent nullement s'offenser des paroles qui leur avaient été adressées. Ils

---

(*) Fleurance, alors dépendante de la maison d'Albret, était aux portes de Lectoure, et Astaffort, Auvillars, Agen, Condom et Auch n'en étaient séparées que par des distances assez rapprochées.

parlèrent à leur neveu avec bonté, et par leurs douces paroles ils obtinrent d'être reçus dans la ville pour cette nuit. Dès qu'ils furent installés dans leur hôtel, le comte de Castres, fils du seigneur de La Marche, alla trouver son cousin germain, et à force d'instances et d'insinuations, il le détermina à venir rendre visite à ses hôtes et à y conduire sa sœur. Le comte et la comtesse, saisissant le moment où la jeune Isabelle était restée seule avec eux, lui représentèrent la flétrissure qu'imprimait sur elle et sur tous les siens son commerce incestueux, et la conjurèrent de se dérober à tant d'ignominie. Malheureusement le comte d'Armagnac survint pendant ces remontrances. Il s'en montra souverainement irrité, et tirant sa dague, il eût frappé son oncle, s'il n'eût été arrêté par le seigneur de Castres. Il s'empressa aussitôt de ramener sa sœur et se retira avec elle dans son château. Le comte de La Marche ne se découragea point. Voyant sa nièce disposée à rompre les indignes liens qui l'attachaient à son frère et ne pouvant lui parler, il lui écrivit le soir même une lettre *bien gracieuse*. Après lui avoir rappelé tout ce qu'il lui avait déjà dit, il la conjurait de nouveau avec les plus vives instances de s'arracher des bras de son séducteur et s'offrait à la recevoir avec toute la bonté d'un oncle, ou plutôt toute la tendresse d'un père.

Cette lettre tomba entre les mains du comte d'Armagnac et acheva d'enflammer son courroux. Toute la nuit il roula dans son cœur des projets de vengeance, les uns plus cruels que les autres, et quand le jour parut, il avait arrêté qu'il laisserait partir ses parents; mais qu'après leur départ il se mettrait à leurs trousses et les égorgerait de ses mains. Jean était trop fasciné par sa passion, pour reculer devant l'exécution d'un forfait. A peine son oncle et sa tante eurent-ils quitté Lectoure qu'il les poursuivit à la tête de quelques gens d'armes aussi déterminés que lui. Au bruit de leur marche, le jeune seigneur d'Albret, qui accompagnait sa mère, se retourna, et ayant reconnu son cousin, il alla aussitôt à lui. Il le trouva *fort échauffé et en grande volonté d'accomplir son entreprise*. La force était du côté du meurtrier. Le sire d'Albret descendit aux soumissions et aux prières. Ses paroles apaisèrent cette âme tumultueuse, et le crime ne fut point consommé. Le comte de La Marche et sa sœur se hâtèrent de quitter une terre inhospitalière. Ils s'enfuirent en toute diligence et coururent raconter à Charles VII le peu de succès qu'avaient obtenu leurs efforts. Le monarque s'en montra vivement affligé ; néanmoins il fut contraint de dissimuler quelque temps le nouvel outrage fait à son autorité dans la personne de ses ambassadeurs.

La Guyenne venait de lui échapper. Les longues affections ne se déplacent que difficilement. La noblesse du pays, malgré ses derniers serments, conservait un secret attachement pour le sang de ses anciens maîtres. Et comment n'en eût-il pas été ainsi ? Les souverains de la Grande-Bretagne l'avaient toujours extrêmement ménagée. Elle profita de quelques tailles que le gouvernement français voulut établir, au mépris de la capitulation signée devant Bordeaux, pour rappeler les insulaires. Le brave Talbot, vieux d'années, mais jeune de courage et d'ardeur, aborda sur les côtes du Médoc et n'eut qu'à se montrer pour soumettre toutes les places devant lesquelles il se présenta. Bordeaux lui-même ouvrit ses portes, livrant au vainqueur son gouverneur et sa garnison. L'insurrection s'étendait tous les jours. Le Midi tendrait facilement les mains à l'Angleterre, si l'amour de la patrie n'y enchaînait les cœurs. Ses intérêts ont toujours été et seront toujours anglais.

Charles VII pris au dépourvu rassembla en toute hâte une armée qu'il plaça sous les ordres des maréchaux de Lohéac et de Jalognes. Lui-même suivait de près avec un nouveau corps. Les deux maréchaux renforcés dans leur marche, arrivèrent sous les murs de Castillon. Talbot les y alla chercher et leur offrit presque malgré lui la bataille. La victoire fut chaudement disputée (1). A la fin les ennemis rebutés commencèrent à plier. Deux fois ils furent ramenés à la charge par Talbot et toujours repoussés. Le sang ruisselait de toutes parts, la terre était jonchée de cadavres. Les Français firent des prodiges de valeur, mais aucun d'eux dans cette journée ne pouvait disputer le prix du courage au brave Talbot. Blessé au visage, couvert de son sang, il courait de rang en rang, excitant les siens de sa voix et de son exemple, lorsque la haquenée qui le portait, ayant été atteinte d'une coulevrine, l'entraîna dans sa chute. Son jeune fils le voyant tomber, voulut en vain le défendre. Assailli lui-même de toutes parts, il expira percé de coups près du corps de son père. Le comte de Candale, fils du captal de Buch et les sires de Langlade et de Montferrand se jetèrent dans Castillon ; mais leur présence ne put sauver cette place, qui fut obligée le lendemain de se rendre à discrétion. Le comte de Candale ne recouvra sa liberté qu'en payant une forte rançon. Pour la four-

(1) Jean Chartier, pag. 264 et suiv.

nir à son fils, le vieux captal (1) fut réduit à vendre les propriétés que ses pères avaient conservées dans le pays de Gex, le berceau de leur famille.

Pendant que les deux maréchaux chassaient les Anglais de la Haute-Guyenne, les comtes de Clermont, de Foix et d'Albret étaient entrés par la Gascogne dans le Médoc. Ils avaient avec eux (2) le sire d'Orval, fils du comte d'Albret, le vicomte de Lautrec, Xaintrailles, Bernard de Béarn, le sire de Lavedan et quelques autres capitaines distingués. Le comte d'Armagnac se pressa moins; mais malgré son peu de sympathie pour la cour, ou peut-être sa secrète intelligence avec Talbot, il ne put s'empêcher d'envoyer ses gens. Cette division se composait alors de mille lances sans y comprendre les archers. On se contenta d'abord de parcourir le pays, en y semant le ravage et en y détruisant toutes les provisions. On alla ensuite attaquer Castelnau-de-Médoc, la plus forte place de la contrée. Le sire de l'Isle, chevalier Gascon, y commandait pour les Anglais. Il se défendit durant quinze jours et ne se rendit que lorsqu'il ne lui fut plus possible de résister. Les vainqueurs se séparèrent après cette conquête. Le comte de Clermont et le sire d'Albret allèrent mettre le siège devant Blanquefort. Le sire d'Albret s'y arrêta à peine, car il poussa jusqu'à Langon et Villandraud, qui lui ouvrirent leurs portes. Le comte de Foix soutenu du vicomte de Lautrec, son frère, se présenta devant Cadillac, et Xaintrailles de son côté assiégea St-Macaire. La victoire suivit partout les armes françaises.

Charles VII se montra enfin en personne, et tous les corps disséminés vinrent se réunir autour de lui sous

(1) Grands Officiers, tom. 3, p. 381. — (2) Jean Chartier, p. 267.

les murs de Bordeaux qui, après avoir essayé une courte résistance, fut enfin contrainte de subir la loi du monarque. Charles lui imposa une amende de cent mille écus et la condamna à perdre tous ses priviléges. Toutefois il tempéra bientôt cette première sévérité. *Le traitement grâcieux qu'il lui fit*, disait cent ans plus tard du Tillet (1), l'a rendue *tant obéissante et dévote à la couronne de France, que depuis elle n'eut aucune intelligence avec les ennemis*. Il est vrai que Charles VII, pour contenir la ville, fit bâtir à ses deux extrémités le château du Ha et le château Trompette, dont, suivant un manuscrit, la première idée est due au comte de Foix. Le vicomte de Lautrec, qui avait partagé avec son frère la gloire de cette expédition, accompagna le roi lorsqu'il repassa la Loire; mais déjà atteint d'un mal assez léger, il aggrava son état par l'agitation de la course et mourut dans le voyage fort regretté de toute la cour (2). Il ne laissait de Catherine d'Astarac qu'une fille dont on ignore l'alliance, et un fils nommé Jean. Celui-ci né posthume, fut placé sous la tutelle de Gaston son oncle.

Le comte d'Armagnac, en vassal soumis, avait fourni son contingent dans cette guerre. Le corps était considérable, car il se composait de deux cents lances que conduisait le sénéchal de Rouergue (3). On ne l'en accusa pas moins (4) de favoriser en secret les Anglais. On lui reprochait encore d'avoir témoigné une joie indiscrète de leur descente en Guyenne, d'avoir tenu des propos indécents contre le roi et ses ministres, enfin

(1) Cité par Garnier, Hist. de France, tom. 8, p. 271.— (2) Grands Officiers, tom. 3, p. 379. — (3) Jean Chartier.—(4) Garnier, p. 296.

de s'être montré sensible à la mort de Talbot jusqu'à défendre qu'on fît des feux de joie pour la victoire de Castillon. L'auteur auquel nous empruntons ces détails, veut même qu'on lui imputât de n'avoir pas envoyé des troupes contre les ennemis du royaume. La fausseté de ce dernier grief fait suspecter les autres. On voulait perdre le comte, il fallait le trouver coupable. Charles rassembla sur les bords de la Loire une nouvelle armée dont il donna le commandement au comte de Clermont (1). Les comtes de Ventadour et de Dammartin, les sires de Montgascon, de Blanquefort, de Lohéac, de Torcy, Joachim Rouhault, Théode de Valperge, Xaintrailles devenu enfin maréchal de France et si longtemps dévoué à la maison d'Armagnac, coururent se ranger sous la bannière royale. Le sire d'Orval (2), cousin germain de Jean, et le comte de La Marche (3) lui-même, libre alors de faire éclater son ressentiment, voulurent prendre part à l'expédition.

Jean, instruit de ce qui se préparait contre lui, fortifia ses places, et sans s'épouvanter du sort de son père, il parut vouloir se défendre; mais à l'approche des troupes ennemies, la plupart des villes ouvrirent leurs portes. Lectoure où il s'était renfermé ne tint que trois jours; à peine eut-il le temps de s'évader sous un déguisement. La prise de Lectoure entraîna la soumission de toutes les forteresses qui tenaient encore; il ne fallut que quelques semaines pour placer sous la main du roi les vastes domaines du comte. On y comptait pourtant dix-sept places à pont levis et quelques-unes d'entr'elles également fortes, et par leur position, et par les travaux que l'art avait ajoutés à la nature; mais

(1) Coucy, pag. 695. — (2) Idem. — (3) Idem.

depuis assez longtemps, les conquêtes n'étaient guère plus que des courses armées. Tous les sentiments s'étaient affaissés; les grandes luttes avaient disparu pour faire place à de faibles résistances ou plutôt la féodalité sous une vaine apparence de grandeur et de force se mourait lentement. La monarchie n'avait qu'à se montrer pour l'écraser de sa puissance. Contraint de fuir, Jean se retira avec sa sœur et quelques serviteurs dévoués, dans la vallée d'Aure, d'où il passa dans les domaines qu'il possédait sur l'autre versant des Pyrénées.

Le roi chargea bientôt le parlement de Paris d'instruire son procès. Le comte se défendit par procureur. Il prétendit d'abord être jugé par la cour des pairs en qualité de prince du sang par Elisabeth de Navarre sa mère, et comme *issu du côté paternel depuis plus de mille ans d'hoir en hoir des rois* (1) *d'Espagne et des anciens ducs d'Aquitaine*. Sa requête à cet égard n'ayant point été admise, il fit alors alléguer qu'il était clerc tonsuré portant habit congru, ajoutant qu'un chevalier combattant pour l'état ne pouvait être privé du privilége de cléricature. Cette prétention n'eut pas un plus heureux succès que la première, et on le somma de comparaître en personne. Jean n'osa pas résister plus longtemps. Il demanda des lettres de sauvegarde, et quand il les eut obtenues, il se présenta devant ses juges; mais à peine eut-il subi son premier interrogatoire, que la cour déclara subreptice la sauvegarde royale et fit arrêter le noble accusé. Elle lui donna pour prison une des salles du palais. Néanmoins peu de jours après, elle mitigea sa rigueur et prononça son élargissement à con-

(1) Garnier, pag. 297.

dition qu'il donnerait sa parole de ne pas s'éloigner de Paris de plus de dix lieues. Cependant le procès se poursuivait avec une vivacité qui en faisait craindre l'issue. Jean n'osa pas attendre l'arrêt, et au mépris de sa parole, il s'échappa secrètement, gagna promptement la frontière et ne s'arrêta que dans la Franche-Comté, alors dépendante du duc de Bourgogne sous la suzeraineté de l'empereur d'Allemagne. Sa fuite précipita la sentence, la cour le condamna à un bannissement perpétuel et confisqua tous ses domaines au profit de l'état.

Ce coup, quoique prévu d'avance, abattit son courage, ou plutôt l'excès de son malheur lui ouvrit les yeux sur l'abîme que sa funeste passion avait en grande partie creusé sous ses pas. Rendu à de meilleurs sentiments et abjurant à jamais son passé, il forma une résolution digne de ces âges où la foi survivait presque toujours aux excès même les plus révoltants, et offrait ainsi à l'homme un moyen aussi honorable qu'efficace pour se relever après sa chute, et laver dans le repentir et la pénitence les souillures de sa vie. Il prend le bourdon du pèlerin, et mendiant son pain dans sa route, il va se jeter aux pieds du vicaire de Jésus-Christ (1).

Pie II, le docte Æneas Sylvius, venait de s'asseoir sur la chaire de St-Pierre. Sa grande âme et son esprit élevé devaient lui faire apprécier tout ce qu'il y avait de grand et de noble dans un pareil retour. Il accueillit le coupable avec bonté, l'entretint plusieurs fois pour lui faire sentir toute l'énormité du scandale dont il avait affligé la chrétienté entière, et quand il le crut assez disposé, il lui donna une audience solennelle. Là,

---

(1) Annales ecclésiastiques continuées par Rainaldi *ad annum* 1460, chap. 110, tom. 29. Nous y avons puisé tout ce récit.

en présence des prélats les plus distingués de sa cour et de tout le sacré-collége, excepté toutefois les cardinaux français, suspects peut-être de partialité contre un infortuné que poursuivait leur maître, il lui tint ce discours que Rainaldi a trouvé dans les fastes du Vatican.

« Dans les jours précédents, nous vous avons, mon très-cher fils, parlé longuement de la gravité du crime que vous avez commis. Maintenant nous rendons grâces à Dieu de ce qu'il a fait luire à vos yeux la céleste lumière, qui vous a fait abandonner le vice et vous a fait rentrer dans la voie du salut. Nous louons l'humilité qui vous a porté à vous soumettre à notre correction et à vous montrer prêt à subir la pénitence qu'il nous plaira de vous infliger. Sachez que nos prédécesseurs furent plus sévères que nous. Zacharie, l'un d'eux, condamna un incestueux, qui s'était souillé de votre crime, à errer de pèlerinage en pèlerinage durant quatorze ans. Les premiers sept ans il devait entourer son bras ou son cou d'un cercle de fer, jeûner trois fois par semaine et n'user de vin ou de viande que le dimanche. Ce terme expiré, il devait déposer sa chaîne et se contenter de jeûner le vendredi de chaque semaine. Ce ne fut qu'après cette épreuve de quatorze ans, qu'il fut admis à la communion.

« Nous cependant nous vous traiterons avec plus de douceur, d'abord à cause de la noblesse de votre sang. (Nous accorderons aux services de vos ancêtres, ce que nous refuserions à bien d'autres); secondement parce que vous avez été traîtreusement trompé par le conseil de ceux qui vous ont promis une dispense; troisièmement parce que privé de l'héritage de vos pères, et chassé de votre palais par un juste jugement du ciel, vous avez déjà accompli une partie de la pénitence. Ainsi au nom du Dieu tout-puissant, dont vous avez outragé la majesté par votre péché et dont vous implorez la clémence, nous vous enjoignons de ne jamais parler à votre sœur que vous avez souillée de votre inceste, de ne jamais lui envoyer ni lettre, ni message ; enfin de ne jamais habiter les lieux où elle sera, ce que vous promettrez par serment. Aussitôt que vous le pourrez, vous prendrez les armes contre les Turcs et vous distribuerez trois mille écus d'or qui seront employés à réparer des églises et des monastères. En attendant que vous puissiez remplir ces conditions, vous jeûnerez au pain et à l'eau tous les vendredis, mais cette pénitence cessera dès que vous entrerez en campagne contre les Turcs. Il faudra encore d'autres aumônes, d'autres jeûnes, des prières, mais tout cela vous sera imposé par notre cher fils le cardinal de Spolette, qui vous absoudra en notre nom de votre faute et des censures qui la punissent. Pour vous, acceptez avec joie cette pénitence, et accomplissez-la dévotement. »

Le comte remercia le pontife et jura d'obéir à toutes ces injonctions. Quoiqu'en aient écrit ou fait entendre quelques historiens frivoles ou prévenus, rien ne prouve qu'il ait jamais faussé son serment. Ce courageux retour réjouit singulièrement la cour romaine et gagna au noble proscrit la plus grande partie du sacré-collége. Le pape lui-même s'intéressa à son sort et essaya de le réconcilier avec son roi, comme il l'avait réconcilié avec son Dieu. Dans cette vue, il écrivit à Charles VII le bref suivant :

Pie II, à Charles, roi de France. Notre cher fils, le noble personnage, Jean, comte d'Armagnac, venant à notre cour, employait tous ses soins pour rechercher les lettres qu'on disait émanées du siége apostolique, et qui sont plus tard parvenues dans nos mains. Ces lettres portaient que Calixte III, notre prédécesseur d'heureuse mémoire, avait accordé dispense au comte pour qu'il épousât sa sœur. Ayant appris les mouvements qu'il se donnait, et étant bien certain qu'une dispense aussi infâme ne pouvait venir ni de notre prédécesseur, ni de nous, et qu'ainsi si l'on en montrait une expédition, c'était le fruit de l'obsession et du mensonge, nous avons craint que cette œuvre, quelle qu'elle fût, ne tombât dans les mains du comte, et ne devînt la honte de l'église et le scandale de la chrétienté. Alors nous avons cherché nous-même la source de l'erreur et les auteurs de la fraude. Avec le secours de Dieu nos recherches ont été couronnées de succès. Ambroise, jadis évêque d'Aleth, et Jean de Volterre, autrefois notaire apostolique, se sont d'eux-mêmes et bien volontairement déclarés les machinateurs de cette fraude scandaleuse. Ambroise a avoué qu'il avait toujours cru que ces lettres avaient été obtenues complètement à l'insçu du pontife, et Jean, poussant l'aveu plus loin, a déclaré les avoir falsifiées en plusieurs endroits comme on s'en aperçoit vite en jetant sur elles un regard attentif. Dès que le comte a été instruit de ce qui se passait, il s'est affligé d'avoir été ainsi induit à former des liens coupables; il a reconnu la grandeur de sa faute, et se jetant à nos pieds, il a imploré grâce et miséricorde, et s'est soumis en tout à notre jugement. Une conduite aussi chrétienne lui a obtenu de la cour romaine, qui est une mère de pitié, le pardon de ses erreurs, la réconciliation avec l'église et l'absolution d'un excès aussi énorme. Maintenant, notre cher fils, puisqu'il convient que nous imitions notre Dieu, dont c'est le propre de toujours compatir et pardonner, et puisqu'il faut d'ailleurs avouer que, si Jean a bien grandement péché, il a trouvé des misérables qui par leurs perfides conseils l'ont poussé au crime et au scandale, nous exhortons dans le Seigneur votre sérénité à imiter notre exemple et à regarder avec des yeux de miséricorde un noble prince, illustre par la gloire de ses ancêtres et par la grandeur de sa maison. Il n'a pas été jusqu'ici légèrement puni de son péché, puisqu'il a perdu les bonnes grâces de votre altesse, et qu'il s'est vu dépouillé de ses domaines qui étaient considérables, en proie à la misère et à l'indigence. Ces malheurs, quoique bien dûs à sa faute, doivent néanmoins incliner votre âme royale à la clémence. Daignez accueillir avec bonté un cœur pénitent et humilié, et vous montrer à son égard tel que vous désirerez que Dieu soit un jour pour vous. Du reste, il se réclame de la cléricature et prétend avoir reçu les ordres mineurs. S'il en est ainsi, le jugement de cette cause regarde non le for séculier, mais l'église, et c'est à nous qu'en appartient la connaissance. Souffrez qu'elle soit renvoyée au saint-siége, et levant le séquestre que vous avez fait établir, veuillez réintégrer le comte dans la possession des terres qu'il tient de ses aïeux. Un tel acte est digne de votre piété et de votre noble sang; il sera agréable aux princes chrétiens et surtout au saint-siége. Le pardon qu'il a imploré et la pénitence qu'il a acceptée et commencée plaisent à Dieu, et de même qu'ils nous ont porté au pardon, puissent-ils, s'il persévère dans ses bonnes résolutions, porter également votre altesse à lui pardonner et à lui rendre ses bonnes grâces ! Donné à Rome, le 12 septembre 1460.

Pendant que Jean V déposait ses égarements aux pieds du souverain-pontife, sa triste victime, l'infortunée Isabelle, renonçant au monde où sa jeunesse, son inexpérience et ses charmes n'avaient trouvé qu'amères déceptions, allait demander (1) aux austérités du cloître l'expiation d'un crime que son cœur avait subi à regret, et prenait le voile dans un couvent de Barcelonne. Le scandale avait cessé, la morale était vengée, l'église s'était déclarée satisfaite. Que pouvait exiger de plus l'amant adultère d'Agnès Sorel, le facile vieillard qui abandonnait ses dernières années à d'ignobles voluptés ? Mais Charles VII poursuivait dans le comte d'Armagnac, moins le frère incestueux, que le puissant et redoutable vassal ; il tint rigueur, et malgré les instances du souverain pontife, il ne voulut jamais consentir à annuler la sentence rendue par le parlement. Jean fut obligé d'attendre sur la terre d'exil que la mort eût frappé son impitoyable suzerain. Trois années de stérilité pesèrent alors sur l'Armagnac et en général sur tout le Midi; elles amenèrent la famine, que suivit bientôt la peste, sa compagne ordinaire. Ce double fléau augmenta singulièrement la dépopulation qu'avaient commencée les guerres précédentes, en sorte qu'il fut constaté que depuis dix ans, un tiers (2) des habitants avaient disparu dans la Guyenne et le Languedoc. Charles VII n'eut pas le temps de porter remède à ces

---

(1) Dom Vaissette, tom. 5, pag. 19. — (2) Idem, pag. 21.

maux; la mort le surprit à Meun-sur-Yèvre en Berry, le 22 juillet 1461.

Louis XI, son successeur, s'empressa de congédier tous les anciens serviteurs de son père, et de rappeler au contraire ceux que celui-ci avait écartés, mais surtout de combler de faveurs les seigneurs qui lui étaient demeuré attachés sous le règne précédent. Jean de Lescun, bâtard d'Armagnac par sa mère, s'était complètement abandonné à sa fortune, depuis qu'il l'avait détaché des intérêts de Jean IV; il lui donna le comté de Comminges et le bâton de maréchal de France. Le chef de la maison à laquelle Lescun se glorifiait d'appartenir, le fugitif Jean V, avait un double titre à la bienveillance du nouveau roi. Il lui avait donné des preuves de sympathie au milieu des malheurs que son caractère méfiant et indocile lui avait attirés, et il avait été persécuté par son père; aussi reçut-il des lettres d'abolition qui effaçaient tout le passé. Il rentra ainsi en possession de tous les domaines confisqués, à l'exception de Lectoure et de quelques châteaux situés dans le Rouergue, et encore ces châteaux lui furent restitués en 1464 (1).

Le comte de Foix, Gaston IV, si dévoué à Charles, trouva seul grâce auprès de son successeur. Un message l'appela secrètement à la cour où on lui offrit pour Jean son fils aîné, la princesse Magdelaine, sœur du roi, jadis promise à Ladislas, roi de Bohême. Le mariage fut célébré à Bordeaux le 7 mars 1462. Le comte de Foix et son fils y parurent avec un équipage superbe et éclipsèrent par leur magnificence tous les autres

---

(1) Grands Officiers. L'Art de vérifier les Dates.

princes. Le contrat en avait été passé (1) à St-Jean-d'An-
gély le 10 février. Tristan, évêque d'Aire, Gratian de
Gramont, Arnaud-Guillaume, seigneur de Jère et Oger
du Bosc, chancelier de Foix, l'avaient signé au nom de
Gaston; le maréchal d'Armagnac, que son maître venait d'établir son lieutenant-général en Dauphiné et
en Guyenne, y fut un des témoins royaux. Magdelaine
portait à son époux cent mille écus d'or, et Gaston lui
assurait pour douaire le comté de Bigorre, le Nébouzan et le château de Mauvezin avec les villes de Tarbes et de Rabastens.

Louis XI séjourna quelque temps à Bordeaux. Durant le séjour qu'il y fit, Jean de Foix-Grailly, comte
de Candale, fils de l'ancien captal de Buch, abandonna
le parti de l'Angleterre, fit sa soumission à la France
et obtint le comté de Lavaur en dédommagement des
pertes que lui avaient fait essuyer les guerres précédentes. Au milieu des témoignages d'affection qu'il
recevait de son nouveau maître et de toute sa cour, il
arrêta le mariage de Gaston son fils avec Marguerite
fille du comte de Foix son cousin, mais ce mariage ne
s'accomplit point. Marguerite, ayant été recherchée
presqu'en même temps par Jean II, comte de Bretagne,
ses parents la lui accordèrent et substituèrent à Marguerite, Catherine sa sœur, qui épousa le fils du comte
de Candale. Louis signa à Bordeaux un traité avec
Jean, roi d'Aragon. Ce prince traversa bientôt les Pyrénées et vint s'aboucher avec lui à Sauveterre dans le
Béarn. L'entrevue eut lieu dans un vaste champ au
milieu duquel on avait élevé une tente. Le traité de
Bordeaux y fut confirmé, le comte de Foix qui avait

(1) Dom Vaissette, tom. 5, pag. 24.

ménagé cette entrevue, y obtint enfin pour ses enfants la couronne de Navarre.

Jean, longtemps avant de monter sur le trône d'Aragon, avait épousé en premières noces (1) Blanche d'Evreux héritière de la Navarre ; il en avait eu Charles, prince de Viane, que la haine de son père, les persécutions de sa belle-mère, l'amour de ses peuples, et il faut le dire aussi, son courage et ses vertus ont rendu si célèbre dans les annales espagnoles, et deux filles : Blanche, aussi vertueuse que belle, mariée à Henri IV, roi de Castille et alors juridiquement séparée de lui, et Éléonore épouse du comte de Foix. Le prince de Viane venait de succomber aux embûches de sa belle-mère, laissant ses droits à Blanche sa sœur. Celle-ci, après s'être jointe à son frère pour réclamer les armes à la main l'héritage maternel, était tombée entre les mains de son père. Gaston de Foix profita du ressentiment que ce soulèvement avait fait naître dans le cœur du roi d'Aragon, pour river les fers de sa belle-sœur.

Pendant la guerre élevée entre ce prince et ses deux enfants, il s'était hautement déclaré pour son beau-père. Il lui avait prêté l'appui de son épée et s'était engagé à le laisser jouir paisiblement de la couronne de Navarre. Jean, à son tour, avait promis de déshériter son fils et sa fille et de donner le royaume à Éléonore et à son gendre (12 janvier 1458). Le moment paraissait propice pour exécuter cette promesse, mais Blanche était en Navarre. Ses droits étaient si incontestables que sa présence dans ce pays, alors même qu'elle languissait

(1) Voir, pour tout ce qui suit, les révolutions d'Espagne, par le père d'Orléans, tom. 3, pag. 460 et suiv..

dans les fers, ne permettait pas qu'on proclamât sa sœur. Gaston exigea qu'on la remît entre ses mains. Jean sacrifia sa fille à sa haine et à son ambition. Il la fit venir à Olite et essaya de la tromper en lui disant qu'il voulait la conduire en France pour l'unir au duc de Berry frère de Louis XI; mais Blanche était instruite du sort qu'on lui préparait. Elle répondit d'abord qu'elle ne ferait point ce voyage; puis se jetant aux pieds de son père, elle le conjura dans les termes les plus tendres de la regarder encore comme sa fille et de ne pas la livrer à ses plus cruels ennemis. Don Juan était accoutumé à mépriser la voix de la nature. Il quitta sa fille sans lui rien répondre, et dès le soir même, ayant doublé sa garde, il donna ordre au plus dur de ses officiers de l'enlever de force et de la conduire en diligence vers les Pyrénées.

Péralta, c'est le nom de l'officier, un des grands noms de Navarre, la transféra cette nuit-là même dans un château qui lui appartenait sur le chemin d'Olite à Roncevaux. Le lendemain matin, lorsqu'il entra dans sa chambre pour lui annoncer son départ : « chevalier,
» lui dit Blanche, ayez compassion de la plus malheu-
» reuse princesse qui fût jamais dans le monde; souve-
» nez-vous des bienfaits que vous avez reçus du roi mon
» aïeul et de la reine ma mère; vous pouvez aujourd'hui
» vous acquitter envers moi de tout ce que vous leur
» devez. Un temps viendra que mon père lui-même
» vous saura gré de m'avoir accordé la grâce que je vous
» demande. Je n'exige pas que vous me rendiez à la
» liberté; gardez-moi dans ce château: j'y demeurerai
» toute ma vie; mais ne prenez point sur vous la honte
» de m'avoir menée dans un exil où l'on abrégera mes

» jours, comme on a abrégé ceux de mon frère. » Péralta ne se laissa point fléchir. Il continua sa route; mais malgré sa vigilance, la princesse trouva moyen de laisser à Roncevaux une protestation contre la violence qu'on lui faisait. Dans ce rescrit, elle déclarait nulles toutes les renonciations qu'on pourrait lui arracher, à moins qu'elles ne fussent en faveur du roi de Castille ou du comte d'Armagnac son cousin germain par Isabelle de Navarre. Trois jours après, ayant été conduite de Roncevaux à St-Jean-Pied-de-Port, elle y dicta encore un acte par lequel elle donnait pouvoir au roi de Castille, au comte d'Armagnac, au comte de Lerin, à don Jean de Beaumont et à son intendant Pérez de Irurita, de traiter de sa liberté par tous les moyens possibles, et de conclure même, s'il était besoin, son mariage avec tel roi ou tel prince qu'ils jugeraient à propos.

Enfin lorsqu'on lui eut annoncé qu'il y avait ordre du roi de la mener en Béarn et de la livrer aux officiers du comte et de la comtesse de Foix, ne doutant plus alors qu'on ne dût bientôt la faire mourir, elle fit une cession du royaume de Navarre et de tous les autres états qui lui appartenaient au roi de Castille don Henri, en déclarant que le motif qui l'engage à lui transporter ses droits, c'est que personne n'était plus en état que ce prince de la délivrer de la tyrannie où elle allait être exposée, de venger sa mort et d'enlever à ses meurtriers le fruit de leur crime. Cette donation, qui était en même temps une exhérédation expresse de la comtesse Éléonore, est datée de St-Jean-Pied-de-Port, le dernier jour d'avril.

Depuis ce jour-là, l'infante Blanche ne donna plus

aucun signe de vie. Péralta, suivant l'ordre qu'il en avait reçu du roi, la remit au captal de Buch qui l'enferma dans le château d'Orthez, où, deux années d'abandon et de souffrances n'ayant pu, dit-on, terminer sa malheureuse destinée, la comtesse lui fit donner du poison par une de ses femmes qu'elle avait mise auprès d'elle pour la servir. Tous les historiens espagnols conviennent de cet empoisonnement; quelques-uns prétendent qu'il fut commis peu de temps après l'arrivée de Blanche, mais qu'on eut grand soin de cacher sa mort précipitée, pour ne pas augmenter les soupçons déjà trop répandus autour de la tombe de don Carlos. Au milieu de ces horreurs, le cœur se soulage en pensant qu'elles profitèrent peu à leurs auteurs. Gaston ne porta jamais le titre de roi : Éléonore ne saisit la couronne que pour se la voir arracher par la mort ; et après eux, Dieu qui *visite l'iniquité des pères, et qui les punit jusqu'à la quatrième génération*, extermina leur postérité et fit passer le sceptre par différentes révolutions en des mains étrangères. Don Juan lui-même se vit disputer par une fille ingrate et par un gendre déloyal cette Navarre qu'il n'avait retenue qu'en abjurant le plus doux et le plus sacré des sentiments humains, la tendresse paternelle, et s'il transmit l'Aragon à Ferdinand son fils, celui-ci n'eut à son tour qu'une fille qui donna l'Espagne à la maison d'Autriche. C'est ainsi que le ciel se plaît presque toujours à déjouer les calculs de l'ambition et à renverser l'édifice élevé péniblement par le crime.

CHAPITRE II.

Jacques d'Armagnac, duc de Nemours. — Jean d'Armagnac-Lescun, comte de Comminges. — Jean, frère du comte de Comminges, archevêque d'Auch. — Jean Marre. — Mort du cardinal Pierre de Foix. — Guerre du bien public. — La ville de Fleurance refuse de recevoir le sire d'Albret. — Malheurs que lui attire ce refus. — Jean V recherche la main de Jeanne de Bourbon. — Il est refusé. — Il épouse Jeanne, fille du comte de Foix. — Il recommence ses brigues. — Mort de Gaston, fils aîné du comte de Foix.

Jean d'Aragon, en traitant avec le roi de France, avait cherché à obtenir son appui contre la Catalogne alors ouvertement révoltée. Louis XI lui fournit des troupes et de l'argent, et se fit donner en gages le Roussillon et la Cerdagne, mais ces deux pays ne voulurent pas se prêter à ces arrangements; il fallut y envoyer sept cents lances sous la conduite de Jacques d'Armagnac, duc de Nemours. Perpignan se mit en défense et fut forcée; le reste des places ne tarda pas à se soumettre, et le général français, après avoir mis des garnisons dans toutes les villes qui pouvaient inspirer quelque ombrage à la domination nouvelle, gouverna le pays au nom de son maître. Jacques venait de perdre le comte de La Marche son père (1), ce fils puîné du connétable Bernard d'Armagnac, que nous avons presque toujours appelé comte de Pardiac, du nom de l'apanage qui lui avait été d'abord assigné. Cette mort mettait dans les mains de Jacques les biens immenses de sa maison, car il n'avait qu'un frère que ses parents avaient voué à

(1) L'Art de vérifier les Dates, tom. 3, pag. 428.

l'église. Il était, par Béatrix de Navarre sa grand-mère maternelle, sœur de la reine Blanche et d'Isabelle d'Armagnac, cousin du prince de Viane, de l'infante Blanche la recluse d'Orthez et d'Eléonore, comtesse de Foix. Il se flatta d'abord que dans le renversement de la famille régnante, le prince de Viane étant mort, l'infante Blanche en prison et la comtesse Eléonore repoussée par une partie des états, il pourrait hériter de la Navarre. Louis XI semblait vouloir l'appuyer dans ses prétentions; mais le mariage de Gaston de Foix avec Magdelaine de France et la conférence des deux rois à Sauveterre firent évanouir ses espérances. Il y gagna seulement le duché de Nemours, dont le roi l'investit (1), quoique cette terre appartînt de droit à l'héritier du royaume de Navarre. Nous avons cru devoir raconter sans les interrompre ces événements où se trouvaient mêlés les noms des deux principales familles de la Gascogne.

Louis XI, en revenant de la Soule, s'arrêta encore à Bordeaux (2). Les trois états de la Guyenne lui renouvelèrent leurs instances pour obtenir un parlement qui leur avait été promis par le comte de Dunois au nom de la couronne, mais dont leur dernière révolte avait fait suspendre l'érection. Le roi céda à leur prière et établit solennellement (juin 1462) le parlement de Bordeaux. Il lui assigna (3) pour ressort les trois sénéchaussées de Gascogne, de Guyenne, des Landes et d'Agenais, le Périgord et le Limousin. Presque tous

(1) L'Art de vérifier les Dates, tom. 3, pag. 428. — (2) Louis XI donna alors cent cinquante-quatre mille livres pour la construction des châteaux de Bayonne et de St-Sever, et la réparation de celui de Dax. Coll. Doat, 59. — (3) Dom Vaissette, tom. 5, pag. 20.

ces pays dépendaient du parlement de Toulouse, qui fut alors renfermé dans les limites qu'il conserva jusqu'en 1789.

L'année suivante, Louis XI eut une entrevue avec Henri, roi de Castille. On avait choisi pour théâtre la Bidassoa, petite rivière qui sépare la France de l'Espagne. Henri était depuis longtemps en guerre avec le roi d'Aragon. Les deux monarques, las de se combattre, remirent leurs différends au jugement du roi de France. L'un et l'autre avaient sujet de se flatter d'une décision favorable; mais Louis rendit une sentence, qui les mécontenta tous les deux également. Cette sentence enlevait le Merindat (1) d'Estelle à la couronne de Navarre, et par conséquent à la comtesse de Foix et à son fils aîné qui en étaient héritiers présomptifs. Pour les rédimer, Louis leur donna la vicomté de Soule avec la Cerdagne et le Roussillon, qui furent plus tard remplacés par le comté de Carcassonne.

Le maréchal de Comminges eut aussi part aux largesses royales. Il avait suivi le comte de Foix dans l'expédition de la Catalogne, et en dédommagement des dépenses qu'il avait faites durant cette campagne, il reçut la ville et la seigneurie de St-Béat, avec quelques autres terres. Le roi y ajouta bientôt après une faveur plus précieuse sans doute aux yeux du maréchal, en lui octroyant à Muret des lettres de légitimation. Ces lettres le disent fils d'Arnaud-Guilhem de Lescun et d'Anne d'Armagnac dame de Thermes, alors fille libre. Ainsi s'explique pourquoi quelques historiens appellent le maréchal bâtard de Lescun, tandis que d'autres l'appellent bâtard d'Armagnac. Sa naissance

---

(1) Dom Vaissette, tom. 5, pag. 27.

équivoque lui permettait d'emprunter son nom à la ligne maternelle, aussi bien qu'à la ligne paternelle.

La bienveillance de Louis XI s'étendit sur cet autre Jean de Lescun, que le chapitre d'Auch et Jean V avaient voulu opposer à Philippe de Lévis. Celui-ci, resté maître de l'archevêché (1), ne jouit pas paisiblement de son triomphe. Le chapitre ne lui pardonna pas d'avoir été nommé contre son assentiment. Il saisit la première occasion qui s'offrit pour lui faire sentir son mécontentement et lui disputa la nomination aux canonicats et aux prébendes. La querelle se termina par un compromis (1458), qui statuait que l'archevêque et le chapitre nommeraient alternativement aux places vacantes; mais que si le chapitre n'avait pas fait son choix dans les deux mois, ou si les voix se portaient en nombre égal sur deux candidats, la nomination appartiendrait au prélat (*).

Cette transaction, en apaisant la querelle, ne ramena pas les cœurs. Aussi Philippe de Lévis s'estima-t-il heureux d'échanger son siège contre la métropole d'Arles à laquelle le pape Pie II l'appela le 6 février 1462. Le saint-père, à la prière du roi, substitua aussitôt à Philippe, Jean de Lescun, et lui donna l'investiture qui lui avait été jadis refusée. D'un autre côté, les chanoines, qui ne subissaient qu'à regret les nominations pontificales, revinrent à leur premier choix et joignirent leurs suffrages à l'autorité du saint-siège. Jean de Lescun, ne trouvant plus d'obstacle, prit enfin possession de sa dignité. Il ne tarda pas à choisir pour son vicaire-général Jean Marre, pieux et savant bénédictin que le

(1) *Gallia Christiana*. Dom Brugelles. M. d'Aignan.
(*) Ce règlement confirmé par Sixte IV a été suivi jusqu'en 1789.

ciel destinait à être le restaurateur de la discipline ecclésiastique dans les diocèses d'Auch et de Condom. Marre était né à Simorre en 1436, de parents honnêtes et surtout vertueux. Il alla presqu'au sortir de l'enfance demander un asile à l'antique abbaye dont les murs avaient ombragé son berceau, et il comptait à peine quatorze ans lorsqu'il y prononça ses vœux solennels. Déjà il laissait pressentir les talents qui devaient le signaler plus tard. Ses supérieurs l'envoyèrent à l'université de Toulouse, où il fit de brillantes études. Promu au sacerdoce à vingt-quatre ans, il fut presqu'aussitôt nommé prieur de Mazerettes et prieur claustral de Simorre. L'éclat de sa réputation s'étant répandu plus loin, Jean de Bourbon, évêque de Nîmes et abbé de Cluny, lui conféra, en 1463, le prieuré d'Euze et l'établit son vicaire-général dans toute la Guyenne. Le relâchement s'y était introduit dans un grand nombre de maisons religieuses à la suite des guerres et du schisme. Marre profita de l'autorité qu'on avait déposée dans ses mains, pour rétablir l'empire des constitutions monastiques et ramener la piété dans ces sanctuaires, honneur ou fléau du christianisme, selon qu'elles conservent ou abjurent l'esprit de leur institution. Ces succès le désignèrent à Jean de Lescun.

Au moment presque où l'archevêque d'Auch appelait Marre à ses conseils, mourait à Avignon (13 décembre 1464), le cardinal de Foix (1), Pierre, dit le Vieux, que le cloître avait donné à l'église et qui remplit longtemps avec distinction les plus hautes dignités ecclésiastiques. On le vit évêque, d'abord de Lescar, et puis de Comminges, ensuite administrateur de l'archevêché

---

(1) Dom Vaissette, tom. 5. Grands Officiers, tom. 3.

de Bordeaux, et enfin archevêque d'Arles, cardinal-évêque de Porto, gouverneur d'Avignon et du comtat Venaissin, légat *à latere*, pendant sa vie, dans les provinces d'Arles, d'Aix, d'Embrun, de Vienne, de Narbonne, de Toulouse et d'Auch. Au sein des honneurs il n'oublia jamais l'humble cellule des Cordeliers de Morlas, parmi lesquels il avait fait profession. Il voulut même être enterré dans leur couvent, revêtu de l'habit de l'Ordre. Dans ses dernières années, il fonda à Toulouse le collége de Foix et lui légua sa vaste bibliothèque, qui avait appartenu précédemment au célèbre Pierre de Lune, l'obstiné Benoit XIII (*).

Quatre ans s'étaient à peine écoulés depuis que Louis XI était assis sur le trône, et déjà son esprit remuant, astucieux, tracassier, avait soulevé le royaume. Tous se montraient mécontents : le clergé, parce qu'il avait aboli la pragmatique sanction, règlement qui laissait la nomination des hauts dignitaires de l'église entre les mains des chapitres et des religieux; le peuple, à cause des subsides dont il l'accablait; la noblesse, à cause des gens de bas étage dont il aimait à s'entourer. La plupart des princes du sang et les principaux seigneurs, d'abord froissés et indisposés, commençaient à craindre pour eux. Une ligue se forma; elle se couvrit de l'apparence du bien public d'où elle prit son nom. Le duc de Berry, frère du monarque, était le chef apparent de cette ligue; mais le comte de Charolais, que nous allons voir bientôt succéder au duc de Bourgogne son père et le duc de Bretagne qui l'avaient provoquée, la conduisaient en réalité. Les ducs de Calabre, de

---

(*) C'est au collége de Foix que furent élevés le cardinal d'Ossat, et Marca, le savant auteur de l'histoire de Béarn, qui nous a si souvent servi de guide.

Bourbon, d'Alençon et de Nemours, le comte d'Armagnac (1), le sire d'Albret, le preux Dunois lui-même y adhérèrent et envoyèrent leurs sceaux à Notre-Dame de Paris où ils furent recueillis. Il ne restait à Louis XI que le roi René, père du duc de Calabre, et les comtes du Maine, de Nevers, d'Eu, de Vendôme et de Foix, et encore ne se fiait-il guère à aucun d'eux.

Son esprit soupçonneux jugeait mal le comte de Foix. Gaston en effet s'était hâté (2) d'accourir à la tête de quatre cents lances et de cinq à six mille arbalétriers, qu'il avait levés à ses dépens sur ses domaines. Il voulait suivre le roi dans cette expédition, mais le prince jugea sa présence plus nécessaire dans le Languedoc, et l'y renvoya avec le titre de son lieutenant-général. Louis sembla trop souvent se plaire à former ou à fomenter des orages, mais nul ne sut jamais comme lui l'art de les conjurer. Il feignit d'abord d'ignorer le complot et chercha à gagner quelques-uns de ses ennemis. S'il réussissait, il affaiblissait la ligue; mais lors même que sa tentative serait inutile, il semait la défiance parmi les confédérés. On compterait moins sur des alliés que les promesses royales auraient tentés. Dans cette vue, il appela à sa défense le comte d'Armagnac, le duc de Nemours et le sire d'Albret.

Le duc de Nemours surtout paraissait devoir répondre à son appel. Nourri à la cour, élevé avec le roi, il venait d'obtenir du prince le duché de Nemours, et lui devait la main de Louise d'Anjou (3), fille du duc

(1) La Marche, pag. 70. Cette année l'hiver fut si dur que le pain et le vin en gelaient à table, et dura depuis le dixième jour de décembre jusqu'au quinzième jour de février. Abrégé de l'Hist. de Charles IV, pag. 360.—(2) Dom Vaissette, tom. 5, pag. 31.—(3) Grands Officiers, tom. 3. Dom Vaissette.

du Maine et nièce de la reine mère; mais Jacques d'Armagnac imita ses deux cousins, et les trois parents crurent pouvoir user de fourberie contre le roi des fourbes. Le comte d'Armagnac manda qu'il était disposé à servir la couronne envers et contre tous; il déclara même qu'il était prêt à accourir en personne, mais il ne lui était pas possible de se pourvoir d'armes et de harnais sans un ordre royal. Le roi lui octroya (1) aussitôt les permissions nécessaires et lui envoya en même temps cinquante harnais et cent armures pour l'aider à mettre sur pied ses gens d'armes. Jean ne perdit pas un instant; il leva des troupes dans ses domaines et dans les pays voisins, et manda près de lui sa principale noblesse. Tous croyaient marcher au secours du roi; mais le chef qui les conduisait courut se joindre à ses ennemis.

Au premier bruit de cette trahison (2), le roi de France écrivit aux divers sénéchaux du Midi de faire publier une défense rigoureuse à tout homme d'armes, noble ou roturier, sous peine de forfaiture et de perte de corps et de biens, de se placer sous les étendards du comte d'Armagnac, et d'ordonner à tous d'abandonner aussitôt ses drapeaux, si déjà ils les avaient joints; mais cette publication était tardive. Le comte et le sire d'Albret s'avançaient dans l'intérieur de la France. Louis, toujours dissimulé, feignit encore d'ignorer leurs dispositions et leur fit parvenir l'ordre de le venir joindre. Il manda spécialement le duc de Nemours. En même temps il s'était mis à la tête d'une armée faible en nombre, mais composée de braves et fidèles archers, et

(1) Archives de Rhodez. Dom Vaissette, tom. 5, Preuves, pag. 32. — (2) Idem.

redoublant d'activité, il se rendit en peu de jours maître de presque tout le Berry et d'une partie du Bourbonnais. Au milieu de ses conquêtes, on lui annonça l'approche du duc de Nemours qui, au lieu d'aller joindre le roi à Montluçon, s'arrêta à Montaigu, d'où il envoya demander des sûretés, déclarant que, si elles lui étaient refusées, il ne saurait aller plus loin. C'était se déclarer assez ouvertement pour les princes, ou du moins vouloir mettre à profit les embarras publics pour arracher des concessions. Des négociations s'ouvrirent. Le duc put faire des propositions. Il demandait pour lui le gouvernement de Paris et de l'Isle-de-France, et pour le comte d'Armagnac l'épée de connétable qu'avait ceinte leur grand-père commun. Il réclamait ensuite de grosses pensions et une augmentation d'apanage pour les princes et les principaux membres de la ligue.

La négociation dura plus de vingt jours. De part et d'autre on spéculait sur le temps et on en attendait quelque événement favorable. L'arrivée du comte d'Armagnac, qui amenait aux confédérés les troupes que lui avait demandées le roi, fit pencher la balance de leur côté. Leurs prétentions grandirent et rendirent toute transaction impossible. Louis, sans se laisser abattre, rassembla toutes les forces dont il pouvait disposer dans la province, se jeta sur la ville de Gannat, s'en rendit maître en quelques heures, et courut attaquer Riom où les confédérés s'étaient réunis et qu'il serra vivement. Ce coup de vigueur abattit leur présomption. Le duc de Nemours vint trouver le roi, et conclut une trêve. Le roi promettait de tenir à Paris, pour Notre-Dame d'août, une assemblée où il écouterait les remontrances des princes et aviserait au bon gouvernement du royaume. Les confédérés, de leur côté, s'engageaient à déposer (1) les armes et à inviter leurs frères à imiter leur exemple. Cet accord ne voilait que des perfidies. Jamais la haute noblesse n'avait autant abdiqué toute dignité personnelle; on eût dit qu'elle se jouait de sa parole, tant elle avait peu de souci de l'honneur et de la loyauté.

Le roi avait hâte de voler vers l'Isle-de-France. Le comte de Charolais l'y avait devancé. Leurs armes se rencontrèrent, le combat s'engagea près de Montlhéry, combat imprévu et désordonné, où tout fut confus et bizarre, la perte comme le succès. La guerre se poursuivit; mais quoique le comte de Charolais eût été rejoint par les ducs de Berry et de Bretagne, la fortune commençait à pencher pour le roi. L'arrivée (2) du comte d'Armagnac et des ducs de Nemours et de Bourbon vinrent rétablir l'équilibre. Au mépris du traité de Riom, ils amenaient près de six mille lances, mais mal équipées et surtout manquant d'argent. Le comte de Charolais leur ouvrit son épargne, il leur compta jusqu'à cinq ou six mille francs, somme néanmoins bien faible pour couvrir le passé et parer au présent. Aussi les Gascons coururent-ils le pays et y commirent-ils *merveilleusement des maux*. Louis n'était pas l'homme des combats, mais il n'était pas roi à déposer le sceptre. Il recourut aux négociations et aux pourparlers, et essaya des séductions. Partout il trouva des prétentions exorbitantes; c'était un véritable partage du royaume que demandaient les confédérés. L'hon-

(1) Jean de Troyes, pag. 40. Cet ouvrage est plus souvent intitulé: *Chronique scandaleuse*, addition aux chroniques de Monstrelet, pag. 7. — (2) Monstrelet, tom. 3, pag. 117.

neur de la couronne ne lui permettait pas de céder. Il résista longtemps; mais vaincu par la nécessité, il signa enfin le traité de Conflans (1), qui accordait aux princes et aux principaux seigneurs tout ce qu'ils désiraient. Jamais roi de France n'avait souscrit avec ses sujets un traité si humiliant. Les princes, dit Commines, butinèrent le monarque et mirent son royaume au pillage. Il est vrai que l'astucieux monarque se réservait de leur reprendre en détail ce qu'il leur avait abandonné en masse.

Son frère Charles eut la Normandie en apanage à la place du Berry; le comte d'Armagnac, les trois châtellenies du Rouergue qui lui avaient été confisquées sous le dernier roi, une portion des aides, une pension et la solde de cent lances; le duc de Nemours le gouvernement de Paris et de l'Isle-de-France qu'il ambitionnait, avec une pension, la solde de deux cents lances et la nomination aux offices et aux bénéfices dans les seigneuries qui lui appartenaient; le sire d'Albret quelques seigneuries attenantes à ses domaines et la confirmation du comté de Gaure qui venait de lui être rendu. Les autres chefs ne furent pas moins largement partagés (2), mais en revanche les intérêts de l'état furent à peine mentionnés par forme. La ligue du bien public

(1) Monstrelet, Commines, Chronique scandaleuse, Olivier de La Marche.

(2) Voir ce traité presqu'en totalité dans le 3ᵉ volume des Mémoires de Commines par Godefroy. Le roi, interrogé plus tard par ses familiers sur les motifs qui l'avaient porté à le signer: c'était, dit-il, la jeunesse de mon frère de Berry, la prudence de beau cousin de Calabre, le sens de beau frère de Bourbon, la malice du comte d'Armagnac, l'orgueil grand de beau cousin de Bretagne, et la puissance invincible de beau frère de Charolais.

leur devait pour le moins un souvenir. Jamais la féodalité n'avait remporté une victoire aussi complète : elle sembla s'être reconstituée au moment où on la croyait abattue; mais l'éclat qu'elle jeta n'était qu'une lueur mourante. Peut-être ces fiers et puissants vassaux se flattèrent-ils eux-mêmes d'avoir fait rétrograder la France jusqu'aux jours de Louis-le-Gros, et d'avoir réduit le monarque à n'être plus que leur suzerain; mais s'ils le crurent ainsi, leur erreur fut profonde; les nations descendent, mais ne rétrogradent jamais. Les temps étaient changés; la royauté trouvait dans les communes pleinement constituées alors, et surtout dans l'armée devenue permanente, un appui qu'elle eût vainement cherché autrefois. Son éclipse ne pouvait durer longtemps.

Le comte d'Armagnac et le duc de Nemours restèrent (1) à Paris, dont ce dernier venait d'être nommé gouverneur. Le roi les combla de caresses, les appela souvent à ses conseils, prit volontiers leurs avis et crut un instant les avoir gagnés à ses intérêts; mais tout était inconstance sous ce règne. Les attachements se déplaçaient au gré des circonstances. Les deux cousins ne tardèrent pas longtemps à se séparer de la cour.

Le sire d'Albret était depuis longtemps rentré dans ses domaines. Satisfait d'avoir obtenu, durant les conférences de Riom, que le comté de Gaure et la ville de Fleurance, dont il avait été dépouillé l'année précédente, lui eussent été rendus, il avait quitté ses alliés et avait repris le chemin de la Gascogne. Il voulut aller en personne rétablir son autorité dans une seigneurie, trop accoutumée à changer de maître pour s'attacher

---

(1) M. De Barante, liv. 16, pag. 260.

à sa maison. Le lieutenant du sénéchal d'Agenais et une foule de seigneurs se pressaient sur ses pas. Il se présenta (1) le 29 juillet 1465 au St-Puy et à Lassauvetat, et reçut le serment des consuls et des habitants. Le lendemain il envoya quelques serviteurs prévenir les habitants de Fleurance qu'il arrivait dans leurs murs. Fleurance n'avait jamais subi qu'à regret sa domination; elle se prétendait avec quelque raison ville libre et indépendante de toute autorité particulière, excepté de l'autorité royale. C'était le privilége de presque toutes les villes fondées à la fin du xiii° siècle ou au commencement du siècle suivant. Ce privilége avait été confirmé à Fleurance, lorsque sous Charles V elle chassa les Anglais. Aussi le comte, prévoyant quelque résistance, s'était-il fait accompagner de mille ou douze cents lances.

Cette suite n'intimida pas les habitants, qui firent fermer leurs portes, en sorte que le commissaire député par le comte fut obligé de faire appeler les consuls. Ceux-ci se présentèrent à une barbacane sur les fossés. Le commissaire leur lut les lettres royales et les somma d'ouvrir leur ville à leur seigneur; mais il n'obtint qu'un refus exprimé avec toute la hardiesse d'une communauté fière et riche. Le comte s'était arrêté à St-Lary avec le vicomte de Tartas, son fils aîné, Gilles, bâtard d'Albret, son enfant naturel, et trois ou quatre cents arbalétriers qu'il avait amenés des Landes. Dès que les paroles des consuls lui eurent été rapportées, il ordonna au bâtard de marcher sur Fleurance et d'y entrer de force. Il ordonna en même temps de saisir et vendre à l'encan tout ce que les Fleurantins possé-

---

(1) Coll. Doat, tom. 57.

daient dans le comté. Après avoir donné ces ordres, il s'éloigna pour qu'on ne pût pas en appeler à sa clémence. Le bâtard était déjà arrivé sous les murs de la ville; il s'assura avant tout des issues et y plaça Rufec de Serillac, Jean de Larroquain et quelques autres seigneurs. Quand il eut ainsi enlevé aux habitants tout moyen d'évasion, il fit avancer ses troupes et commença l'attaque.

La défense fut longue et vigoureuse, plusieurs assauts successifs furent repoussés, et la nuit tomba sans que les remparts eussent été emportés; mais durant les ténèbres, soit qu'un premier succès eût fait négliger les précautions dictées par la prudence, soit que la trahison fût venue en aide aux ennemis, soit enfin que les canons que le bâtard avait traînés avec lui eussent fait quelque brèche aux murailles, Gilles entra dans la ville avec une partie de ses forces et fit arrêter sur-le-champ dix ou douze des principaux citoyens, parmi lesquels on désigne Nauton de La Réole, Antoine de Lavaquerie, Jean Lary, Verduc Lary et Pierre Bousquet. On alla même saisir Auger de Merens et Martin Paris dans l'église, où ils s'étaient réfugiés, et qui était alors interdite.

Dès que le jour parut, le reste des troupes entra et se répandit dans les rues, pillant et enlevant tout ce qui lui tombait sous la main. Le vicomte de Tartas fit son entrée solennelle le 23, ayant à ses côtés le commissaire qu'on avait repoussé trois jours auparavant. L'abattement et la consternation étaient dans tous les cœurs. L'heure de la vengeance allait sonner, et tout faisait pressentir que cette vengeance serait cruelle. En effet, dès le lendemain le vicomte alla prendre position dans le Padouan, dans tout l'appareil d'un vainqueur irrité.

Ses gens d'armes le casque en tête et l'épée à la main, ses arbalétriers, leurs flèches dressées, l'entouraient de leurs rangs nombreux. Les habitants avaient reçu ordre de venir comparaître devant lui. Bientôt on les vit s'avancer précédés de deux de leurs consuls en robes et de quatorze notables, tous ayant la corde au cou et une torche à la main. Arrivés près du vicomte, ils tombèrent à genoux et baisèrent trois fois la terre en criant : merci et miséricorde à monseigneur d'Albret. Le vicomte les semonça durement. La semonce terminée, il commanda d'arracher la robe aux consuls et les fit conduire en prison. Il rentra alors dans la ville et la livra au pillage. Le saccagement dura quatre jours. Après ce terme, le vicomte retourna au St-Puy, amenant les prisonniers, excepté les consuls qu'il fit pendre aux quatre portes de la ville. Nous recueillons avec bonheur le nom de ces victimes; c'étaient Augerot ou Auger de Merens, Martin Paris, Jean Lary et Antoine Lavaquerie.

Le lendemain, le bâtard alla joindre son frère; mais après avoir fait quelques pas, il s'arrêta, et dit à Antoine de La Réole, juge royal, qu'on avait laissé dans ses mains : confesse tes péchés; ton dernier moment approche. L'infortuné obéit, et à peine eut-il purifié sa conscience, qu'il fut saisi et jeté dans la rivière. Son corps fut retrouvé et enterré honorablement. Les cadavres des quatre consuls restèrent suspendus au gibet, châtiment toujours nouveau, vengeance sans cesse suspendue sur les têtes. Les parents, la ville entière les redemandèrent longtemps en vain; mais enfin à force d'argent, de supplications et de larmes, on obtint la permission de les détacher et de leur donner la sépulture ecclésiastique. Quand la terreur se fut un peu dissipée, les habitants de Fleurance déférèrent toutes ces violences au conseil du roi; mais la maison d'Albret était puissante. La justice se fit longtemps attendre; la résistance du peuple a toujours alarmé les cours. Après de nombreuses tergiversations, il fallut enfin prononcer. On fit grâce au vicomte de Tartas; on condamna seulement le bâtard et quatre ou cinq de ses principaux complices à deux ans de bannissement, et encore ne tarda-t-on pas à les rappeler.

Le comte d'Armagnac, guéri de sa funeste passion, recherchait alors la main de Jeanne de Bourbon, sœur du duc de ce nom, un des princes confédérés. Jeanne vivait à la cour du duc de Bourgogne, son oncle, où elle avait été élevée. C'était une très-belle et très-aimable princesse que le connétable de St-Paul avait déjà demandée, mais en vain. Le duc de Bourbon et la duchesse douairière donnèrent (1) les mains à ce mariage. Le premier renonça même en faveur de cette alliance aux prétentions qu'il avait (2) sur le comté de l'Isle-Jourdain et la vicomté du Gimois dont il avait été gratifié sous le règne précédent, lorsque tous les biens de la maison d'Armagnac avaient été confisqués. Il se réservait seulement de réclamer une indemnité du roi de France. Il envoya ainsi que sa mère des ambassadeurs à la princesse pour lui faire connaître leur volonté; mais Jeanne, enhardie par la protection du duc, répondit qu'elle aimerait mieux se confiner dans un couvent, faire des vœux solennels, ou même mourir, que d'accepter le comte d'Armagnac. Elle ajouta que le lit

(1) Grands Officiers, tom. 1, pag. 308. — (2) Dom Vaissette, tom. 5, pag. 33.

nuptial où s'était commis un inceste ne serait jamais le sien, et que le frère, assez vil pour avoir épousé sa sœur, ne serait jamais son époux. Sur cette réponse, le comte de Charolais devenu par la mort de son père duc de Bourgogne, déclara hautement qu'on ne contraindrait en rien la résolution de sa cousine dont, après tout, tous les gens de bien approuvaient fort la conduite.

Ce refus et les paroles outrageantes qui l'accompagnaient, mirent en grande fureur le comte d'Armagnac. Il accusa le duc de Bourgogne de les avoir inspirés, ou du moins encouragés. Il protesta hautement qu'il en tirerait une éclatante vengeance, mais le temps manqua à ses menaces. Le roi triomphait de voir la mésintelligence entre d'anciens alliés. Il indemnisa le duc de Bourbon et lui donna en échange de Gimont et de l'Isle la terre de Sommières. Il y ajouta bientôt après le gouvernement du Languedoc que possédait depuis vingt-six ans le duc du Maine. Le nouveau gouverneur ne tarda pas à se brouiller avec le parlement de Toulouse, et dans son ressentiment il parvint à faire séparer du parlement (1) la cour des aides qui y avait été attachée jusque là, et qu'il fit transférer à Montpellier. Ces changements amenèrent des troubles dans la province. D'un autre côté les princes avaient recommencé leurs brigues; les seigneurs s'armaient et couraient le pays. Les Anglais essayèrent de profiter de ces dissensions : ils parurent en armes dans la Guyenne.

Le comte d'Armagnac fut soupçonné de les avoir attirés. S'il fallait en croire un ancien titre (2), il leur aurait offert de marcher à leur secours à la tête de

(1) Dom Vaissette, tom. 5, pag. 37. — (2) Inventaire du château de Pau. Coll. Doat.

quinze mille combattants, de leur livrer toutes ses places et de les mettre en possession de la Gascogne et même de la ville de Toulouse. L'exagération de ces offres nous fait soupçonner l'autorité du document (*). Quoiqu'il en soit de l'intelligence avec les étrangers qu'on prête à Jean V, il est du moins certain qu'il renoua ses menées avec les princes et fit des levées en leur faveur; mais en même temps pour se mettre à l'abri de la colère du roi ou s'assurer un protecteur, il rechercha (1) la main de Jeanne de Foix, fille de Gaston, le seul grand seigneur dont la fidélité ne se fût jamais démentie. Gaston reçut avec joie cette demande. La concorde était depuis longtemps rétablie entre les maisons de Foix et d'Armagnac; ce mariage allait la cimenter; il fut célébré le dernier août 1468, avec une pompe et une magnificence dignes des deux époux. Une alliance aussi noble, contractée à la face de la France, couvrait ce que le ténébreux engagement donné et reçu furtivement au château de Lectoure, avait de révoltant.

L'antique famille, qui gouvernait l'Armagnac, paraissait s'être complètement relevée des coups qui lui avaient été portés à la fin du dernier règne. Jean s'était replacé parmi les grands feudataires du royaume. Dans la guerre du bien public et dans toutes les transactions qui l'avaient précédée ou suivie, son nom avait toujours

(*) Quand la famille d'Armagnac fut abattue, dans le long procès qui s'éleva entre les familles d'Alençon et d'Albret qui réclamaient ses biens et la couronne de France, on produisit de part et d'autre une infinité de pièces dont quelques-unes sont évidemment suspectes. Ces pièces ont resté. L'histoire ne peut y recourir qu'en les contrôlant.

(1) Grands Officiers, tom. 3. L'Art de vérifier les Dates.

été vu à côté du nom des princes du sang. Fort par lui-même, soutenu par un cousin que la même ambition et les mêmes dangers unissaient à sa destinée plus encore que les liens du sang, gendre du comte de Foix, alors le seigneur le plus puissant du Midi et le plus chéri de la cour, beau-frère de la princesse Magdelaine de France, tout semblait devoir le protéger contre les soupçons ou les ressentiments du roi; mais Louis XI n'était pas homme à se laisser endormir par une alliance équivoque, et moins encore à pardonner à qui lui faisait ombrage.

Dès qu'il connut la sourde et vague agitation qui travaillait le Midi, il s'empressa de faire partir (1) le comte de Dammartin avec le titre de son lieutenant-général en *Guyenne, Bordelais, Gascogne, Languedoc, Albigeois, Rouergue, Quercy, Périgord, Auvergne, haute et basse Marche, et autres pays.* Il le chargea de faire cesser les excès et les violences que commettaient les gens d'armes, levés par quelques seigneurs contre sa permission et néanmoins sous le faux et spécieux prétexte de marcher à son service, de punir quelques nobles qui avaient ouvertement refusé d'obéir aux lettres d'arrière-ban, de réprimer les entreprises que les Anglais et leurs partisans avaient faites sur certaines places de la Guyenne, enfin de rétablir l'ordre dans les finances et de corriger tous les abus. Outre ces ordres généraux, il donna à Dammartin la mission spéciale de défendre à toute personne, et nommément aux comtes de Foix, d'Armagnac et d'Astarac, au duc de Nemours et au sire d'Albret, de lever ou d'entretenir des gens

(1) Dom Vaissette, tom. 5, pag. 39. Mémoires de Commines, Additions par Godefroy, tom. 3, pag. 188.

d'armes sans avoir reçu de lui ou de ses lieutenants un commandement exprès, et de faire sévère justice de tous ceux qui avaient désobéi à ses injonctions durant les troubles passés, et qui s'étaient mis ou se mettraient en armes sous le comte d'Armagnac ou le duc de Nemours.

Irrité contre ces deux seigneurs, il résolut de tirer une éclatante vengeance de leurs sourdes menées. Pour mieux assurer ses coups, il s'attacha avant tout à leur enlever l'appui du prince Charles son frère. Après diverses négociations, il se réconcilia avec lui et lui donna (1) pour apanage (29 avril 1469), à la place de la Normandie, la Guyenne avec le pays d'Agenais, le Périgord, le Quercy, la Saintonge, l'Aunis. Charles voulut se montrer à ses nouveaux vassaux. Il parut accompagné du prince de Viane, son beau-frère, fils aîné du comte de Foix. La réception fut brillante : la noblesse accourut en foule reconnaître son nouveau suzerain. Charles lui donna un tournois à Libourne, le 18 octobre. Le prince de Viane descendit dans l'arène et y fit remarquer la grâce, l'agilité et l'adresse naturelles à sa famille. Il avait déjà rompu plusieurs lances, lorsqu'une d'elles, se brisant entre les mains de son adversaire, l'atteignit sous l'aisselle et le blessa dangereusement. Il languit quarante jours et mourut le 26 novembre, laissant de Magdelaine de France deux enfants en bas âge, François Phœbus et Catherine. Gaston réclama la tutelle de son petit-fils; mais Magdelaine lui fut préférée par l'influence de Louis XI.

Charles, après avoir présidé aux obsèques de son beau-frère, visita les principales villes de son apanage.

(1) Dom Vaissette, tom. 5, pag. 40 et 41. Mémoires de Commines, Additions par Godefroy, tom. 3, pag. 188.

Les fêtes et la joie accueillirent partout sa présence. On était heureux et fier d'avoir à sa tête un prince de France; on espérait voir revivre sous lui les jours brillants d'Eléonore et du héros de Poitiers. Cet enthousiasme rendit Charles plus exigeant à l'égard de son frère; il se plaignit des bornes qui avaient été assignées à son duché. Louis parut écouter ses plaintes; il lui céda (1) la Soule et la ville de Mauléon, possédées par le comte de Foix, le pays de Gaure rendu précédemment au sire d'Albret et les judicatures de Verdun et de Rivière (*), appartenant en partie à la famille d'Armagnac. Il révoqua encore en sa faveur les priviléges que le roi Charles VII leur père avait accordés aux villes de Guyenne, et les fit redescendre au

(1) Garnier, tom. 8, pag. 189. Preuves des Mémoires de Commines, n° 144.

(*) Les comtés de Comminges et de l'Isle furent exceptés de ces judicatures, mais les comtés d'Astarac, de Pardiac et de Bigorre y demeurèrent compris. Jusqu'à ce jour les judicatures de Verdun et de Rivière avaient fait partie de la sénéchaussée de Toulouse, et par conséquent elles dépendaient de ce gouvernement et contribuaient aux tailles de la province. Elles en furent alors distraites pour être incorporées à la Guyenne dont elles n'ont jamais été séparées depuis. Le roi se réserva seulement l'hommage des comtés de Foix et d'Armagnac. Ces deux comtés avec ceux de Comminges et de l'Isle-Jourdain qui étaient situés dans l'étendue de la sénéchaussée de Toulouse, continuèrent d'en ressortir pour les cas royaux. Les deux judicatures elles-mêmes étaient soumises à la juridiction du sénéchal de Toulouse pour la justice ordinaire. Cette complication ne pouvait que rendre le droit obscur et difficile, et les procès longs et ruineux. Le temps devait nécessairement amener pour toutes les provinces une uniformité que les esprits sages appelaient de leurs vœux bien avant 1789. Les habitants de Fleurance peu écoutés à la cour se plaignirent au duc de Guyenne de tout ce que leur avaient fait endurer Gilles et le vicomte de Tartas. Charles, déjà lié à la maison d'Albret, lui laissa le comté, mais il en sépara Fleurance qu'il se réserva et dont il confirma et étendit les priviléges. (Coll. Doat).

même état où elles étaient sous la domination anglaise. Cet agrandissement satisfit le jeune Charles, et néanmoins ce n'étaient là que des dons perfides qui devaient rendre odieux celui qui les recevait ; car il s'agrandissait aux dépens des trois maisons puissantes qui bornaient ses possessions, et surtout on confisquait pour lui les franchises de populations naturellement susceptibles. Jamais largesses ne pouvaient moins profiter. Les munificences même de Louis XI cachaient souvent un piége.

CHAPITRE III.

Le roi envoie une armée contre le comte d'Armagnac. — Il fait saisir ses domaines. — Le comte s'enfuit en Espagne. — Le duc de Nemours attaqué aussi se soumet et obtient sa grâce. — Le comte d'Armagnac essaie de faire sa paix avec Louis XI. — Repoussé à la cour, il est accueilli par le prince Charles, frère du roi. — Il rentre dans ses domaines. — Louis XI envoie contre lui une armée plus considérable que la première. — Siège de Lectoure. — Prise de la ville et massacre du comte. — Charles, son frère, est conduit à la Bastille. — Le sire de Ste-Baseille décapité. — Maison d'Albret.

Rien n'arrêtait désormais la vengeance de Louis XI. Il ordonna au comte de Dammartin, le premier homme de guerre de ce règne, d'aller à la tête de mille quatre cents lances et de dix mille francs-archers, attaquer (1) le comte d'Armagnac et de saisir ses domaines. Lui-même quitta bientôt le château d'Amboise et s'avança jusqu'à Orléans, dans le dessein de soutenir son armée; mais sa présence ne fut pas nécessaire. Dammartin s'était porté sur Lectoure, la place la plus forte de toute la contrée. Autour de lui se pressaient le bâtard de Bourbon, amiral de France, le maréchal de Lohéac, les sénéchaux de Toulouse et de Carcassonne, et une foule de seigneurs. Jean, qui ne s'attendait pas à une attaque aussi prompte et aussi formidable, n'avait organisé

(1) Dom Vaissette, tom. 5, pag. 41. Additions à l'Histoire de Louis XI dans les Mémoires de Comines, par Godefroy, tom. 3, pag. 203. Voir pour tout ce qui concerne ce drame, dom Vaissette: l'édition de Comines par Godefroy, tom. 4 : La Chronique Scandaleuse, pag. 225 et suiv.: Histoire manuscrite de Bonnal : Grands Officiers et l'Art de Vérifier les Dates, tom. 2.

aucune défense. Il essaya de conjurer l'orage en députant (1) vers le roi Jean II de Faudoas-Barbazan (*), à la tête de quelques-uns de ses principaux vassaux. Il suppliait le prince de permettre *qu'il fût ouï par procureur en la cour du parlement*, et qu'en attendant sa justification, le général eût ordre de suspendre sa marche. Les états du pays joignirent leurs prières aux supplications du comte.

Barbazan et ses collègues furent admis auprès de Louis XI. Le monarque avait assemblé son conseil pour les recevoir avec plus de solennité. A leurs instances, il se contenta de répondre que rien ne serait changé à ses ordres précédents, à moins que Jean d'Armagnac ne se présentât en personne devant le parlement pour se justifier des charges qui lui étaient imputées. Louis le manda à Dammartin. Il l'autorisa en même temps à ne pas entrer sur les domaines du comte, si on lui livrait Lectoure et les autres places. Il ajoutait: *ne vous laissez pas endormir de paroles* (**). L'avertissement ne fut pas inutile. Barbazan voulut

---

(1) Additions à l'Hist. de Louis XI par Godefroy, tom. 3, pag. 190 et suivantes.

(*) Le célèbre Barbazan avait fait héritier Bernard de Faudoas, son neveu, au préjudice de sa propre fille, à condition que Beraud et sa postérité prendraient le nom et les armes de Barbazan.

(**) Il me semble pour le mieux, quelque chose qu'il vous promette, que vous-mesme devez aller en personne pour prendre la possession et qu'à nulz autres ne vous devez fier; et aussi si vous voyez qu'ils veulent dissimuler et que la possession des places ne vous soit loialement baillée, procédez outre à votre entreprise sans aucun délay, ainsi qu'il a esté conclud et délibéré, et me faites souvent sçavoir de vos nouvelles. Aux Montils-les-Tours, le 15 novembre. (Lettre de Louis XI dans Comines, Additions par Godefroy, tom. 3, pag. 190.)

faire croire au grand-maître que Louis s'était apaisé, et qu'il consentait à rappeler ses troupes, pourvu que le comte d'Armagnac se rendît au parlement et qu'il remît au duc de Guyenne les terres qu'il possédait au-delà de la Garonne et quelques domaines voisins du Rouergue.

Dammartin comprit qu'on ne cherchait qu'à l'amuser. Il était déjà aux portes de l'Isle-en-Jourdain qui avait fait sa soumission. Il écrivit au roi et poursuivit sa marche. Jean n'osa point l'attendre (*) et s'enfuit en Espagne avec sa jeune épouse et quelques serviteurs affidés qui s'attachèrent à son sort. Lectoure, abandonnée à elle-même, ouvrit ses portes et fut imitée par les autres places. Jean perdit toutes ses possessions plus vite encore que ne les avait perdues son père (**). Malgré le

(*) Et lors fut faite une chanson qui commençoit : Canaille d'Armagnac comme à pognè souffrir la venue de France du comte Dammartin. Additions, tom. 3, pag. 192.

(**) Le roi écrivait à Dammartin le 27 décembre : Monsieur le grand Maistre, présentement j'ay eu lettre de mon fils l'admical, du marquis et du senechal de Beaucaire, telle que je croy que le sçavez bien, et en effet il n'y a plus que Rhodez que tient le bon corps Brillac, j'escris à mon fils l'admiral, sur tout le plaisir qu'il désire me faire, qu'il mette ledit Brillac entre mes mains ; aucuns m'ont rapporté que le comte d'Armagnac rôde environ Lectoure, ce que je ne puis pas bien croire ; si ainsi estait je vous prie que fassiez bonne diligence et mettiez toute la peine que pourrez pour le prendre : au surplus mon frère le duc de Guyenne est ici, et faisons bonne chere, et nous en allons à Amboise, en attendant de vos nouvelles : Monsieur le grand Maistre, je voudrais que vous eussiez tout bien fait, et que vous y fussiez ; je vous prie abrégez et vous y en venez, et me faites sçavoir souvent de ce qui vous surviendra : on m'a dit que le comte d'Armagnac a aucune retraite ès terres de Monsieur de Foix, si ainsi est, faites le sçavoir à Monsieur de Foix, et je croy qu'il ne le souffrira pas. Escrit à Montils-les-Tours, le 27 décembre, signé Louis, et au-dessous, le Clairet. Additions, pag. 193.

prestige qui les entourait, la royauté n'avait qu'à toucher ces fiers feudataires pour les renverser. Quand le fruit est mûr, on le fait tomber dès qu'on agite l'arbre. Ce succès ne suffisait pas à l'âme implacable de Louis XI. Voyant que la proie lui avait échappé, il déchaîna contre Jean V le parlement de Paris qui l'ajourna à comparaître le 28 septembre.

Le comte d'Armagnac n'avait garde d'obéir à cet ajournement, c'eût été courir à sa perte et assurer sa ruine. Néanmoins il crut devoir dissimuler. Il demanda successivement divers délais; mais le parlement, sourd à toutes ses requêtes, poursuivit l'instruction en son absence et rendit un arrêt qui le déclarait criminel de lèse-majesté et confisquait tous ses biens. Le roi les avait promis d'avance au duc de Guyenne; néanmoins craignant que d'aussi vastes domaines n'agrandissent trop l'apanage de son frère, il en réserva une partie qu'il partagea à ses diverses créatures. Il donna (1) à Georges de la Tremouille, Castelnau de Montmirail et Villeneuve en Albigeois; au dauphin d'Auvergne, la seigneurie de Cassagne, avec les vicomtés d'Aure et de Magnoac, et les quatre vallées. Les places de Rouergue furent partagées entre Gaston du Lyon, sénéchal de Toulouse, Pierre de Bourbon, sire de Beaujeu, Ruffec de Balzac, sénéchal de Beaucaire, Robert de Balzac, sénéchal d'Agenais, son frère, et le comte Dammartin. Le seigneur de Bouchage eut Vic-Fezensac, Lavardens, Roquebrune, le Castéra, Valence et St-Lary; Pierre de Beaujeu, Aignan et une partie de l'Euzan. Le reste du comté d'Armagnac fut abandonné au duc de Guyenne.

(1) Dom Vaissette, tom 5, pag. 42. Grands Officiers. Coll. Doat, tom. 87. Chartier du Séminaire.

La rapidité de ces conquêtes épouvanta le duc de Nemours; il offrit de se soumettre et parvint ainsi à désarmer le roi, qui chargea Dammartin de traiter avec lui. Le duc commit de son côté les sires de Son et de Bretous pour négocier en son nom. Il espéra bientôt obtenir des conditions plus favorables en traitant lui-même. Il s'aboucha avec le grand-maître et conclut (1) à St-Flour en Auvergne (1470), une convention qui dut peser à sa fierté. Il promettait par serment d'être à jamais fidèle au roi et consentait à perdre ses domaines et à être privé des priviléges de la pairie, s'il faussait sa foi. Il s'engageait encore à faire prêter par tous ses vassaux, sans exception, serment de fidélité à la couronne. Enfin il s'obligeait à donner pour sûreté de son engagement la forteresse de Lombers et trois autres places. Cet exemple enhardit Jean V; il espéra fléchir à son tour Louis XI. Il fit partir pour la cour le sire de Loubens à la tête de quelques gentilshommes. Ils devaient en appeler à la clémence du prince et implorer sa miséricorde; mais Louis n'était pas facile à attendrir. Il reçut les députés avec un visage plein de courroux, et leur interdit la moindre tentative en faveur du comte. Il fit publier en même temps dans le Rouergue et l'Armagnac qu'il défendait, sous peine de la hart, à toute personne de quelque état et de quelque condition qu'elle fût, de prêter aide et secours à son vassal. Un insensé qui courait les rues de Rhodez, ayant seulement voulu crier : Armagnac, fut pris et condamné au fouet par les officiers de la justice.

 Le comte n'ayant pu réussir du côté du roi, se tourna vers son frère le duc de Guyenne. Ce prince piqué de

---

(1) Dom Vaissette, pag. 41.

ce que le roi ne lui avait pas adjugé toutes les dépouilles de Jean V, comme il l'avait promis, et indisposé par quelques autres griefs, avait abandonné la cour et s'était retiré à Bordeaux, capitale de son apanage. Il accueillit le comte (1), et malgré l'arrêt de proscription qui le frappait, il le rétablit dans ses domaines. Bientôt il lui abandonna toute sa confiance et le nomma son lieutenant-général dans la Guyenne. Jean ainsi soutenu rentra (*) dans toutes ses places fortes et en chassa les garnisons étrangères. Il paya l'appui qu'on lui prêtait à Bordeaux en attirant dans les intérêts du duc de Guyenne le vieux comte de Foix dont la fidélité chancelait depuis quelque temps, et qui n'avait pu pardonner à Louis de lui avoir enlevé la tutelle du jeune François Phœbus pour la donner à Magdelaine de France.

Louis suivait d'un œil inquiet toutes ces menées. Il envoya (2) Jean de Foix, vicomte de Narbonne, vers Gaston son père et vers le duc de Guyenne. Il le chargeait de pénétrer leurs desseins, d'éclairer leurs démarches et de les détourner de rien entreprendre au préjudice de la couronne. Le vicomte était un seigneur aussi distingué par sa prudence que par son courage.

(1) Chronique scandaleuse, pag. 225. Nouvelles Chroniques faisant suite à Monstrelet, pag. 38.

(*) Le roi écrivait à Dammartin à ce sujet : Monsieur le Grand Maistre, Monsieur de Guyenne a rendu les terres au comte d'Armagnac, et ne lui a pas encore rendu Lectoure ; mais il le luy doit rendre bientost ; pour ce il me semble qu'il serait temps d'exploiter le fils de Monsieur de Fimarcon, et si je pouvais prendre Lectoure, elle serait mienne de bon gain, et ne l'auroient jamais l'un ne l'autre, et seroit pour tenir tout en subjection. Additions à l'Histoire de Louis XI, pag. 207.

(2) Dom Vaissette, pag. 43.

Le roi connaissait tout son dévouement ; néanmoins par un effet de ce caractère faux et soupçonneux dont il ne se dépouillait jamais, même à l'égard de ses serviteurs les plus affidés, il fit surveiller son propre ambassadeur et laissa échapper des paroles qui blessèrent le vicomte. Celui-ci s'en plaignit à son maître par une lettre datée de Mont-de-Marsan (28 avril 1474), et dans son dépit, il s'ouvrit au duc de Guyenne sur la nature de la mission qu'il venait remplir près de lui. Cette confidence augmenta le mécontentement du prince. Il leva hautement le masque, prêta l'oreille aux propositions de l'Angleterre et s'unit aux ducs de Bretagne et de Bourgogne. Odet d'Aydie, seigneur de Lescun qui gouvernait à la fois les ducs de Guyenne et de Bretagne, conduisait cette intrigue. Le comte d'Armagnac y donna volontiers les mains. Le comte de Foix lui-même s'y laissa entraîner.

Le roi, toujours actif quand il s'agissait de déjouer les trames de ses ennemis, fit aussitôt marcher contre eux une armée composée de cinq cents lances (1), d'un corps de francs-archers et d'un train d'artillerie. Il la plaça sous les ordres de Robert de Balzac, sénéchal de Beaucaire et de Gaston du Lyon, sénéchal de Toulouse, qu'il nomma ses lieutenants en Guyenne et au pays d'Armagnac. Les sénéchaux d'Agenais, du Rouergue, du Quercy, de Rhodez, prirent part à l'expédition à la tête de leurs milices et d'une foule de barons et de chevaliers de la province. Au bruit de leur marche, Jean se hâta de rassembler ses principaux chevaliers, et sentant qu'il ne pourrait défendre tous ses domaines,

---

(1) Nouvelles chroniques dans Monstrelet, pag. 38. Chronique scandaleuse, pag. 225. Dom Vaissette, pag. 43.

il courut se réfugier avec eux et mille hommes de troupes réglées dans la ville de Lectoure. Du Lyon et Balzac entrèrent dans la province par le Quercy et l'Agenais qu'ils soumirent sans peine. L'Armagnac dégarni de troupes n'offrit point de résistance. Les deux généraux n'osèrent point laisser derrière eux un ennemi actif et entreprenant. Ils partagèrent (1) leur armée. Balzac demeura sur les frontières de la Lomagne pour surveiller le comte d'Armagnac, et du Lyon s'avança vers la Chalosse. Arrivé à Mont-de-Marsan il apprit la mort du duc de Guyenne, empoisonné, dit-on, par ordre de Louis XI (*). Cette mort rendait toute défense

(1) Dom Vaissette, pag. 43 et suiv.

(*) Brantôme prétend que le fou du duc de Guyenne étant passé après la mort de son maître au service du roi, l'entendit prier ainsi dans l'église de Notre-Dame de Clery, un jour qu'il était seul et qu'il ne croyait pas que ses paroles pussent être entendues. Ah ! ma bonne Dame, disait-il à la Vierge, ma petite maîtresse, ma grande amie, en qui j'ai toujours eu mon recours, je te prie de supplier Dieu pour moi et d'être mon avocate auprès de lui, pour qu'il me pardonne la mort de mon frère que j'ai fait empoisonner par ce méchant abbé de St-Jean. Je m'en confesse à toi, comme à ma bonne marraine et maîtresse ; mais aussi il ne faisait que troubler mon royaume. Fais-moi donc pardonner, et je sais ce que je te donnerai. Ce récit que Brantôme tenait d'un vieux chanoine, l'histoire ne saurait l'enregistrer qu'avec défiance. Les uns veulent que l'abbé de St-Jean d'Angely, ait empoisonné le prince Charles au moyen d'une pêche, mais il n'est pas avéré que les pêches fussent alors connues en France. D'autres écrivent qu'il se servit d'une hostie consacrée, mais aucun contemporain ne relève ce crime exécrable. La mort de l'abbé de St-Jean est restée aussi enveloppée de mystères que son crime. On lui fit son procès en Bretagne et il disparut dans cette procédure. On raconte que dans sa prison il poussait les cris les plus lamentables, et qu'il était tourmenté par les plus effroyables visions. On ajoute que le geôlier, épouvanté lui-même, était venu conjurer les juges de le dépêcher au plutôt. Enfin durant une nuit obscure et au milieu d'un orage violent, la foudre tomba dans son cachot, et le lendemain on trouva le moine étendu sur le carreau, le visage noir et le corps enflé.

impossible. Le sénéchal n'eut qu'à se montrer à St-Sever, à Dax, à Bayonne : partout on s'empressa de prêter serment de fidélité au roi. Après avoir repris Bayonne, du Lyon revint sur ses pas et rejoignit le sénéchal de Beaucaire. Les deux chefs allèrent enfin assiéger Lectoure ; mais Jean se défendit avec tant de courage, qu'il fallut désespérer de prendre la ville d'assaut et se borner à un blocus.

Cependant la nouvelle de la mort du prince Charles était parvenue à la cour de France. Au premier bruit de cet événement, Louis s'achemina vers la Guyenne. Dès qu'il parut (1), toutes les villes reconnurent ses lois; elles demandèrent seulement qu'il conservât leurs priviléges, ce que le monarque leur octroya volontiers; car nul prince ne favorisa plus que lui le régime municipal qu'il regardait avec raison comme la première cause de l'affaiblissement de la puissance féodale. Les seigneurs furent encore plus empressés que les villes. Le roi ne s'arrêta dans la province que le temps nécessaire pour recevoir les hommages ; il prit en toute hâte le chemin de la Bretagne, espérant accabler le duc François, l'âme de tous ces complots. En s'éloignant, il donna le gouvernement de la province à Pierre de Beaujeu son gendre, et le plaçant à la tête d'un corps de troupes considérable, il le détacha contre le comte d'Armagnac (2) qui se défendait toujours dans Lectoure avec le même courage. Le sire de Beaujeu reçut sur sa route de nouveaux renforts, et quand il arriva sous les murs de la place, il se trouva à la tête de quarante mille hommes, en y comprenant ceux que les deux sénéchaux avaient déjà réunis.

(1) Dom Vaissette, pag. 44. — (2) Chronique scandaleuse, pag. 248.

Jean n'était pas capable de résister à des forces aussi considérables : les vivres et les munitions commençaient d'ailleurs à lui manquer. On craignit toutefois de pousser son courage au désespoir, et l'on se montra disposé à écouter ses propositions. Jean offrit de se présenter devant le roi pour justifier sa conduite, de rendre la place et d'abandonner tous ses domaines, mais il voulait que le prince lui fît une pension de douze mille livres de rente, et qu'il lui laissât les villes (1) de Fleurance, d'Eauze, de Nogaro et de Barran, qui après sa mort passeraient à sa femme. Ces conditions furent acceptées. Le sire de Beaujeu prit possession de Lectoure (11 juin 1471), y établit une forte garnison, et jugeant la guerre terminée, il congédia le reste des troupes. Cette confiance lui coûta la liberté.

Pendant qu'il se reposait sur la foi de la capitulation, Jean, qu'il croyait sur le chemin de Tours, s'était caché à Fleurance d'où il pratiquait des intelligences dans la place. Les circonstances paraissaient favorables ; le roi était occupé en Bretagne, le duc de Bourgogne ravageait la Normandie, le roi d'Aragon se disposait à fondre sur le Roussillon, l'armée était dissoute. Si un hardi coup de main lui rendait Lectoure, tout faisait espérer qu'il pourrait s'y maintenir longtemps, et peut-être arracher à la couronne un accommodement avantageux. Jean fit valoir ces motifs et n'eut pas de peine à gagner quelques-uns des gentilshommes qui commandaient la garnison. Son nom, son courage, ses malheurs plaidaient pour lui. Le sire de Ste-Baseille, cadet de la maison d'Albret, se mit à la tête du complot. Les conjurés, profitant des ténèbres d'une nuit obscure, intro-

(1) Dom Vaissette, pag. 44.

'duisirent le comte dans le château. On s'assura (1) aussitôt de Pierre de Beaujeu, tandis que d'autres allaient saisir les sires de Candale, de Montagnac et de Castelnau-de-Bretenous ; on les chargea de chaînes et on les confina dans une étroite prison. Ste-Baseille, pour mieux cacher sa complicité, voulut partager leurs fers.

Cet événement se passait dans le mois d'octobre. Le roi, dès qu'il en fut instruit (*) entra dans une fureur extrême. Il s'avança dans le mois de Novembre jusques à La Rochelle, d'où il appela sous les armes la noblesse du Languedoc et des pays voisins. Il eut bientôt sur pied une armée plus forte que la précédente, et en donna le principal commandement à Jean Jeofrédy (2), Gouffroy ou de Jouffroy, plus connu sous le nom de cardinal d'Arras ou d'Alby. C'était un digne ministre de Louis XI : ses cruautés l'avaient fait surnommer par le peuple le Diable d'Arras. Jouffroy avait sous lui Gaston du Lyon, sénéchal de Toulouse et Robert de Balzac, sénéchal d'Agenais. L'ardeur de ces deux seigneurs à poursuivre le comte d'Armagnac n'était pas douteuse ; puisqu'ils avaient déjà reçu une grande part dans la confiscation de ses domaines. La rigueur de la saison ne put les arrêter. L'armée arriva sous les murs de Lectoure vers les premiers jours de janvier 1472.

(1) Chronique scandaleuse, p. 248. Additions à Monstrelet, p. 42.

(*) Le roi écrivait encore à son fidèle Dammartin : Monsieur le Grand-Maître, j'envoie mes deux sénéchaux pour avoir Lectoure, dans laquelle messire Jean d'Armagnac s'est mis par trahison, et cela fait, j'espère que la Guyenne sera plus seure qu'elle n'estait auparavant. Additions, pag. 216.

(2) Dom Vaissette, pag. 44. Bonnal, histoire manuscrite.

A son approche, le duc de Nemours conseillait (1) au comte d'Armagnac d'abandonner Lectoure et de se retirer avec le sire de Beaujeu son prisonnier dans le royaume d'Aragon, d'où il traiterait en sûreté des conditions de son accommodement. Il lui faisait envisager que s'il se laissait enfermer dans une place où il n'avait aucune espérance d'être secouru, il serait forcé tôt ou tard de se remettre à la discrétion de son ennemi. Ce conseil était sage ; mais le comte, qui se rappelait tout ce qu'il avait eu à souffrir pendant son premier exil, ne put se résoudre à reprendre le chemin de la terre étrangère. Il se flatta qu'avant la fin du siége il surviendrait au roi des affaires qui l'obligeraient à rappeler ses troupes, ou du moins à proposer le premier des moyens d'accommodement. Il crut obtenir de meilleures conditions s'il demeurait maître de Lectoure que s'il n'avait à offrir à son souverain irrité que la délivrance du sire de Beaujeu. Dans le cas même où l'on refuserait de traiter avec lui, il espéra trouver toujours moyen de s'échapper avec son prisonnier, soit par surprise, soit en corrompant quelque officier ennemi.

Jean ne se trompa pas entièrement dans ses prévisions, mais il ne songeait pas à tout ce qu'il y avait d'astuce et de cruauté dans Louis XI et ses ministres. La ville passait avec raison pour une des plus fortes de la Gascogne ; le comte y avait ajouté à la hâte quelques travaux. Il n'ignorait pas la destinée qui l'attendait, s'il tombait au pouvoir de ses ennemis; il avait d'ailleurs bientôt compris qu'il devait peu compter sur les autres grands vassaux. La plupart avaient été domptés, quel-

(1) Garnier, tom. 9, pag. 280.

ques-uns s'étaient soumis, les autres, les ducs de Bourgogne et de Bretagne en particulier, avaient conclu une trêve avec le roi sans l'y comprendre. Néanmoins rien n'abattit son courage, et à une attaque violente il opposa une résistance désespérée. Deux mois s'étaient écoulés depuis l'ouverture du siège, et rien n'en faisait présager la fin. Le roi craignant pour le succès de ses armes, y envoya de nouvelles troupes sous les ordres du sire de Lude. Il dépêcha en même temps Ives du Fau (1) pour proposer au comte une bonne composition, s'il voulait rendre la place. Jusque là le cardinal avait repoussé toutes les propositions, et lorsque Jean avait voulu inspirer quelque crainte sur le sort du sire de Beaujeu et des autres prisonniers, les sénéchaux s'étaient contentés de répondre : qu'eût-il entre les mains des enfants de France, nulle condition ne lui serait accordée.

Dans les premiers jours de mars, le cardinal se montra plus traitable; il consentit à recevoir de la part du comte d'Armagnac, l'évêque de Lombez et Gratien Dufaur, chancelier d'Armagnac et troisième président du parlement de Toulouse. Il y eut quelques pourparlers, où furent admis, outre les deux ambassadeurs, deux gentilshommes et dix habitants de Lectoure, et on conclut enfin la capitulation suivante (2) :

Le comte aurait rémission complète pour tout ce qu'il aurait pu faire, soit contre le service du roi, soit en suivant le parti du duc de Guyenne, soit même en se rendant maître du château de Lectoure et en retenant prisonnier le sire de Beaujeu. Le même pardon serait

(1) Chronique scandaleuse, pag. 252. Additions à Monstrelet, pag. 43. — (2) Dom Vaissette, pag. 47, et surtout Bonnal, manuscrit de la bibliothèque royale de Paris.

accordé aux gentilshommes, gens de guerre, vassaux et domestiques du comte avec restitution de tous leurs biens, et sûreté pour aller où bon leur semblerait. La ville de Lectoure ne serait ni détruite, ni pillée, et les habitants seraient maintenus dans leurs libertés et leurs franchises. Enfin le comte pourrait aller en toute sûreté se justifier auprès du roi de ce qu'on lui imputait, et on assignerait à la comtesse d'Armagnac quelques maisons et quelques seigneuries pour y faire son séjour pendant que son mari serait obligé de rester à la cour. Ces articles furent souscrits par le cardinal et les sires de Balzac, du Lyon et de Lude qui en jurèrent sur les saints évangiles l'entière et stricte observation. Le comte reçut même pour lui et pour une suite de soixante chevaux un sauf-conduit signé et scellé du roi.

Ici les relations varient. S'il fallait en croire la version favorable (1) à Louis XI, les articles de la capitulation étant réglés, des officiers de l'armée royale s'avancèrent vers la place à la tête de quelques troupes pour en prendre possession. Ils croyaient en trouver les portes ouvertes et entrer librement, mais le comte d'Armagnac fit aussitôt crier à l'alarme et tirer sur eux. Les généraux indignés de ce manque de foi, ordonnent l'assaut, les murs sont emportés rapidement et les soldats français conduits par le sénéchal du Limousin se répandent dans la ville où ils font main basse sur tout ce qui s'offre à eux. Le comte d'Armagnac lui-même est enveloppé dans ce massacre; on n'épargne que la comtesse, trois femmes et trois ou quatre hommes. Ainsi disent les partisans du roi, mais leur récit ne va pas même jusqu'à la vraisemblance. Des autorités authen-

(1) Addit. à Monstrelet, pag. 43, et Chronique scandaleuse, p. 272.

tiques (1) et notamment une relation écrite par le secrétaire même de l'infortuné Jean V accusent autrement les chefs de l'armée française (*).

(1) Dom Vaissette, pag. 47. Bonnal, manuscrit de la bibliothèque royale.

(*) Voici comme raconte ces événements une autorité qui ne saurait être suspecte de partialité contre Louis XI.

Ils lui promettent seureté, quelques places à sa femme pour la retirer, et jurent sur le corps de Jésus-Christ. Le vendredi il délivre la ville de Lectoure, le jour mesme il va voir le cardinal d'Alby, et le sieur de Beaujeu ; ils l'asseurèrent que le roi les traiteroit bien, et l'obligèrent à désarmer; Madame d'Armagnac reçeut plusieurs visites. Le lendemain 6, le comte envoye l'evesque de Lombès et son chancelier, on les retient prisonniers; Balsac, le sénéschal d'Agenois, crie: *tue, tue*. Guillaume Montfaucon, lieutenant du sénéschal de Beaucaire, dit à Pierre de Gorgias, franc-archer, qu'il s'avançast et qu'il frappast hardiment. Ils chassent la dame d'Armagnac hors de sa chambre, tuent le comte tenant la seureté en sa main; il n'y eut franc-archer qui ne lui donnast quelque coup après la mort; la dame d'Armagnac fut pillée, on voulut attenter à sa personne et à celle de ses demoiselles; on la conduisit au chasteau, elle fut menée à Gaston du Lyon. Quelques mois après, Castelnau-Bretonnier et Grenadou lui firent prendre des breuvages, dont elle avorta.

Le cardinal contraignit le secrétaire de luy donner les seuretés que le roy avait données au comte, le traité que luy et Beaujeu venaient de faire avec luy, et les blancs signés du comte.

Jean Bon a avoué depuis qu'il avait esté corrompu. Charles d'Armagnac cependant, frère du défunt, fut mené à la Bastille où il demeura jusqu'au règne de Charles VIII.

Le procureur général répond que le comte a abusé de sa sœur ; qu'il n'a voulu souffrir le jeune Levys jouir de l'archevesché d'Auch, qu'il a résisté à Bourbon, comte de Clermont, qui avoit ordre de le prendre ; qu'en LXVIII il promit quinze cents combattants au roi d'Angleterre ; en LXI et LXVI il eut abolition du roy, ensuite il conspira contre l'état, n'obéyt aux ordres de justice, fortifia ses places, refusa de rendre Lectoure après l'avoir promis. Jean Bon est trouvé chargé de sa réponse au roi d'Angleterre. Jean Bon est marié près Mantes. (Philippe de Commines). Preuve deuxième du livre 4 dans la collection des Mémoires de France; c'est celle que nous avons appelée Collection Petitot.

La capitulation avait été jurée le 4 mars; le 5, le sire de Beaujeu et les autres prisonniers furent rendus à la liberté. Durant tout ce jour, les assiégés et les assiégeants communiquèrent librement entr'eux; le comte reçut même plusieurs visites des officiers de l'armée. Le soir, le comte quitta le château pour ne pas avoir la douleur de le voir livrer sous ses yeux à ses ennemis, et alla se loger dans la ville. La paix y fut publiée, et les fourriers y entrèrent afin d'y préparer les logements des gens du roi. Le 6, un samedi, jour à jamais néfaste, le château fut remis au cardinal. Le comte fit mettre bas les armes à ses soldats, enleva ses bannières et ordonna qu'on descendît l'artillerie qui défendait les murailles. Il commença ensuite à préparer son départ pour lequel on lui avait donné quatre jours. En même temps il envoya l'évêque de Lombez et son chancelier vers le cardinal pour savoir le nom des places où la comtesse d'Armagnac devait aller faire son séjour pendant son absence. Les députés furent conduits aux chefs de l'armée par le Poulailier, un des innombrables affidés de Louis XI, qui les attendait sur les fossés. Les précautions paraissaient désormais inutiles: la capitulation était consommée : les portes du grand boulevard de la ville furent ouvertes. Robert de Balzac et Guillaume de Montfaucon, son lieutenant, entrèrent sans obstacle à la tête des soldats placés sous leurs ordres. A l'instant le carnage commença, les francs-archers et les gens d'armes égorgèrent d'abord ce qu'ils rencontrèrent sous leurs pas. Bintôt ils forcèrent les maisons et en massacrèrent les habitants.

Pendant qu'une partie de leurs soldats baignaient ainsi leur épée dans le sang d'une population sans défense, les sires de Balzac et de Montfaucon se rendirent directement au logis qu'avait choisi le comte. Avec eux marchait un franc-archer limousin, nommé Pierre-le-Gorgias, revêtu de son haubert de cuir tanné, et portant un casque de peau de blaireau. Sur l'escalier ils rencontrèrent Bourrouilhan, gentilhomme de la suite du comte, et le tuèrent. Ils arrivèrent ainsi dans la chambre sans être attendus ni annoncés. Ils trouvèrent Jean V, assis sur un banc auprès de la comtesse, autour de laquelle étaient rangées ses femmes. Le comte ignorant leur dessein, leur adressa un salut et quelques paroles d'amitié qu'ils lui rendirent sans aucun trouble; mais tout-à-coup Guillaume de Montfaucon se tournant vers l'archer : exécutez ce qui vous est recommandé, dit-il. A ces mots, le Gorgias tire sa dague, en porte au comte trois coups et le perce sous les yeux de sa femme, avant qu'il pût même essayer de se défendre. En même temps l'infortuné Jean recevait d'ailleurs un coup de hache sur la tête. Il n'eut que le temps de proférer le nom sacré de la Vierge, et il expira. Bientôt une foule d'hommes d'armes et d'archers se précipitèrent dans la maison et dans la chambre; le corps fut traîné dans la cour, puis dans la rue, et enfin dépouillé, mutilé avec une ardeur féroce et livré jusqu'au soir à tous les outrages d'une soldatesque en délire. Un historien, dont le nom nous échappe, dit avoir vu à Lectoure son crâne, sur lequel on remarquait encore les traces de trois coups de hache. A la fin du xviie siècle, on montrait aussi, dit-on, dans la vaste salle où il fut égorgé, le pavé teint de son sang.

Après ce lâche et vil assassinat, on se jeta sur la comtesse et sur les femmes de sa suite; on leur arracha les bagues et les bijoux dont elles étaient parées. Déjà on les traînait au château, où d'autres brutalités les attendaient, mais l'arrivée de Gaston du Lyon mit fin à ces excès et sauva leur honneur. Ce sénéchal pourvut aussi à la sûreté de la malheureuse comtesse; par ses soins elle fut conduite trois jours après au château de Buzet, près de Lectoure. Là, s'il fallait en croire presque tous les historiens, devaient se consommer d'autres horreurs. Une semaine ne s'était point écoulée, et l'infortunée tout entière à sa douleur et à son effroi, avait encore sous les yeux l'horrible tragédie qui lui avait ravi son époux, lorsqu'elle vit entrer dans sa chambre le sire de Castelnau-de-Bretenous, avec maître Macé-Guervadon et Olivier-le-Roux, secrétaire du roi, qui amenaient un apothicaire. Ils lui demandèrent si elle était enceinte, et sur sa réponse ambiguë, ils la contraignirent par menaces et par violences d'avaler un breuvage qui la fit avorter d'un enfant mâle. Elle-même, ajoutent ces historiens, ne survécut que deux jours à la perte de son fils (*).

(*) Ainsi le raconta onze ans après, l'orateur qui défendit la maison d'Armagnac aux états de Tours, et tous les historiens ont adopté son récit. Quelques-uns toutefois reculent jusqu'au mois d'août la violence faite à la comtesse d'Armagnac. Pour nous, quelque grave que soit cette autorité d'un orateur contemporain, nous pencherions à croire cette anecdote fausse. Assez d'horreurs ont été commises à Lectoure, sans y ajouter la scène de Buzet. Il est certain que Louis XI alloua, le 11 mai 1470 à Jeanne, veuve du comte d'Armagnac, six mille livres de rente à prendre sur les domaines confisqués et alloués à la couronne. Un document de la collection Doat que nous avons lu, mais dont nous ne saurions indiquer avec certitude le volume, (vraisemblablement le 79e ou le 80e), l'atteste formellement. Dom Vaissette, tom. 5, pag. 48, cite encore un document du château de Pau qui parle de cette allocation. Olhagaray fait retirer Jeanne à Pau et la fait mourir dans le Béarn. Du reste, elle disparaît de l'histoire le 11 mai.

La ville entière de Lectoure partagea le sort de son maître. Les habitants furent massacrés, les maisons pillées, les églises profanées, les cloches brisées, les murailles démolies, et quand le fer devint inutile, on mit le feu (1) aux quatre coins de la ville pour achever de consumer ce qui avait échappé aux gens de guerre. Lafaille, historien de Toulouse, prétend (2) que le cardinal d'Arras, pour mieux tromper le comte, offrit le saint sacrifice de la messe et partagea avec lui l'hostie qu'il venait de consacrer : que la nuit venue, *par une perfidie turque*, il envahit la place par les brêches et fit mettre tout à feu et à sang, sans pardonner ni à l'âge, ni au sexe; que le comte fut tué disant les heures, qu'on sauva la vie à Charles son frère unique, et qu'on le mena prisonnier à Paris. Il ajoute enfin que la prise de Lectoure et la mort du comte d'Armagnac arrivèrent en 1471. Il cite pour garant de ces faits les annales manuscrites de Toulouse; mais si ces circonstances sont réellement consignées dans ces annales, il y a certainement erreur et sur l'époque de l'événement, et sur ce qui concerne Charles d'Armagnac, et vraisemblablement le reste n'est pas mieux fondé.

Ainsi périt le dernier comte (*), nous allions presque dire le dernier souverain qui ait porté avec éclat le nom d'Armagnac. Depuis le meurtre de Géraud, vicomte de Fezensaguet et de ses enfants, la main de Dieu sembla peser sur cette famille jusqu'à ce que le sang expiât le sang, et que l'assassinat payât l'assassinat. Des qualités héroïques rachetèrent chez le connétable son ambition et sa cruauté; si on ne l'aima point, du moins

---

(1) Additions à Monstrelet. Chronique scandaleuse. — (2) Annales de Toulouse. — (*) Voir note 7 à la fin du volume.

on l'admira; mais son fils et son petit-fils, rien ne les recommande. On les voit avec quelque pitié aussi faibles en face de la puissance royale que téméraires à la braver, et même ici en présence de ces scènes de carnage et malgré notre amour pour notre pays et pour la grande et noble famille qui conduisit si longtemps ses destinées, tout en nous indignant contre les bourreaux, nous ne pouvons plaindre qu'à demi la victime. Inceste, révolte, ingratitude, inconstance inquiète et jalouse, tout avait souillé le dernier héritier de Sanche-Mitarra.

Jean laissait trois enfants naturels (1), fils vraisemblablement de la triste et coupable Isabelle. Ils vécurent quelque temps dans la misère. Louis XI, touché de compassion pour le sang qui coulait dans leurs veines, donna dans la suite à l'aîné la terre de Montrosier, au cadet celle de Ségur, et à Rose la troisième les revenus de Bousoul. Nous trouvons ailleurs que don Jean, bâtard d'Armagnac, tenta au mois d'octobre de l'an 1482, de prendre quelques places dans les quatre vallées et dans l'Armagnac; repoussé successivement devant St-Bertrand et St-Béat, il se présenta devant Montassé où non seulement il fut complètement battu, mais encore fait prisonnier avec ses partisans. Le sénéchal de Toulouse leur fit le procès et les condamna à mort. La sentence fut exécutée sans aucune miséricorde.

Le roi était dans son château de Plessis-les-Tours, lorsqu'il apprit ces événements; il en fut si joyeux qu'il donna (2) cent écus d'or à Jean d'Auvergne, un des chevaucheurs de son écurie, qui lui en avait apporté la

(1) Dom Vaissette, pag. 48. Grands Officiers, tom. 3. — (2) Chronique scandaleuse, pag. 253. Additions à Monstrelet, pag. 43.

nouvelle, et le créa son héraut. Il ordonna aussitôt (*) qu'on mît par provision sous sa main les places les plus importantes de divers domaines de l'infortuné Jean. En même temps il manda près de lui quelques troupes; mais bientôt entraîné par son impatience naturelle, il ne prit pas le temps de les attendre, et dès le 14 mars à six heures du matin, il était sur le chemin de la Gascogne ; mais comme il voyageait presque sans escorte, et que ses craintes et sa méfiance croissaient avec les années, il fit fermer (1) les portes de Tours et rompre le pont de la Loire, afin que personne ne devançât ou même n'annonçât son passage. Il usa sur toute sa route de la même précaution. Il arriva ainsi au St-Esprit (**), près de Bayonne, où l'appelait sa dévotion; car en même temps qu'il poursuivait ses projets d'injustice et de tromperie ou ses entreprises de sang, l'inexplicable monarque ne voyageait guère sans se proposer quelque pèlerinage, espérant sans doute tromper le ciel, comme il cherchait à tromper les hommes et à s'aveugler lui-même. Après avoir satisfait les mouvements de son

(*) Le roi fit saisir dans l'Armagnac Nogaro, Riscle, Barcelonne, Aignan, Eauze, Manciet, St-Mont et Bretagne, autrement appelée Villecomtal, *villa Comitalis*, ville du comte d'Armagnac : dans le Fezensac, il fit saisir Auch, Vic, Lupiac, Roquebrune, Castillon, Castera-Vivent, St-Paul-de-Baïse, Roquelaure, Valence, Aubiet, Barran, Montégut, St-Sauvy, Lavardens, Jegun et Lannepax.

Au pays de Rivière on saisit Maubourguet, Castelnau et Ladevèze. Dans la Lomagne, Miradoux, Lavit, Castera-Lectourois. Dans le Bruillois, Laplume. Dans le Fezensaguet, Mauvezin et Montfort. Dans le Magnoac, Castelnau et Mauléon. Dans le pays d'Aure, Sarrancolin et Tramesaigues. Enfin dans le pays de Barousse, Bramebaque. (Coll. Doat, 57.)

(1) Chron. scandaleuse, pag. 253. Additions à Monstrelet, pag. 43.

(**) En 1483, Louis XI fonda au St-Esprit une collégiale composée de treize chanoines, de six chapelains et de quatre enfants de chœur.

absurde piété, Louis songea à s'assurer de Charles, frère puîné de l'infortuné Jean.

Charles avait eu er apanage, comme nous l'avons dit, la vicomté de Fezensaguet avec la seigneurie de Cresseils en Rouergue et la baronnie de Roquefeuil, au diocèse de Nîmes. Aussi paisible que son frère était inquiet et remuant, il ne paraît pas avoir pris la moindre part aux diverses luttes que les autres membres de sa famille venaient de soutenir contre la couronne. Il avait épousé le 26 novembre 1468 Catherine de Foix, fille de Jean, captal de Buch et sœur de ce comte de Candale que Jean V avait fait prisonnier à Lectoure. Il vivait retiré sur ses terres avec sa jeune épouse. Nul crime ne lui était reproché, mais son nom le désignait à la haine et aux soupçons jaloux de Louis XI. Il fut arrêté (1) malgré son innocence, conduit à la Bastille et jeté dans un cachot humide et infect.

Pendant que Charles traversait la France chargé de fers, Louis parcourait en maître le théâtre de la guerre. Il était temps qu'il vînt arrêter par sa présence les excès dont ses troupes souillaient leur victoire. Tout le pays était traité comme Lectoure. La ville d'Auch fut surtout maltraitée. Livrée d'abord au pillage, elle dut ensuite payer une forte rançon dont aucune classe de citoyens ne fut exceptée. Le roi, pour rédimer la ville, y fixa le siége de la sénéchaussée(2) d'Armagnac, qu'il établit régulièrement par un acte daté de Chartres, le 27 décembre 1473, et enregistré au parlement de Toulouse le 3 février suivant. Il lui assigna pour ressort

---

(1) Dom Vaissette, pag. 49. L'Art de vérifier les Dates, tom. 2. Grands Officiers, tom. 3. — (2) Chartier du Séminaire et manuscrit de M. d'Aignan.

toutes les terres que possédait l'Armagnac en deçà de la Garonne. Il n'en excepta que le comté de l'Isle-Jourdain, dont il gratifia le duc de Bourbon.

Le reste des dépouilles des deux victimes fut partagé entre les créatures du roi. Le sire d'Albret eut tous les biens de Charles (1) avec la ville de Fleurance; Pierre de Beaujeu, l'Armagnac; Jean, vicomte de Narbonne, Maubourguet et la terre de Rivière; Pharamond de Lamothe (2), Auch, Barran, Aubiet, St-Cric, Miramont, St-Martin-Binagre et Soubagnan, qu'il céda presqu'aussitôt au comte du Bouchage. Celui-ci réunit ces terres à Jegun, Lupiac, Castillon, St-Paul, Mourède, Lannepax, Callian, Cézan et Lalanne, et aux autres terres dont il avait été gratifié avant la dernière expédition, et posséda ainsi presque tout le comté de Fezensac. La vicomté du Bruillois fut donnée à Jean de Rochechouard, baron de Faudoas, que Louis XI avait enlevé à Jean V, et dont il avait fait un de ses chambellans. Robert de Balzac n'obtint pas la large part que semblait lui promettre la joie avec laquelle son maître avait accueilli le meurtre du comte d'Armagnac; il n'eut que les seigneuries de Malauze et de Clermont-Soubiran et quelques droits sur la ville d'Astafort. Robert, son frère, fut presqu'aussi peu gratifié que lui, et eut seulement Martissens et Cassagne. Nous ignorons ce qui fut donné au seigneur de Castelnau-de-Bretenous, le digne lieutenant de Robert, mais nous savons du moins que Gorgias, l'assassin du comte d'Armagnac, fut compris dans les munificences royales; il reçut une

(1) Ces donations ont été copiées dans dom Vaissette, le Chartier du Séminaire, les Grands Officiers et les manuscrits de la bibliothèque royale de Paris. — (2) Chartier du Séminaire.

tasse (1) d'argent pleine d'écus d'or, et fut placé parmi les archers de la garde.

Louis savait encore mieux punir que récompenser. Un agent secret qu'il tenait auprès du sire de Beaujeu, l'ayant trompé sur la prise de Lectoure, fut écartelé à Tours. Deux serviteurs du comte d'Armagnac ayant voulu défendre les intérêts de leur maître, eurent la tête tranchée à Rhodez; mais la colère du roi poursuivit surtout le sire de Ste-Baseille (2). Arrêté à Lectoure, il fut conduit à Poitiers où l'on instruisit son procès. Il eut beau invoquer les fers dont l'avait chargé Jean V, ses juges ne le condamnèrent pas moins à être décapité. La sentence fut exécutée le 7 avril; sa famille qui n'avait pu le sauver, obtint du moins la restitution de ses dépouilles mortelles. Dès que la tête eut été abattue, on la déposa avec le corps dans un cercueil recouvert d'un poêle orné de ses armes. Tous les ordres religieux (3) de la ville vinrent les chercher en grande pompe et leur firent de somptueuses funérailles. Le sire de Ste-Baseille était le quatrième fils de Charles d'Albret, deuxième du nom, l'aîné des enfants du connétable et l'époux d'Anne d'Armagnac. Il venait d'épouser Marie, fille de Jean II, comte d'Astarac. Comme il ne laissait point de postérité, le roi, pour consoler sa famille, donna ses biens (4) à Alain, le chef de la maison d'Albret.

Alain qu'on a surnommé le Grand, moins sans doute à cause des actions par lesquelles il se signala qu'à cause

---

(1) M. de Barante, Hist. du duc de Bourgogne. — (2) Chronique scandaleuse. Additions à Monstrelet. — (3) Idem. — (4) C'étaient Ste-Baseille, Gensac, Moncuq, Clasimon, Pellagrue, Vayres, Puynormand et Villefranche de Périgord.

des immenses domaines qu'il réunit sur sa tête, venait de succéder (1) à Charles, son grand-père, mort en 1471. Jean, vicomte de Tartas, père d'Alain, était descendu dans la tombe avant son père, en laissant de Catherine de Rohan, sa femme, deux fils, Alain dont nous venons de parler, et Louis qui se voua aux autels et fut revêtu de la pourpre en 1473, après la mort d'un autre Louis d'Albret, son oncle, parvenu comme lui au cardinalat et dont nous parlerons ailleurs. Outre ces deux fils, le vicomte de Tartas eut deux filles, Marie et Louise. La première épousa Boffile de Juge, un des affidés de Louis XI, et la seconde fut unie à Jacques d'Estouteville. Charles II avait eu une nombreuse postérité. Avant sa mort, il réunit ses enfants, et par un acte daté du 19 novembre 1456, il leur fit jurer sous peine d'exhérédation pour eux et pour leur postérité que les mâles succéderaient aux biens de la famille au préjudice des filles, conformément *à ce qui avait été toujours observé et gardé dans la maison d'Albret* (2). Deux jours auparavant, il avait apanagé ses fils puînés. Louis, né après le vicomte de Tartas et le premier des deux cardinaux de ce nom, n'eut point de part à ses largesses comme étant entré dans l'église; Arnaud Amanieu, le second des puînés, eut la terre d'Orval et vingt-quatre mille écus d'or; Charles le troisième eut Ste-Baseille; enfin Gilles le quatrième, moins connu que ses frères, eut Castelmoron. Celui-ci ne laissa qu'un enfant naturel, Gilles d'Albret, qui fut légitimé par le roi François Ier en 1527, et épousa l'héritière des barons de Miossens, dont il prit le nom. C'est de lui

---

(1) L'Art de vérifier les Dates, tom. 2. Grands Officiers, tom. 6. — (2) Grands Officiers. tom. 6, pag. 213.

que descendait le maréchal d'Albret, mort à Bordeaux le 3 septembre 1676, gouverneur de Guyenne et chevalier des ordres du roi.

Marie d'Armagnac, l'aînée des sœurs de Jean V et de Charles, vicomte de Fezensaguet, trop faible pour revendiquer ouvertement les domaines de sa maison, protesta contre des libéralités qui disposaient des biens dont elle se prétendait l'héritière à défaut de ses frères; mais jamais protestation ne se présenta avec des chances plus défavorables. Le duc d'Alençon, que Marie avait épousé, était menacé de partager le sort de ses deux beaux-frères; le roi l'avait fait arrêter peu de mois avant l'expédition du cardinal Joffrédy. Au retour de son pèlerinage au St-Esprit, il ordonna qu'on le transférât au Louvre et qu'on commençât son procès. La sentence ne pouvait être douteuse. Le duc s'était mêlé à tous les troubles qui avaient agité la France; il fut condamné à mort. Le roi toutefois lui fit grâce de la vie à cause de son titre de prince du sang, et se contenta de le tenir longtemps prisonnier.

CHAPITRE IV.

Mort de Gaston, comte de Foix. — Ses enfants. — François Phœbus, son petit-fils, lui succède sous la tutelle de Magdelaine de France, sa mère. — Jacques d'Armagnac, duc de Nemours. — Son procès et sa mort.

Gaston, comte de Foix, ne put s'interposer entre les malheurs de son gendre et la colère du roi. Plus occupé de la Navarre que de ce qui se passait dans la Guyenne, il avait enfin arraché (30 mai 1471) au roi Jean, son beau-père, un traité qui conservait à celui-ci le titre de roi, mais donnait le gouvernement du royaume au comte et à la comtesse, et les reconnaissait pour légitimes souverains après sa mort. Éléonore, toujours impatiente d'orner son front d'une couronne, ne put attendre la mort de son père. Elle essaya de surprendre Pampelune, mais sa tentative échoua et ses troupes furent repoussées avec perte. Outrée de dépit, elle appela à elle son mari qui se tenait dans le Béarn, et lui laissait gouverner seule la Navarre. Gaston vola aussitôt à son secours, mais la mort l'arrêta (1) à Ronceveaux dans les premiers jours de juillet 1472. On transporta son corps à Orthez et on l'enterra dans l'église des Dominicains, près des cendres de ses ayeux.

L'histoire hésite à lui imputer ses persécutions contre le prince de Viane, la détention et la mort de la princesse Blanche. Ces longues et odieuses trames furent

(1) Grands Officiers, tom. 3. L'Art de vérifier les Dates, tom. 2.

l'œuvre d'Eléonore, et Gaston n'eut vraisemblablement à se reprocher que d'avoir cédé aux vues d'une épouse altière et ambitieuse. Quoiqu'il en soit de la part qu'il prit à ces tragiques événements, la France du moins eut autant à se louer de lui, que la Navarre avait à s'en plaindre. Pendant que tous les autres grands seigneurs s'armaient contre la couronne, on le vit souvent à la tête de ses défenseurs, et jamais dans les rangs de ses ennemis. Populaire, affable et *droiturier* (1), il fit bénir son administration et posséda le cœur de ses vassaux, dont jamais il ne viola les droits, ni n'enfreignit les priviléges.

Les goûts de faste et d'opulence, introduits dans le Béarn par Gaston Phœbus, s'y perpétuèrent sous ses héritiers. Gaston eut une cour magnifique et vraiment royale. Il aimait surtout (2) les joutes et les tournois. En 1456, il partit de Foix, accompagné de sa femme et de Marie, sa fille aînée, et escorté de plus de six cents chevaliers. Il alla ainsi en pèlerinage à Notre-Dame-de-Montserrat. Après avoir satisfait sa dévotion, il passa à Barcelonne, où le roi de Navarre, son beau-père, le reçut *en grand honneur et amitié*. Parmi les fêtes que le prince donna à sa fille et à son gendre, on signale une joute dont les tenants furent Gaston, le comte de Prades, le grand-maître de Calatrava, fils naturel du roi de Navarre, et le comte de Paillas. Le comte de Foix s'y montra vaillant chevalier et rehaussa sa vaillance par sa courtoisie et sa générosité. Le dimanche suivant, Gaston fit donner lui-même une seconde joute

(1) Olhagaray, Hist. de Foix, de Béarn et de Navarre, pag. 377. — (2) L'Art de vérifier les Dates. Coll. Doat.

et assigna pour prix *au mieux courant*, une lance estimée deux mille ducats, et deux diamants du prix de cinq cents écus. Il combattit le premier, rompit quarante lances et remporta tous les prix ; mais il les abandonna aux chevaliers et quitta l'arène pour leur laisser le champ libre.

Outre Gaston, prince de Viane, mort à Libourne (1), et Jean, vicomte de Narbonne, dont nous avons déjà parlé, mariés, l'un à Magdelaine de France, sœur de Louis XI, et l'autre à Marie d'Orléans, sœur de Louis XII, Gaston laissa (2) d'Eléonore de Navarre deux autres fils et cinq filles. Pierre, qui vint après le vicomte de Narbonne, nâquit au château de Pau le 7 février 1449, et entra dans le cloître comme le cardinal Pierre, son oncle. Il le quitta presqu'aussitôt pour aller en Italie suivre les leçons d'un professeur célèbre, qui attirait autour de sa chaire l'élite de la jeunesse studieuse de l'Europe. Sa suite était brillante et nombreuse ; on y comptait avec plusieurs seigneurs de distinction, Geofroy de Bazillac et Jean de Cours (*de Aulà*), évêques de Rieux et de Couserans. Après des études pleines d'éclat, Pierre visita le duc de Ferrare et passa à Rome, où il fit briller son savoir et son éloquence en présence du sacré-collège. Le pape lui fit l'accueil le plus empressé et essaya, mais en vain, de le retenir à sa cour. L'amour de la patrie le rappelait

(1) Olhagaray raconte ainsi sa mort. Ce jeune seigneur mourut à Libourne d'un esclat de lance au plus parfait printemps de son âge de 27 ans, l'an 1470, le 23 de novembre. Hélas! combien de regrets partout pour la perte d'un si grand seigneur. Bourdeaux fut son tombeau, St-André la loge de son corps, mais tout le monde fut l'épitaphe de ses louanges, p. 374. — (2) Grands Officiers, pag 374. Olhagaray, Histoire de Foix, Béarn et Navarre, pag. 381.

au-delà des monts. Dans sa route il apprit la mort tragique de son frère, il précipita sa marche et vint trouver son père au Mont-de-Marsan. Le duc de Guyenne était auprès de Gaston, et sous prétexte de consoler sa douleur, il cherchait à l'entraîner dans sa révolte. Pierre vint en aide à la prudence de son père et l'empêcha de se prononcer trop ouvertement. Sixte IV, qui avait entrevu son mérite, le comprit dans une de ses premières promotions et l'éleva au cardinalat, malgré sa jeunesse ; car Pierre comptait à peine vingt-six ans. Le chapeau lui fut remis avec pompe dans l'église de Lescar (1475) (*).

Jacques, le quatrième (1) fils de Gaston, nâquit en Navarre et servit avec gloire dans les guerres d'Italie; mais étant rentré en France, il y mourut à trente ans sans avoir été marié. Les filles eurent un sort aussi brillant que celui de leurs frères. Marie, l'aînée, épousa en 1466 Guillaume, marquis de Montferrat. Jeanne, la seconde, devint la femme de l'infortuné Jean V, et lui survécut longtemps quoiqu'en aient écrit presque tous les historiens. Après le meurtre de son mari, elle se retira en Béarn auprès de ses parents (2); elle mourut à Pau et fut enterrée à Lescar. Marguerite et Catherine (3) furent, comme nous l'avons vu, unies au duc de Bretagne et au comte de Candale. Marguerite mourut à Nantes le 15 mai 1487, et fut enterrée dans l'église des Carmes. Catherine suivit de près Marguerite dans la tombe. Eléonore (4), la dernière des cinq

(*) L'Histoire distingue ce cardinal du cardinal Pierre son oncle, en surnommant celui-ci le Vieux, et son neveu, le Jeune.

(1) Grands Officiers, pag. 374. Olhagaray, Histoire de Foix, Béarn et Navarre, pag. 381. — (2) Olhagaray, pag. 382. — (3) Grands Officiers et Olhagaray. — (4) Grands Officiers, tom. 3, pag. 375.

filles, mourut encore plus jeune que ses sœurs. Elle avait été promise au duc de Médina-Cœli, mais la mort l'enleva durant les apprêts de ses nôces (*).

Gaston avait pour héritier François Phœbus, son petit-fils, enfant de douze ans, déjà sous la tutelle de Magdelaine de France, sa mère. Eléonore, épouse de Gaston, pouvait, pendant la minorité de Phœbus, revendiquer l'administration des vastes possessions laissées par son mari et écarter Magdelaine. Aussi à la première nouvelle du trépas du comte de Foix, Louis XI toujours avide d'autorité pour lui et pour tous les siens, s'empressa de faire partir vers le Béarn trois ambassadeurs munis de ses instructions secrètes et chargés de la lettre que nous transcrivons (1).

« A mes très-chers et amés les gens des trois états de Béarn. Nous avons su présentement la mort et le trépas de notre très-cher et ami cousin le prince de Navarre, qui nous a déplu et déplaît de tout notre cœur, et pour ce que nous savons, que toujours avez été bons et loyaux envers vos seigneurs, et aussi par la singulière affection et amour que avons à vous, ne voudrions donner aucun ordre au fait de notre très-cher neveu le prince François Phœbus, votre seigneur, sans votre conseil et avis. Si vous prions, très-chers, que vous veuilliez avoir sa

---

(*) L'histoire remarque que Gaston fut l'aïeul de quatre reines. Du vicomte de Narbonne nâquit Germaine de Foix, qui devint la seconde femme de Ferdinand le Catholique, roi d'Aragon. De Marguerite nâquit Anne de Bretagne, qui épousa successivement les rois Charles VIII et Louis XII. De Catherine nâquit Anne de Foix, unie à Ladislas, roi de Hongrie et de Bohême. Enfin, après François Phœbus, petit-fils et héritier de Gaston, nous verrons Catherine, sa sœur, s'asseoir sur le trône de Navarre.

(1) M. Faget de Baure, Essai sur l'Hist. du Béarn, page 349.

personne pour recommandée, et vous assembler et délibérer quelle conduite nous lui devons donner, et icelle nous envoyer ; car nous sommes délibérés du tout nous y conduire selon vos dits avis et opinions, soit touchant sa personne, soit à l'égard de ses terres et seigneuries, l'évêque de Comminges, Gaston du Lyon, vicomte de l'Isle, sénéchal de Toulouse, et messire Antoine de Bonneval, lesquels nous envoyons par-delà pour cette cause; si les vouliez croire de ce qu'ils vous diront de par nous. »

Un protecteur tel que Louis devait inspirer des soupçons à un pays ami de sa liberté et de son indépendance. Néanmoins les états crurent devoir dissimuler leurs sentiments et firent la réponse suivante écrite en Béarnais (1).

« A très-haut, très-puissant et excellent prince et notre redoutable seigneur. Nous nous recommandons humblement à votre royale majesté, nous vous remercions de la grâce et de l'honneur que vous nous avez fait de nous écrire si doucement et bénignement; vous montrez bien l'affection que vous avez toujours eue pour cette maison, et présentement avez cause de l'aimer plus que jamais, et telle est notre entière confiance; et pour répondre à ce qui nous est écrit et remontré de votre part, nous enverrons bientôt aucuns personnages devers votre royale majesté; et nous l'aurions déjà fait sans les funérailles de notredit seigneur et autres occupations. Nous vous supplions de nous avoir tous pour recommandés et de nous tenir en votre bonne grâce, et de nous commander tout ce qu'il vous plaira. Que le fils de Dieu vous ait toujours en sa grâce

(1) M. Faget de Baure, pag. 352.

et protection, et vous donne l'accomplissement de vos très-hauts désirs. A Lescar, le 23 août 1472. *Signés*, vos très-humbles et très-obéissants serviteurs, les gens des trois états. »

Avant que cette réponse fût écrite, Louis qui avait pressenti la disposition des esprits, changea de politique; il crut plus prudent de ne pas s'immiscer directement dans les affaires du Béarn, et d'en laisser l'administration à sa sœur qu'il gouvernerait à sa guise. Il annonça son changement par une seconde lettre ainsi conçue (1) :

« A nos chers et bons amis les gens d'église, nobles, bourgeois et autres, manants (*) et habitants de Béarn, Louis par la grâce de Dieu, roi de France. Chers et bons amis, ainsi que naguères nous avons écrit, après ce que nous avons su le trépas de notre très-cher et ami cousin le prince de Navarre, comte de Foix, nous avons envoyé par delà nos amés et féaux l'évêque de Comminges, le sénéchal de Toulouse et Antoine de Bonneval, pour aider et secourir à notre très-chère et très-amée sœur la princesse de Viane, en tous ses faits et affaires, ès quels sommes délibérés de la porter et favoriser envers et contre tous, et aussi pour donner ordre aux pays et terres d'elle et de notre cher et aimé neveu, François Phœbus de Foix, et de notre chère et aimée nièce Catherine de Foix, ses enfants, et pour ce que nous savons que de tous temps avez été bons, vrais et loyaux, nous vous prions, qu'en continuant de plus

---

(1) M. Faget de Baure, pag. 353.

(*) *Manentes*, demeurant, à-peu-près synonyme d'habitants. Le mot manant n'avait nullement dans le moyen âge la signification qui lui a été donnée depuis. Il n'exprimait que l'habitation, mais l'habitation sans état de noblesse.

en plus votre bonne loyauté, vous vous employez ès affaires d'elle et de nosdits neveu et nièce, ainsi que bons et loyaux sujets doivent faire à leur seigneur. Donné à Guierche, le 7 août, signé Louis. ».

Magdelaine ne tarda pas à venir appuyer les négociations entamées par son frère. Sa présence et celle de ses enfants qu'elle conduisit avec elle applanirent les difficultés. Elle fut proclamée tutrice et prêta en cette qualité serment aux états. Ceux-ci saisirent cette occasion pour se plaindre de ce que les bayles et les gens du fisc (*) multipliaient les amendes. Magdelaine accueillit leurs plaintes et ordonna de nouveau l'exécution littérale des anciens fors. Les autres domaines de Gaston imitèrent le Béarn et reconnurent aussi la sœur de Louis XI. Eléonore, occupée à poursuivre la couronne de Navarre, ne paraît pas avoir protesté contre cette reconnaissance. Sa belle-fille put recevoir en paix le serment des nombreux vassaux de son fils. Bientôt elle reprit le chemin de la France à la tête des députés choisis par les trois états des comtés de Foix et de Bigorre, et des vicomtés de Marsan, de Gavardan et de Nébouzan. Ils allèrent (1) ensemble faire hommage et prêter serment de fidélité à son frère, elle au nom de son fils, et les députés au nom des états. Le roi, après

---

(*) Lorsqu'un cadavre était trouvé sur un chemin, les gens du fisc n'avaient rien à répéter, si rien ne paraissait attester que la mort avait été l'œuvre de la violence ou du crime. Le bayle de Pau exigea toutefois une amende à l'occasion d'un cadavre trouvé ainsi, et quoique tout annonçât que la mort avait été naturelle. C'est contre une pareille exigence que réclamèrent les états. Ainsi s'explique peut-être pourquoi dans nos campagnes on croirait s'exposer à des peines légales si l'on relevait le corps des personnes trouvées mortes surtout hors des lieux d'habitation.

(1) Dom Vaissette, tom. 5, pag. 45.

avoir reçu ce serment (26 février 1473), donna mainlevée des biens du prince de Viane qu'il avait fait saisir après sa mort, et du comté de Foix qu'il avait fait mettre sous sa main, aussitôt après la mort de Gaston, et dont il avait donné l'administration à Jean de Castel-Verdun, son chambellan. Magdelaine ne s'arrêta pas à la cour de France; elle repassa la Loire, suivie des seigneurs et des députés qui l'avaient accompagnée, et alla fixer son séjour dans le Béarn, où rien ne troubla son gouvernement.

Tandis que le jeune comte de Foix croissait sous la tutelle de sa mère, la maison d'Armagnac voyait s'ouvrir un drame aussi tragique (1) pour elle et plus lugubre que le drame de Lectoure. Après le meurtre de Jean V et l'emprisonnement de Charles, elle n'était plus représentée que par Jacques, fils de Bernard, comte de Pardiac et petit-fils du connétable Bernard. Jacques du moins pouvait la relever. Uni à une femme jeune encore, père de six enfants, proche parent du roi, il prenait le titre (2) de duc de Nemours, comte de La Marche, de Pardiac, de Castres et de Beaufort, vicomte de Murat, seigneur de Condé et de Mortagne en Cambraisis et pair de France. Ses derniers malheurs l'avaient dégoûté des affaires publiques. Il vivait retiré au milieu de ses vassaux charmés de la douceur de son administration; et pour faire oublier ses anciennes révoltes, il restait au moins ostensiblement étranger aux

(1) Voir, pour tout ce procès, la Chronique scandaleuse; les Additions à Monstrelet; Commines avec les Additions de Godefroy; les Additions à l'Histoire de Louis XI par Godefroy; M. de Barante, Histoire des ducs de Bourgogne et surtout Garnier.

(2) Grands Officiers, tom. 3. L'Art de vérifier les Dates, tom. 2.

luttes incessantes que faisait naître un gouvernement méfiant et ombrageux; mais le cœur de Louis ne pardonna jamais à un ennemi. Il avait d'ailleurs juré, dit-on, la perte de tous les seigneurs qui avaient pris part à la guerre du bien public; il ne cherchait qu'une occasion pour sévir.

Le connétable de St-Paul, dans un aveu arraché par la torture, prononça le nom du duc de Nemours. Sur une dénonciation aussi suspecte, Louis fit aussitôt partir le sire de Beaujeu qui vint investir le duc dans Carlat (1), où il faisait sa résidence. La duchesse de Nemours, cousine germaine du roi, relevait à peine de couches. A la vue des bataillons ennemis, elle trembla pour les jours d'un époux qu'elle aimait tendrement, *et tant pour la déplaisance de sondit seigneur et mary, que du mal d'enfant, ella alla de vie en trespas, dont ce fut grand domage, car on la tenait bien bonne et honeste dame* (2). Cette mort en brisant son cœur, n'abattit pas son courage; il se défendit avec opiniâtreté. Le roi impatient de cette résistance, s'avança jusqu'à Lyon pour mieux activer l'ardeur de ses troupes; néanmoins il eût été facile au duc de Nemours de prolonger le siège, car la place passait pour imprenable, et il y avait amassé des vivres pour deux ou trois ans; mais entraîné par sa destinée, l'infortuné écouta les propositions du sire de Beaujeu, qui lui promit que sa vie et celle de ses enfants seraient conservées, qu'il aurait pleine et entière liberté de se laver des imputations dont on le chargeait, et qu'il lui serait fait bonne et entière justice.

(1) Chronique scandaleuse, pag. 331. Additions aux chroniques de Monstrelet, pag. 87. — (2) Chronique scandaleuse.

Sur ces assurances confirmées par serment, Jacques se rendit au général ennemi, mais sa perte avait été résolue; il fut conduit à Vienne en Dauphiné. Le roi, qui s'y trouvait alors, non seulement refusa de le voir, mais au mépris de la promesse jurée en son nom par le sire de Beaujeu, il le fit enfermer dans la tour de Pierre Encise (1). Là, dans un cachot froid et ténébreux, poursuivi par le souvenir de son épouse qu'il avait conduite au tombeau et de ses enfants dont il allait causer la ruine, et dévoré par les plus noirs pressentiments, il éprouva de si horribles souffrances, que ses cheveux blanchirent en peu de jours.

Deux ans s'écoulèrent ainsi; tout se taisait autour de Louis. Le temps, les guerres, les meurtres, le bourreau, l'avaient délivré de tous ces seigneurs devant lesquels il avait été forcé de plier au commencement de son règne. Le duc de Bourgogne, le terrible Charles, son rival et son ennemi personnel, venait de trouver dans les plaines de Nancy le châtiment de son obstination et de sa témérité. Le monarque pouvait désormais se livrer librement à son instinct; mais son instinct était l'instinct de nos tigres domestiques. Sans aimer précisément le sang, il avait goût aux tortures qu'il infligeait. Son âme atroce s'épanouissait à la pensée des douleurs d'un ennemi, autant et plus qu'un noble cœur se réjouit à la vue du bonheur d'un être cher et sacré. Par ses ordres, Jacques est arraché de sa prison et traîné dans la Bastille.

« Monsieur le chancelier, écrivit aussitôt le roi, j'envoie le duc de Nemours à Paris par M. de St-Pierre,

(1) Chronique scandaleuse et Annotations à Commines par Godefroy.

et l'ai chargé de le mettre dans la Bastille St-Antoine. Avant qu'il y arrive, faites prendre tous ceux de ses gens qui sont à Paris, faites-les mettre à la Bastille et bien enserrer, afin qu'à l'heure où arrivera M. de St-Pierre, il les y trouve tous; mais dépêchez-vous, car s'ils oyaient le bruit que leur maître vient à Paris, ils s'enfuiraient. Faites aussi qu'il y ait deux hommes à la morte-paye, pour la garde dudit Nemours, outre ce que Philippe Lhuilier a de gens, car j'écris à Philippe qu'il en aura la garde et que les mortes-payes feront ce qu'il leur commandera, et dès que ledit Nemours sera mis en bonne garde et sûreté dedans la Bastille, si venez-vous en devers moi à Tours, et y soyez le dix-huitième d'août, et qu'il n'y ait point de faute. J'ai chargé M. de St-Pierre de vous parler plus au long de cette matière. Écrit à Orléans, le dernier jour de juillet (1). »

Le duc de Nemours arriva à la Bastille le 4 août 1477. On l'y traita d'abord avec assez de douceur; mais bientôt après, sur quelques indices qu'il avait travaillé à corrompre ses gardes, on l'enferma dans une cage de fer. Le roi commit pour instruire son procès (2) le chancelier Pierre Doriole, Louis de Graville, seigneur de Montaigu, Jean le Boulanger, premier président, Jean de Blosset, seigneur de St-Pierre, Boffile ou Bouffile de Juge, vice-roi de Roussillon, maître Jean Baillet et Thibaut Baillet, maîtres des requêtes, Jean du Mas, seigneur de l'Isle, huit conseillers au parlement, et maître Aubert-le-Viste, rapporteur et visiteur des let-

(1) Lettre citée par M. de Barante, Hist. des ducs de Bourgogne, tom. 22. — (2) Garnier, Histoire de France, tom. 10, pag. 431 et suivantes : il est de tous les historiens le seul qui ait donné ce procès dans tous ses détails.

tres de la chancellerie. En même temps et sans attendre leur sentence, il leur distribua une partie des dépouilles de l'accusé. St-Pierre lui-même, le geôlier, eut part à cette distribution. « M. de St-Pierre (1), lui écrivit aussitôt le roi, il me semble que vous n'avez qu'une chose à faire, c'est de le faire parler clair et de le *gehener bien étroit.* »

« Monsieur de St-Pierre, lui écrivait-il plus tard, je ne suis pas content (2) de ce que vous m'avez averti qu'on lui a ôté les fers des jambes, qu'on le fait aller en une autre chambre pour aller besogner avec lui, qu'on l'ôte hors de sa cage, aussi qu'on le mène voir la messe où les femmes vont, et qu'on lui a laissé des gardes qui se plaignent de ne point être payés. Quelque chose que disent le chancelier ou autres, gardez bien qu'il ne bouge plus de sa cage, qu'on ne vienne besogner avec lui et qu'on ne l'en mette jamais dehors, si ce n'est pour le gehener, et qu'on le gehène dans sa chambre. Je vous prie, si vous avez jamais volonté de me rendre service, *faites-le moi bien parler.* » La plume se révolte à retracer ces paroles atroces, et c'est un roi, c'est le chef de l'état, duquel émane toute justice, qui parle ainsi. Voilà pourtant l'homme qu'on chercherait à réhabiliter de nos jours, sous prétexte qu'il porta les premiers coups à la féodalité, et qu'il servit la démocratie en appelant autour de lui la bourgeoisie et les classes populaires, comme si la féodalité n'avait pas été fortement attaquée et presque ébranlée sur la fin du règne précédent, et comme si Louis XI, en

---

(1) M. de Barante, tom. 22. — (2) Collection des Mémoires de l'Histoire de France, tom. 10, pag. 147 et 148.

s'entourant *des gens de bas état*, avait cherché autre chose que plus de complaisance et de servilité, et ainsi qu'à mettre plus à l'aise son humeur despotique et sanguinaire. Nous croyons qu'on sert mal la démocratie en la plaçant sous un pareil patronage.

« Monsieur de St-Pierre (1), écrivait-il encore, si M. le comte de Castres (*) veut prendre la charge de la personne du duc de Nemours, laissez-la lui, et qu'il n'y ait nulles gardes de gens de Philippe Lhuilier; qu'il n'y ait que de vos gens les plus sûrs que vous ayez. Si vous voulez faire un tour ici pour me venir voir, me dire en quel état sont les choses, et m'amener avec vous maître Étienne Petit, vous me ferez grand plaisir, mais que tout demeure en bonne sûreté et adieu. Ecrit au Plessis-du-Parc, le 1er octobre 1476. »

Le duc de Nemours protesta contre la commission, alléguant sa qualité de pair de France et le dernier traité qu'il avait fait avec le sire de Beaujeu en se remettant entre les mains du roi. Il récusa nommément Aubert-le-Viste qui s'était porté pour son délateur. Ces protestations, il eut soin de les renouveler à chaque interrogatoire, mais les juges n'y eurent aucun égard et passèrent outre. Néanmoins la condamnation paraissait difficile à obtenir. On avait contre le duc des soupçons très-fondés, sans doute, mais nulle preuve complète depuis l'accommodement qu'il avait fait avec Dammartin; on ne l'avait point vu porter les armes contre son souverain; on ne produisait même aucune pièce authentique qui prouvât qu'il eût agi de concert avec

(1) M. de Barante.
(*) Le roi désignait ainsi Boffile, à qui il avait donné le comté de Castres dans le partage des dépouilles du duc de Nemours.

les ennemis de l'état. La plupart des dépositions recueillies contre lui se contredisaient manifestement; les plus graves ne le chargeaient que d'avoir été instruit des complots formés contre le souverain; mais alors il n'y avait point encore de loi capitale contre ceux qui ayant eu connaissance d'une conspiration, n'en avaient pas dénoncé les auteurs. Nemours se défendit longtemps et avec beaucoup de présence d'esprit sur les liaisons qu'il avait eues avec le connétable et le comte d'Armagnac. Enfin, voyant bien qu'on était instruit d'une partie de ses manœuvres, et voulant s'épargner les tourments de la question, il prit le parti d'avouer plus qu'on ne lui demandait. Soit qu'il crût rendre sa cause plus favorable en y impliquant les hommes les plus distingués de l'état, soit qu'il n'aspirât qu'à se venger de ceux qui l'avaient mal servi et auxquels il imputait sa perte, il révéla ou imagina un nouveau complot dans lequel se trouvaient impliqués Jean, duc de Bourbon, les princes de la maison d'Anjou, le comte de Dammartin et presque tous les capitaines des compagnies d'ordonnance. Il dit qu'il avait eu tort de ne pas révéler plutôt cet important secret; mais il s'en excusa sur ce qu'il aurait eu à craindre de la part des auteurs de la conspiration et sur le refus que le roi avait fait de le laisser venir à la cour toutes les fois qu'il en demandait la permission. Croyant avoir disposé favorablement l'esprit du monarque par cette confession volontaire, il demanda et obtint la permission de lui écrire. Nous transcrivons en entier cette lettre toute empreinte de sensibilité et de malheur (1).

(1) Chronique scandaleuse, observations, pag. 474. Additions à l'Histoire de Louis XI, pag. 225.

« Mon très-redouté et souverain seigneur, lui écrivit-il, tant et si humblement que je puis, je me recommande à votre grâce et miséricorde. Sire, j'ai fait à mon pouvoir ce que, par MM. le chancelier et le premier président, et MM. de Montaigu et de Viste, il vous a plû me commander; car, pour mourir (*), ne veux désobéir, et ne vous désobéirai. Sire, ce que je leur ai dit, il me semblait que je le devais dire à vous et non à d'autres, et par ce, je vous supplie qu'il vous plaise n'en pas être mécontent. Je ne vous veux jamais rien céler, sire, ni vous célerai en toutes les choses susdites. J'ai tant méfait envers vous et envers Dieu, que je vois bien que je suis perdu, si votre grâce et miséricorde ne s'étend sur moi, laquelle, tant et si très-humblement, et en grande amertume et contrition de cœur, je vous requiers et supplie me libéralement donner, en l'honneur de la benoîte passion de N. S. Jésus-Christ, des mérites de la benoîte Vierge Marie et des grandes grâces qu'elle vous a faites. Si ce seul prix a racheté tout le monde, je vous le présente pour la délivrance de moi, pauvre pécheur et pour mon entière abolition et grâce. Sire, pour les grandes grâces qui vous sont faites, faites-moi grâce et à mes pauvres enfants. Ne souffrez pas que pour mes péchés je meure en honte et en confusion, et qu'ils vivent en déshonneur, allant quérir leur pain. Si vous avez eu amour pour ma femme, votre cousine, qu'il vous plaise avoir pitié de son pauvre malheureux mari et de ses orphelins. Sire, ne souffrez pas qu'autres que votre miséricorde, clémence et piété soient juges de ma cause, ni qu'autres que

---

(*) Fallut-il mourir.

vous, en l'honneur de Notre-Dame, en aient connaissance. Sire, de rechef, en l'honneur de la benoîte passion de mon Rédempteur, tant et si humblement que je puis, je vous requiers grâce, pardon et miséricorde. Je vous servirai bien, et si loyalement, que vous connaîtrez que je suis vrai repentant, et qu'à force de bien faire, je veux amender mes défauts. Pour Dieu, sire, ayez pitié de moi et de mes pauvres enfants, étendez sur eux votre miséricorde, et à toujours ne cesseront de vous servir et de prier Dieu pour vous, auquel supplie que par sa grâce il vous donne très-bonne vie et longue, avec accomplissement de vos bons désirs. Écrit en la cage de la Bastille, le dernier de janvier 1477. »

L'infortuné s'était souvenu, en finissant, des années de son enfance passées dans la familiarité de Louis XI, sous la discipline du comte de Pardiac, son père, et avait signé : *le pauvre Jacques*, du nom que lui donnait alors le dauphin. Ces touchantes supplications furent inutiles ; non seulement le roi s'y montra sourd, mais il s'en servit (1) contre le duc. Il renvoya la lettre aux commissaires et ordonna qu'elle fût insérée dans le procès pour tenir lieu de confession.

Le procès commencé depuis près de deux ans touchait à sa fin, et l'accusé persistait toujours à protester contre les commissaires, prétendant qu'en qualité de pair de France, il ne pouvait être jugé que par le *roy séant en son parlement dûment garni de pairs* (2). Le roi s'étaya de la renonciation que Jacques avait faite quelques années auparavant, et rejeta la demande. Le chancelier Dariole se montra moins scrupuleux ; il

---

(1) Preuves et observations sur les Mémoires de Commines, par Godefroy, tom. 5, pag. 50. — (2) Garnier, tom. 10, pag. 433.

suspendit la procédure et osa représenter à son maître qu'il devait des égards à un seigneur allié à plusieurs branches de la famille royale et son très-proche parent. Louis, à qui ces représentations déplûrent, écrivit aussitôt à St-Pierre qu'on se défiât du chancelier. Quelques jours après, il l'éloigna avec quelques autres commissaires suspects aussi à ses yeux, et les remplaça par des conseillers du parlement. Cette substitution n'ayant point amené assez promptement une sentence définitive, Louis, toujours plus impatient, fit taire sa répugnance et renvoya l'affaire devant le parlement de Paris. La haute cour crut devoir à la naissance et au rang de l'accusé de se transporter en corps à la Bastille. Elle consacra plusieurs jours à recevoir tous les changements qu'il voulut faire à ses dépositions précédentes, et après l'avoir pleinement entendu, elle lui signifia qu'il allait être procédé à son jugement.

A cette nouvelle, le duc, qui ne voyait que trop le sort qui l'attendait, chercha à reculer le terme fatal. Il allégua qu'il était clerc, ayant reçu dans sa jeunesse la tonsure des mains de l'évêque de Castres, et il demanda à ce titre à être renvoyé par devant les tribunaux ecclésiastiques. La cour fit vérifier le fait; néanmoins quand il eut été constaté, elle passa outre, attendu le crime dont le duc était accusé. Jacques craignit que le subterfuge auquel il avait eu recours, n'eût mal impressionné le parlement. Il se hâta de protester qu'en invoquant les priviléges de la cléricature, il n'avait songé qu'à acquitter sa conscience, mais que son dessein n'avait jamais été de décliner la juridiction de la première cour du royaume. Il supplia seulement ses juges de daigner, avant de prononcer son arrêt, se rappeler les services que ses ancêtres et lui-même avaient rendus à l'état; de considérer qu'il avait épousé la fille du comte du Maine; que cette princesse du sang l'avait rendu père de six enfants, trois garçons et trois filles; que l'aîné de ses fils comptait à peine neuf ans, que le second n'en avait que sept, et que le troisième âgé de cinq ans était filleul du roi; que l'aînée de ses filles touchait à sa treizième année, que la seconde terminait sa onzième, et que la dernière encore au berceau avait eu la reine pour marraine; enfin, il les conjura de prendre en pitié ces innocentes créatures nées et élevées dans la splendeur, et qui se trouveraient exposées, s'il était condamné, à essuyer des outrages, à demander l'aumône et à n'oser lever les yeux.

On n'attendait plus que les ordres du roi pour prononcer l'arrêt; mais le monarque, craignant que la sentence ne fût pas aussi sévère qu'il le désirait, ou cherchant à donner plus de retentissement à cette procédure, transféra le parlement à Noyon. Il voulait, disait-il, s'y rendre lui-même; toutefois, au jour fixé, il ne parut point et se fit représenter par le sire de Beaujeu, son gendre. En même temps il adjoignit au parlement les anciens commissaires qui avaient travaillé à l'instruction du procès, quatre présidents de la chambre des comptes, deux maîtres de requêtes, deux généraux des aides de la chambre de Paris, deux de celle du roi, le lieutenant-criminel du bailli de Vermandois, le lieutenant-criminel du prévôt de Paris et un avocat au Châtelet. Tous ces commissaires eurent voix délibérative. C'était enlever à l'accusé le peu de garantie qui lui restait et anéantir ouvertement toute justice pour ne laisser que les formes d'une vaine et menteuse légalité.

La cour le sentit elle-même; plusieurs membres s'excusèrent d'opiner, soit qu'ils reconnussent que la partialité était trop criante, soit plutôt qu'ils crussent inutile d'émettre leur vote dans une cause déjà jugée. Aubert-le-Viste que le duc avait récusé et qui cependant n'avait pas laissé d'assister aux interrogatoires, obtint la permission de s'absenter. Louis de Graville, seigneur de Montaigu, et Boffile, vice-roi de Roussillon, qui avaient garanti les conditions accordées à Nemours sous les murs de Carlat, supplièrent d'être dispensés de donner leur avis, disant qu'il leur semblait en leur conscience qu'ils ne le devaient faire. Enfin le sire de Beaujeu lui-même, quoique représentant la personne du roi, et président de l'assemblée, s'abstint parce que le duc de Bourbon son frère se trouvait impliqué dans les dépositions du duc de Nemours; il se contenta de ramasser les voix. L'arrêt portait que Jacques d'Armagnac, duc de Nemours et comte de La Marche, était criminel de lèse-majesté; que, comme tel, il était condamné à être décapité aux halles le jour même : enfin, que ses biens, terres et seigneuries, étaient *acquis et confisqués au roi* (1).

Cette condamnation fut décrétée à Noyon le 10 juillet. Trois semaines s'écoulèrent avant qu'elle fût notifiée au prisonnier. Enfin le 4 août, le même jour où deux ans auparavant le duc avait été enfermé à la Bastille, Jean le Boulanger, premier président du parlement, assisté du greffier-criminel, du sire Hesselin, maître

---

(1) Chronique scandaleuse, pag. 369. Preuves et Additions par Godefroy, pag. 50. Additions à Monstrelet.

d'hôtel du roi et de quelques autres, se transporta (1) dans son cachot pour lui lire son arrêt de mort. Le malheureux seigneur s'était depuis longtemps résigné. Après avoir entendu la sentence qui lui ravissait la vie et qui dépouillait ses enfants, il répondit d'une voix sinon ferme du moins assez calme : « Certes, voici la plus dure nouvelle qui me fût jamais apportée : c'est dure chose de souffrir telle mort et si ignominieuse ; mais puisque je ne le puis éviter, plaise à Dieu me donner bonne patience et constance pour la souffrir et recevoir. » Il rétracta alors ce qu'il avait dit de la conspiration ourdie par Jean, duc de Bourbon, et les capitaines des compagnies, confessa plusieurs extorsions dont il s'était rendu coupable, et pria qu'on prélevât sur ses biens les fonds nécessaires pour les réparer. Enfin, il demanda d'être enterré dans l'église des Cordeliers de Paris avec l'habit de St-François.

Peu d'heures lui furent données pour se préparer à ses derniers moments, et encore comme s'il n'y avait pas eu assez de tortures dans sa longue captivité, la tyrannie de Louis en ajouta de nouvelles. Il abreuva son agonie de tout ce qui peut rendre plus poignants les apprêts d'une mort tragique. La chambre où l'infortuné fut conduit à ses juges et plus tard à son confesseur était tendue de noir, et on y brûlait du genièvre, ce qu'on faisait alors autour des cadavres. Le cheval sur lequel il fut amené aux halles, était couvert d'une housse noire, comme dans une pompe funèbre, et quoiqu'il y eût à demeure un échafaud dressé sur cette place, on en éleva un second plus haut qu'on eut soin de tendre

(1) Chronique scandaleuse, pag. 369. Preuves et Additions par Godefroy, pag. 50. Additions à Monstrelet.

encore de noir. Il fallait que partout où le condamné laissât tomber ses regards, il ne pût rencontrer que des objets lugubres. Enfin, par une barbarie dont notre histoire n'offre pas d'autre exemple, on amena, dit-on, ses enfants sur le lieu de l'exécution (1); d'autres (2) ajoutent même qu'ils furent placés sous l'échafaud, afin que le sang de leur père ruisselât sur leur tête. Hâtons-nous toutefois d'ajouter que ce dernier trait ne se trouve rapporté dans aucun auteur contemporain, et qu'aux états d'Orléans, où l'orateur des jeunes orphelins peignit de couleurs si vives toutes les péripéties de ce drame sanglant, il ne dit point que les enfants eussent été forcés d'être témoins de la mort de leur père, et moins encore arrosés de son sang; ce qui n'eût point certainement été omis.

Quoiqu'il en soit de cette circonstance, le peuple accourut en foule à ce triste spectacle; mais au lieu de ce cruel empressement et de cette impitoyable satisfaction avec lesquels la multitude se repaît du supplice des grands, on remarqua sur les fronts une morne tristesse; on entendit même de nombreux gémissements et l'on vit couler des larmes lorsque la tête tomba sous la hache du bourreau. On l'enferma aussitôt dans une bière avec le reste du corps, et on le livra aux Cordeliers(3) qui étaient venus le chercher au nombre de sept ou huit vingts (4). De toutes les violences qui signalèrent ce règne, celle-ci fut sans contredit la plus criante. On prétend, il est vrai, que Louis XI se la reprocha à

---

(1) Garnier. — (2) Bossuet, Mézerai. — (3) Chronique scandaleuse. Additions à Monstrelet. — (4) A qui furent délivrées quarante torches pour mener et conduire ledit corps dudit seigneur de Nemours en leur dite église. Additions à Monstrelet, pag. 63.

son lit de mort, mais ce repentir est assez contestable. Ce qui est certain, et ce que repousseraient hautement nos mœurs actuelles bien autrement dignes que les mœurs de l'ancienne monarchie, malgré quelques déplorables exceptions, c'est qu'il distribua aux juges les biens du duc de Nemours, comme il leur avait jadis partagé ceux du comte d'Armagnac.

Le sire de Beaujeu, le président de l'assemblée, eut dans son lot le comté de La Marche; Boffile obtint le comté de Castres; St-Pierre eut la vicomté de Carlat; Louis de Graville reçut la ville de Nemours et St-Pont-sur-Yonne; le seigneur de l'Isle eut la vicomté de Murat. Les ministres ne furent pas oubliés : Jean de Daillon et Philippe de Commines partagèrent entr'eux tout ce que le duc possédait à Tournai et dans le Tournaisis; Imbert de Batarnai, seigneur du Bouchage, eut les terres de Fai, les baronnies d'Ordan et de Biran(1), Castelnau-d'Anglés, Peyrusse-Grande, Louslitges, la forêt d'Ailli, Boussols et Peyrissas (7 septembre 1417); le vicomte de Narbonne, fils du comte de Foix, obtint le comté de Pardiac; Jean d'Avaudignon eut Colommiers, Pont et Nogent-sur-Seine.

En revanche les enfants de la victime furent complètement négligés. Toutefois le roi parut un instant prendre quelque intérêt à l'aîné, nommé Jacques, comme son père et son aïeul maternel. Il le confia aux soins de l'archevêque de Sens, et lui assura plus tard pour son entretien quelques fonds à prendre sur les biens de son père. Cette somme tenta la cupidité de Boffile qui réclama la garde du jeune orphelin et l'obtint d'autant plus aisément, qu'il venait de s'allier à la maison d'Ar-

---

(1) Chartier du Séminaire.

magnac en épousant (1480) Marie d'Albret, tante d'Alain. Sa nouvelle parenté ne lui donna pas plus de tendresse pour le pupille confié à ses soins. Il se hâta de le conduire dans le Roussillon dont il était gouverneur, et le confina dans la citadelle de Perpignan, où une épidémie qui désola le pays ne tarda pas à l'enlever.

NOTES.

NOTE 1re, page 67.

Charles, par la grâce de Dieu roy de France, mandons et commandons à révérend homme, l'évesque de Noyon, et à notre chevalier et chambelan, le seigneur de la Rivière, que le vicomte de Castelbon, héritier de Foix et de Béarn, laissent jouyr et posséder de son héritage de la comté de Foix, et des appartenances d'icelle terre, par le moyen de remettre avant, en vostre garde, la somme de soixante mille francs, et la prendre et recevoir tout à un payement, en la cité de Toulouse; et, la derniere payez, voulons que, sous le scellé de notre sénéchal dudit Toulouse, ait et ayent le vicomte de Castelbon et ceux qui de ce s'entremettent, lettres de quittances. Avecques tout ce, par un autre payement voulons que recevez vingt mille francs, pour les frais et coustemens, que vous avez eus, d'aller et retourner des marches et limitations de la comté de Foix; et, celuy argent payé, donnez lettres de quittances, dessous le susdit scellé de nostre office de Toulouse. Sauf et réservé que nous voulons et réservons, que messire Yvain et messire Gratien de Foix, fils et enfant bastards du comte Gaston de Foix de bonne mémoire, ayent part et assignation raisonnable ès meubles et héritage qui furent à leur père, par l'avis et discrétion de messire Roger d'Espaïgne, du vicomte de Bruniquel, de messire Raimond de Chasteauneuf et du seigneur de Corasse : auxquels nous escrivons qu'ils s'en acquittent, tellement que nostre conscience en soit deschargée. Car un jour nous le promismes au père. Et, la où faute y auroit (fust par coulpe de quatre chevaliers que nous y commettons, ou par la rebellion et dureté dudit vicomte) nous anulons et enfraignons tous traittez et scelléz, donnez et accordez; et vouloient qu'ils soient de nulle valeur. En témoing de ce, avons ces lettres données sous nostre scel en nostre cité de Tours, le douzième an de nostre régne, le vingtième jour du mois de décembre. (Froissart, tom. 4, ch. 32).

NOTE 2, page 68.

Matthieu s'occupa de législation. Deux de ses prédécesseurs, Gaston VI de Béarn, le dernier descendant de l'ancienne maison vicomtale, et Gaston Phœbus l'avaient devancé dans cette carrière. Gaston VI avait recueilli les fors particuliers et le for général. Voici en quels termes fut sanctionné en 1286 ce nouveau code. « Gaston, vicomte de Béarn; Gautier, évêque de Lescar; Bernard, évêque d'Oloron dans la cour plénière assemblée au château de Pau en présence de tous les barons de Béarn, ont renouvelé les coutumes établies par leurs ancêtres. »

Nos lecteurs seront peut-être curieux d'en connaître les dispositions principales. Nous emprunterons ce travail à M. Faget de Baure. A qui pourrions-nous mieux demander la connaissance des lois qu'à un magistrat distingué?

Le Béarn était alors divisé en quinze vics ou départements. On y comptait quatre villes principales désignées sous le nom des quatre bourgs du Béarn; c'était Morlaas, Orthez, Oloron et Sauveterre. Trois chemins principaux traversaient le pays de frontière à frontière. Ces trois routes étaient sous la sauve-garde spéciale du souverain; il répondait des dommages que les voyageurs pouvaient essuyer dans ces trois chemins. Tel était alors l'usage général de l'Europe; les seigneurs qui percevaient des péages sur les chemins étaient tenus de les faire garder depuis le soleil levant jusqu'au soleil couché. Le comte d'Artois fut condamné en 1286 par un arrêt, à dédommager un marchand qui avait été volé, en plein jour, dans un chemin de sa seigneurie.

Sous le règne de Gaston VII, les Béarnais ne payaient encore aucune espèce de subside. Le principal revenu du souverain consistait dans son domaine. Il possédait les villes et châteaux d'Orthez, Sauveterre, Oloron, Moneins, Salies, Pardies, Mongiscar, Morlaas, Assor, Igon, Montaner, Lembège, Pau, Pontac, Samboués, Belloc, Mongaston, Navarrens, Garos, Loubieng; les châteaux et villages de Larbaig, de Rivière-Gave et d'Agarenx, les vallées d'Aspe, d'Aussau et de Barretons. Il jouissait dans tous ces lieux des droits que les seigneurs particuliers exerçaient dans leurs terres. Dans quelques-uns, ils levaient des tributs plus importants; Orthez et Sauveterre avaient un péage, Lembège payait au delà des cens un droit de cirminage. Pau n'était alors qu'un simple château sans importance.

Une autre branche des revenus du vicomte étaient les amendes judiciaires. Tous les délits graves étaient portés au tribunal de la cour majour, punis par une amende pécuniaire. L'amende appartenait au souverain; elle était désignée sous le nom de Ley majour, *Loi ou amende majeure.*

Cette même distinction existait en France, et l'on trouve ces mots dans Beaumanoir : suis chîn en l'amende du roi, laquelle est de 60 livres, si je suis gentix-hom; et de 60 sols si je suis homme de pooste. Cette amende du souverain était fixée, en Béarn, à 60 sols même pour les gentilshommes; on y ajoutait 6 sols pour les frais judiciaires, c'était le sol pour livre de l'amende; et telle est l'origine et le sens de cette disposition du vieux for : « la » plus forte amende que le seigneur puisse obtenir sur un » caver est de 66 sols ».

Le souverain avait encore un droit particulier dans les trois districts de Pau, de Moneins et de Pardies; il est désigné sous le nom d'audiences : c'était le prix exigé pour le loyer du lieu dans lequel se rendait la justice. Il jouissait dans quelques endroits d'un droit de gîte et d'aubergade ; et dans chaque beguerie, quelques maisons étaient tenues de lui fournir une certaine quantité d'avoine : de cette manière, il pouvait parcourir ses états sans frais, aussi lui était-il expressément défendu d'exiger des logements ou de l'avoine dans ses propres terres, et plus encore dans les terres des gentilshommes.

La vente des biens nobles devait se faire entre les mains du seigneur souverain, mais il n'avait point le droit de créer un fief dans le fief d'un seigneur particulier. Ce seigneur avait sa justice, ses officiers, et ses hommes ; les amendes des délits légers étaient à son profit ; c'était, aux termes du for, avoir droit et loi. Le souverain créait des jurats dans les villes et dans les terres dont il était seigneur. Les seigneurs particuliers nommaient aussi les jurats de leurs terres. Les jurats étaient les juges des communautés ; ils étaient de plus les témoins de la loi.

La cour des jurats était présidée par un bayle ; les jurats pouvaient être regardés comme les hommes de la communauté. Le bayle était l'homme du seigneur. Il était chargé de poursuivre en son nom les délits et le paiement des amendes ; c'était lui qui recevait les plaintes, donnait les assignations et faisait exécuter les jugements ; il ne jugeait point lui-même, mais il provoquait le jugement.

La juridiction du bayle et des jurats s'étendait sur les membres de la communauté. Mais lorsque deux communautés plaidaient entre elles, il fallait nécessairement recourir à un tribunal supérieur. Les seigneurs eux-mêmes ne pouvaient être appelés devant leurs jurats ; et lorsqu'ils avaient des discussions entre eux, il fallait bien leur assigner un tribunal. Ce tribunal, supérieur à celui des jurats, cette cour des gentilshommes existait dans chaque vic. Il était formé par les seigneurs des terres comprises dans le vic ; ces assemblées se tenaient dans le chef-lieu. Il est tantôt désigné sous le nom de cour de vic ; tantôt c'est la cour des cavers ; quelquefois c'est le ressort du cap deuil, ou chef-lieu.

La cour du vic était comme celle des jurats, présidée par un des officiers du seigneur. Il est quelquefois nommé vicaire et plus souvent encore beguer ou bayle. Le vicaire devait être choisi parmi les cavers eux-mêmes ; il devait avoir un lieutenant choisi comme lui parmi les cavers du vic ; c'était à ces deux officiers que l'instruction des procès était confiée. Un gentilhomme ne pouvait être assigné que par eux.

Tous les appels finissaient à ce tribunal ; il jugeait en dernier ressort ; et les jugements ne pouvaient être attaqués que lorsqu'ils étaient contraires aux fors, où que la corruption des juges était manifeste. On s'adressait alors à la cour majour, et ce conseil du souverain jugeait les justices. Il avait de plus une attribution particulière exprimée en ces termes : fonds de terre, cap d'hommi, ley majour ; ou liberté, propriété, crime.

Tel était l'ordre des juridictions en Béarn : la cour des jurats était le tribunal ordinaire, la cour du vic était le tribunal d'appel ; et la cour majour était le tribunal de recours. Ainsi s'observaient en Béarn deux usages constamment gardés dans les royaumes de France et d'Angleterre ; l'un était qu'un juge ne jugeait jamais seul ; et l'autre que chacun était jugé par ses pairs. Le censitaire était jugé par les jurats du seigneur ses censitaires. Les bourgeois des villes étaient jugés par des jurats, bourgeois comme eux ; et les gentilshommes enfin avaient leurs pairs pour juger dans la cour des cavers.

Lorsque le bayle du souverain différait ou refusait de rendre la justice, on avait droit, après l'avoir sommé trois fois, de saisir ses effets. « Si je me suis pourvu trois fois
» devant aucun bayle de bourg ou de château pour de-
» mander justice sur le même fait ; si je puis le prouver
» par témoignage d'un jurat, j'ai le droit de m'emparer
» de ses effets. »

Quiconque était appelé devant les tribunaux devait comparaître en personne : « Il est for en Béarn que personne ne prenne procureur, à moins qu'il ne soit banni de la terre, ou qu'il n'ait une raison légitime d'absence. »

Celui qui intentait une action, et celui contre qui elle était intentée, devaient donner caution entre les mains du bayle ou du souverain; si l'un des deux était sans biens, il pouvait se remettre lui-même au pouvoir du souverain, et cela s'appelait donner son corps pour caution.

Lorsque le souverain lui-même formait contre quelqu'un une demande judiciaire, on devait lui présenter une caution. Si l'on tardait, le souverain avait une amende de 10 sols par nuit. Enfin, il pouvait exercer ce que les établissements de St-Louis appellent le ravage. Il pouvait *les maisons fondre ou arde r*, *les prés arer*, *les vignes estraper*; *et les arbres tranchier*. Mais dès que la caution était donnée, le seigneur devait cesser le ravage; fût-il à la porte du château, dans le château même, il devait se retirer sans causer aucun dommage, et dès le jour même il était tenu de faire cour.

Il était for en Béarn d'assigner et de faire répondre le même jour. Dans le for de Morlaas on avait établi un délai, et l'on assignait à trois jours. Mais ce délai n'avait point lieu lorsqu'il s'agissait d'une demande formée par un étranger.

Le combat judiciaire n'était admis que lorsque la demande d'un créancier excédait 40 sols. Au-dessous il n'y avait point lieu à bataille. Les gentilshommes se battaient à cheval avec l'épée, les vilains combattaient à pied avec les bâtons. Cette distinction est indiquée dans le for. Veut-on savoir à quel degré relatif de perfection la législation du Béarn était portée? Louis-le-Jeune établit à Orléans, que le combat judiciaire n'aurait lieu que lorsque la dette excéderait 5 sols : ce n'était qu'une loi locale; et dans le reste de la France, sous le règne de St-Louis, il suffisait que la dette fût de plus de 12 deniers.

La preuve par témoins était absolument nécessaire dans un siècle où les conventions étaient rarement rédigées par écrit. La promesse d'une dot et la stipulation d'un douaire, se faisaient verbalement à la porte de l'église, dans l'instant où les époux marchaient à l'autel. Aucun registre ne constatait ni le mariage des pères ni la naissance des enfants.

Voulait-on établir les preuves de sa naissance? on apportait une attestation de l'évêque diocésain ou de son official ; et cette attestation était expédiée sur le témoignage de ceux qui avaient vu le mariage des pères. S'agissait-il de prouver la propriété d'un fonds? il fallait produire deux témoins qui certifiassent la vérité de l'acquisition. Fallait-il établir un fait? la preuve devait être faite par la déposition d'un seul témoin choisi par le défendeur entre trois témoins indiqués par le demandeur.

Dès que l'on admettait quelqu'un à la preuve par témoins, il devait indiquer les témoins sans sortir de l'endroit où le jugement était prononcé. Les témoins devaient avoir assez de bien pour répondre de la demande principale de la partie, et de l'amende du seigneur; l'on n'en recevait aucun qui ne fût solvable.

Les cours de Béarn exigeaient souvent, avec la déposition des témoins, le serment judiciaire de celui qui les faisait entendre. Ce serment se faisait alors dans les églises; on jurait sur les reliques de quelque saint en présence de la partie. Celui qui devait jurer se rendait à l'église ; il attendait que la partie parût ; si elle ne paraissait pas avant la fin du jour, il jurait comme si elle avait été présente.

La preuve par titre faisait naître à chaque instant des contestations sur la vérité des actes. Celui qui présentait les titres, devait l'étayer par un serment fait sur les livres saints. Les témoins et l'écrivain, s'ils existaient, devaient jurer avec lui. Quiconque formait une demande en vertu d'un titre faux était puni, suivant le for de Morlaas, d'une manière sévère; on lui clouait sur le front l'acte faux; le crieur public le conduisait dans les rues de la ville en disant ces mots : *qui tan fera*, *tan prévera*. On le bannissait ensuite de la ville pour un an et un jour. Ajoutons quelques traits épars dans cette législation. Voici la règle qui fixe la substitution légale des biens attachés aux familles.

Un père ne peut ôter à son héritier de sang les biens de *tourn*. Il ne peut les aliéner que pour se racheter de prison, ou pourvoir à sa subsistance. « Si l'on vend un bien qui
» doit me revenir, je puis le reprendre dans l'an et jour,
» en remboursant le prix. On peut disposer à sa volonté
» des biens gagnés. On ne peut disposer sur les biens du
» *tourn* que de 80 sols. Le mari doit restituer la dot de sa
» femme morte. Il peut retenir 20 sols pour son deuil, 6
» sols pour celui de ses enfants ».

Telle est encore la loi qui règle les successions ; elle établit un ordre différent entre les successions des biens nobles et celle des biens ruraux. « Gentillesse ne se divise pas,
» le mâle exclut les filles, la fille aînée exclut les cadettes ;
» les enfants du premier lit excluent les enfants du second. »
Si le père ne partage point avec les enfants ses biens ruraux, tous les enfants ont une portion égale. « On partage
» jusqu'au manoir principal ; l'aîné a le droit de choisir
» son lot. »

On se repose avec plaisir sur quelques dispositions de nos fors remplies d'humanité. On ne pouvait arrêter personne pour dettes. Quiconque abandonnait ses biens aux seigneurs et aux jurats pour payer ses créanciers, ou satisfaire les plaignants, était à l'abri de leur poursuite. Pour aucune dette quelle qu'elle soit, on ne pourra saisir ni les vêtements, ni le lit, ni les armes d'un homme ; il est également défendu de saisir aucun bétail nécessaire au laboureur ; aucun instrument aratoire, aucun moulin, s'il n'est en ferme. Ces belles exceptions ont été transportées par Henri IV dans la législation française. Chacun avait le droit de venger ses injures. Cette vengeance personnelle était, aux yeux des peuples barbares, le plus beau privilége de leur liberté. Les familles se faisaient la guerre pour des meurtres, des vols et des injures. Les seigneurs assemblaient leurs vassaux et les armaient pour leurs querelles particulières. Souvent même il suffisait d'être présent à la querelle pour devoir prendre part à la guerre. Ces coutumes invétérées ne pouvaient être tout d'un coup abolies. On se contenta de les modifier en soumettant les guerres à des règles. Elles se firent avec ordre et sous l'autorité du magistrat. C'était un grand pas vers la législation que de familiariser le peuple à l'obéissance envers la loi.

Aucune guerre privée ne devait avoir lieu en Béarn, sans être précédée d'un défi donné devant le seigneur. Aucun particulier ne pouvait en tuer un autre sans l'avoir défié dix jours avant en présence des jurats.

Pendant cette trêve de dix jours, les principaux offensés et leurs parents avaient le temps de se préparer à guerroyer, ou de pourchasser *assurement, trêves ou paix*. « Guerre privée n'avait lieu qu'entre gentilshommes ; gens » de poste peuvent se méfaire entre eux, et non faire guerre. » Assurement se fait entre tous ; mais trêve n'appartient » qu'à ceux qui peuvent guerroyer. »

En cas d'infraction à l'assurement, il y avait une amende de 1,000 marcs d'argent que le seigneur partageait avec la partie. Toutes les amendes de la loi devenaient en même temps plus considérables. Pour mort 1,000 sols Morlas à l'héritier ; pour la perte d'un membre, 600 sols au blessé, pour une plaie considérable 300 sols, pour une plaie simple 150 sols.

Lorsque le souverain interposait son autorité pour arrêter ou prévenir une guerre, il avait droit d'exiger des ôtages ; il pouvait les retenir pendant quinze jours, et durant ce temps, il devait conclure une paix ou une trêve entre les parties. Si l'une d'elles ne voulait accéder ni à la paix, ni à la trêve, le souverain avait le droit de retenir les ôtages. Ils étaient ses prisonniers ; et s'ils ne lui donnaient caution, il pouvait les tenir dans les fers.

Ces ôtages étaient pris parmi les vassaux des seigneurs. Ainsi, lorsque les seigneurs devaient servir en personne dans l'armée du prince, ils avaient le droit de reprendre leurs ôtages trois jours avant l'ouverture de la campagne; mais ils devaient les remettre au prince trois jours après la fin de la guerre.

Tous les parents au degré prohibé pour les mariages, suivaient le parti de leurs parents. De là vint cette règle : « Quiconque donne la paix doit la donner au nom de tous » ses parents jusqu'au degré de cousins. S'il ne peut obli- » ger quelqu'un d'eux à accéder au traité, le seigneur doit » employer son autorité pour contraindre le rebelle. Dès » que la paix ou la trêve est conclue, celui qui la rompt » est déclaré traître, et comme tel il doit être remis à dis- » crétion corps et biens entre les mains du seigneur. »

En 1252 sous Gaston, on s'occupa de régler avec équité l'indemnité que le plaignant pourrait exiger du coupable. Elle fut fixée, dans tous les cas, au double de tout ce que le dommage serait estimé. « Tout homme qui hors le cas » de guerre, fera quelque dommage à un autre, soit dans » sa personne, soit dans ses biens, par le fer ou par le feu, » ou de toute autre manière, payera au seigneur une dou- » ble amende, et au plaignant le double du dommage, tel » qu'il sera estimé par des experts ; il remboursera de plus » les frais faits pour la recherche du délit. S'il est insol- » vable, son corps sera remis à la merci du seigneur. »

Lorsque l'auteur du délit n'était point connu, ou lorsqu'il était insolvable, le vic dans lequel le délit avait été commis était tenu de se charger de l'indemnité due au perdant, et des frais des recherches. L'instruction criminelle fut confiée dans chaque vic à quatre commissaires choisis parmi les gentilshommes de la cour du vic ; on leur donna pour adjoint l'un des curés de chaque district. Ces commissaires furent chargés à perpétuité de constater les délits et de rechercher les coupables. S'il existait un corps de délit, les commissaires recevaient la déposition des témoins. S'il n'en existait aucun, ou plutôt si les commissaires n'en avaient aucune connaissance légale, ils recevaient le serment de celui qui avait souffert le dommage. Ils appelaient avec lui sept de ses voisins bons et loyaux, choisis par eux. Ces sept voisins estimaient le dommage; chacun d'eux jurait qu'il n'était ni ne connaissait le coupable. Si cette première recherche ne découvrait pas l'auteur du crime, les commissaires appelaient à leur gré ceux qui pouvaient avoir quelque connaissance du fait. Lorsque l'instruction était terminée, les commissaires faisaient leur rapport à la cour majour. Ils appuyaient par leur serment ce qu'ils rapportaient de leurs recherches. Ce qu'ils attestaient ne pouvait être contredit et devait être regardé comme la vérité même. Si leurs découvertes indiquaient un coupable, il était condamné sans pouvoir se défendre. S'ils n'avaient au lieu de preuves que des soupçons, l'homme suspect était obligé de jurer qu'il était innocent. Sept hommes libres ou trente serfs devaient jurer après lui qu'il avait dit la vérité. S'il ne satisfaisait pas à ce devoir, il était tenu de payer les amendes comme s'il eût été coupable. Si le condamné s'évadait, il pouvait rentrer dans sa patrie en exécutant la sentence. Mais s'il était banni, celui qui osait le recevoir chez lui était condamné aux mêmes amendes, ou bien il devait jurer avec trois voisins qu'il l'avait reçu malgré lui.

Ces commissaires étaient nommés à vie. Si Dieu disposait d'eux, ou s'il fallait en changer quelqu'un, le seigneur ou l'évêque concertaient avec les autres le choix du successeur. Leur personne était sacrée, et quiconque attentait à leur vie était remis à la discrétion du souverain.

Celui-ci pouvait faire arrêter celui qui était soupçonné d'un crime; mais il devait lui rendre sa liberté dès l'instant où il donnait une caution, et où il s'obligeait à se représenter pour répondre à l'accusation.

Le seigneur qui ne se conformait pas aux dispositions des divers fors, les commissaires qui laissaient passer quinze jours sans commencer les informations, les témoins qui refusaient de déposer étaient excommuniés. On y joignait contre ceux-ci une amende de vingt sols à chaque refus, et le bayle devait saisir leurs biens.

On modifia sur la fin du gouvernement de Gaston quelques dispositions touchant le vol et le meurtre. « Les jurats » et les bayles des bourgs de Béarn, est-il dit dans le » règlement qui fut substitué, étaient en doute sur la ma- » nière dont il fallait juger les voleurs pris en flagrant » délit : le seigneur et la cour s'accordent à penser que » tout voleur, après trois vols, doit être pendu. La même » peine est prononcée contre les voleurs d'église, les voleurs » de grands chemins et les meurtriers. »

Ce jugement fut fait par « Monseigneur Gaston, d'An- » douins, Lescun, Gerderest, Gayrosse, Domi, Miossens, » à Morlas 1288.

Gaston Phœbus ajouta le règlement qui suit : le préambule peint l'esprit du temps. « Au nom du Dieu, on ne doit » pas trouver étrange que, suivant le changement des » temps, les statuts changent, lorsqu'il y paraît utilité et » nécessité; car Dieu, qui est toute sagesse, a changé dans le » Nouveau-Testament pour le salut du peuple fidèle, cer- » taines choses qu'il avait établies dans l'Ancien-Testament. » Des usages suivis par les habitants des lieux sous le for de » Morlaas, ont occasionné divers et grands dommages ; pour » les prévenir, les jurats de Morlaas, tant du temps de » notre cher père et seigneur, que du nôtre, nous Gaston, » par la grâce de Dieu, comte de Foix, vicomte de Béarn, » Marsan et Gabardan, ont délibéré avec plusieurs habi- » tants des lieux situés sous le for de Morlaas, et ont résolu » d'empêcher la destruction des maisons et la dévastation » des héritages engagés pour dettes. Dans cet objet, par » notre conseil, autorisation et consentement, ils ont établi » pour eux et pour ceux qui voudront à l'avenir se sou- » mettre au for de Morlaas, les articles suivants, comme » mieux réformés et plus conformes à l'équité : 1º dans au-

« cune maison quelle que soit l'hypothèque et la créance, le
» toit ne sera enlevé ; on se contentera de saisir en la forme
» accoutumée, c'est-à-dire les portes en quelque nombre et
» de quelque grandeur qu'elles soient, seront ôtées l'une
» après l'autre, enlevées de la maison et livrées au créan-
» cier. Le débiteur ne pourra refaire dans sa maison ni
» portes, ni fermeture ; une amende de dix sols sera la
» peine de chaque contravention ; 2º tous les meubles du
» débiteur, excepté ses vêtements et son lit, seront vendus
» par le bayle et un jurat de la ville, le produit servira à
» payer les créanciers. Le bayle ne prendra d'autres émo-
» luments que le salaire des criées ; 3º si les débiteurs n'ont
» ni meubles, ni deniers, dont on puisse acquitter leurs
» dettes, s'ils ont des vignes, vergers, prés et autres terres,
» s'ils ont des moulins, fiefs, cens et rentes, il en sera
» vendu par le bayle et les jurats une partie suffisante pour
» payer les créanciers ; néanmoins les débiteurs auront de-
» puis les criées faites, un an et un jour pour racheter les
» biens vendus, en remboursant le créancier qui les aurait
» acquis ; mais si tout autre qu'un créancier était l'acqué-
» reur, le rachat n'aura lieu, sauf le retrait que le parent
» aura droit d'exercer dans l'an et jour ; 4º si les biens meu-
» bles et terres du débiteur ne suffisent point au payement
» des créanciers, et que les biens des cautions dussent être
» vendus, le bayle et les jurats vendront alors la maison
» du principal débiteur pour garantir les cautions et non
» en autre cas ; 5º si depuis les criées, les débiteurs con-
» tractent de nouvelles dettes, les créanciers antérieurs
» seront payés avant tout en entier, sans que ces dettes
» nouvelles puissent diminuer les anciennes, ou retarder
» leur payement » (1).

Matthieu fit à son tour le règlement que nous allons transcrire (2) :

Soit notoire à tous que noble et puissant seigneur, Monseigneur Matthieu, par la grâce de Dieu, comte de Foix,

(1) Essai sur le Béarn, pag. 290 et suiv.—(2) Id. pag. 306 et 307.

vicomte de Béarn, de Castelbon, Marsan et Gabardan, étant en personne à sa cour majour, mandée par lui à Orthez, au couvent des Jacobins, par le conseil des évêques de Lescar et d'Oloron, et des barons, juges et jurats de la cour majour, voulant se conformer aux dispositions du for et aux antiques usages de Béarn, promet aux habitants de Béarn de tenir et observer les articles contenus dans cet écrit publié en cour majour, en présence de moi, notaire et des témoins, savoir : les fors de la terre de Béarn, d'Aspe, d'Ossau et de Barretons seront observés et gardés ; les priviléges, libertés et franchises de chaque lieu seront conservés tels qu'ils ont été octroyés par les seigneurs précédents. Le seigneur ne tiendra point audience où soient appelés les gens de Béarn, mais chacun aura jugement en son lieu, en son vic, entre ses chaînes, dans son district, entre ses portes, ainsi qu'il est dit dans le for général, dans celui de Morlaas. Le sénéchal ira par la terre de Béarn, d'Aspe, d'Ossau et de Barretons, il entendra les plaintes et procès, et fera droit avec les jurats des lieux, en conformité des fors et coutumes antiques, ainsi que cela se pratiquait avant M. Gaston que Dieu absolve. Les appels finiront en leur ressort, à moins qu'il ne soit jugé contre le for ou par corruption. Les gens d'église affirment que les Béarnais ont la liberté d'aller à l'audience de l'église sur les actions personnelles et mixtes, mais le seigneur affirme le contraire. Il en sera fait enquête, information par deux commissaires, l'un pour le seigneur et l'autre pour l'église ; l'enquête sera rapportée avant la fête de Noël ; en attendant, chacun ira où il voudra. Comme le for dit que le seigneur ne peut donner de son patrimoine assis au-delà de sa vie, que les choses par vous données soient reprises et rentrent dans votre main. Il sera fait raison à chacun du tort qui lui aura été fait dans son patrimoine par le seigneur, le tout au jugement de la cour.

Une copie de cet acte fut expédiée aux évêques, barons, juges, jurats de la cour, gentilshommes, bourgs, vallées et communes du Béarn. Le notaire était Raymond de Béranger, notaire public de la cour majour. Les témoins étaient nobles et honorés seigneurs, monseigneur Archambaud de Grailly, captal de Buch, messire Pierre de Navailles, Berrand de Castelbon, Assieu de Coarrase et Guillaume de Béarn, chevalier.

La plupart des traits de cette législation s'appliquent aux divers comtés de la Gascogne, aussi bien qu'au Béarn.

NOTE 3, page 167.

Le lendemain, le vénérable abbé Philippe de Villette, disant la messe conventuelle, le roi donna solennellement le saint et royal étendard à son chevalier, et la cérémonie s'en fit ainsi. Devant les collectes secrètes, l'abbé montant en chaire, paranympha en toutes façons la noble extraction, le grand courage, la prudence et les grandes qualités qui rendaient Guillaume Martel digne de cet honneur, et après avoir représenté combien de maux la guerre civile avait fait souffrir à ses peuples, il remontra au roi par plusieurs fortes raisons et par toutes sortes de beaux exemples, qu'autant de fois qu'il armait pour leur défense et pour tirer vengeance de leurs ennemis, il devait moins espérer de la puissance et du grand nombre de ses troupes, que de l'assistance de Dieu, des intercessions des saints et des prières des personnes dévotes, ajoutant qu'il devait avoir une dévotion particulière au glorieux martyr St-Denis, duquel il demandait l'étendard.

Le sermon achevé et la messe continuée jusques à *Agnus Dei*, il le mit entre les mains du roi, fit les bénédictions ordinaires et reçut le serment sur le sacré corps de Notre-Seigneur, de ce chevalier à genoux, et le chaperon avallé, qu'il le garderait fidèlement jusques à la mort. Après cela ce nouvel officier ayant fait sa prière à Dieu à jointes mains, afin qu'il lui fît la grâce d'accomplir ce qu'il avait promis, le roi lui dit assez haut : nous vous avons reconnu, par le conseil de nos cousins, capable de vous en bien acquitter, et voici une occasion où, Dieu aidant, vous pourrez continuer à vous signaler. Après la communion achevée, l'abbé lui donna le corps de Jésus-Christ, et cela fait, ce seigneur considérant son grand âge de soixante ans, et avouant que ses forces commençant à s'affaiblir, il ne pourrait sans grande difficulté défendre l'oriflamme, s'il était besoin de la déployer ; il élut pour compagnons et pour aides trois autres braves et robustes chevaliers : l'un, son fils aîné, le second, messire Jean de Beta, et le troisième, le sire de St-Clar, et depuis ce temps-là il la porta plusieurs jours devant le roi, pendue à son col, comme un très-précieux joyau, jusqu'à ce qu'il fût arrivé à Senlis (1).

NOTE 4, page 174.

Jean Poton, seigneur de Xaintrailles ou Saintrailles, était né au château de Saintrailles, dans l'ancien Bruillois, aujourd'hui département de Lot-et-Garonne. Il n'apparaît dans l'histoire qu'en 1419. Pierre de Xaintrailles, son parent sans doute, qui commandait dans le château de Coucy, ayant été surpris et égorgé par la trahison de sa chambrière, les gens d'armes de la garnison n'eurent que le temps de se retirer. *Lors ils firent deux capitaines de deux gentilshommes, Etienne de Vignoles dit Lahire et Poton de Xaintrailles;* et sous leur conduite ils traversèrent le pays ennemi. Il ne se passa guère aucune bataille, ou même aucune rencontre où ces deux noms ne fussent mêlés. La même constance dans la cause du Dauphin, le même courage, la même activité, les mêmes ressources d'esprit signalèrent les deux frères d'armes. Au milieu du découragement général, lorsque le Dauphin après la mort de Charles VI n'était pour les Anglais que le roi de Bour-

(1) Anonyme traduit par le Laboureur, liv. 34, chap. 1.

ges, lorsqu'il était abandonné de presque tous les grands seigneurs et qu'il s'abandonnait presque lui-même dans sa propre insouciance, Xaintrailles et Lahire ne cessèrent pas un instant de faire bonne et forte guerre à tout ce qui portait la bannière d'Angleterre et aux Bourguignons. Ils n'étaient point les chefs d'une armée régulière et disciplinée, opérant sur un plan concerté avec ensemble, recevant les ordres et les secours d'un gouvernement. On chercherait vainement quelque chose de semblable dans les temps désastreux où ils combattaient. C'étaient simplement de vaillants chefs de bande ou de compagnies comme on parlait alors. *Ils s'étaient lors*, dit une chronique, *que quarante lances, lesquelles n'épargnaient ni leurs corps, ni leurs chevaux. C'étaient pour la plupart des Gascons qui sont bons chevaucheurs et hardis.* Avec de tels compagnons, les deux chefs, maîtres de quelques châteaux forts où ils établissaient leur quartier de retraite, couraient la campagne, détruisaient les compagnies ennemies, arrêtaient les convois, s'en allaient piller les villes du parti contraire, et souvent même n'épargnaient pas le pays ami. Lahire était plus dur et plus rapace, Xaintrailles plus chevaleresque. Il se montra avec honneur dans plusieurs tournois, et fit admirer son adresse et sa courtoisie dans la lice, autant qu'il faisait briller son courage et son intrépidité sur les champs de bataille. Charles VII ne laissa pas ses services sans récompense. Après le sacre de Rheims où Xaintrailles le suivit, il le retint pour son premier écuyer; il l'établit peu après bailly du Berry, capitaine de la grosse tour de Bourges, et plus tard commandant de Falaise et de Château-Thierry. Quand la Guyenne eut été conquise, il le gratifia de la ville et seigneurie de Tonneins, et lui abandonna sa vie durant la ville de St-Macaire avec ses revenus. Il le fit ensuite sénéchal du Bordelais et du Limousin, et l'honora enfin du bâton de maréchal de France. Xaintrailles jouit peu de cette dignité; il mourut le 7 octobre 1461 à Bordeaux dans le château Trompette, dont il était gouverneur, et fut enterré dans l'église des Cordeliers de Nérac, où il avait choisi sa sépulture. Il avait épousé avant 1437 Catherine Brachet, dame de Salignac, en Périgord, fille de Jean Brachet, seigneur de Perusse et de Montagut; et de Marie de Vendôme; mais ce mariage fut stérile, et Xaintrailles institua pour héritier Jean de Lamothe (1), seigneur de Noailhan, à condition qu'il épouserait Béatrix de Pardailhan, sa nièce. Jean, son frère aîné, mourut sans alliance. De ses trois sœurs, Thérèse épousa Laurent de Bruet; Colette fut unie à Jean, seigneur de Lacassaigne, et en eut Naudonet de Lacassaigne qui se distingua dans plusieurs rencontres. Son oncle l'aima tendrement, et à sa mort il lui légua les baronnies de Gimat et d'Esparsac. Nous ignorons si Béatrix, la troisième, fût mariée. Xaintrailles portait pour armes au 1er et au 4e d'argent à la croix alaisée de gueules, et au 3e et au 4e de gueules au lion d'argent.

Le nom véritable de Lahire était, comme nous l'avons vu, Etienne de Vignoles. S'il fallait en croire le Journal de Paris, Bourguignon outré, il dut son surnom à ses barbaries. *Cette semaine*, dit-il pag. 141, *fut pris le plus mauvais et le plus tyran et le moins piteux de tous les capitaines qui furent de tous les Armignacs, et était nommé par sa mauvaiseté, Lahire* (*). Quoiqu'il en soit de cette assertion qu'aucun document contemporain ne confirme, Etienne nâquit dans la Gascogne et vraisemblablement dans le Bigorre, où est située la terre de Vignoles (2). Ce

---

(1) Poton voulait que l'aîné des enfants mâles qui naîtrait de ce mariage prît les armes de Xaintrailles en les écartelant de celles de Lamothe; et au cas que Jean ne voulût ou ne pût épouser Béatrix, il choisissait pour héritier Bernard, son frère, en lui imposant le mariage de Béatrix. Jean mourut en effet assez jeune, et Béatrix fut épousée par Bernard, qui recueillit ainsi la riche succession laissée par le maréchal. (Extrait du testament de Poton de Xaintrailles, dans le Chartier du Séminaire.)

(*) *Lahire*, la colère. A cette époque on mettait souvent une H devant l'I. Ainsi on disait : la Hille pour Lille.

(2) Thibaut de Vignoles vendit en 1300 une partie de la terre et seigneurie de Siadous, dans le Bigorre, à noble Bernard de Siadous. (Chartier du Séminaire).

qui est certain, c'est qu'il descendait d'une famille ancienne que les Anglais avaient dépouillée de ses biens. Il avait ainsi sucé avec le lait la haine des insulaires. Sa bravoure ne s'inquiéta jamais du nombre des ennemis. A peine échappé de Coucy, il attaqua avec quarante lances quatre cents hommes d'armes et les mit en fuite. Trois ans plus tard il marcha avec des forces inférieures contre le comte d'Arondel et le fit prisonnier. En 1427, chargé de secourir Montargis vivement pressé par les Anglais, « il advisa un passage par où il lui semblait qu'il pourrait s'introduire dans la place. Alors lui et ses compagnons prirent leurs salades et leurs lances au poing. Lahire trouva un chapelain auquel il dit qu'il lui donnast hastivement l'absolution. Le chapelain luy dit qu'il confessast ses péchés ; Lahire lui répondit qu'il n'aurait pas loisir, car il fallait promptement frapper sur l'ennemy, et qu'il avait fait ce que gens de guerre ont accoustumé de faire. Sur quoy le chapelain luy bailla l'absolution telle qu'elle, et lors Lahire fit sa prière à Dieu en disant en son Gascon, les mains jointes : Dieu, je te prie que tu fasses aujourd'hui pour Lahire autant que tu voudrais que Lahire fît pour toi s'il estoit Dieu et que tu fusses Lahire. » (Mémoires de la Pucelle, page 495). Durant le siège d'Orléans, il était allé solliciter auprès de Charles VII, des secours dont la place avait un besoin urgent. Le prince alors occupé des apprêts d'une fête, lui demanda ce qu'il en pensait : je pense, répondit le brave capitaine, qu'on ne peut pas perdre plus gaiement un royaume. Rentré dans Orléans, il se signala à la journée des Harengs et sauva les malheureux débris de l'armée française. Après la levée du siège, il fit des prodiges de valeur à Jargeau et surtout à Patay. Depuis ce moment ou plutôt depuis 1418, on le trouve presque toujours les armes à la main, déployant partout la même intrépipidité. Malheureusement il se laissa trop entraîner à cet esprit de rapacité et de licence qu'amènent les guerres civiles, principalement lorsqu'elles sont mêlées aux luttes nationales.

L'histoire lui reproche aussi un trait plus digne d'un flibustier que d'un preux, resté dans les souvenirs publics comme un des types de l'honneur chevaleresque. Il passait un jour sous les murs de Clermont en Beauvoisis, où commandait le sire d'Auffemont, son ami. Celui-ci étant sorti pour lui offrir des rafraîchissements, Lahire répondit à sa courtoisie, en se saisissant de lui et en s'emparant de son château. En vain d'Auffemont en appela-t-il à une vieille amitié, en vain cria-t-il à la trahison, en vain le roi lui-même, écrivit-il en sa faveur, Lahire fut sourd à toutes les sollicitations. Il garda la place et ne relâcha son prisonnier qu'après lui avoir arraché la grosse rançon à laquelle il l'avait taxé en l'arrêtant. Mais la déloyauté appelle la déloyauté. A quelques mois de là, Lahire fut lui-même surpris, tandis qu'il jouait à la paume, et traité comme il avait traité le sire d'Auffemont. On ignore s'il fut marié ; ce qui est constant, c'est qu'il ne laissa point de postérité. Un de ses neveux servit avec distinction et continua le nom de Vignoles, qui alla se perdre d'abord dans la famille des St-Paul, seigneurs de Ricaut, en Bigorre, et ensuite dans celle des Voisins-Montaut, seigneurs d'Ambres. Lahire portait pour armes de sable au cep de vigne, soutenu d'un échalas de même. (Extrait de la Biographie de Michaut, des Grands Officiers de la Couronne et des auteurs contemporains).

NOTE 5, pag. 206.

Lors se leva la Deesse de discorde, qui estoit en la Tour de Mauconseil, et esveilla Ire la forcenée, et Convoitise, et enragerie et vengeance, et prindrent armes de toutes manières, et boutèrent hors d'avec eulx raison, justice, mémoire de Dieu et atrempence moult honteusement. Et quand Ire et Convoitise virent le commun de leur accort, si les eschauffa plus et plus, et vindrent au Palays du Roy. Lors

Ire la desvée leur jetta sa semence tout ardant sur leurs testes ; lors furent eschauffés oultre mesure, et rompirent portes et barres, et entrerent ès prisons dudit Palays à minuit, heure moult esbahissant à homme surprins, et Convoitise qui estoit leur Cappitaine, et portoit la bannière devant qui avec lui mesnoit trayson et vengeance, qui commencerent à crier haultement, *tuez, tuez ces chiens traistres Arminaz.* Je reni beu, se ja pié en eschappe en celle nuyt. Lors Forcenerie la desvée, et Murtre et occision abatirent, tuerent, meurtrirent tout ce qui trouverent ès prinsons; sans mercy, fust de tort ou de droit, sans cause ou à cause, et Convoitise avoit les pans à la saincture avec Rapine sa fille, et son filx Larrecin, qui tost après qu'ils estoient mors ou avant, leur ostoient tout ce qu'ils avoient, et ne voulut pas Convoitise qu'on leur laissast leurs brayes, pour tant qu'ils vaulsissent quatre deniers, qui estoit ung des plus grans cruaultés et inhumanités chrestiennes à aultre de quoy on peust parler. Quant Murtre et occision avoit fait, ce revenoit tout le jour Convoitise, Ire, Vengence qui dedens les corps humains qui mors estoient, bouttaient touttes manieres d'armes, et en tous lieux, et tant que avant que Prime fut de jour, orent de cops de taille et d'estoc ou visaige, tant que on n'y povait homme cougnaistre quel qu'il fust, et ne fut le Connestable et le Chancelier qui furent cogneus ou lict ou tuez estoient. Apres allerent ce dit peuple par l'enortement de leurs Deesses qui les mesnoient, c'est assavoir ; Ire, Convoitise et Vengence par toutes les prinsons publiques de Paris ; c'est assavoir à Saint Eloy, au petit Chastellet, au grant Chastellet, au Four l'Evesque, à Saint Magloire, à Saint Martin des Champs, au Temple, et partout firent, comme devant est dit du Pallays, et n'estoit homme nul qui en celle nuyt ou jour, eust osé parler de raison ou de justice, ne demander où elle estoit enfermée. Car Ire les avoit mise en si profonde fosse, qu'on ne les pot oncques trouver toute celle nuyt, ne la journée en suivant. (Journal de Paris, page 40).

NOTE 6, page 288.

Le 7 mai 1440, Aissieu de Montesquiou présenta à genoux à Jean IV, comte d'Armagnac, une requête au nom des barons et gentilshommes du Fezenzac. Dans cette requête les seigneurs suppliaient le comte de vouloir bien attendre jusqu'à la Toussaint pour faire la levée des impôts, car leurs vassaux étaient si pauvres qu'ils ne pouvaient payer les redevances auxquelles ils étaient tenus à leur égard. Le comte prit la requête et répondit qu'il examinerait lui-même la chose, et qu'il accorderait ce qui serait de droit et de raison.

Fait à l'Isle-Jourdain. (Ext. du Chartier du Séminaire).

Nous croyons devoir ajouter ici une lettre écrite par le sire d'Albret, à Jean III, comte d'Armagnac.

Chier neveu, j'ai vu vos lettres, et su par icelles le trépassement de mon cousin votre père, que Dieux absolve ! de quoi je suis tant dolent et tant courroucé que plus ne puis. Toutefois, chier neveu, il faut souffrir à vous et à moi et à chacun ce que Dieux veut ordonner, et devons penser que quan que (*quelque chose que*) Dieux fait, qu'il fait tout pour le meilleur ; et certes je tiens fermement qu'ainsi la il fait et pour le bien et profit de son ame, si Dieux estait, et aussi pour le bien et honneur de vous qui êtes son fils et de tous ceulx qui sont du lignage, car certes je tieng fermement que s'il eût vécu longuement tenant le gouvernement qu'il avait, il eût mis en aventure tout son hostel, et tous ses amis. Toutefois benoit soit Dieux qui en a ordonné mieux que nul ne saurait deviser, et pour ce, chier neveu, vous prie je tant chièrement comme je puis vous vous vouliez bien gouverner et sagement et comme prudhomme, et des choses que vous savez que l'on a blâmé votre père, quy Dieux absolve en son temps, vous veuillez garder et ne veuilliez tenir entour de vous chetives gens ne gens de néant, ne les veulliez croire de choses qui vous dient, car d'eux ne pourrez avoir nul bon conseil ; mais les bons chevaliers et les prudhommes teniez en tour de vous, car ceux-la ne vous conseilleront fort que tout bien et tout honneur, et de leurs conseils croire ne peut vous venir que tout bien, et certes, chier neveu, chacun a grande espérance que vous feiez encore beaucoup de biens et je prie Dieux qu'ainsi soit-il, car vraiment plus grand plaisir ne pourrai-je guère avoir en ce monde que de cette chose voir, et tenes en certain, chier neveu, qu'en toutes les manières quelconques qu'oncles peult aidier à son neveu, je vous aiderai à vous avancer et vous honorer en tout quanque je pourrai ; et certes, chier neveu, tantost comme je oy le trépassement de mon cousin votre père, quy Dieux absoille, j'eusse envoyé devers vous de mes gens, mais votre écuyer me dit que vous deviez envoyer par deçà le sire de Castelpers et le sire d'Orbessan, et pour ce j'ai attendu d'envoyer devers vous, mais courtement je vous envoyerai aucuns de mes gens qui vous dira à plein toutes nouvelles. Monsieur de Berry et Monsieur de Bourgogne partiront en celle semaine pour aller à Boulogne au traitié et dient une grande partie de mes gens de par deçà qu'il sera paix, toutefois vous et moi et tout notre pays de par deçà devons être baillés au duc de Lancastre qui doit être notre duc, mais j'a pour cette espérance ne laissez à faire gardez votre terre mieux qu'onques, car vraiment je crois que ce nous serait plus grand besoin qu'onques ne fist. Chier neveu, autre chose ne vous se qu'estre à présent, car celui qui devers vous ira, vous dira toutes nouvelles. Dieux, chier neveu, soit garde de vous. Escrit à Paris, le dix-septième jour du mois de juillet. Le sire d'Albret. (Collection Doat, tom. 30).

Voici comment l'Anonyme raconte l'expédition et la mort de Jean III.

Les Florentins et Bolonois ayant en vain imploré le secours de la France pour maintenir leur liberté contre l'inuasion de Galeas, sire de Milan, comte de Vertus, ils eurent recours au comte d'Armagnac, à messire Bernard d'Armagnac, son frère, et à Charles, viscomte, fils de messire Barnabo, et dans le péril de se voir assujétis à vn vsurpateur, ils aymèrent mieux promettre leur seigneurie aux plus grands ennemis de Galeas. Il auait chassé et déshérité ce Charles icy, et vne sienne sœur femme de Bernard d'Armagnac, et comme il auoit violé le droit des gens en la personne de Barnabo leur père, qui estoit son oncle, et de plusieurs de ses fils et filles qu'il prit auec luy prisonniers en trahison, il uiola encore celuy du sang et de la nature par le poison qui acheua sa perfidie. Ainsi il ne pouuoit auoir de plus grands ennemis que ceux qu'il auoit si mortellement offensez, et ils n'auoient garde de perdre vne si belle occasion de s'en venger, en acceptant les offres de ces deux peuples. Ils firent vn corps de sept mille hommes, tant François qu'Anglois, des garnisons de Languedoc et de Gascogne pour entrer en Italie, et le comte d'Armagnac qui les commandoit employa ses premiers soins à gagner messire Bernard de La Salle, et le débaucher du service de Galeas.

Après cette lasche action, que le comte d'Armagnac prétendoit d'illustrer par d'autres exploits, il entra en Lombardie, et fit d'autant plus d'hostilitez qu'il auoit à faire à vn ennemy apparemment plus foible en hommes, mais en effet plus prudent que luy, qui aymait mieux abandonner la campagne que de dégarnir ses places, où mesmes il auoit mis plusieurs braues chevaliers de France, que le duc d'Orléans, son gendre, luy avoit envoyez. Il sçavoit bien que tout le fruit de cette guerre dépendoit de quelque conqueste importante, et c'estoit si bien l'intention du comte d'Armagnac après auoir mis l'épouuante dans le païs, qu'il ne manqua pas de se venir planter deuant Alexandrie pour en faire vne place de retraite. L'entreprise luy sembla d'autant plus facile que le bruit estoit qu'elle estoit mal munie de tous les besoins d'vn siège, et fut encore plus confirmé dans cette créance par les courses qu'il auoit souuent faites jusques dans les portes de la ville sans qu'il en sortît personne : mais outre que la milice de cette nation est de combattre par surprise, de juger de la réputation et de l'honneur des armes par les succez qu'on en reçoit, et de plus esperer de la ruse que de la force, Galeas estoit resolu de l'attacher à quelque siege de longue haleine et pour auoir le temps de luy dresser quelque partie. Le comte en pensa tout autrement, il creut que la terreur de ses armes mettroit bien-tost cette ville à sa discretion; et cependant qu'il dressoit son camp et ses batteries, les habitants qui craignoient plus sa valeur qu'ils n'auoient de confiance en leurs forces, firent vn dessein pour le surprendre, et mandèrent toute nuit aux garnisons voisines, de faire vn petit corps de leurs meilleures trouppes et de les cacher dans vne vallée couuerte d'arbres, à mille pas de son camp, pour se seruir de l'occasion qu'ils leur procureroient.

La chose executée comme on l'auoit proposée, ils firent sortir par le droit chemin du camp cent hommes d'armes des mieux montez, auec promesse de les soustenir, et auec ordre de charger les gens du comte auec grand bruit, et particulièrement de donner l'allarme à son quartier pour le faire sortir. Il ne manqua pas aussi-tost, il y accourut tout en désordre auec peu de gens, et voyant les aggresseurs en si petit nombre, il s'engagea d'autant plus témérairement à les poursuiure, et ils l'entraisnerent facilement dans le lieu de l'embuscade, où ils feignirent de fuir, et qu'ils passèrent pour donner signal à ceux de la ville de les venir secourir. Après cela ils tournèrent teste, ceux de l'embuscade sortirent, qui prirent les hauteurs de la vallée, le comte et ses gens furent enfermez deuant et derrière. Ils se trouuèrent en petit nombre contre beaucoup de gens en des lieux inégaux, et se voyant enveloppez de toutes parts, ils firent pour leur réputation ce qui ne pouuoit plus seruir à leur salut; mais la mélée ne put longtemps durer, le comte y perdit quatre cents hommes, et luy-mesme tout percé de playes demeura prisonnier entre les mains des Lombards pour dernière marque de leur victoire.

Ils le mirent dans un chariot et le conduisirent vers la ville, dans l'espérance de le guérir et de le mettre à rançon ; mais comme ils lui en proposoient les conditions, il leur dit auec quelque consolation de triompher d'vne si mauuaise destinée : je sens que ma vie s'épuise auec mon sang, je me vois aux portes de la mort et j'auray la satisfaction d'échapper à vostre triomphe et de mourir sans estre vaincu; et en mesme temps ayant pris un peu d'eau, il expira deuant que d'entrer dans les portes de la ville, en disant : *in manus tuas, Christe, commendo spiritum meum.* Ainsi mourut en auenturier le vaillant comte d'Armagnac, qui auoit fait des actions de grand capitaine en plusieurs contrées de l'uniuers, qui auoit joint à l'honneur d'estre issu d'vne des plus nobles races, celui d'estre le seigneur de la Guyenne autant considéré et qui estoit tenu pour estre également prompt et auantageux de la langue et de la main. Ses gens effrayez de sa perte, perdirent tout courage, ils s'enfuirent de Lombardie, et la mesme action qui dissipa vn si grand armement, décida encore de la liberté des deux estats de Florence et de Bologne, qui en furent si consternez, qu'ils se soumirent au sire de Milan, après de si grandes espérances et de si belles apparences d'estre deliurez de la peur de sa tyrannie (1).

(1) Anonyme de St-Denis, liv. XI, chap. 3.

NOTE 7, pag. 376.

ADDITION AUX COUTUMES MENTIONNÉES DANS LE 3ᵉ VOLUME.

Coutumes de Ste-Gemme du 5 mai 1275, accordées par Géraud V, comte d'Armagnac, de concert avec Bernard de Gère, co-seigneur de Ste-Gemme, et Raymond de Léaumond ; coutumes et fondation de Montfort, par Géraud V, comte d'Armagnac, du 10 novembre 1275 ; coutumes de Sarran, accordées par le roi de France, le 11 juin 1265 ; — de Castelnau-d'Arbieu, du 14 janvier 1312 ; — de Bivès, accordées par ses trois co-seigneurs, le 6 décembre 1283 ; — de Noailhan, du 12 mars 1496 ; — de Mauroux, accordées par ses co-seigneurs, le 2 septembre 1294 ; — d'Aguin, données par Arnaud de Vivès, le 27 août 1553 ; — de St-Martin-Binagre, accordées par Géraud V, en 1278. Coutumes de Rivière-Basse en 1309. Confirmation des coutumes de Ladevèze, par le connétable Bernard. Coutumes données à Thermes, le 18 novembre 1336, par Jean d'Armagnac, dans son château, présent Othon de Genos.

Donations faites par les comtes d'Armagnac.

1305. Arnaud-Guilhem, comte de Pardiac, et Guiraude Dame de Biran, sa femme, donnèrent à Jean de Laroque, à Bernard de St-Simon et à Dominge Duprat les terres de la Pomarède et de Seris.

1319. Quatorze ans après ils inféodèrent encore à Jean de Laroque la terre de St-Jean de Basaillac avec Ancullan et Lahourquière pour la redevance de douze deniers morlas. La famille de Laroque revendit en 1360 St-Jean de Basaillac au comte de Pardiac. (Inventaire du château de Lectoure, Bibliothèque Royale de Paris.)

1337. Jean, comte d'Armagnac, donna la propriété de Castelnavet à Menaud de Barbasan, après la mort de son père, à qui il en avait déjà donné la jouissance. (*Ibid.*)

1338. Le comte d'Armagnac donna quarante livres de rente au sieur de Luppé, et le sire d'Albret lui donna la capitainerie d'Aignan. (*Ibid.*)

1339. Le comte d'Armagnac abandonna pendant quatre ans aux habitants de Plaisance tous les droits et redevances qu'il possédait dans leur ville pour les rédimer de ce qu'ils avaient souffert durant la guerre. L'année précédente, il leur avait abandonné pour 5 ans les droits qui lui revenaient sur les marchandises qui se vendaient, à condition qu'ils employeraient cet argent à réparer leurs murailles et leurs fontaines. (*Ibid.*)

1367. 28 octobre. Cognard, vicomte de Corneillan et Arnaud-Bernard de Corneillan, son fils, cèdent au comte d'Armagnac la haute justice de la vicomté avec les hommages de dix-huit ou vingt seigneurs qui en relevaient, et reçoivent en échange la terre de St-Germier et trois cents florins d'or. Les hommages cédés étaient ceux des lieux et seigneuries de Viella, de Villères, de Verlus, de Projan, de Ségos, de Mauriet, de Gardères, de Cavalerie, de Labbay, de Lanux, de Rivière, de l'Estremau, de St-Paul, de Pernillet, de Cadillon.

1369. Jean II donna la terre de Puységur à Manaud de Biran, et Jean III ratifia ce don en 1377.

1379. 28 avril. Le comte d'Armagnac, Jean II, donna la terre de Bascoles en toute justice à Arnaud-Raymond de Bernède, son écuyer, en récompense de ses services, et Jean III, fils du donateur, confirma le don à Lavardens le 26 août 1385.

1380. Thibaut de Peyrusse possédait la baronnie des Angles, en Bigorre. Il la céda au comte d'Armagnac qui lui donna en échange Roquebrune, Tudèle et les Litges, avec deux mille francs. (*Ibid.*)

1382. 17 octobre. Le comte d'Armagnac donne la terre d'Arblade-Comtal à Arnaud-Raymond de Bernède, son écuyer, en échange de la terre et du fort de Maret ou Marens. Le comte d'Armagnac donna en échange à Manaut Dulau, la terre d'Estang, en échange de celle d'Espax qu'il lui avait d'abord vendue pour la somme de mille cinq cents écus.

1382. Le comte d'Armagnac donna Bazian au noble Ayssius de Montesquiou, en s'en réservant la souveraineté, l'hommage et le serment de fidélité. (*Ibid.*)

1385. Le comte d'Armagnac écrit à Meneduc de Pausadé pour ordonner à Jean de Labarthe, seigneur d'Aure, de lever trente hommes d'armes; à son autre cousin Jean d'Astarac, d'en lever vingt-cinq; à son autre cousin Manaut de Barbazan, d'en lever dix; à Arnauton de Lavedan, d'en lever dix; à Arnaud-Guilhem de Monlezun, d'en lever quinze.

1390. 12 mai. Le comte d'Armagnac donna la terre de Lasserrade à Gaillard de Luppé pour services rendus et défense à la guerre.

1391. 20 février. Jean III, comte d'Armagnac, donna la terre de Cadeillan et de Taïbosc, à Gaston de St-Léonard, son écuyer, en récompense de ses services, et le connétable Bernard ratifia le don le 24 juin 1393 ; — Bernard, comte d'Armagnac donna Capmortères à Guillaume du Vignau pour le récompenser des services qu'il lui avait rendus durant son voyage d'Aragon. Cette terre était composée de trois fiefs, dont l'un appartenait à Pierre de Laterrade, et les deux autres à Peyroton et à Raymond de Capmortères. Ils étaient dévolus au comte parce que les possesseurs ne lui avaient *payé aucuns services* depuis plus de vingt ans. Vic, le 18 décembre 1391.

1398. 21 octobre. Le comte d'Armagnac donna la terre d'Auriabat (*Aurea vallis*), à Bernard de Rivière, sénéchal d'Armagnac, en présence de Maurens de Biran, son conseiller, et d'Arnaud de Malartic, son maître d'hôtel.

1424. Bernard, second fils du connétable, donna à Seigneuret de Montégut la terre de Montégut autrement appelée Penna de Boulouch et de Sous de Bat ou Coulomé ; témoins Jean de Bascoles, Jean de Montlezun et Odoart de Ferragut

1439. 27 juin. Jean IV, comte d'Armagnac, donne à Géraud d'Armagnac, seigneur de Thermes, la seigneurie et l'entière justice aux lieux de Thermes, Vieil-Capet, Maulichères, Izotges et Arparens. Géraud d'Armagnac-Thermes avait acheté, le 30 mars 1428, de Jean de Bascoles, les terres de St-Aunis, de Vieil-Capet et d'Izotges, en présence de Jean de Ferragut et de Pierre de St-Griède ; — Jean, comte d'Armagnac, octroya que..... droits et déchargea de quelques redevances les hab....... .. ...argouet, canton d'Aignan. (*Ibid.*)

1466. Jean V donna la terre de Pode........ ur Dulau. (*Ibid.*)

Hommages prêtés aux comtes d'Armagnac dans le xve siècle.

1400. 24 mai. D'Arnaud de Serignac pour la co-seigneurie de Belmont au château de Vic ; — 31 décembre. De Pierre de Podenas pour la co-seigneurie de Podenas et la seigneurie de Marambat et de Coutens. Son fils Matthieu de Podenas servit contre les Anglais et obtint du roi Charles VII, en 1430, une gratification de deux mille livres.

1401. 16 avril. De Guy et de Raymond de Malian ; — 21 mai. D'Arnaud de Serignac pour la co-seigneurie de Belmont ; — 24 mai. De Raymond Arnaud de Sariac pour Sariac et Cisos ; idem d'Aner de Labrihe, capitaine-commandant du château d'Anglés ; — 29 mai. De Bertrand de Tarride pour Panjas, témoins Odon de Montaut, Jean de Morlhon, Pictavin de Montesquiou, Rathis de Feneyrol et Arnaud de Montpezat, co-seigneur de Lagraulet ; — de Pierre de l'Isle pour Montesquiou et Roquefort dans le Bruilhois ; — d'Ayssin de Carget pour fiefs dans Castillon et Demu.

1402. 22 juillet. De Guy de Montuejols.

1407. 1ᵉʳ février. D'Ayssin de Montesquiou pour Marsan et Besian; — 5 mars. De Jean de Roquelaure pour St-Aubin.

1408. De Bernard de Marestan pour Castillon et Frégouville qu'il possédait en toute justice, ainsi que les hommages des gentilshommes de ces lieux.

1409. 2 mai. De Jean de Lacassaigne ; — 20 mai. De Bernard de Laroque pour Laroque-Ordan; — 11 juin. De Gaillard de Luppé, écuyer du comte d'Armagnac pour Lasserrade; — 9 novembre. De Manaut de Lafite pour les terres d'Arcamont et de Peyrusse ; — de Roger d'Espagne pour St-Laurent.

1411. 27 décembre. D'Aymeric de Valette ; — du prieur du couvent de Combarional, témoins Jean de Merlhon, sénéchal du comté de Rhodez, Guillaume de Ségur, Hugues de St-Paul, Bernard Gaillac et Dalmas de Venas ; — de Guillaume de Vassal.

1416. 27 juin. D'Odon de Goth, seigneur de Rouillac.

1418. 4 janvier. D'Antoine Dufourc, co-seigneur de Montastruc, en présence de Bernard de Resolis, de Bertrand Duprat, de Vezian, seigneur de Homps, de Bernard d'Engays et de Gaillard de l'Isle ; — 3 février. De Géraud Ducos, co-seigneur de Lahitte ; — 3 février. De Géraud Ducos, agissant pour Guillaume de Montesquiou, co-seigneur de Lahitte en Corrensaguet ; — 13 février. Des chanoines de Vic-Fezensac pour fief à Laffarguète ; — 28 septembre. De Gaillard de Lamothe-Fontenilles pour le château du Castera-Lectourois pour lequel il devait une lance de fer doré. A St-Clar, dans la maison de l'évêque, présent Bertrand de Puntis ; — 1ᵉʳ octobre. De Raymond de Lomagne ; — 1ᵉʳ octobre. De Bernard de Grossoles ; — 1ᵉʳ octobre. De Jourdain de Manas ; — 1ᵉʳ octobre. D'Aysson du Bouzet pour le Bouzet et fief à la chapelle de Mansonville ; — 2 octobre. De Jean de Bernède pour Arblade-Comtal à Manciet ; — 2 octobre. De Manauton de Gère pour Ste-Gemme ; — 14 octobre. De Jean de Marestan pour Castillon-sur-Save ; — 18 octobre. De Cognard d'Ornesan pour St-Blancard et Encausse ; — 20 décembre. De Bernard de Jourdan ; — 26 décembre. De Jean de Latrau, seigneur de Pouydraguin; — 28 décembre. De Gaillard de Laroche-Fontenilles pour le Castera de Troyes ; — 28 décembre. De Jean de Bernède au nom d'Honorine de Laleuge, sa femme, pour Laleuge ; — 28 décembre. De Jean de Crémens, de Léberon du Lau pour Capmortères, Tarsaguet, Lacaussade et Camous ; — 31 décembre. D'Arnaud de Baulat, seigneur de Preneron qu'il possédait en toute justice; — 31 décembre. De Pierre de Bezolles pour Bezolles ; — 31 décembre. De Bernard de Jaulin pour Gajean, et de Guillaume de Jaulin pour d'autres terres ; — 31 décembre. De Bertrand de Pardaillan pour la baronnie de Pardaillan et la co-seigneurie de Gondrin. La baronnie comprenait Betbezè, Beaucaire, Campeils ; — d'Arnaud de Massas pour la co-seigneurie de Castillon-Massas ; — de Jean de Montlezun, seigneur de St-Lary pour fief à Lavardens, St-Paul de Baïse et Castillon-Massas ; — d'Arnaud de Serignac pour la co-seigneurie de Belmont; id. de Bernard de Moncamp à Eauze; — de Jean de Bats ; — de Bernard de Mont pour Mont, Lartigue, Gellenave et St-Go ; — d'Auger du Lau au château de Manciet, présents Bernard de Rivière, sénéchal d'Armagnac, Bertrand des Près, seigneur de Montpezat, Jean de Bascous, Deodat d'Eral, commandeur de Laclaverie, près d'Ayguetinte. Manaut, son fils, vendit le 13 juillet 1482 le moulin de Tachoires et le Bedat à Pierre de Lavardac, co-seigneur d'Estious, et à Pierre de Bassabat, seigneur de Castex pour le prix de cent écus, en présence de Thibaut de Toujouse et de Guillaume de Bourrouilhan ; — de Guillaume de Jaulin pour fief à St-Pè ; — de Jean de Castillon pour Castillon en Condomois ; — de Jean de Pardaillan pour Panjas et Maignan, présent Géraud de Seignoret ; — d'Odon VIII de Montaut pour le château de Montaut ; — d'Odet de Bats pour le château de Bats et des fiefs à Demu et à Belmont, témoins Géraud de Fimarcon, Bernard de Grossoles, chancelier, et Bernard de Rivière, sénéchal d'Armagnac, Bertrand des Près, seigneur de Montpezat, Jean de Vicmont, seigneur de Tournecoupe, Vezian, seigneur de Vezins, Déodat-d'Hairal, commandeur de Laclaverie et Jean de Manas, seigneur d'Augnax ; — de Bernard de Montlezun, seigneur de Montestruc ; — d'Aissieu de Montesquiou pour la baronnie des Anglès, qui comprenait Montesquiou, Estipouy, Pouylebon, St-Arailles, Riguepeu, Bazian et Castelnau, et pour la baronnie de Lauraët ; — de Jean de Montesquiou, seigneur d'Augnax ; de Bernard de Labatut pour Labatut, Villefranche, Auriebat, La Caussade, etc.

1419. 23 mai. De Jean de Labour, témoins Bertrand de Rivière et Vezian, seigneur de Vezins ; — 30 juin. De Jean de Montlezun pour St-Lary, Duran, St-Jean-Poutge, en toute justice, Séailles, Lavardens, Castillon-Massas, Biran, Ordan et Montbert, témoins Jean de Labarthe, seigneur d'Aure, Bernard de Rivière, Guillaume de Solages, Arnaud de Grossoles, François du Lau et Jean d'Armagnac-Thermes ; — 30 juin. De Jean de Montlezun, seigneur de St-Lary, témoins Raffin de St-Nairol, commandeur de Laclaverie, Begot de Montpeyroux et Vezian de Vezins ; — 3 juillet. De Bertrand Dugout, seigneur de Rouillac, tant pour lui que comme procureur fondé de Jean du Bouzet, d'Aissieu de Caumont, de Bernard de Commarguez, de Bernard, d'Emeric, de Jeanne et Catherine de Farat et de Jeanne de Lamothe, comme possédant la leude de la Garonne en montant et descendant ; — 30 août. De Carbonel de Luppé pour Luppé et Crémens ; — 2 septembre. De Manaut de Bernède pour Corneillan, St-Germié et Bernède ; — de Jean d'Armagnac-Thermes pour le château de Maulichères et Izotges, à Nogaro, présents Gaillard de Sales et Othon de Maupas, — de Jean de Luppé pour la terre de Luppé ; — d'Arnaud-Guilhem de Montlezun, seigneur de Campagne, pour Projan et pour fief à Lanux, Aurensan et Segos ; de George de Bernède, au château de Lavardens.

1420. 14 janvier. De Jean de Montlezun, témoins Emeric de Castelpers, Auger du Lau, Jean de Capmortères et Bernard de Landorre ; — 18 janvier De Pelagos de Montlezun, co-seigneur de Montastruc pour la co-seigneurie de

Martens, qu'il venait d'acheter d'Aissius de Galard ; — de Jean, seigneur de Castillon, baron de l'Euzan pour le château de Castillon d'Euzan avec justice basse jusqu'à quarante-cinq sols morlas ; de Géraud de Montlezun, comme procureur fondé de Marie de Lavardaq, sa femme, dame de Lartigue et de Gellenave pour ces lieux, et pour fief à Lupiac, Sabazan et Castelnavet.

1421. 21 mars. D'Antoine de Gière, seigneur de Lamothe et de Pouy pour le château de Lamothe, Gaudonville, St-Amand et quelques portions d'Esparbes et de St-Orens, présents Emeric de Castelpers, Raymond et Amelius de Pène, seigneur de Castetarrouy, Auger Delor et Jean de Pardaillan ; — 14 avril. De Manaut de Lafitte pour ses terres d'Arcamont et de Peyrusse ; — du seigneur de Homps pour Homps.

1422. 27 septembre. De Hugues du Bouzet, co-seigneur de Lagraulet ; — 22 décembre. D'Odon de Montaut, seigneur de Gramont, pour la co-seigneurie de Bajonnette.

1423. 24 décembre. De Beguier de Leaumond, co-seigneur de Labrihe ; — de Jean de Bezolles pour le château fort de Bezolles et rentes dans Vic, Neguebouc et Tourrenquets ; — de Manaut de Gelas, seigneur de Bonas et de Laguian pour Laguian et Castel-Franc, témoins Emeric de Castel-Pouy et Odet de Bazian.

1427. De noble Bernard de Gignan pour le château de Gignan en Anglès.

1428. 31 décembre. De Pierre Rigaud, abbé de la Case-Dieu pour le tiers de Mourède, de Gajan, Justian et Marambat, pour la Domenjadure de Tabaux, pour Caillavet et St-Jean-Poutge.

1441. De Guillaume de Serignac, témoins Begon d'Estaing, Bernard de Faudoas et Jean de Pardaillan, seigneur de Panjas.

1443. De Jean de Bernède pour Bernède, Corneillan, St-Germier.

1447. 29 juillet. De Menaut d'Arbechan pour la baronnie de l'Isle.

1450. 7 février. De Jean de Bernède pour Arblade-Comtal ; — d'Aissun de St-Jean, abbé laï de Préchat et seigneur de Boussas ; — d'Emeric Raffi de Larafinie ; — de Bernard d'Armagnac, seigneur de Thermes pour Thermes, Izotges, Arparens, Vieil-Capet, et pour fief à Lupiac, Meymes, Lartigue, Séailles, Margouet, Aignan, St-Gô ; — des consuls de Castera-Vivent ;

1451. 4 mai. De Renaud du Bouzet pour le Castera-Bouzet et terres à Lavit, Villefranche, Auvillars, Escandez ; — 14 septembre. De Jean II de Roquelaure pour Roquelaure, Gaudoux et le Longuar ; — de Jean de Montaut, co-seigneur de Castelnau-d'Arbieu et seigneur de Quinsac. La terre de Castelnau était entrée dans la maison de Montaut vers 1281, par le mariage de Galin Ier de Montaut avec Aubepar de Frans ; la seigneurie de Quinsac avait été achetée de Marie de Clarac le 6 février 1352, par Galin II de Montaut, grand père de Jean. Le 14 août 1455, Jean de Montaut fut caution avec Odon de Goth, seigneur de Rouillac, Jean de Serillac, seigneur de St-Léonard, Pierre d'Arbieu, seigneur de Poupas pour Eudes XII, de Montaut, baron de Grammont. Odon avait pris part à la résistance que la ville de Lectoure opposa aux troupes du roi Charles VII. Lorsqu'elles vinrent sequestrer les états du comte d'Armagnac fait prisonnier à cette occasion, il n'obtint sa liberté qu'en payant une rançon considérable que cautionnèrent son cousin et les autres seigneurs.

1452. De Jean de Boisset.

1457. 1er mai. De Guillaume de Castillon pour biens nobles à Valence et à Beaucaire.

1460. De François de Labrihe.

1461. 15 mars. D'Emeric de Montejuol ; — 16 mars. De Raymond de Bezolles ; — de Jean de Podenas.

1462. 26 avril. De Bernard de Luppé pour Lasserrade ; — 26 avril. De Bernard de Luppé pour Luppé et Crémens ; de Raymond et d'Arnaud de Resseguier, frères.

1463. D'Arnaud de Batz pour fief à Dému et à Dauge, et un hôtel à Castillon ; — d'Odet de Montaut pour Grammont.

1468. 29 avril. De Jean de l'Isle.

1469. D'Antoine de Montlezun pour Betplan et St-Lary.

1472. D'Odet de Melienan pour Trignan, d'Estusan, Lavardac et Pouy.

1475. 18 juillet. De Manaut d'Arbechan, baron de l'Isle pour la baronnie de l'Isle, témoins le baron de Montesquiou, le baron de Pardaillan, Géraud de Thermes et Manaut du Lau ; — de Jean III de Roquelaure pour la co-seigneurie de Roquelaure.

1490. De Seignoret de Bétous pour Boulouch et des fiefs à Castelnavet, témoins Guillaume de Bernadias, Jean de Garbay, Sans de Paratje et Jean de Caupenne, habitants de Castelnavet.

1494. De Thibaut de Bétous, présent noble Vital du Coussol.

Hommages sans date tirés du Livre rouge de Montpellier.

De Manaut de Gelas, seigneur de Bonas pour Bonas et des fiefs à Jegun et au Castera-Vivent ; de Gaillard de Laroche pour le Castera-Lectourois ; de Miramont de Maravat, épouse de Seignouret de Montagut pour Maravat et Lalanne ; de Jeannot d'Esparbès, co-seigneur de Lauraët pour sa part à la seigneurie ; de Bellus de Podenas pour Bazian ; de Guillaume de Podenas pour des fiefs à Peyrusse, Vic et Mourède ; de Pierre de Podenas pour la terre de Mourède.

Hommages omis dans le volume précédent.

1319. 17 octobre. De Pierre de St-Martin, chevalier, pour St-Martin, de Bernard d'Arblade pour Arblade-Brescau et Lelin de Géraud d'Arricau, d'Arcieu du Bédat pour le Bédat, de Pierre de Buglos de Seignoret, de Montégut pour Montégut de Tigbort de Rivière, d'Arnaud de Viella pour Laguian, de Maurens de Viella pour Mauriet et Camicas, d'Arnaud de Baqué, d'Arblade-Brescau pour divers fiefs au château de Riscle, d'Assieu d'Averon pour Averon, près d'Aignan, pour fiefs au Bédat et au Ban.

Revue de quarante hommes d'armes passée à Montréal vers 1360 par Arnaud d'Espagne, sénéchal de Carcassonne et de Béziers.

Jacques de Lude.
Gallias de Berrac.
Pierre Raymond d'Hautpoul.
Jean de Fourcade.
Germain de Marquefave.
Galnauld d'Euse.
Barradeco de Douyau.
Loberdille de Bothian.
Bertrand de Nay.
Vidallot du Barran.

Roger d'Espagne.
Arnauton de Bisc.
Raymond Durfort.
Le Seigneur de Nogarède.
Manaut d'Angosse.
Manaut de Clarac.
Arnaud de La Causie ou Gausie.
Arnaud de Pouy.
Ramont de Siuras ou Siurac.
Jean d'Encausse.

Rôle de soixante hommes d'armes et de soixante pillards commandés par Perducat d'Albret, partis le 17 juin 1378 pour la guerre d'Espagne.

De Campagne.
Arnauton de Favars.
Domenoat de St-Pantaléon.
Bertrand de Villefort.
Jean de Sauvy.
Jean de La Salle.
Le Seigneur de Cassans.
Arnauton de Cassand.
Sansot d'En Luc.
Guilhonet de Peyre.
Peyroton d'Espinot.
Chèdon de Lestrade.
Guillonet de Sieurac.
Toinou de Moncausser.
Peyrot de Blanquefort.
Peyre de Naudin.
Le Basto Rhedon.
Gaillardon de Beyres.
Petit de Pellegrue.
Johannot de Harembourne.
Pey Larcher.
Monot de Gallart.

Remi de Montaulin.
Berdoye de Hiriart.
Peyriot Daubassins.
Jean de Panis.
Martin Semerits.
Cassin de St-Martin.
Pey Arn. de Cardets.
Gassarnaud de Casalis. etc. etc.

Pillards.

Guillonet de Grammont.
Pelanot de La Sallejusant.
Heliot Ferrer.
Bernard Dejoye.
Peyrot de Tilh.
Bejordan.
Chambales de Camon.
Perinot de Lomagne.
Gaduat de Gironet.
Ajut de Faus.
Le Basurniat de Briquet.
Peyroton de Cabestan.
Berdonet d'Amou.

Gassion de St-Jean.
Jacques d'Aregon.
Perducat de St-Genjau.
Penot de Lamossin.
Joannot de Botto.
Paris.
Thomas de Faure.
Joannot de Montgelon, etc. etc.

Revue de Pélegrin de Lavedan, passée le 3 février 1426.

Pélegrin de Lavedan.
Jehan Bort de Lavedan.
Le Bort de Podenex.
Jehan de France ou Francs.
Ramonet de Scissac.
Naudon de Lussenac.
François de Gironne.
Phelip Saquet.
Denis de Giers.
Jehan Macé.
Huguet de Château-Verdun.
Odet de Lordat.
Pey de Cots ou Cols.
Jehan du Barry.
Jaimes de la Porte.
Thibaut de la Roque.
Thibaut de Clarence.
Jehan James.
Bertrand de Nogaret.
Pierre Boyer.
Raymon d'Aguilhon.
Jehan de Pontoise, etc.
(Extrait de la Biblioth. Royale de Paris.)

Revue de cent hommes d'armes et quarante arbalétriers, faite à Nimes le 25 avril 1430.

Jehan, bâtard de Noailles.
Messire Jean de Lavedan.
Jean de Ribaute, (maintenant Plaisance).
Jacques de La Touche.
Fortanet de Casalis.
Pierre de Navailles.
Raymond de Ste-Susanne.
Pierre de St-Julien.
Pierre d'Esterac.
N. de Larivière.
Bertranet de Barelles.
Jean d'Aspe.
Gratien de Miramont.
Arnauton de Saillas.
N. de Saubeac.
Raymond de Bordes.
Jean de La Ronge.
Odet de Bugard.
Le Seigneur du Lin.
Pierre de Chelles.
Guillemot de Miremont.
Pélegrin de Ricau.
Thibaut d'Antissans.
Jean d'Orthe.
Le bâtard de Terride.
Le bâtard d'Argellès.
Verdut du Solier.
Raymond de Villars.
Bremont de Roquemaurel.
Nicolas de Boulogne.
Geoffroy de Mastilles.
Antoine de Lagasse.
Fortanel de Serres.
Guillemot d'Andaux.
Amaton de Mensac.
Jean de Lagarde.
Odet de La Claverie.
Fortanet de Pujols.
Pierre de Palats.

Simon de Beausac.
Le Sire de St-Vincent.
Guill.-Arn. de Morlas.
Le Sire de Linar.
Guillaume Gaciet.
Ramonet de Gieu.
Pierre Dumets.
Joseph Jourdain.
Pierre Dufour.
Simon Dupuy.
Duran Rey, etc. etc.

Arbalétriers.

Moreau de Tapie.
Peronet de Pré ou du Prat.
Jean Olivier.
Pierre de Lamothe.

Bertrand de St-Gaudens.
Bernard de Peret.
Pierre de Casenove.
Jean de Barbasan.
Jean de Sabalos.
Mengolet des Monts.
Sans de Mons.
Pierre du Lyon.
Antoine de Caubet.
Etienne de France.
Bernard de Béon.
Bernard d'Abadie.
Berudet de Tournay.
Etienne de Blossac.
Bernard de Lagarrigue, etc. etc.

Revue de quarante hommes d'armes sous les ordres d'Emeric de Bazillac, sénéchal de Carcassonne, passée à Clermont-Soubiran le 12 novembre 1430.

Le sénéchal.
Ménicon de Rivière.
Pélegrin de la Loubère.
Bertranet d'Abadie.
Eméric de Vieuzac.
Peyroton de Sarniguet.
Jean de Lannes.
Bernat de Castelbajac.
Bernat de Bazillac.
Bernat de Giers.
Ramonet de Casteras.
Ramonet de Pont.
Bernat Roger de Lissac.
Francés de la Gleise.
Odet de Lordat.
Francés de Girons.
Jordanet de Luc.
Guillaume de Fournet.
Lamiguet de Pampelune.
Johan de Saillas.
Johan d'Ondrade.

Huguet d'Asté.
Johan d'Aragon.
Bartholomieu de Vic.
Johan de Batz.
Peylamond de Baure.
Hugues de Miramont.
Poncet Dupuy.
Gaillar de Baure.
Bertrand de Roquefort.
Hugues de Cagnac.
Bertrand de Baragnes, etc., etc.
   Suivent vingt Arbalétriers à cheval parmi lesquels sont désignés :
Ramonet d'Utézac.
Johan de Cassagnac.
Ramond de la Guerre.
Berdolet de Saint-Bartory.
Johan de Lacaze.
Johan d'Abadie.
Johan Pey de Canet.
Peyrot du Faur.

Guilhem du Moret.
Tolet de Barrau.
Pey de Faget.
Ramonet de Peyraube.
Johan de Bar ou de la Barthe.

GARDES DU CORPS DE LOUIS XI LE 1er OCTOBRE 1474.

Dans les notes prises à la Bibliothèque Royale par l'abbé de Vergès, historiographe du roi et aumônier des dames de France, nous avons trouvé le nom des gardes et des gentilshommes de la chambre du roi Louis XI aux diverses années de son règne. Nous donnerons ici une partie de ce travail.

Hommes d'Armes.

Hector de Galard, capitaine.
Jean de Dreux.
Jacques de Montmorin.
Pierre de Larroche.
Robert de Brissac.
Philippe de Menou.
Boldonin de Champagne.
Pierre du Puy.
Guillaume de Ferrières.
Jeannot de Lasalle.
Galhot de Genouillac.
Guilbaume de La Chatre.
N. de Montesson.
Louis Guinau.
Henri Carbonel.
Nicolas de Brizay.
Jean de La Chatre.
Thibaut de Mareuil.
Jean Dufay.
Jacques de Dreux.
Antoine de Latour.
Tanneguy de Carrion.
Charles de Louviers.
Jean de Sousa du Portugal.
François Dumas.
François de Badefort.
François du Beuil.
François de Fromentières.
Olivier Roufart.
Ivon d'Iliers.
Artur du Gué.
Philippe Trousso.
Antoine de Laforet.
Antoine de Lajaille.
Lion Izoré.
Jean de Chambray.
Corinet de Bonnes.
Jean de Gapanes.
Jean de Chaudiau.
Jean de Boijourdain.
Charles Destouches.
Guillaume le Voyer.
Ivon Le Coq.
Bernard de Linières.
Jean de Lorgèri.
Estanot de Clarambau.
Jean d'Alvini.
Henri d'Aubigné.
Jean de Barradin.
Jean de Sorbières.
Jean d'Arty bâtard d'Avennes.
Antoine de Moyencourt.
Charles de Grébonval.
Pierre de Launay.
Mérens de Portal.
Barthélemy de Pomiers.
Ferry de Savigny.

Antoine du Plessis.
Pierre de Maleville.
Foucaut de Maleval.
François Foucaut.
Loys de Miolan.
Guillaume des Barres.
Jean Langlade.
Jeannot de Havas.
Bertrand de Metz.
Sanxin de Hurtubie.
Jean de L'Esparres.
George de Pountault.
Carbon de Monpesat.
Martin de Garro.
Bertrand d'Esclignac.
Jean de Touges.
Gratien de Grammont.
Bertrand de Navailles.
Poton d'Arblade.
Pierre de Labarthe.
Jacques de Tournemine.
Mathieu de St-Agathe.
Claude de Boulay.
Guy de Larroche.
Jean Dubois.
Guillemot de la Vallée.

Archers.

Pierre de Bosc.
Pierre Le Pelletier.
Fortan de Baire.
Jean le Franc, etc., etc.

Archers en 14..

Nous ne prendrons que les plus connus et surtout ceux dont les familles appartiennent à la Gascogne.
Jean du Gau.
Régnaut de Lasalle.
Jean de Grenade.
Jean Bassieu.
Jean Morinier.
Menaut de Halgonde.

Jean Le Gendre.
Compaignet de Bedon ou Béon.
Pierre Le Maire.
Thomas Pastou.
Grand-Jean de Maigné.
Layonet Dupuy.
Arnaud de Beauregard.
Guillemen David.
Jeanicot de Faveux ou Lanux.
Jean de La Grange.
Le bâtard de Marrenx.
Jean de La Naue.
Perroton Albert.
Régnaut de La Forêt.
Guillaume Roland.
Louis de La Boulay.
Jacques Men Le Maréchal.
Roustin d'Estain.
Louis des Essarts.
Claude de Mani.
Cascol de Luppé.
Hubert Le Cler ou de Clay.
Bernard de Mandaye.
Jean de Fers.
Jean de Boissy.
Jacques de Fontés.
Pierre Mercier.
Henri de Laval.
Pierre Alar.
Jean de Lavénère.
Pierre de Lavergne.
Antoine des Fontaines.
Geoffroy de Charnières.
François de St-Claude.
Jacques de La Porte.
Perroton de Lasalle.
Bertrand du Haillan.
Guichard Arnauld.
Breton de Villeneuve.
Jean de La Foirie.
Martin de Larroche.
N. des Angles.

Pierre de Carbon.
Jean Le Fournier.
Antoine du Perriers.
Jean de Neuville.
Loys de La Hogue.
Pierre de Pont.
Pierre de La Rivière.

HOMMES D'ARMES EN 1476.
Gentilshommes
de l'hôtel du Roi.

Robert de Luxe.
Edouard de La Rivière.
Jean de Gourgues.

1477.
Jean Fougères.
Jean de La Lande.
Nicolas de Lastic.
Jean Hue.
Pierre de L'Espinasse.

1478.
Guot de Léglise.
Jacques Granier.
Charles de Larroche-Dragon.

1479.
Pierre d'Arblade.
Pierre de Ventadour.

1480.
Jean de Bonval.
Bernard Délas.
Louis de Fontaines.
Jean d'Arblade.
Robert de Mongomméry.
Jean de Labarthe neveu.

Jacques de Castelnau.

1490—1491.
Charles d'Amboise.
Pierre de Laguiche.
Jean de Clermont.
Jean de La Chaux.
Gui de Bus.
Pierre de Rochechouart.
Pierre de Barrau.
Pierre de Raujemont.
Loys de Villeneuve.
Bernard de Pardaillan.
Jean de Murat.
Jean du Bourdillon.
Bertrand d'Estissac.
Jean de Gomès.
Jean, bâtard d'Astarac.
Simon Dufaut.
Ancon de Rivière.
N. de Monferrant.
Adrien de Genlis.

En 1469, nous trouvons aussi.

George de Courrent.
Jean de Grossoles.
Régnaut de Cholet.
Louis du Blois.
Guyon de Pressac.
Guillaume de Puyminet.
Jean de Maleville.
Louis-François de Naillac.
Simon de Pressac.
Pierre de Pressac.

Nous pourrions avoir défiguré quelques noms en déchiffrant une écriture très-difficile, surtout quand il s'agit de noms propres; d'autres ont changé d'orthographe en traversant les âges. Ainsi Gouallart, Goallard, Gallard; ainsi Luppé, Lupi, Lupati, ainsi Pardailhan, Pardillan, Pardeilhan, etc., désignent les mêmes familles; la prononciation changeant avec les siècles devait amener ces changements.

Montre de la revue faite à Montaut dans le comté d'Ast le 28 août 1490 de cinquante hommes d'armes et de cent archers formant cinquante lances sous les ordres du comte de Foix.

Mgr. le comte de Foix.
Le Baron du Béarn.
Bertrand de Luxe.
Bertrand de Melpault ou Mesplés.
Louis de Grammont.
Tristan de Lescun.
Bernard de Senons.
Bazillac.
Janot de Giers.
Janot de Gavaston.
Lanna du Hart.
Bertrand de Domazan.
Janot de Faget.
Pierre Arnaud du Faure.
Alba de Segreville.
Arn. Guilhem de St-Elix.
Bernard de Casemajor.
Bernard de Domaison.
Jehan de Montestruc.
Girouin de St-Avit.
Michel de Rioms.
Antoine Le Brun.
Janot de Lussagnet ou Cassignet.
Le Bâtard de Ste-Colombe.
Janot de Gant.
Janot de La Plume.
La Bruguière.
Gaston de St-Laurent.
Charles d'Espagnet.
George de Sanquide ou St-Guiraud.
Arn. Guil. Deschaux.
Janot d'Aure.
Hugues de Feadeille.
Rogier de Barraul.
Raymond de Savignac.
Gratien de Grammont.
Sacails.
Robert de Barrault.
Augerot d'Alfaron.
Bertrand de La Marque.
Lanne Camme.
Janot de Pontac.
Janot de Thil.
Bernard de Lane. etc., etc.

Archers.

Maurice de Magnac.
Jacques de Ganne.
Janot de Lamothe.
Janot de St-Cric.
Roux Besson.
Janet de Ravère.
Bertrand de Bayonne.
Mathieu de Larsanau.
Arnaud de Cherite.
Jehan de Villeneuve.
Maulet d'Aspe.
Guymont de Mauleon.
Arnauton du Vignau.
Pierre Arn. du Puyau.
Janot de Castiron.
Bertrand de St-Paul.
Jehan Ray. de Bidesos.
Jehannot Despinaulx.
Jehannot de Lamothe.
Jehannot de St-Martin.
Jehannot de Saurin.
Girault de Vignaux.
Jehan Olivier.
Guilhem de Brussi.
Jehannot de Lafargue.
Raymond de Causset.

Bernard de Gerderest.
Bertrand de Laville.
Robert de Carle.
Gaspard de Martin.
Gestos de Comminges.
Girault de Besolles.
Jehan de Launoi.
Michaut Brasse.

Martin Bonnet.
Jehan Faillon ou Faulon.
Jehan Lorin.
Bertrand de Benque.
Charles Esquirol.
Le Besle de La Fontan.
Pierre Arn. de Broqueville.
etc. etc.

Revue de cent hommes d'armes et de deux cents archers commandés par le sire d'Albret, faite près de Nantes le 15 avril 1491.

Le capitaine Cadet Duras.
Pierre, bâtard d'Armagnac.
Regnaut de St-Chamans.
Geoffroy de St-Martin.
Gaillardon de Sales.
Ramonet de Montolieu.
Pierre Dubois.
Villeneuve.
François de la Beaume.
Labarthe.
Verduzan.
Bezolles.
Lefrindat.
Puydraguin.
Jeanot d'Antras.
Bernard de la Lande.
Antoine de Losse.
Gratien de Caumont.
Vignoles.
Bernard d'Aure.
Giles de la Beaume.
Jehan de Puy Guilhon.
Quantenc de Marsillac.
Jehan de Sieurac.
Jehan de Bourdeaux.
Pierre de Labat.
Bertranet de Lescun.
Jehan de Lansac.
Loys de Montagut.

Martin de Sahède.
Montestruc.
Memert de Feuga.
Johanot de Caupenne.
Johanot de Mauléon.
Hargues.
Bernet.
St-Pot.
Héliot de Rufiac.
Luvielle.
St-George.
Johanot de Castet.
Castillon.
Le bâtard de St-Pont.
Lubat.
François de Mansencomme.
Bérot de Gert.
Arnauton de Brussac.
Bertrand Baron.
Bartholomé de Maubec.
Larroche.
Bérar.
Bernard d'Arcisac.
Roquetaillade.
Menauton de Cassagnet.
Pierre de St-Maurice.
Jehan de Bonas.
Jehan de Rivière.
Le Petit Barrau.

Jehanot de la Brosse.
Jacques de Montmirail.
Assinat de Sedirac.
Brandeles de Biron.
Mathieu du Puy.
Pierre de l'Isle.
Mérens.
Bernard Blanchet.
Jehanot de Salis.
Huart.
Fosseris.
Pouy Petit.
Ausas de Lusignan.
Pierre Dumas.
Robert Boisvin.
Gémot Jaubert.
Bertrand de Bordes.
Gaillardet de Pouy.
Petit Jean Doré.
Gratien de la Ségue.
Jean de Lian.
Antoine de Rouillé.
Fontanier de St-Julien.
Blasi Thoron.
Guillaume de Renauville.
Jehanot d'Esterac.
Arts de St-Médard.
Le Duc.
Jehan Picot.
Jehan de St-Gélay.
Augiers de Feugères.
Odet de Bourouilhan.
Perot de St-Cric.
Augué de Ceps.
Amauoir de Moncassin.
Jehan d'Intrans.
Gestas.
François des Roches.
Pérot de Lay.
Le Petit d'Estampes.
Pérot de Juillac.
Jehan de Dunes.

Laferrières.
N. de St-Aubain.
Art. de Duran.
Johanot du Tastet.
Torrebren.
Art. de Broca.
Elias Duran.
Philippon Fauré.
Martin de St-Pé.
Pierre de Lignères.
Pierre Lomagne.
Michelet de Paris.
Loys Linar.
Ramonet du Halles.
Etienne de la Tour.
Pierre Chauvin.
Morel.
Moreau.
Le Grand Vidau.
Ségur.
Pierre de Cordes.
Regnaut de La Coste.
Meri Carrières.
Johannot de Beaumont.
Gaillardet de Coaraze.
Vincent de Gualin.
Johanot de Lavenère.
Picot d'Abères.
Picot de Lormont.
Perot de Sajous.
Lanoyer de Peujot.
Gaillardet de Puymirol.
Jean de Brulh.
Ramon de Monclar.
Jeanot de Pardeillan.
Jérémie de Valence.
Gaillardet d'Artis.
Antoine Villate.
Petit Jean de L'Estang.
Johanot d'Abadie.
Abus.
Soron de Laflite.

Gerous.
Petit Jean Briant.
Johanot de La Peyrie.
Martet.
Etienne Puyo.
François de Meyguy.

Menot Ducassé.
Jean de Bonnegarde.
Laterrade.
Garot de Valencin.
Bezolles Lepetit.
Jean Jaubert.

Montre faite à Bayonne le 16 juillet 1494.

Messire Geoffroi de St-Martin.
Bernard de Lalanne.
Martin du Hau.
Jehan de Lanal.
François de St-Martin.
Simon de Lafau.
Messire Jehan d'Anglade.
Estienne Darrieu.
Laurent de Prat.
Laurent de Bats.
Petro de Salle.
Bertrand de Mauléon.
Mengou de Cantresse.
Héliot de Butails.
Pey Hau.
Bernardon de Lahet.
Martin d'Arbarrasse.
Laurent Dupin.
Petry du Pin.
Pierre Arnaud de Bourdeaux.
Peyrot de Bourdeaux.
Pierres Arnauton de Lalande.
Martin de Basselins.
Bernard de Vin.
Guytard de Hureaux.
Jacquiot d'Albays.
Jehan de Bédorède.
Bertomiou de Nesle.
Jaubert Tannerat.
Arnaud de Labeyrie.
Pierre Arnaud de la Lande jeune.
Fasciet de la Mothe.
Jacquiot de Bére.

Pierre de Baylin.
Jacquiot de Cassordette.
Johannet de Gestède.
Johannet de la Case.
Menot d'Elpoy.
Pey de la Maison.
Jehan de Hère.
Johanneton de la Rigoyen.
Johannot de Bothian.
Johan de Sobole.
Peyarnaud d'Endomet.
Pey de Raymon.
Guillaume de Latour.
Johannot de Béraut.
Menaut de Larte.
Iarticot de Belsunce.
Francon de la Garande.
Austin de Vin.
Bremond de Gaillard.
Francou de Sarco.
Thomas de Saquet.
Arnaud d'Albis.
Johannot de Lamothe.
Johannot de la Serre.
Laurent Bienassies.
Antoine de Poyaupons.
Jeannet de Manlard.
Johan de Piis.
Guillem de Lande.
Gilles de Roquefort.
Regnaut de Labat.
Johannot d'Aguin, etc., etc.

Montre faite à Bayonne le 17 août 1496 par Roger de Grammont, gouverneur de Bayonne.

Jean de Belsunce.
Gaston de Berrayts.
Gratien de Gramont.
Le chevalier de Gramont.
Fortaner d'Etchaus.
Peyrot de Benesses.
François de Sallencuve.
Antonin de Lalanne.
Jehan de Segur.
Laurent de Montbrun.
Jeannot d'Albays.
Loys de Ladoux.
Mathieu de Lagarde.
Martin Daguerre.
Arnaud Guilhem du Fay.
Rollan de la Fosse.
Marticot de Lehet.
Pey d'Elissonde.
Fortic d'Aguerre.
Menoton d'Etchayde.
Berdolet de Bizau.
Bidot du Casse.
Jehannot d'Irybarre.
Laurent d'Embarre.
Petit-Jean de Troyen.
Jehan de Berzaute.
Bertrand d'Etcheverry.
Johannot de Sabaloc.
Gaychet de Magnos.
Martin d'Urtubie.
Johan de Chauvin.
Menauton de la Salle.
Sans d'Arhausette.
Arnaud de Salle Jusan.
Bidot de Ceps.
Raymonet de Préchat.

Bertrand Petit.
Arnaud de Lamothe.
Bernard d'Andoins.
Compagnon de Mellet.
Borthomieu de Sarro.
Martin de Laseube.
Jeannot de Faget.
Joannet de Sallejusan.
Pierre de l'Abbadie.
Petrissan d'Esperbent.
Arnaud Guilhem d'Arrospide.
Arnaud Guilhem de Brittos.
Johanneton d'Ehyrigouoyen.
Trissan de Nogués.
Johannot de Mendie.
Arnaud de Montfort.
Auger d'Audezest.
Joannet de Larraset.
Miquelot d'Irigoyen.
François de Lafosse.
Joannot d'Embariers.
Pierre du Cousso.
Augerot d'Elissalde.
Jeannot de Castel.
Joanneton de Pémartin.
Arnaud Sans de Camont.
Andrion d'Etcheverry.
Fortuner de Camon.
Johannet de la Manon.
Chicoy de Lamothe.
Pyroton de Lanne.
Arnaud de Chante Merle.
Ammon de Laguarde.
Bernadon de Lestang.
Guillaume de Labrosse.
Bernard de Peyrut.

Rôle de ceux qui ont pris les casaques, lances et banderoles à la montre de Beaumont de Lomagne.

Premièrement:

De Barbotan.
De Mons.
Le Vicomte de Trignan.
De Villeneuve.
De Bonas.
De Sabonnières.
De Peyrons.
De La Seube.
De Salanac.
De Puyminet.
De La Hitte Seignoret.
De Bières.
De Montbrun.
D'Asques.
De Coignax.
De Rivière.
De Laroque d'Homs.
De Baulat.
De Laroque de Taillis.
De Labarthe.
De Lahitte.
D'Espeyres.
De Gesse.
De Lahitte Ducat.
De l'Artigole.
De Sagnens.
De Tossalet.
De L'Abbadie.
D'Omartin.
De St-Aubin.
De Chambau.
Du Barry.
De Lamothe Vieux.

Archers.

De Lieux.
D'Aulon.
Le baron de St-Lary.
De Grasat.

D'Aignan.
De Pont.
De Marceillan.
De Gachies.
De Bidouze.
De Gaston.
Capitaine Bérard.
De Baillabats vieux.
De Lahitte Roc.
De Maseilles.
De Villeneuve Allemand.
De Lamothe.
De Pont Pertusat.
De l'Estengue.
De St-Jean-Poutge.
De Bouillac ou Rouillac.
De Bueils.
De Botinel.
D'Aulon.
De Lavignole.
Fontanier.
Bigos.
De la Mothe jeune.
De Réjaumont.
De Mont.
De Baillabats jeune.
D'Albret.
De Bourdieu de Miradoux.
De Guierlas.
De Ville Fontau.
De Bourdieu de Dunes.
De Lau vieux.
De Lau jeune.
De la Bruginères.
D'Abbadie.
De la Forcade.
De Castet Pigon.
De Clavères.
De Cassagnau.

Labat. Jean Labat.
Bordonié. Bernard Buits.
Rivals. Jean d'Ardonne.
Pomiers. Vidal de Rieux.
Latappie. Jehan de Vivès.
Belin. Bernard Drouilhet.
St-Guiraud jeune.

Rôle de la montre de trente hommes d'armes et de soixante archers passée dans les états de Venise le 27 mars 1507.

Jean d'Estrac, capitaine. Lehillot de Het.
Bernard Jourdan. Guilhaume de Vivient.
Sans Roède. Jeannot de Trilhe.
Arnaud d'Antin. Guilhaume de Latour.
Prades. Le bâtard de Montesquiou.
Guillaume de Montblanc. Jeannot de Lahas.
Le Gros Basque. Jacquet du Brouil.
Pierre de Montblanc. Jean de Barris.
Arnaud de Pardeillan. Pierre de Rouillan.
Odet de Tossanis. Jean Garnier.
Le bâtard de Bourbon. Mignonet de Labat.
Menaut d'Ornesan. Jean d'Anton.
Jean de Pressac. Etienne de Latour.
François de Caussens. Pierre de Caussens.
Arnaud Guillaume d'Andoins. Nicolas de Roède.
François Faichet. Laurent de Guismont.
Pierre de Rouillac ou Rouillard. Charles de Pontac.
Pierre de Roède. Mathieu de Mas.
Romanet de Binos. Bertrand de Ferrière.
Perrauton du Boutet. Bernard de Vignoles.
Le bâtard d'Aguins. Jeannot de Rouillac.
Roger d'Angosse. Le baron de St-Blanquart.

Archers.

Pierre du Bon.
N. de Barbasan. Jean de Gaillard.
Ramond de Baudéan. Petit Jean du Cassé.
Bernard de Lapeyre. Arnaud de Gadat.
Antoine Riquier. Le baron de Foudras.
Jeannot de Montech. Sansonnet du Bois.
Antoine du Carret.

Rôle des noms de deux cents archers français de la garde du corps du roi notre sire. Nous en extrairons les noms suivants qui nous ont paru appartenir à la Gascogne.

Jean de La Lande.
Pierre Moreau.
François de Rochedragon.
Jehan de Sentis.
Thomas de Neuville.
Charles de Malleville.
Ponce de Belestat.
Simon de Martigny.
Claude de Sauvaige.
Gilles du Fay.
Etienne Le Franc.
Jean de La Porte.
Tristan du Hart.

Rôle de la revue faite à Condom le 23 juillet 1550.

Le roi de Navarre, capitaine.
Antoine de Bardeillan, lieuten.
Charles d'Arsac, enseigne.
Gaston de Bourbon, guidon.

Hommes d'armes.

Jean de Saillas.
Loys Daguerre.
Roger de Polastron.
François d'Estançan.
Jean de Béon.
Félix de La Barthe.
Le baron de Montesquiou.
Charles d'Aure.
Gaspard de Montpezat.
Guy de Gondrin.
Bernard de Lamezan.
François de St-Lary.
Bertrand de Cominges.
Mathieu de Labarthe.
Raymont de Montauban.
Michel de Narbonne.
Antoine de Sauvagnac.
Louis de Gorrette.
Jean de Faudouas.
Blaise de Roquefort.
Arnaud Guilhem de Montagnac.
Jean de Rouillan.
Espain de Charitte.
Offer d'Espagne.
Jacques de Lacassagne.
Odet de La Haye.
Jean de L'Isle.
Pierre de Hessa.
Jean de Villepinte.
Gaston de Mellet.
Bernardin de Pouy.
Gilles de Dominis.
Arnaud de Cauna.
Carbon de Mons.
Johannot de Lastour.
Jehan de Gaillart.
Pierre de Cominges.
Jean de Navailles.
Jean de Clairac.
Charles de Laffitte.
Paullon de Montesquiou.
Jean de Belsunce.
Saunat du Vergier.
Arnaud d'Angosse.
Hector de Cantobre.
Pierre de Bramione.
David de Montferrant.
Janot de Lamothe d'Isault.
Fabien de Pesquières.
Arnaud Guillem de St-Elix.
Bernard de Guitaut.
Jaimon de Pereuils.
Laurent de Lassagne.

Arnaud du Busca.
François de Polastron.
Arnaud du Bua.
Guillaume de Gastebois.
Bernard de Basues.
Guillaume de La Gieyre.
Thomas de Podenas.
Mauxinat de Montpezat.
Gaillard de Ferrant.
Allain de Beryon.
Antoine de Lamesan.
Jehan de Rivière.
Carbon de Luppé.
Jean de Montagut.
Sébastien de Grayunald.
Jérome Ayrol.
Jean de Beaumont.

Archers.

Johannot du Pesquié.
Gilles de Roquemaurel.
Jacques Deschaux.
Louis de Livron.
Arnaud Guilbaume de St-Amont.
Raymond de Bise.
Jean du Gout.
Arnaud Guilhem de Lacoste.
Blaise de Ara.
Antoine de Mont.
Loys de Mont dit Lartigue.
Francisque de Bacqueranne.
Johannot de Lasalle.
Jehan de Launay.
Robert de Maucourant.
Hugues de Casaux.
Robert de Bouson.
Pierre de Lossail.
Bertrand de L'Isle.
François de Gerdres.
Jean de Flux.
Guillaume de Maugarros.
Rigal Pasquier.
Pierre de Lescun.
Jean de Malausanne.

Raymonet de Lastours.
Jean de Castelnau.
Jean d'Ornésan.
Jean de Noailhan.
Antoine de Foix dit Lamothe.
Arnaud de Gerderest.
Jean de Lamothe.
François de Montaubrun.
Jean de La Coste.
Arnaud d'Aux.
Pierre d'Arcisac.
Hector de Pardeilhan.
François d'Arros.
Jean de Domec.
Raymond de Laroque.
Jehan de Taillade.
Jean de Lussac.
Arnaud de Baure.
Arnaud d'Abadie.
Pierre d'Auga.
Jean de Ramec.
Loys de Lamothe d'Isault.
Loys de Polastron.
Jean de Baqueneyre.
Raymond de Pys.
Carbon de Montastruc.
Jean de La Leugue.
Jean de Vignaux.
Loys d'Ombrac.
Loys d'Aguin.
Arnaud de Belvése.
Guillaume du Béarn.
François Guicharret.
Loys de Passerot.
Jean de Capbern.
Eloi de Lamothe.
Hercule du Ha.
Menaud de Gaube.
Géraud de Sans.
Pierre de Domets.
Jumot de Lidon.
François de Durfort.
Gaston de Gastebois.

Bernard de Lucq.
Balthasar de La Rigaudière.
Raymond de La Terrade.
Guy de Brunet.
Jean de Montmerle.
Josserand de Lamesan.
Jordain Macault.
François de Lavergne.
Jean de La Tournerie.
Bertrand de Caussignan.
Etienne Davasse.
Louis de Folmont.
Olivier de Cassand.
Bertrand de Casaux.
Martin Acquière.
Bertrand de Gignan.
Jehan de Juge.
Jean de Laguens.
Guillove Rivet.
Jean de Couloumé.
Bernard de Cavagnan.
Frison de Lasseran.
Guillaume de Feugayrolles.
Jean de Lartigue.

Guillaume de Montregeau.
Berdoulet Tissier.
Bernard de Gentillard.
Guillaume de Bonrepayre.
Jean de Las.
Guirauton de Lamothe.
Gaillard de Pouycarrère.
Charles Xaintrailles.
Alain de Quinsac.
Jehannot de Castelnau.
Roch Goussan.
Bernard de St-Paul.
Jean de La Barthe.
Jean de La Mothe.
Pierre de Payrol.
Jean de St-Martin.
Pierre Genisson.
Duran du Bourguet.
Pierre d'Aymet.
Jean d'Alosnier.
Loys de La Salle.
François de La Barthe.
Blaise de Brignemont.

Revue de cinquante hommes d'armes et de soixante-quinze archers faite à Samatan le 19 mai 1560.

M. de Thermes, capitaine.
Pierre de St-Lary, lieutenant.
Merigon de Massés, enseigne.
Hugues de Thermes, guidon.
Jean de Montcorneil, maréchal des logis.

Hommes d'armes.

Jean de St-Lary.
Louis de Montestruc.
Bertrand de Massés.
Michel Rogier.
Bernard de Lescout.
Raymond de Francon.
Pierre de Montbeton.
Carbon de Labarthe.
François de Garenne.

Pierre de Pons.
Barthélemi de Sassère.
François de Béon.
Bertrand de Sanguies.
Jacques de Carondelet.
Florin Géde.
Jehan de Cognan.
François de Comminges.
Jean de Sarriou.
Jean de Housset.
Julien de Noé.
Bertrand de Signan.
Antoine d'Armentieu.
Pierre de Manent.
Raymond de Sassère.
Guyon de La Saurate.

Girod de Nestide.
Merigot de Sariac.
Bernard de Béon.
Gaillard de St-Pastou.
Bernard de Mun.
Bésian de Castelar.
Bertrand de Montbeton.
Jérome de Bardechan.
Mathurin de Luppé.
André Casserote.
Raymond de Casaux.
Guillaume de Rouquette.
André Calabres.
Jean de Gestas.
Ardain de Luppé.
Jean de Montbeton.
François de Risac.
Bernard de Chelles.

Archers.

Clarins.
Philippe de Beauregard.
Arnaud de Laburthe.
Jean de Montcorneil.
Jacques de Pelleport.
Guillaume de Peguillan.
Pierre d'Azun.
Jean de Lamothe.
Jean de La Terrade.
Bernard de Faure.
Pierre de Lafond.
Bertrand de Carenne.
Guillaume du Puy.
François Casaux.

Jean de Labarthe.
Jean Delas.
Jérome de Miélan.
Jean de Roquan.
Barthélemy de Montfaucon.
Arnaud de Segnan.
Paul de La Rue.
François de Monistrol.
Jean de Planes.
Jean de Saulx.
Antoine de La Grange.
Bertrand de Roède.
Jacques de Brosse.
Mathelin de Caselas.
Jean de Lamothe d'Isault.
Jean de Luppé.
François Chaubin.
Bernard de Salausan.
Pierre de Fitte.
Antoine Varsac.
Antoine Boué.
Pierre de Benque.
Jean de Villepinte.
Bernard de Chelan.
Jean de Monlezun.
André Bayard.
François de Turin.
Gabriel de Laroque.
Simon Dumont.
Jean de Sauvignac.
Louis de Montpezat.
Arnaud d'Estarac.
Jean de Lalanne, etc. etc.

Toutes ces revues ont été extraites du Chartier du Séminaire où nous les avons copiées sur les originaux. Nous en donnerons un grand nombre d'autres dans le volume suivant. Nous publierons dans le VIe et dernier volume, consacré aux documents, un rôle de la noblesse du Béarn sur la fin du 14e siècle et un rôle sur la noblesse du Bigorre de la même époque. Leur longueur ne nous a pas permis de les insérer ici.

FIN.

ERRATA.

Page	Ligne	
15	ligne 18.	Ne savait voir la méchanceté même chez les plus méchants des hommes, lisez *ne savait pas voir la méchanceté, même chez le plus méchant des hommes.*
18	6.	Le roi de France, d'Angleterre, lisez *les rois.*
80	25.	Prêt de tomber, lisez *près de tomber.*
86	ligne dernière.	Les états de Fezensac, lisez *du Fezensac.*
89	14.	Co-seigneur, lisez *co-seigneurs.*
94	12.	Là même, lisez *la même.*
177	10.	Qu'elle eût subi, lisez *subie.*
182	23.	Il n'eût pas même, lisez *il n'était même pas.*
186	25.	Les émissaires, lisez *ses émissaires.*
197	20.	D'obéir aux intentions, lisez *aux injonctions.*
219	ligne dernière.	Coupée, lisez *coupées.*
248	5.	Et envoyé, lisez *et envoyer.*
279	11.	Selon elle, lisez *selon elles.*
329	16.	Après mais, ajoutez *quoique dise Matthieu de Coucy, Charles VII.*
330	7.	Étaient demeuré attachés, lisez *demeurés attachés.*
340	23.	Selon qu'elles, lisez *selon qu'ils.*
354	21.	Contre sa permission, lisez *malgré sa défense.*

TABLE
DES MATIÈRES DU QUATRIÈME VOLUME.

Livre XIII.

CHAPITRE Ier.

Page

Schisme dans l'Église. — Philippe d'Alençon et Jean Flandrin se disputent l'archevêché d'Auch. — Nouvelle expédition en Guyenne. — Mort de Duguesclin. — Gaston, comte de Foix, nommé gouverneur du Languedoc. — Mort de Charles V. — Gaston est dépouillé de son gouvernement, — il résiste et bat le duc de Berry qui lui a été donné pour successeur. — Mort tragique de Gaston son fils. — Troubles et désordres. — Le comte d'Armagnac suspect à la cour de France. — Sa mort. — Jean III, comte d'Armagnac, — il est établi gouverneur du Languedoc. — Ses efforts contre les ennemis de l'État. — Misère publique.................................... 1

CHAPITRE II.

Le duc de Berry, veuf de Jeanne d'Armagnac, se remarie avec la cousine de Gaston Phœbus. — Le roi Charles VI à Toulouse. — Il y est visité par les comtes d'Armagnac et de Foix, — il va visiter lui-même ce dernier dans son château de Mazères. — Brillant accueil qu'il y reçoit. — Traité secret. — Bernard, frère du comte d'Armagnac, combat en Espagne. — Tournois célébré sous la présidence du comte d'Armagnac. — Jean, bâtard d'Armagnac; évêque de Mende et archevêque d'Auch. — Mort de Gaston Phœbus. — Sa splendeur. — Ses funérailles. — Suites de sa mort. — Le vicomte de Castelbon son cousin se présente pour lui succéder................. 32

CHAPITRE III.

Matthieu de Castelbon succède à Gaston Phœbus. — Mort tragique d'Ivain fils naturel de Gaston. — Jean III, comte d'Armagnac, passe en Italie. — Sa défaite et sa mort.......... 63

CHAPITRE IV.

Bernard VII, frère de Jean III, est reconnu pour son successeur. — Il confirme les coutumes de la Lomagne. — Marguerite de Comminges, veuve de Jean, se remarie avec l'héritier du Pardiac et du Fezensaguet. — Bernard épouse Bonne fille du duc de Berry. — Trois compétiteurs se disputent le siége d'Auch. — Querelle de Menaud de Barbazan avec le comte de Pardiac. — Mort du vicomte de Fezensaguet et du comte d'Astarac. — Jean Jourdain II, comte de l'Isle-Jourdain. — Matthieu, comte de Foix, — son mariage, — sa mort. — Archambaud de Grailly lui succède. — Troubles à Bayonne. — Division entre Marguerite de Comminges et son mari. — Fin tragique du comte de Pardiac 86

Livre XIV.

CHAPITRE Ier.

Bernard, comte d'Armagnac, fait mourir les deux fils de Géraud et s'empare du Pardiac et du Fezensaguet. — Le duc d'Orléans se ligue avec lui. — Tournois célèbre où Barbazan se signale. — Charles Ier d'Albret succède à son père et reçoit l'épée de connétable. — Il se signale dans la Guyenne ainsi que les comtes d'Armagnac et de Clermont. — Extinction de la maison de l'Isle-Jourdain. — Le comte de Clermont achète le comté. — Comtes d'Astarac. — Continuation du schisme. — Archevêques d'Auch. — Le duc d'Orléans dans la Guyenne. — Sa fin tragique. — Ligue des princes contre le duc de Bourgogne. — Le comte d'Armagnac donne son nom à cette ligue. — Ses couleurs sont portées par les princes 114

CHAPITRE II.

Cruautés des Armagnacs. — Les deux papes déposés et Alexandre V élu. — Bérenger de Guillot, archevêque d'Auch. — L'érection de l'évêché de Mirande révoquée. — Les Armagnacs reprennent les armes et assiègent Paris. — Leurs excès. — Atrocités de Bernard d'Albret. — Les Armagnacs forcés de repasser la Loire. — Le comte d'Armagnac, gouverneur du Languedoc pour le duc de Berry. — Il attaque le comte de Comminges. — Mort d'Archambaud, comte de Foix. — Jean son fils lui succède. — La cour l'oppose au comte d'Armagnac. — Benoît XIII s'interpose entre les deux adversaires....... 139

CHAPITRE III.

Le comte d'Armagnac et le sire d'Albret rappelés à la cour, et le duc de Bourgogne repoussé de Paris. — Le roi et toute l'armée portant les couleurs du comte d'Armagnac. — Guerre contre les Bourguignons. — Prise de Soissons et atrocités qui la souillent. — Paix plâtrée entre les princes. — Le comte d'Armagnac attaque le comte de Foix. — Il fait avec lui une paix solide. — Bataille d'Azincourt. — Le comte d'Armagnac est fait connétable et prend en main les rênes du gouvernement. — Dureté et tyrannie de son administration. — Jean son fils aîné, vicomte de Lomagne, est nommé gouverneur du Languedoc... 164

CHAPITRE IV.

Le vicomte de Lomagne, fils aîné du connétable d'Armagnac, gouverneur du Languedoc. — Il assiège La Réole. — Charles II, sire d'Albret. — Le roi d'Angleterre fait une descente sur les côtes de Normandie. — Le duc de Bourgogne marche sur Paris. — Le connétable organise une habile défense. — Cruauté des deux partis. — Paris surpris par les Bourguignons. — Massacre du connétable et de ses principaux partisans. — Affreuse boucherie. — Mortalité...................... 188

Livre XV.

CHAPITRE Ier.

Enfants du connétable d'Armagnac. — Bonne de Berry, sa femme. — Jean IV, vicomte de Lomagne, succède à son père dans l'Armagnac et le Rouergue. — Ligue d'Aire. — Le comte de Foix, gouverneur du Languedoc. — Bernard, second fils du connétable. — Jean IV achète le comté de l'Isle-Jourdain. — Bernard son frère est apanagé, — il reçoit l'hommage des seigneurs du Pardiac, — il épouse Éléonore fille unique du roi titulaire de Hongrie, de Jérusalem et de Sicile. — Évêques de Lombez. — Vaurus. — Son arbre et ses cruautés. — Le comté de Bigorre rendu à la maison de Foix. — La pucelle d'Orléans.. 211

CHAPITRE II.

Le comté de Gaure donné au sire d'Albret.—Lahire, Xaintrailles, Barbazan se signalent. — Traité d'Arras.—Archevêques d'Auch.—Évêques de Dax, de Bayonne, de Lectoure, d'Aire. — Mort de Jean, comte de Foix. — Gaston son fils aîné lui succède. — Charles VII fait son entrée à Paris. — Peste. — Guerre. — La ville de Fleurance refuse de recevoir le secours qu'on envoie au sire d'Albret. — États d'Orléans. — La Praguerie... 235

CHAPITRE III.

Les Anglais assiègent Tartas. — Charles VII vole à sa défense à la tête d'une puissante armée. — Il soumet Dax, St-Sever, Tonneins, Marmande, La Réole. — Il termine le long différend élevé au sujet du comté de Comminges. — Il fait citer le comte d'Armagnac. — Il envoie contre lui le dauphin qui saisit les domaines du comte et le fait prisonnier avec sa famille dans l'Isle-Jourdain. — Procès de Jean IV. — Le roi lui fait grâce et lui rend la plus grande partie de ses domaines. — Mort et funérailles du comte................... 262

CHAPITRE IV.

Jean V, vicomte de Lomagne, succède à son père dans la plupart de ses domaines. — Le roi lui rend Lectoure et la plupart des places qu'il détenait. — Conquête de la Guyenne. — Entrée de l'armée française à Bordeaux. — Soumission de Bayonne. — Le comte d'Armagnac reçoit le serment de ses vassaux. — Il fait son entrée à Auch et est reçu chanoine. — Il soutient Jean de Lescun qui dispute l'archevêché à Philippe II de Levis, neveu et successeur de Philippe Ier............ 289

Livre XVI.

CHAPITRE Ier.

Passion criminelle de Jean V pour Isabelle sa sœur.—Il l'épouse. —Le roi de France essaie en vain de rompre cette union incestueuse. — La Guyenne se révolte et retombe sous les lois de la France.—Le roi fait marcher des troupes contre Jean V.— Celui-ci se sauve en Espagne avec Isabelle.—Il est condamné. — Abjurant alors sa conduite, il va se jeter aux pieds du pape. — Pie II l'absout et écrit en sa faveur au roi de France. — Mort de Charles VII. — Louis XI rétablit Jean V dans ses domaines. — Gaston, comte de Foix, marie son fils aîné avec Magdelaine de France. — Emprisonnement et mort tragique de Blanche de Navarre, belle-sœur de Gaston............ 312

CHAPITRE II.

Jacques d'Armagnac, duc de Nemours. — Jean d'Armagnac-Lescun, comte de Comminges. — Jean, frère du comte de Comminges, archevêque d'Auch. — Jean Marre. — Mort du cardinal Pierre de Foix. — Guerre du bien public. — La ville de Fleurance refuse de recevoir le sire d'Albret. — Malheurs que lui attire ce refus. — Jean V recherche la main de Jeanne de Bourbon. — Il est refusé. — Il épouse Jeanne fille du comte de Foix. — Il recommence ses brigues. — Mort de Gaston, fils aîné du comte de Foix.............................. 336

CHAPITRE III.

Le roi envoie une armée contre le comte d'Armagnac. — Il fait saisir ses domaines. — Le comte s'enfuit en Espagne. — Le duc de Nemours attaqué aussi se soumet et obtient sa grâce. — Le comte d'Armagnac essaie de faire sa paix avec Louis XI. — Repoussé à la cour, il est accueilli par le prince Charles, frère du roi. — Il rentre dans ses domaines. — Louis XI envoie contre lui une armée plus considérable que la première. — Siège de Lectoure. — Prise de la ville et massacre du comte. — Charles, son frère, est conduit à la Bastille. — Le sire de Ste-Baseille décapité. — Maison d'Albret................ 358

CHAPITRE IV.

Mort de Gaston, comte de Foix. — Ses Enfants. — François Phœbus, son petit-fils, lui succède sous la tutelle de Magdelaine de France, sa mère. — Jacques d'Armagnac, duc de Nemours. — Son procès et sa mort................................ 384

Note 1re.. 406
Note 2... 409
Note 3... 422
Note 4... 423
Note 5... 427
Note 6... 429
Note 7... 434

FIN DE LA TABLE DES MATIÈRES.

www.ingramcontent.com/pod-product-compliance
Lightning Source LLC
Chambersburg PA
CBHW070201240426
43671CB00007B/506